中国社会科学院老年学者文库

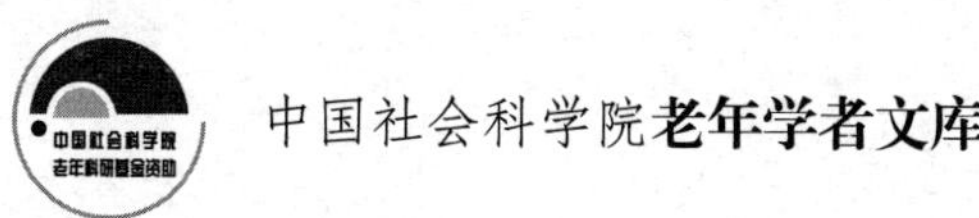

古巴社会主义研究

（修订版）

毛相麟　杨建民　著

本书第一版是国家社会科学基金项目

列入由中国社会科学院世界社会主义研究中心

主编的世界社会主义研究丛书出版

谨以此书献给

为建设社会主义而艰苦奋斗的英雄的古巴人民！

中国和古巴建立外交关系60周年庆典！

目　录
CONTENTS

Contents

表格题目

序　言

《古巴社会主义研究》第二版（修订版）即将问世，我欣然应邀再次为这本书作序。

2005 年中，中国社会科学院拉丁美洲研究所退休研究员毛相麟同志所承担的国家社科基金项目“古巴社会主义研究”结项，我曾应邀为该书作序。当他向我所主持的中国社会科学院世界社会主义研究中心申请出版经费时，我们也欣然同意资助，并将这一研究成果纳入中心所出版的“世界社会主义研究丛书”，作为“研究系列”之一。该书于同年 10 月出版后，受到古巴方面的重视和好评。菲德尔·卡斯特罗主席得知后指示，他要看西班牙文译本。在古巴驻华使馆官员、社科院国际合作局领导、拉美研究所领导和著译者的共同努力下，于 2006 年 11 月完成了此书的西文翻译工作，著译者再次要我为西班牙文译本作序。我撰写了一篇题为《21 世纪的社会主义》、长达 12864 字（中文）的拙文，作为代序。我在文中提出了“21 世纪必将是社会主义复兴的世纪”等判断。这个译本于 2014 年 5 月在我国正式出版后在国内外产生了良好的影响。为了满足读者的需求，该版本于 2017 年 2 月进行了第二次印刷。同年，土耳其的国际出版社约请了该国学者德尼兹·克孜切奇（Deniz Kizilçeç）将西班牙文版本译成土耳其文，并计划于 2018 年以《古巴的社会主义道路和未来》为书名在土耳其的伊斯坦布尔出版。2009 年，《古巴社会主义研究》中文版获第三届中国社会科学院离退休人员优秀科研成果二等奖。应出版社出第二版（修订版）的要求，毛相麟同志于 2011 年向中国社会科学院老年科研基金申请课题立项，修订此书。

我是 1998 年到中国社会科学院工作的。当年就接任世界社会主义研究中心领导职务。2000 年之初率团赴古巴参加有关国际会议，在会上见到了我十分敬仰的世界社会主义运动的旗手卡斯特罗。这次访问，收获甚多。

我们院有一批老中青学者十分重视对社会主义古巴的研究，并卓有成效。毛相麟同志就是其中的佼佼者。我很高兴地看到他们不断有新的成果问世，包括他们的译著。比如徐世澄等译的《总司令的思考》（2008 年出版）、宋晓平等译的《卡斯特罗语录》（2010 年出版）。这两本译著均被纳入我们中心的"世界社会主义研究丛书·参考系列"。2006 年 7 月，拉美研究所的古巴研究中心成立，这标志着我院的古巴研究学科步入了新的发展阶段，我曾代表院领导出席成立大会并讲话。毛相麟同志被聘为中心的顾问之一。

毛相麟同志出生于 1931 年。1953 年夏从四川大学外语系英语专业毕业后，被分配至中共中央对外联络部从事翻译工作。1955 年 1 月，调至中国外轮代理公司烟台分公司任驻船业务员。1962 年 2 月，被中联部调回北京，分配至拉美研究所翻译组工作。1969 年春，拉美所撤销，人员归并中联部。同年 6 月他被下放到中联部五七干校劳动。1971 年夏，调回中联部欧美澳组从事美国方面的工作。1977 年拉美所恢复，1978 年他回拉美所，分配至中美和加勒比研究室，主攻古巴、加勒比和拉美共运的研究。1981 年评职称时，因立志从事研究，放弃了申请翻译系列而可能晋升副高的机会，被评为助理研究员。1989～1991 年苏东剧变，古巴因突然失去主要的经济政治援助者和支持者而遭遇空前的困难。这时西方传媒纷纷断言，古巴社会主义政权必垮无疑，国内人士也十分担心。毛相麟同志根据多年的跟踪观察较早地提出，古巴能够坚持社会主义制度，同时将进行必要的改革。1991 年，他年届 60 岁而退休，放弃了收入丰厚的教授英语的机会，接受并无经济利益的拉美所的返聘，继续研究古巴。1997 年，在中国社会科学院领导的支持下，他对古巴进行了实地考察。回国后他向国家社科基金申请项目，即本文开头所说的"古巴社会主义研究"，意在为多年的古巴研究做一个总结，并就此对研究生涯画个句号。该书于 2005 年出版，他时年 74 岁。不料该书出版后受到卡斯特罗主席的青睐，产生了要译成西班牙文等事及相关的后续事务，他便继续围绕古巴的学术活动工作至今。2018 年，他已 87 岁，虽多病缠身，仍笔耕不辍，为修订版的最后结项而努力。纵观其经历，可以看出，这是我院优良的学术环境和个人的敬业精神相结合的许许多多事例中的一个，是我们社会科学研究这座学术殿堂中令人羡慕的一道独特的风景线。

最后，我要谈谈这本修订版的情况。为了提高修订版的质量，毛相麟同志邀请了在职的中年学者杨建民同志为其合作者一道进行修订工作。关于修订版的特点，他在自序中已有详细说明，我在这里简要地概括一下。我总的印象是，修订版无论在内容上还是在形式上都优于第一版。与第一版相比，修订版主要是对近十余年来古巴发生的几件大事（经济和社会模式的更新、领导人的新老交接和古美关系的变化等）进行了充分的论述；修订版弥补了第一版中的不足，对古巴面临的挑战和问题做了更深入的分析，并详细介绍了国内外学界对本课题的研究现状；修订版在观点上更加鲜明，立论更加充分。我认为，作者力图将一个更全面、更客观、更真实的古巴展示给读者。

2018 年的春天，举国上下都在热烈地学习习近平总书记在党的十九大上所做的报告。人们满怀信心地展望，到 21 世纪中叶，中华民族伟大复兴的中国梦必将实现。这是马克思主义的指引和悠悠五千多年中华民族优秀传统文化积淀的必然结果。21 世纪中叶前后，世界社会主义也必然会迎来又一个无比灿烂的艳阳天。其中根本的直接的依据是，当今世界范围内的贫富差距愈来愈大，而且这一趋势丝毫不见缩减之势。

是为序。

李慎明

2018 年 3 月 1 日

李慎明同志为中国社会科学院原副院长、中国社会科学院世界社会主义研究中心主任、研究员。

自 序

本书第一版于2005年10月出版后得到古巴驻华使馆官员的好评，他们将这一信息报回国内的有关部门。菲德尔·卡斯特罗（以下简称卡斯特罗）主席得知后指示下属，他要看西班牙文译本。于是，古巴驻华使馆的参赞告诉我，希望能组织人力，尽快翻译此书。我感到此事重大，立即向我所属的中国社会科学院拉丁美洲研究所领导汇报，请其主办。在拉美所领导的组织下历时一年完成了翻译，并将译本交给古方。古方原拟在本国正式出版，但后因经济困难，未能如愿。因此，我们决定在中国出版，将译本交给北京的五洲传媒出版社，2014年5月，本书的西文版问世。由于国内外读者的需要，该书于2017年2月进行了第2次印刷。2017年，土耳其的国际出版社约请该国的学者德尼兹·克孜切奇（Deniz Kizilçeç）将西译本转译成土耳其文，国际出版社已于2018年出版了此书的土耳其文版。

21世纪第二个十年之初，本书中文本的出版人告诉我，该书库存告罄，为满足市场需求，拟出第二版。我以为，鉴于近年来古巴变化很大，既然出新版，那就应出修订版。于是，我于2011年向中国社会科学院老年科研基金会申请课题立项。为了提高修订版的质量，我邀请了在职的中年学者杨建民同志为合作者一道进行修订工作，全面修订此书。然而，修订工作开始后，我获得西译本的出版资助，于是便不得不停下修订工作，全力投入西译本的出版事务，包括校对文稿等。西译本于2014年顺利出版。因此，本书的修订工作实际上是从2015年以后才开始的。修订工作现已完成，我们将第二版（修订版）的有关问题做如下说明。

修订版有哪些修改

一　修订版力求展现近十余年来古巴的巨大变化

在近十余年的时间中，古巴发生了若干自革命以来前所未有的重大事件，例如卡斯特罗患病，劳尔·卡斯特罗（以下简称劳尔）开始主政；古共对过去进行深刻反思，提出更新发展模式；第一代领导人交班，第二代领导人开始接班；古美关系解冻，复交后古巴面临新的挑战等。为了把这些重大变化的详情载入修订版，我们对全书的布局和内容做了调整。总体框架不变，但增加了三章，即第七章劳尔·卡斯特罗“更新”社会主义模式的改革，第十章古巴的社会保障制度，第十二章古巴的社会主义文化政策，从而由原来的十二章增至十五章。对原第十章（现已提至第六章，标题仍为“特殊时期中的经济改革政策和成效”）和原第十二章（现已推至第十五章，标题改为“古巴共产党人在探索社会主义本土化的道路上不断前进”）做了重新改写。总之，我们力求在新版中尽量体现古巴这些年来的重大变化。

本版的经济数据一般都更新到 2015 年，重要经济数据到 2017 年；国内外重要动态和大事记更新到 2019 年 6 月。

二　修订版力求弥补第一版中的不足，使之更全面、客观地反映古巴的现实

从本书第一版出版后各方面的反应来看，不足之处主要有三个问题：一是对古巴社会主义存在的问题总结和分析得不够；二是对国内外学者有关古巴社会主义的研究没有介绍和评价；三是对某些历史事件和人物的介绍不够翔实。关于第一个问题，我们根据劳尔历次讲话中对国内存在问题的分析、古巴学者的新观点和外国学者的新论著，修改和补充了原书中相应的段落，以更好地贯彻实事求是的精神。对第二个问题，我们将在下面比较详细地介

绍。对第三个问题，我们在审阅全书后对“加勒比海危机”[①]和卡斯特罗、切·格瓦拉等相关段落进行了补充和修改。

三 修订版广泛吸收国内外学者新的研究成果，力求使该版能体现现有的国内外研究水平

随着时间的推移，国内外学界对古巴的研究也不断深入。修订本书的宗旨在于将一个更真实、更客观、更全面反映社会主义古巴现实情况的成果奉献给读者。因此，修订版不仅要充分体现作者的研究成果，而且也应尽可能地体现国内外学界业已达到的新的研究水平。例如，古巴在反对美国“和平演变”策略方面有着成功的经验。古巴的具体对策需要在本书中做简要概括。我们在学界同行中发现张卫中先生曾对此发表过专题文章，便吸收其成果，充实本书。[②]又如，美国的一位学者按古巴的统计资料将特殊时期前与近期的工农业产品产量所做的比较在我国学界尚无人引用，本书把这些新成果介绍过来，更能说明美国的封锁对古巴经济的危害和古巴振兴经济的迫切性。

四 在论述的观点上修订版比第一版更加鲜明

我们力求做到“成就要说够，不足要说透”。在赞扬成绩的同时，没有回避问题。我们认为，古巴面临的最大挑战是经济没有搞上去。因此，本书以较大篇幅谈论经济问题。在布局上第五章和第六章是专门谈论不同时期的经济问题的，把劳尔的模式更新一章置于紧接着的第五、六两章之后，也是为了强调经济问题的重要性。同时，在总结性的第十五章和结束语中再次谈到经济问题。在上述章节中如实地表述了经济困难的处境，阐明了问题的症结所在，提出了解决的办法和政策建议。我们直言不讳的肺腑诤言凸显于有关章节的字里行间，这是第一版所欠缺的。

---

① 认为对“加勒比海危机”介绍得不详细的意见，是由一位台湾学者提出的，我们接受他的意见。

② 张卫中：《在古巴的和平演变与反和平演变斗争》，《国际研究参考》1992 年第 5 期，第 23 ~ 26 页。

五　修订版继续发扬第一版中的批判精神

本版继续驳斥某些西方传媒和人士强加于古巴的不实之词。针对某些西方传媒中经常提到的“不民主”“违反人权”“压制知识分子”等，我们以讲事实、摆道理的方式，指出这些说法没有根据，毫无道理。例如，对知识分子的政策、对关押政治犯的原因和人数、对诗人帕迪利亚的处理、对逮捕75人案的前因后果等，以大量的事实说明真相，使那些捏造的谎言不攻自破。与此同时，对古巴高层在治国理政中某些过“左”的政策错误也不隐瞒、不回避，进行客观的分析和陈述，坚持以求实的态度对待历史，向读者负责。

六　修订版的文本在技术规范上有所创新

我们在本书文本的技术规范上遵循简洁明了的原则，广泛吸收国内外书刊页面上美观大方的样式，勇于在本书中加以试行。如本书做了索引，这能对读者特别是对研究者的查阅提供方便，目前国内出版的学术著作载有索引者还不多，然而，它必将是今后的发展方向。在本书的注释中，对所引的外文书刊，如同一作者的同一文献在紧随其后或其后数页的注释中再次出现时，尽量采用 ibid.（页码相同）或在作者后用 op. cit.（页码不同），以避免重复。同样，对所引的中文书刊，则用“同上”或在作者后用“前引书”，以减少用字量。在主要参考文献中，对所列的外文书刊，如同一作者有多部著作时，在第二部著作前不再重复作者姓名，而以长度为三个字格（外文为六个字母）的横线表示，其著作以发表年份的先后为序。对注释中所引的网站和网页，置于其后的检索日期以（0000 - 00 - 00）表示年、月、日。“检索日期”四字第一次出现后不再重复。如此一来，便节省了大量用字，而页面也比较美观。

邀请合作者的缘由和分工情况

在考虑出修订版时，我最强烈的愿望是必须确保质量。换言之，就是力求向读者献出一份优质产品。原因有二。其一，第一版由于质量较高而获得好评，甚至受到卡斯特罗的青睐而被译成西语，第二版不能降低标准，否则会使读者失望。其二，我已步入望九之年，多病缠身，前景难测，这很可能是最后一本书了，我企望完满收官，绝不能草率从事，留下遗憾。然而，要保证质量，尚有不少困难。因此，萌发了邀请本所一位中年同事一起完成这一任务的想法。两人合作可以提高修订的质量，于是我邀请了杨建民同志加盟。关于他，本书勒口处载有他的简历，此处便不赘述。我想说的是，他为人耿直，敢于直言不讳地亮出自己的不同观点，甚至是批评的意见。这是一个学者所必备的品质，本人很赞赏。唯一的困难是他在所里的工作担子很重。对于本项目，形成了“我病他忙”的局面，几年来我们一直在相互支持中艰难地前行。

我们的分工情况如下。

毛相麟负责：撰写第十章、第十二章；修订导言、第一章、第二章、第三章、第四章、第八章、第九章、第十一章、第十五章、结束语、参考文献、索引、表格；以及全书的统稿工作。

杨建民负责：撰写第七章；修订第五章、第六章、第十三章、第十四章、古巴大事记。

致谢国内外同行和亲友

在修订本书过程中，下列人士以不同方式和不同程度对我们进行了帮助或指教。

古巴学者：哈瓦那大学教授卡洛斯·阿尔苏加赖·特雷托（Carlos Alsugaray Treto），哈瓦那美洲研究中心经济学家佩德罗·蒙雷亚尔·冈萨雷斯（Pedro Monreal González），哈瓦那美洲研究中心经济学家胡里奥·卡兰萨·巴尔德斯（Julio Carranza Valdés）。我同他们建立了直接或间接的学术联系。

美国学者：匹茨堡大学经济学教授卡梅洛·梅萨－拉戈（Carmelo Mesa-Lago），加利福尼亚州立大学历史学教授蒂莫西·F. 哈丁（Timothy F. Harding)，《拉丁美洲透视》总编辑罗纳德·H. 奇尔科特（Ronald H. Chilcote）。他们向我赠书赠文，或互相探讨问题、交换看法，或审阅过我的文稿。

其他国家的学者：加拿大卡尔顿大学经济学与国际事务学教授阿奇博尔德·R. M. 里特尔（Archibald R. M. Ritter），澳大利亚墨尔本大学教授阿德里安·H. 赫恩（Adrian H. Hearn）。前者同我保持了数十年的学术联系，后者同我有良好的合作关系。

国内学者和领导：中国社会科学院原副院长、可持续发展研究中心主任滕藤教授，曾特别关注我的古巴研究；中国社会科学院原副院长、世界社会主义研究中心主任李慎明研究员在百忙中再次为本书作序；新华通讯社原副社长庞炳庵同志，外交部原驻古巴大使张拓同志，光明日报社的关万刚同志，中共中央对外联络部五局原局长、原驻古巴大使李连甫同志，中联部研究室原副主任肖枫教授、研究室原资深研究员施辉业同志，中联部五局原副联络员邓兰珍同志；上海大学拉美研究中心主任江时学教授都曾在修订本书的过程中帮助过我们。

中国社会科学院学部委员苏振兴教授和拉丁美洲研究所古巴研究中心顾问张凡教授为本书的结项进行鉴定和推荐出版。拉丁美洲研究所学术委员会主任袁东振教授及各委员为本书的结项和推荐出版进行评议。中国社会科学院荣誉学部委员徐世澄教授，中国社会科学院离退休干部工作局局长刘红同志，该局学习科研处处长石蕾同志；拉丁美洲研究所古巴研究中心主任、原驻古巴大使刘玉琴同志，《拉丁美洲研究》总编辑刘维广编审，拉美所老干部工作负责人徐京丽同志、领导小组成员齐峰田同志，拉美所信息资料室副主任牛波同志都为本书的修订或出版出了力。

中国社会科学院离退休干部工作局资助了本书的修订和出版。

在这里，我要提及，土耳其著名的国际出版社约请该国资深学者德尼兹·克孜切奇先生将本书第一版西文本译成土耳其文，国际出版社已于2018年出版了土文版。中国的五洲传播出版社国际合作部部长姜珊同志、该社的版权经理李晓萌同志、中共中央对外联络部的任传兴同志，也为土译本的出版做了不少的工作。

对于以上所有中外单位和个人，我们在此一并表示衷心的感谢。

最后，我还要感谢我的夫人应新，她给了我全方位的支持，没有她的支持我将一事无成。我的女儿毛青也为本书的修订做了许多工作，她是我的电脑“顾问”和助手，本书的主要参考文献和索引是在她的帮助下完成的。同时，我代表杨建民同志向一直支持他科研工作的夫人高珊及他所有的家人表示由衷的感激。

我和建民同志虽已做了很大的努力，但此书难免还有疏谬之处，尚望领导、同行和广大读者批评指正。

毛相麟

2019 年 3 月 30 日于北京会城门乙 4 号院寓所

附录　本书土文版中的作者《致土耳其读者》

我要首先感谢土耳其资深学者德尼兹·克孜切奇先生和土耳其国际出版社将拙作《古巴社会主义研究》西班牙文译本转译成土耳其文并在贵国出版，我还要感谢中国的五洲传播出版社国际合作部部长姜珊女士、该部的版权经理李晓萌女士、中共中央对外联络部的任传兴先生为土耳其文译本的出版所做的努力。

拙作原著中文本的书名是《古巴社会主义研究》，西班牙文译本的书名是 *Sobre el Socialismo en Cuba*（《社会主义在古巴》），土耳其文译本的书名是 *Küba'nın Sosyalist Yolu ve Geleceği*（《古巴社会主义道路和未来》）。土译本对原著有所增添，为了帮助读者更好地了解此书，我在下面对此书的撰写背景、内容特点和土译本的增添情况做一简介。

我作为中国社会科学院拉丁美洲研究所的一名研究人员，是从 1978 年开始分工研究古巴的，时年 47 岁。此后这项研究从未间断，1991 年退休并被本所返聘，直到 1999 年。为了在结束返聘前对我的古巴研究做个总结，也想为我的学术生涯画个句号，我以“古巴的社会主义研究”为题向中国国家社会科学基金会申请立项并被批准。经过数年的努力，拙作《古巴社会主义研究》于 2005 年 10 月出版，这时我已 74 岁。不料拙作在学界获得超出预期的好评，我便围绕随后的学术活动而继续工作。当时古巴驻华大使将出版此书的信息报回国内，卡斯特罗主席得知后提出要看其西班牙文译本。在古巴驻华使馆和中国社会科学院拉美研究所领导及专家的共同努力下，2006 年 10 月完成了译本，交与古方。这个译本于2014 年 5 月在我国正式出版；2017 年 2 月第二次印刷。该书中文本曾获中国社会科学院退休人员的优秀科研成果二等奖。

在世界上，古巴是个小国，但她是为数不多的实行社会主义政治制度的国家，有着若干不同于其他国家的特点。自革命后数十年来，她走过了一条极不平坦的道路，然而始终岿然屹立在加勒比海上，被国际传媒誉为当代世界的一个奇迹。拙作就是力图讲清楚她创造奇迹的来龙去脉。我想，概括地说，这本书主要有以下几个特点。

第一，本书介绍了社会主义国家是怎么回事。通过对古巴的全面而详细的介绍，包括她如何选择了社会主义道路，如何建立起社会主义的政治、经济、文化、社会等各方面的体制，读者可以了解到社会主义制度是怎样形成和运行的。特别是可以消除一些错误的观念。例如书中阐述了古巴基于民主、法治、社会公平和正义的理念所体现的方针、政策及其实施的效果，这些事实有力地批驳了西方国家中广为流传的所谓“社会主义不民主、不讲人权”等谬论；也澄清了劳尔·卡斯特罗接菲德尔·卡斯特罗的班绝不是什么“兄传弟的家族政治”。

第二，本书回答了小国反对霸权主义是否可行的问题。美国是古巴的近邻，在历史上就一直觊觎古巴，特别是当古巴实行社会主义制度后更不能容忍，把她视为榻旁之患，欲必除之而后快。在此情况下，古巴为了维护国家的独立和民族的尊严，同美国的敌视政策进行了针锋相对的斗争，坚决反对其霸权主义行径，但也做到有理、有利、有节。数十年后，美国终于承认其敌视政策并未取得预期的效果。古巴是小国反对大国霸权主义的成功范例。

第三，本书总结了一个社会主义小国治国理政的丰富经验。古巴自实行社会主义制度以来的主要成就是：实现了国家的独立，建立了国民经济的物质基础，实现了社会公平和正义，提高了国民的文化素质。但是古巴的经济发展缓慢，而且也曾走过一些弯路。21 世纪第一个 10 年的中期，古巴对过去走过的路进行了深刻的反思，提出更新发展模式，从而开始了新的变革。正如土译本附录一所指出的，古巴共产党正在带领全国人民踏上这一里程碑式的新征程。古巴本土化的社会主义道路不仅会越走越宽广，而且她的治国理政经验对其他国家也有借鉴意义。

关于土译本对原书的增添情况如下。原书西译本只有一个附录，即上文提到的附录一“劳尔·卡斯特罗领导以来的古巴社会主义进程”，而土译本有两个附录。多出的一个附录是译者增加的，即附录二“抵抗猪湾入侵大事记”。猪湾入侵又称为吉隆滩战役，是古巴革命胜利后初期古美关系中的一件大事，值得详细地说一说。

在土译本即将出版之际，我愿借此机会感谢读者对拙作的青睐。当下，古巴人民在社会主义阳光下继续创造着奇迹，我也仍在跟踪、续写这一奇迹。当我的新作问世时，我将向大家提供更新更多的信息。

（2018 年 7 月 15 日）

21世纪的社会主义

——第一版西文本代序

李慎明

20世纪初，社会主义以俄国十月革命的胜利赢得世人瞩目；20世纪末，社会主义又因苏东国家的剧变而使世人困惑。作为人类历史上崭新的社会制度，社会主义几经飞跃发展，几经曲折坎坷，在跌宕起伏中走过了整整89年。毋庸讳言，世界社会主义运动目前仍处于低潮。对于这一现象，众说纷纭，见仁见智。但是，我们环顾全球，用冷静而清醒的目光审视世界大势，完全可以得出这样的结论：世界社会主义运动非但不会"终结"，反而会在逆境中逐步复兴，并在21世纪发展进而迎来又一个绚丽多姿的春天。

一　马克思主义依然是照耀21世纪人类前行的灯塔

面对世界社会主义运动的暂时挫折，有不少人声称社会主义是20世纪最大的"乌托邦"，而资本主义在与社会主义的较量中取得了"终结"性的胜利。其实，马克思主义诞生150多年来、社会主义由理论转化为实践80多年来，上述声音有时细若游丝，有时盖地铺天，但从未间断。而真正代表全人类平等、公正、进步、文明的社会主义像在资本主义巨大顽石压迫下新生的嫩芽，在重压、挫折中不断抗争并不断显现出顽强旺盛的生命力。

世纪之交，在资本主义的故乡，接连曝出四则震惊世界的新闻。

一是在 1999 年，由英国剑桥大学文理学院教授们发起，评选“千年第一思想家”，结果是马克思位居第一，而似乎早已被习惯公认第一的爱因斯坦却屈居第二。

二是紧随其后，英国 BBC 广播公司又以同一命题，在全球互联网上公开征询，一个月后汇集全球投票结果，仍然是马克思第一，爱因斯坦第二。

三是在 2002 年，英国路透社又邀请政界、商界、艺术和学术领域的名人评选“千年伟人”，结果是马克思以一分之差略逊于爱因斯坦。但这并不影响马克思作为“千年伟人”的地位。

四是在 2005 年 7 月 14 日，英国广播公司（BBC）广播第四频道以“古今最伟大的哲学家”为题，调查了 3 万多名听众，结果是：共产主义理论奠基人卡尔·马克思以 27.93% 的得票率荣登榜首，居第二位的苏格兰哲学家大卫·休谟，得票率仅为 12.6%，远远落在其后。西方著名的思想家柏拉图、康德、苏格拉底、亚里士多德等更是望尘莫及，黑格尔甚至没进入前 20 名。

历史再一次证明它是客观公正的评判者。人类社会诞生以来，各种学说层出不穷，举世闻名的思想家更是多如繁星。但是，没有哪一种理论能够像马克思主义那样严谨科学而又博大精深，也没有哪一种理论能够像马克思主义那样武装了一代又一代的工人阶级和劳动人民，更没有哪一种理论能够像马克思主义那样如此深刻地改变了人类社会的历史进程。马克思主义之所以具有如此崇高的历史地位，是因为马克思主义的世界观和方法论是严整科学的，是因为其关于人类社会发展规律的认识是完全正确的，是因为马克思主义鲜明的政治立场和价值目标同世界上绝大多数人的根本利益是完全一致的。马克思主义并没有过时，马克思主义所蕴含的科学与价值的力量，已为并正为 100 多年来正反两个方面的社会实践所反复证明。

社会主义事业的暂时受挫并不等于马克思主义的失败，有些是人类实践本身难以避免的曲折，有些则是偏离甚至背叛马克思主义的恶果。我们坚信社会发展、人类进步的历史潮流不可阻挡。可以预言，颠扑不破的马克思主义普遍真理，依然是 21 世纪人们开辟正义事业的强大思想武器，依然是 21 世纪社会主义再度振兴的理论基础。向往光明和美好的人类进步力量，决不会因暂时的挫折而一蹶不振，更不会停止对人类最高理想的追求与奋斗。他们在马克思主义这座思想灯塔的指引下，正继续艰辛探索，聚合力量，校正航向，前赴后继，昂首前行。

二　资本主义的基本矛盾正在经济全球化和信息技术革命中逐步激化

20 世纪的百年历史表明，资本主义经由私人垄断到国家垄断并正在向国际垄断特别是全球金融垄断发展。从本质上看，这些变化虽然赋予资本主义以种种新的特征甚至某种生命力，但这不仅无助于摆脱马克思主义所深刻揭示的资本主义生产社会化和生产资料私人占有这一内在的基本矛盾，而且恰恰是火中添薪甚至是倾油。国际资本日益向全球扩张，赋予这一基本矛盾以日益加剧之势。

苏东剧变、苏联解体、苏共垮台，使社会主义运动处于空前的低潮，资本主义则处于二战之后的巅峰。以美国为首的西方资本主义国家正利用其在经济、政治、文化、科技和军事诸方面的优势，竭力推行新自由主义全球化，极大地拓展资本主义的发展空间。以信息技术为先导、主导的高新科技革命也极大地推动了西方资本主义国家生产力的迅猛发展。对于经济全球化和以信息技术为主导的高新科技革命的迅猛发展，以及由此带来的一系列世界性问题，我们至少可以得出以下五点认识。

第一，在当今世界，以美国领衔的新的信息技术革命，使资本所雇佣的人数愈来愈少，而产品价格和质量却愈具竞争力，因而产品的市场便愈具全球性。从现代化交通通信工具、计算机软件等高科技产品到牙膏、洗衣粉等简单的生活必需品，在全球处于垄断地位的大都是那几家国际知名品牌。连我国普通公民与美国总统布什、俄罗斯总统普京喜欢使用的牙膏也往往都是高露洁。这就使国际垄断资本在世界各地源源不断地获得超额垄断利润。

第二，互联网的广泛使用，使国际资本流动速度以几何级数加快。国际资本可以脱离实物经济和生产环节，在金融及其大量的金融衍生品领域，仅仅通过小小的鼠标轻轻地一点，在瞬间就能掠夺别国和他人的大量财富，从而实现自己价值的成几何级数的增长。正是主要基于以上两点，即产品市场的全球化和国际金融的高度垄断，这吮吸穷国、穷人的“双管齐下”，使当今经济全球化时代里，在全球范围内，与其说必然，不如说已经出现这样一个最基本的经济现象：穷国、穷人愈来愈穷，富国、富人愈来愈富。现在，世界上最富有国家的人均收入比最贫穷国家的人均收入高出 330 多倍；世界南方欠世界北方的外债总额已经从 1991 年的 7940 亿美元急增至目前的 3 万多亿美元，短短 10 多年，翻了 4 倍多。这是生产的全球化其中包括金融产品的全球化与生产资料私人占有这一矛盾带来的必然结果。胡锦涛同志多次说过，国际局势正在发生深刻的变化。应该说，全球范围内的贫富两极分化，是国际局势变化中最深刻、最基础的变化；这一变化是其他变化的基础和根源，其他变化都是这一变化的派生。

而资本的本性是贪婪的，目光是短浅的。它们根本看不到这一点。马克思在《资本论》中指出：“一切真正的危机的最根本的原因，总不外乎群众的贫困和他们的有限的消费，资本主义生产却不顾这种情况而力图发展生产力，好像只有社会的绝对的消费能力才是生产力发展的界限。”①

正因为资本认识不了“不是生产食物更加困难，而是工人取得食物更加困难了②”这一基本道理，所以资本所遇到危机就不可避免。

第三，发达国家经济的虚拟化与广大第三世界产业的殖民化。科技革命特别是信息革命又使发达资本主义国家的经济结构和产业结构发生很大变化，这些国家把那些高耗能、高污染的产业向发展中国家转移，而信息技术所需要的巨额资金和尖端的科学技术研发条件，又只有发达国家才有能力拥有，发展中国家只能被迫按照经济全球化的分工行事，这样不仅使二者之间的差距进一步加大，也使二者之间的矛盾进一步加深。据统计，美国制造业在 GDP 的比重逐年下降，从 1998 年占 15.6%，持续下降到

① 《马克思恩格斯全集》第 25 卷，北京：人民出版社，1974，第 548 页。

② 《列宁全集》第 5 卷，北京：人民出版社，2013，第 90 页。

2004 年的 12.73%；制造业就业人数占总体就业人数的比重，也从 2000 年的 14.35%，下降到 2004 年的 11.83%。[①] 从表面上看，美国 GDP 在全球经济中所占的份额在下降，但是其 GNP 在全球经济份额中却可能在上升。一些第三世界国家的 GDP 在上升，但是其 GNP 却在下降。并且，其产业主要是一些高耗能和高污染的劳动密集型企业。不少第三世界国家成了发达国家跨国公司的车间和相关生产线，外资企业的出口额占其出口额的 50% 以上。从而使第三世界国家的可持续发展遇到严峻的挑战；发达国家还反过来指责第三世界国家威胁了它们。与此相应，发达资本主义国家的社会结构也发生变化，由于高耗能高污染企业转向国外，加上生产与管理的信息化，这些国家中蓝领工人的需求量大为减少，失业人数相应就会增加，其国内的社会矛盾在随之加深。近几年来，英国、法国等动辄几十万上百万工人罢工，以及移民骚乱等便是其深层次社会矛盾的显现。

第四，先进的生产工具历来是积累财富和产生、发展先进的革命思想的决定性的物质力量。生产的变化和发展，始终是从生产力的变化和发展，首先是从生产工具的变化和发展开始的。从一定意义上讲，石器时代决定原始社会形态，青铜器时代决定奴隶社会形态，铁器时代决定封建社会时代，蒸汽机和电力时代决定资本主义社会形态。以信息技术为主导的高新科技革命即信息经济时代的迅猛发展，极有可能是在全球范围内推动新的社会形态，即社会主义和共产主义社会形态大发展的最新生产工具。它的产生和迅猛发展，一方面为新的社会形态积累丰厚的物质条件，另一方面，富国、富人愈来愈富，穷国、穷人愈来愈穷这一基本的经济现象的产生和加剧，必然使毛泽东同志所说的“哪里有压迫，哪里就有反抗”这一铁的历史法则表现得愈加充分，必然使马克思主义这一迄今为止人类历史上最为先进的思想理论得以极大的创新与发展。

第五，互联网作为高新技术革命的标志之一，还会使先进的革命理论的传播变得如同国际金融资本掠夺别国和他人财富一样便捷和迅疾，使全球各地零散的“社会主义复兴的幽灵”长上在全球迅速传播和集聚的翅膀。

---

① http://www.census.gov/prod/www/statistical-abstract.html 检索日期：2006 年 7 月 1 日。

这无疑有助于极大地推动全球工人阶级和其他劳动群众的反抗与斗争由自在转为自为，并进一步更加紧密地团结和联合起来。以个别超级大国为首的西方国家在对苏联的和平演变中，形成了一整套成熟的技术和办法。其中，它们运用广播电台以及电视、报刊发挥了独特、重要的作用，比如用许多虚假信息和错误东西对苏联人民反复灌输，并使许多人深信不疑。但互联网是人类历史上出现的新式媒体，它的最大特点不是速度快、容量大，而是发布者与受众之间的互动。信息发布者发布了虚假信息和错误东西，知情者就有可能对此立即进行揭露和反驳。这种互动，恰恰是广播、电视和报刊等其他媒体所缺乏的。当然，对于这些揭露和反驳，文化霸权的发布者固然可以在一定范围内进行控制，但其成效极其有限。这就是不以人的意志为转移。所以，最近网上有篇文章据此认为，现在世界上个别超级大国，企图运用互联网对其他国家进行文化侵蚀特别是对社会主义国家的和平演变遇到了障碍。此文有一定道理。另外，互联网上各种观点都有，可以说是泥沙俱下、鱼龙混杂，从一定意义上讲，也是百花齐放、百家争鸣。人们在争鸣中比较、鉴别、提高，这对提高全社会的理论水平有极大的好处。因此，也可以这么说：从长远、根本上讲，互联网是不可多得的好东西，这一崭新的生产工具的出现，有可能会使完全的社会主义社会形态距离我们越来越近。

由此可见，经济全球化和高新科技革命，对于国际垄断资产阶级而言，无疑是一柄双刃剑。一方面，它在一定程度上推动了资本主义社会生产力的发展，并在一段时日内，可以使资本主义社会内部的基本矛盾得到一定程度的缓解；另一方面，在充分估计资本主义生命力的同时，也必须看到：随着经济全球化和高新科技革命的进一步深入发展，不但不可能消弭反而会在全球范围内进一步加剧生产社会化和生产资料资本主义私人占有的矛盾。随着这一矛盾的进一步加剧，资本主义生产和消费之间的矛盾、垄断资产阶级与无产阶级和劳动人民之间的矛盾、西方发达国家与广大第三世界国家的矛盾、发达资本主义国家之间的矛盾，以及全球范围内生态环境的进一步恶化等世界性难题，也将进一步趋向激化。这些矛盾与难题，在资本主义制度框架内是根本不可能得到解决的。霸权主义和单边主义的进一步强化，只会使这些矛盾与难题进一步加剧。

综上简述，也使我们进一步加深了对马克思主义创始人所揭示的关于人类社会发展规律的认识。马克思早就明确指出：对于资本主义社会而言，“蒸汽机、电力和自动纺织机甚至是比……布朗基[①]诸位公民更危险万分的革命家”[②]。恩格斯也指出：“劳动生产率提高到了这样的程度，以至市场的任何扩大都吸收不了那种过多的产品，因此生活资料和福利资料的丰富本身成了工商业停滞、失业从而千百万劳动者贫困的原因，既然如此，这种制度就是可以被消灭的。”[③] 也就是说，经济全球化和以信息技术为主导的高新科技革命的迅猛发展，在全球范围内必然造成富国、富人愈来愈富，穷国、穷人愈来愈穷这一状况的加剧，就必然会造就一批又一批对于国际垄断资本来说是“比布朗基诸位公民更危险万分”的思想家、理论家、政治家、革命家，并进而发展壮大由先进理论武装的工人阶级和劳动人民的队伍。随着资产阶级掘墓者队伍的不断发展壮大，资本主义的前途和命运就是可想而知的了。正是从这个意义上讲，从历史发展的总趋势上说，经济全球化和以信息技术为主导的高新科技革命的迅猛发展，非但不会使距离社会主义和共产主义越来越远，而恰恰相反，应是日趋接近。当然，谁也不否认，这是一个较为漫长的过程，其中还可能有较大甚至更大的曲折。

三　社会主义思潮目前在全球范围内开始有所复兴

经济全球化与高新科技革命，只能为加速另一种全球化的替代创设更

① 布朗基是 19 世纪法国反对封建君主制度的伟大旗手，同时又是早期无产阶级政党的“领袖、头脑和心脏”（马克思语），坚决反对资本主义剥削制度和财产私有制度。他在 76 岁的生涯中，多次领导起义，多次失败，曾两次被判为死刑，其中有 36 年在 30 所监狱中度过。1870 年，巴黎公社革命成功，他缺席被选为公社名誉主席。1881 年 1 月 1 日布朗基去世后，巴黎 20 万群众自发为其送行。

② 《马克思恩格斯选集》第 1 卷，北京：人民出版社，1995，第 774 页。

③ 《马克思恩格斯全集》第 21 卷，北京：人民出版社，1985，第 569 ~ 570 页。

多更充足的物质条件和社会基础，从而使社会主义思潮、理论、运动、制度在全球范围内走出低谷并走向高潮，加速资本主义为更高级的社会形态所替代的历史进程。这是目前社会主义思潮在全球范围内开始复兴的历史依据，是21世纪社会主义必将再度蓬勃发展的历史依据。

我们坚信21世纪社会主义作为另一种全球化的替代与选择，绝不仅仅是简单的规律推理和单纯的主观愿望，而且是有着更充分的事实依据。在西方世界的诱导下，苏联和东欧国家纷纷走上了私有化改革道路，但并没有实现预期的经济繁荣。与此相反，俄罗斯经济下降了52%，远远高出残酷的卫国战争时期下降的22%。苏东前社会主义国家的私有化所发挥的只是一种独特的“反面教员”的作用。在推行新自由主义政策的亚洲、非洲特别是拉美一些国家，新自由主义不仅难医其经济痼疾，反而导致此起彼伏的经济衰退、金融动荡，社会危机。由于广大第三世界愈加贫穷，财富和内需急剧减少，发达国家的跨国集团利润下降，其有关国家税收减少，西方发达国家的跨国公司为提高其在全球的竞争力，纷纷裁减本国员工，并要求政府缩减福利，从而导致国内内需大量减少。可以说，以美国为首的西方国家虽然曾极大地得益于在全球推行的新自由主义政策，但这项政策正如同飞去来器，最终受害的还是它们自己。

目前，世界社会主义运动不仅顶住了苏东剧变的巨大冲击，而且得到了一定程度的恢复和发展。一是中国、古巴、越南、朝鲜、老挝等社会主义国家在苏东剧变后顶着前所未有的压力，正在积极探索适合本国国情的社会主义道路。特别是占世界人口五分之一的中国，坚持社会主义方向，坚持改革开放，取得了巨大的成就。二是西方发达国家出现了一波又一波的“马克思热”，马克思主义的重新传播成为当今世界国际政治中一道亮丽的风景线。三是在一些原社会主义国家，社会主义力量正在重新集聚。四是亚洲、非洲特别是拉美一些国家在饱尝新自由主义的苦果之后，左翼政府纷纷上台执政。

人类社会从来都是在曲折中螺旋式向前发展的。当我们说资产阶级的灭亡和无产阶级的胜利最终是不可避免时，也绝不否认前进道路上会出现新的困难与曲折。社会主义制度虽然走过80多年的历程，创造过一系列辉煌的业绩，但在人类社会发展的历史长河中，这只是短暂的一瞬间。同有着几百年历史的较为成熟的资本主义制度相比，人类历史上从未有过的崭新的社会主义制度仍处于艰辛的成长过程之中。正是从这个意义上说，20世纪社会主义的实践，还只是整个社会主义历史进程中的一个序幕。

毫无疑问，我们坚信马克思主义、社会主义、共产主义有着十分强大的生命力，但我们也做了充分的思想准备，迎接可能出现的新的曲折甚至更加严峻的形势。做好这样的准备，只有好处，没有坏处。

什么时候容易产生低潮呢？一是重大事件之后，如巴黎公社失败和苏东剧变之后。二是伟大人物去世之后。现在，社会主义运动无疑在全球范围内仍处于低潮，在低潮之时，坚定正确的理想信念显得更为重要。我们在任何时候尤其是在困难的时候更应该有这份乐观和自信。20 世纪 70 年代末，我在《解放军报》当记者时，12 月到新疆边防采访，看到边防线上有棵大榆树，榆树上面都结挂着厚厚的冰雪，冰雪包裹的枝头上有很多比米粒大一些的紫黑色叶蕾。我搓开冰，用指甲切开叶蕾，啊，真让人吃惊！里面竟充盈着绿色，彰显着生机盎然的春天。在零下 30 多度的冰天雪地里，在那榆树细细的枝头上，竟有着如此顽强的生命。人类的生命力更加顽强。严冬萌生着春天，社会主义在低潮中正孕育着高潮。我们坚信人类社会将会向着更加美好的方向发展。

“风物长宜放眼量”。虽然实现社会主义全球化对资本主义全球化的最终替代将有一段十分艰辛而又长远的路要走，但全世界人民所为之筹谋的另一种全球化的选择与替代，正如同抖动在凛冽寒风中饱蕴春色的枝头上的茸茸叶蕾，挺显在汹涌澎湃水面上的尖尖小荷，展露在阴云覆盖的东方地平线上的些许曙光，滴淌在千里冰封大地下面的涓涓溪流。因此，完全可以得出如下结论：从一定意义上讲，没有极特殊情况的发生，世界社会主义运动已经开始走出低谷，并逐步走向复兴。

除非西方个别霸权主义国家在继搞垮苏东之后再搞垮社会主义的中国及有关国家，世界社会主义运动才有可能步入一个新的更大的低谷。但是，我们坚信：中国共产党和中国人民有马列主义、毛泽东思想、邓小平理论和“三个代表”重要思想的正确指导，有以胡锦涛同志为总书记的党中央的坚强而又正确的领导，所谓搞垮社会主义中国，只不过是国际垄断资产阶级的一厢情愿而已。我们对共产主义理想和中国特色社会主义充满必胜的信念和坚强的决心。

四 加强对世界社会主义的研究

在经济全球化、政治多极化曲折发展，科学技术日新月异和综合国力竞争日趋激烈的大背景下，当今世界已经并正在发生复杂而深刻的变化。苏东剧变后，世界历史前进的脚步并未停止，但从整体上看，世界社会主义运动尚处于低潮，国际上的各种社会主义力量尚处于动荡、分化、改组之中。我们的跟踪研究，应该站在世界的战略全局，努力从世界社会主义运动的曲折发展和跌宕起伏中，进一步阐明社会历史的发展趋势。

我们认为，在当前和今后一个时期，对世界社会主义做进一步的跟踪研究，应围绕和着力抓住以下四个方面的重大问题，有重点地加以展开。

第一，应当清醒、正确地坚持对20世纪世界社会主义运动的基本经验和深刻教训，做出马克思主义的、更加系统的理论总结。

20世纪世界社会主义运动经历的是一个“低潮—高潮—低潮”的马鞍形发展过程，并且以苏联在20世纪前期的蓬勃兴起和在20世纪后期的衰微败亡作为基本标志。冷战是在全球范围内两大阶级、两种思想体系、两种社会制度之间力量此消彼长的激烈竞争和斗争。这种激烈竞争和斗争的根源和实质是什么？为什么会有这样的消长和曲折，是什么原因促成了这样的消长和曲折，人们的认识并不很深刻和统一，还需要多做更为深入、更有说服力的跟踪研究。其中，最为重大、最为关键的问题，是对苏共和苏联兴亡的研究和总结。

现在，在我们党内，在理论界一些同志中间，有了越来越多的共识，但认识仍不太一致，特别是对苏联社会主义失败的主要原因是什么，苏联出问题是社会主义（模式）的失败，还是脱离、背离乃至最终背叛马列主义和科学社会主义造成的失败，我们从中应当吸取什么教训等，在这些基本问题的认识上，见仁见智，分歧仍在。对苏联兴亡的经验教训及其原因、后果进行科学总结，是一个极为重大、影响深远的研究课题。对此进行深入思考和研究，从中得出深刻的教益，将会成为世界社会主义走出低谷低潮、走向复兴和现有社会主义国家防止、避免重蹈苏东覆辙的一笔宝贵财富。

第二，应当清醒、正确地认识和把握我们时代的实质与时代的主题，应当清醒、正确地认识和把握当代资本主义新变化的状况、实质和总的历史性走势。

苏东剧变，改变了世界政治格局，使世界社会主义运动步入低潮，也使美国在经济全球化和政治多极化的世界总态势中，变得“一极独大”。20 世纪的前 50 多年，世界思想政治的主流是倾向革命和凯歌行进，社会主义是人心所向；而 20 世纪后期，世界的政治风向开始大变，资本主义更加居于强势。这种政治风向的暂时变化，是否意味着从根本上改变了我们时代的性质、改变了资本主义必然灭亡和社会主义必然胜利的历史大趋势？这是需要我们共产党人、我们马克思主义理论工作者深入研究和明确回答的根本问题。

在十月革命前后，列宁把当时的资本主义正确地定位为由自由资本主义发展为垄断资本主义，即帝国主义阶段；把自己所处的时代历史地定位为帝国主义和无产阶级革命的时代。这两个基本的论断及其理论，是俄国十月革命和苏联建设社会主义的重要的理论依据，也是后来中国等一批国家进行革命和建立社会主义制度的重要的理论依据。我们认为，尽管列宁逝世后的这 80 年，特别是二战后的这 50 多年，整个世界的发展水平和历史条件发生了很大的变化，但我们生活在其中的大时代并没有变，这个大时代的本质并没有变。我们的时代就是开始由资本主义向社会主义转变和过渡的时代。

虽然我们所处的也就是列宁所讲的“大时代”并没有变，但是这并不排斥世界格局会发生变化。1972 年，中美关系正常化，苏联对我国入侵的可能进一步减少。20 世纪 80 年代中期，美苏关系也有所缓和，邓小平明确地提出：“现在世界上真正大的问题，带全球性的战略问题，一个是和平问题，一个是经济问题或者说发展问题。”① 党的十三大据此明确地肯定“和

① 《邓小平文选》第 3 卷，北京：人民出版社，1993，第 105 页。

平与发展”，已经成为我们“时代的主题”，是“当今世界的两大主题”。这一判断是完全正确的。但在苏东剧变前后，邓小平又明确提出，和平与发展，一个问题也没有解决。我担心一个冷战结束，另一个冷战开始。邓小平的判断同样完全正确。

应当说，列宁关于我们这个“大时代”的论断和邓小平关于当代世界的两大“战略问题”（也就是作为直接实践任务的“时代主题”）的论断，都是正确的。决不能把我们这个“大时代”的实质，与当代直接实践的“主题”对立起来，并用一个排斥另一个。如果否定了前者，我们就没有建立和坚持社会主义的历史依据，而如果否定了后者，我们就没有坚持和建设社会主义的现实可能。问题的关键就在于，我们应依据历史条件的变化，认真研究时代、时代问题、时代主题、时代潮流的相互联系和区别，从理论上辩证地阐明世界历史上的“大时代”和“小时代”、大时代的“实质”和小时代的“主题”的区别与联系；辩证地阐明作为一个大时代所固有时代的实质，与其表现在各个发展阶段上的，即一个个小时代的“主题”的内在联系和本质上的一致性。所有这些，都是需要深入探讨和正确说明的大问题。

与此相联系，还有一个必须清醒地、正确地认识和把握当代资本主义发生的新变化问题。

应当承认，最近三五十年，当代资本主义世界，特别是发达国家，的确在生产的技术形态、资本的垄断方式、社会的阶级结构、国家的政策调整和社会生活方式与水平上，都发生了并且正在继续发生显著而深刻的变化。由此使得西方社会的阶级矛盾有所缓和，社会文明的发展水平和生活水平都有新的提高。这表明，资本主义制度虽然早已开始衰落，但仍有一定的发展潜力，并没有最终走到历史的尽头。但是，这绝不意味着，资本主义内部的某些被迫进行的调整和改良，能够从根本上解决资本主义所固有的基本矛盾，能够由垄断资本主义自发地演变为所谓的“人民资本主义”或“社会资本主义”，能够根本消灭剥削和劳资矛盾，消除两极分化和阶级斗争。恰恰相反，在当今经济全球化、区域一体化和科学技术日新月异发展的大背景下，资本（股权）分散与垄断、科技的更新与垄断，都是一个问题的两个方面。由资本的高度垄断和集中的这种强化，而造成资本主义社会的两极分化和世界的南北分化，都达到了前所未有的严重程度。

当代资本主义已经发展到私人垄断资本、国家垄断资本和国际垄断资本三位一体的资本主义。可以说，世界资本主义统治体系中所固有的各种对抗性的社会矛盾，非但没有根本解决和消失，反而变得更深刻、更严重，也更少回旋余地了。

我们的跟踪研究，要努力做到全面地、本质地、历史地认识和把握当代资本主义的种种新变化，应当如实地把资本主义作为一个是由极少数发达国家即超级大国和第一世界、为数不多的一些次发达国家即第二世界、众多的不发达国家即广大的第三世界构成的世界性统治与被统治体系来看待和研究。除了社会主义国家外，在这个体系中的每个国家内部具有贫富阶级分化和阶级矛盾的特定的社会有机体，而由它们构成的整个资本主义世界，则是由其社会矛盾推动的，并表现为一个有其产生、发展、衰落和灭亡的历史过程，即应作为具有历史暂时性的一种社会形态来加以认识和对待。

第三，应当清醒、正确地认识和把握当代资本主义与社会主义的两种社会形态的本质对立和历史联系。

自从 1917 年俄国十月革命的胜利和其后社会主义苏联的问世，世界就开始由资本主义社会向社会主义社会转变和过渡，并由此开始进入社会主义与资本主义对立、并存和较量的历史时期。

首先，应当肯定，社会主义与资本主义之间始终存在本质对立。社会主义是从资本主义中生长出来的对立物，是要最终完全取代资本主义的更高级的社会形态，是共产主义社会的初级阶段。因此，作为资本主义社会统治阶级的资产阶级，特别是垄断资产阶级及其政治势力，总是持有与社会主义势不两立的根本立场，总是企图交替地运用军事、政治、经济和意识形态等手段搞垮社会主义国家，妄想使资本主义一统天下，万世长存。当今，体现西方这种战略图谋的国内外敌对势力，永远不会放弃敌视社会主义中国，并企图以西方发达国家的军事、经济、科技占优势的压力为背景，以政治和意识形态渗透为主要手段分化、西化和弱化中国的政治野心。

对此，我们应保持清醒和警惕。

其次，社会主义与资本主义之间有割不断的历史联系。这两种社会制度和社会形态，不仅有对立的一面，而且有长期共存、合作和较量的另一面。社会主义在其存在和发展的历程中，只有继承、吸收和发展人类在资本主义制度下创造的一切文明成果，只有在善于同资本主义并存、合作、竞争的长期较量中，才能最终超越和战胜资本主义，并取而代之。

最后，资本主义的富强和社会主义的弱小作为历史发展到今天的现状，是暂时的，也是会转化的。当代西方资本主义发达国家在经济和科技上占有优势，是历史形成的，是资本主义通过几百年剥削本国劳动人民和掠夺其他广大的发展中国家大量资源、财富的结果。尽管要经过一个较为漫长的时间过程，但作为资本主义统治体系，最终必然要走向衰落和死亡，这是不可移易的客观历史规律。而社会主义社会的产生，仅仅有80多年的历史，是代表社会发展方向的新生事物。由于现有的社会主义国家，都是在经济文化落后的国家中率先建立起来的，所以它们暂时处于弱势，也主要是由帝国主义列强的野蛮侵略与掠夺所造成的。社会主义社会由弱小变为富强，并最终超越和战胜资本主义，同样是不可移易的客观规律。

我们的跟踪研究，只有以确切和生动的大量历史事实来进一步阐明社会主义社会与资本主义社会之间存在的这种本质对立和历史联系的辩证关系，才能帮助人们树立和巩固对于中国特色社会主义事业的坚定信念和必胜的信心。

第四，应当清醒、正确地对21世纪世界社会主义运动的发展趋势做出正确的分析、估计和展望。

这方面的跟踪研究，是对“社会主义这个大主题”最切题的研究。它大体上应当包括：对苏东剧变后，除我国之外的其他几个现存的社会主义国家及其执政的共产党所进行的改革、革新尝试和社会主义建设，不断进行跟踪研究；对西方发达国家、原苏东地区国家和第三世界国家中的共产党或工人党，为了应对苏东剧变产生的政治冲击，所做的理论探索、队伍重组和路线纲领政策调整等，不断进行跟踪研究；对马克思主义、科学社会主义在世界各国各地的传播、研讨、论争和发展的情况，对其他左翼思想的种种流派及其学说产生和流行情况等，进行跟踪研究；以及对包括原苏东地区在内的资本主义国家工人运动、农民运动、学生运动等左翼运动，不断进行跟踪研究。当然，这种跟踪研究，不可能面面俱到，而应该抓重点，抓有代表性的事件和人物、组织和学说的变化情况，进行长期连续的跟踪研究，以发现其中的内在联系或规律性。

展望社会主义在 21 世纪的历史前景，需要有科学精神和历史的眼光。这涉及我们对当前世界社会主义进行跟踪研究的一个根本的方法论问题。也就是必须在苏东剧变后，对世界社会主义运动的全局及其在 21 世纪的发展趋势，有一个站在历史视野上的、符合客观规律的辩证分析和正确把握，而不被其表面现象所迷惑。对此，邓小平同志早在苏东剧变后不久，就曾高瞻远瞩地提出："社会主义经历一个长过程发展后必然代替资本主义。这是社会历史发展不可逆转的总趋势，但道路是曲折的。资本主义代替封建主义的几百年间，发生过多少次王朝复辟？所以，从一定意义上说，某种暂时复辟也是难以完全避免的规律性现象。一些国家出现严重曲折，社会主义好像被削弱了，但人民经受锻炼，从中吸取教训，将促使社会主义向着更加健康的方向发展。"① 以往 10 年跟踪研究的大量事实，一再验证了邓小平同志这些精辟的见解。这些富于政治智慧的论述和思想，是我们展望 21 世纪社会主义发展前景的历史望远镜。

目前，尽管资本主义处于强势，社会主义处于弱势。但是，少数西方发达国家的表面繁荣，难掩其病入膏肓的症候；其咄咄逼人的攻势战略，正是其本质虚弱的表现。当代不合理、不公平的政治和经济秩序，只能暂时维持西方少数发达国家和少数人主宰的"繁荣""富裕"和奢靡的生产方式和生活方式，而使南北的贫富分化进一步加剧，使社会两极分化进一步加剧。资本主义必亡的根据，不在于外部因素的介入，而在于这种生产方式本身所固有的对抗性的矛盾，即生产力的社会化与生产资料私人占有制之间的矛盾；私人资本的无限扩张与自然资源和市场容量有限性之间的矛

---

① 《邓小平文选》第 3 卷，北京：人民出版社，1993，第 382～383 页。

盾。由于这些矛盾的运动、发展和激化，资本主义必将会被它自己所造成的日益强大的否定力量，以某种方式把它历史地加以否定。我们对世界社会主义运动跟踪研究，要以一桩桩生动、切实的历史事实，去逐渐揭示出蕴含于其中的历史发展客观逻辑。我们坚信：人民，只有人民，才是创造历史的真正动力。这是历史唯物主义的精髓，是历史必然向前迈进的真谛。时间和未来在人民群众一边，在社会主义一边。21 世纪必将是社会主义复兴的世纪。

在这样一个时代，我们十分钦佩地看到，在敌对势力的重重封锁和压力下，社会主义古巴巍然屹立，顽强生存和发展。古巴的经验是对世界社会主义运动的宝贵贡献，很值得其他社会主义国家和第三世界国家借鉴。对古巴社会主义进行研究具有重要的理论和实践意义。2001 年 1 月，我率领中国社会科学院代表团出席在哈瓦那举行的“第二届全球化与发展大会”，并顺访了古巴，亲身感受了古巴人民在其领袖菲德尔·卡斯特罗主席的领导下顽强奋斗、勇于探索、建设社会主义的革命精神。我深深感到古巴特色的社会主义和所取得的各种经验很值得我们深入研究并有责任向世人介绍。

本书作者、中国社会科学院拉美研究所研究员、世界社会主义中心特约研究员毛相麟同志倾注多年心血，潜心研究古巴社会主义，写成这部专著。这一研究成果对古巴的研究与介绍来说，是一个十分有益的探索。这有助于深化人们对古巴社会主义的认识，并由此昭示和佐证世界社会主义将是无比光明灿烂的。

此书是由中国社会科学院世界社会主义研究中心编发的世界社会主义研究系列丛书之一。在中国社会科学院国际合作局、拉丁美洲研究所同古巴驻华使馆的联合组织和共同努力下，拉美所的研究人员将此书翻译成西班牙文，介绍给古巴人民和古巴党的同志们。可以说这是中古两国学者共同探讨世界社会主义理论的又一次成功尝试。在此，我衷心希望中古两国的社会科学工作者进一步加强合作，深化对世界社会主义，其中包括对中国与古巴成功经验的研究。

此书西班牙文本问世恰逢古巴人民的领袖菲德尔·卡斯特罗主席 80 寿

辰。为此作序，并代表中国社会科学院，将此书献给古巴人民和他们的卓越领袖卡斯特罗主席。

（2006 年 8 月）

附录　本书西文版中的作者《致西班牙语读者》

在本书西班牙文译本行将出版之际，作为本书的作者，我想就翻译这本中文书的背景和将西译本出版的目的向读者做一个简要的介绍。

在 2003 年 2 月 27 日的夜晚，我和一些友好人士一起被荣幸地邀请到古巴驻华大使馆拜见正在我国进行国事访问的菲德尔·卡斯特罗主席。当他在大厅里走到我的面前时，在彼此的交谈中我介绍了我正在写一本关于古巴社会主义的书，他表示对此很感兴趣，并预祝我写作成功，早日出版。两年多以后，我所说的这本书顺利完成，于 2005 年 10 月以《古巴社会主义研究》为书名在北京出版。这本书的出版受到古巴方面的重视和好评。古巴驻华大使馆参赞 J. Zenen Buergo Concepción 说："这是在中国出版的第一部系统阐述古巴社会主义制度的著作。" 正在我国访问的古巴共产党中央委员会委员 Elba Rosa Pérez 和古巴驻华大使 Alberto Rodríguez Arufe 应邀出席了在中国社会科学院拉丁美洲研究所举行的该书的首发式。会后，他们向菲德尔·卡斯特罗主席做了汇报，"引起卡斯特罗的极大兴趣，他提出希望看到此书的西班牙文版"（拉美研究所科研处报道语）。古巴驻华使馆将这一信息电告我，要求我组织人力进行翻译。此事得到拉美研究所领导的积极支持，组成了以郑秉文所长为首的 6 人翻译协调组，其中包括当时的两位副所长江时学、宋晓平，所办公室国际合作负责人杨西，本书作者毛相麟和研究生李毅；同时组成了以徐世澄研究员为首的 4 人翻译组，其中包括本所的译审毛金里、译审白凤森和所外《今日中国》西文版主编、译审张金来。翻译工作还得到中国社会科学院国际合作局的支持和古巴驻华大使馆的资助和配合。在大家的努力下，于 2006 年 11 月完成了翻译工作，印制成西班牙文本，并举行了正式的交接仪式，将西文本交与了古巴驻华大使馆。古巴原打算在本国出版，并确定了出版社。后因该社财政困难而未能如愿，这一译本便被搁置下来。现在转为在我国国内出版。

这部西班牙文译本的出版有一定的现实意义。中国和古巴关系的历史源远流长，可追溯到160多年前。古巴革命胜利后，中古关系翻开了新的一页。古巴是新中国在拉丁美洲建立外交关系的第一个国家，古巴又是拉丁美洲乃至西半球唯一的社会主义国家。中国人民对古巴有着天然的亲切感。近年来，两国已建立起“好朋友、好同志、好兄弟”的密切关系。目前，两国关系处于历史上的最好时期，进入全面发展的阶段。在这样的形势下，两国人民都希望加强对彼此的了解。然而，由于不同语言的限制，人民之间的思想交流就显得不够了。例如，我国每年都发表一些有关古巴的文章和著作，但译成西班牙文的却极少。书籍作为思想的载体，这个译本的出版可为同古巴民众进行思想交流尽一份力量。而且，由于古巴的特殊性，其他拉美国家的民众对古巴所发生的事情也是关注的。因此，这个译本主要是面向包括古巴在内的拉丁美洲读者，但是如果讲西班牙语的其他读者想要通过阅读此书了解古巴，他们也会从中有所收获。

这个译本的中文版于2005年底问世，迄今已有8年，古巴的情况发生了不小的变化。但是，古巴的社会主义制度并没有变，相反，还得到了改善和加强。当时在书中提出的多数结论被证明是符合实际的，特别是对于书中提出的“古巴社会主义具有强大的生命力”这一总结论，在古巴几年来的形势发展中再一次得到证实。需要指出的是，在时任中国社会科学院副院长李慎明研究员于2006年11月为本书西班牙文版所撰写的长篇序言中，提出了“21世纪必将是社会主义复兴的世纪”等前瞻性的重要论断；这些论断代表了中国学者对世界社会主义运动的看法，有助于广大讲西班牙语的读者直接了解中国学者的观点。鉴于上述情况，我们决定对西文本的正文保持中文版内容的原样，不做任何修改。这样，便可真实反映原作者到那时为止对古巴国情的认识程度，给读者留下更多比较和思考的空间。然而，本书中文版问世至今毕竟已有这么多年了。在这段时间中，古巴有哪些变化，是什么性质的变化，作者对这些变化是怎么看的，相信本书西译本的读者对这些问题是会感兴趣的。因此，作者决定在西译本付梓时专门写一篇文章，概述几年来古巴社会主义的发展进程，作为西译本的附录载于书末，以飨读者。

中国社会科学院老年科研基金资助了这个西班牙译本的出版。下列人士以不同的方式为译本的出版做出了努力，他们是：中国社会科学院原副院长李慎明，中国社会科学院学部委员苏振兴，中国社会科学院离退休干部工作局局长刘红、该局学习科研处的工作人员石蕾，拉美研究所所长郑秉文、副所长吴白乙、副所长王立峰、科研处处长刘东山、办公室正处级调研员徐京丽；五洲传播出版社图书出版中心副主任郑磊，该社图书出版中心版权经理姜珊。在此，我对上述所有单位和个人深表感谢。最后，作为本书的作者，我还要感谢以中国社会科学院荣誉学部委员徐世澄为首的翻译团队，他们以辛勤的劳动将优质的译本奉献给了读者。

（2014 年 1 月）

导　言

国情概况

古巴的正式国名是“古巴共和国”（República de Cuba）。面积 109884.01 平方公里。人口 11239224 人（2017 年数字），人口年增长率为 -1.6‰；人口密度为每平方公里 102.1 人，城市人口占 77.0%；首都哈瓦那城（Ciudad de La Habana）人口 2129553 人（2017 年数字）[①]；按 2012 年人口普查的统计，在古巴民族中，白人占 64.1%，黑人占 9.3%，混血种人（黑白混血、印欧混血）占 26.6%，黄种人不足 0.1%；[②] 从殖民时期起，古巴人就高度混血，这是上述种族融合的结果。官方语言为西班牙语。国家保证信仰自由，但无官方宗教；约有 60% 的居民信奉天主教；此外，有少数人信奉基督教新教；在黑人中有些人信奉源于非洲的宗教如桑特里亚教等。从 2011 年起，全国划分为 15 个省，下设 167 个市（县）[③]，另设一个特别市（Muni-

---

① http://www.one.cu/publicaciones/cepde/anuario_2017/anuario_demografico_2017.pdf，pp. 15，19，20，（检索日期｛下略此四字｝2019-02-28）。

② http://www.one.cu/publicaciones/cepde/cpv2012/20140428informenacional/26_grafico_13_14 pdf（2017-09-03）

③ 原文 municipio 一词原意为市，但古巴的“市”还包括一般意义上的市区以外的广大农村地区，即相当于中国的县所管辖的地区。因此在古巴，municipio 既是市也是县，为了更确切地表达此词的含义，本书译为“市（县）”。

cipio Especial），即青年岛。[①]

古巴是社会主义国家。古巴全国人民政权代表大会（简称人代会）是最高权力机关，由601名代表组成，代表经选民直接选举产生，任期5年。现行宪法于1976年由全民公决通过，经过1992年、2002年和2018年三次修改。2018年人代会九届二次会议提出修改后的宪法草案，于同年8月13日至11月15日交由全民进行大讨论。在此基础上做了进一步修改，然后人代会于同年12月提出新宪法，2019年2月24日交全民公决后正式生效。新宪法规定，古巴是一个独立的社会主义主权国家，由全体劳动者组成，为劳动者造福。古巴共产党是马蒂主义、马克思列宁主义的先锋组织，是古巴社会及国家的领导力量。现任古巴共产党中央委员会第一书记为劳尔·卡斯特罗·鲁斯（以下简称劳尔），他在2011年4月召开的古巴共产党第六次代表大会（以下简称六大，其他次数的党代会照此类推）上当选为现职。按古共的规定，他的任期将在2021年4月结束。他曾于2008年2月在古巴全国人民政权代表大会上当选为国务委员会主席兼任部长会议主席（即国家元首兼政府首脑）。到2018年，他已任期届满。在同年4月19日古巴全国人代会上选出了新的国家领导人米格尔·迪亚斯－卡内尔（Miguel Mario Díaz－Canel Bermúdez），由其担任上述两项职务。

古巴的国内生产总值在2017年按1997年不变价格计算为557.57亿比索，人均4961比索，当年GDP增长率为1.8%。2016年国家预算总收入占国内生产总值的57.2%，总支出占64.1%，财政赤字占国内生产总值的6.8%。职工平均工资740比索，失业率为2%。2015年消费者物价指数上涨率（年平均数）为2.8%。货币和汇率为：可兑换比索（Peso Convertible）同美元的汇率为1∶1；比索（Peso）同美元的汇率为24∶1（2015年平均数）。2015年经常项目顺差14.36亿比索，外债为158.57亿比索。主要出口产品为蔗糖及其副产品、矿产品（主要是镍）、烟草产品、鱼和贝壳类海产品、酸性水果、医药等；主要进口产品为燃料、食品、机器设备、

---

① 古巴宣布，从2011年1月1日起，将Artemisa和Mayabeque两市（县）升格为省，因而省、市（县）数量较前有所增减。http://www.cubadebate.cu/noticias/2011/01/03/asi-es-cuba-en-el－2011/（2011－01－10）

化学品、原料等。2017 年出口额 24.02 亿比索；进口额 101.72 亿比索，贸易逆差 77.70 亿比索。[①]

地理和资源

古巴是西印度群岛中最大的岛国，位于加勒比海西部墨西哥湾的入口处，西经 74°08′~84°58′、北纬 19°49′~23°17′。古巴北邻美国佛罗里达州和巴哈马群岛，南邻牙买加岛，西濒墨西哥的尤卡坦半岛，东面是海地岛。人们以其旖旎的风光而称它为“人间伊甸园”和“加勒比海的明珠”，以其地理位置称它为“拉丁美洲的钥匙”。古巴由 1600 多个大小不等的岛屿组成，其中主岛古巴岛面积 104338.33 平方公里，占国土面积的 95%；青年岛面积 2419.27 平方公里；其他小岛面积共 3126.41 平方公里。[②] 古巴岛东西全长 1250 公里，而南北最宽处 191 公里，最窄处 31 公里，因其地形狭长而被称为“加勒比海的绿色鳄鱼”。古巴海岸线总长 6073 公里。

古巴岛大部分土地平坦，山地占总面积的 1/4。全国有三大山脉：瓜尼瓜尼、埃斯坎布拉伊和马埃斯特腊。位于马埃斯特腊山脉的图尔基诺峰海拔 1974 米，是古巴最高峰。古巴约有 200 条河流，但大多水流短浅、湍急，无舟楫之利。其中最长的考托河，长度 370 公里，是唯一可通航的河流。古巴海岸线曲折，有许多良港。重要的港口有哈瓦那港等 13 个港口。古巴的平原地区大部分由石灰岩构成，覆盖着黑色和红色土壤，适于种植甘蔗等作物。古巴沿海渔业资源丰富，有海鱼 500 多种。古巴地下矿藏比较丰富，其中具有开采价值的有镍、钛、铬、铁、锰和铜等。镍矿储量约 1660 万吨，占世界储量的 40.2%，铁矿储量约 35 亿吨，锰矿储量约 700 万吨。青年岛出产大理石。近年来古巴在墨西哥湾专属经济区内发现了石油储量。古巴

---

① http://www.one.cu/aec2017/08%20Sector%20Externo.pdf. CAPíTULO 8：SECTOR EXTERNO. pp. 7 - 8.（2019 - 02 - 28），http://www.onei.cu/publicaciones/08informacion/panorama2016/Panorama2016. tablas 13，15，17. pdf（2017 - 10 - 28）

② http://www.one.cu/aec2015/00%20Anuario%20Estadistico%202015 pdf（2017 - 09 - 05）

缺少煤，几乎没有可用于水力发电的河流。古巴的森林覆盖率为26%，[①] 盛产红木等贵重木材。

古巴地处热带，大部分地区为热带雨林气候，西南沿岸背风坡为热带草原气候。全年平均温度为25.5°C，温差不超过5°C；湿度为81%。5～10月为雨季，11月到次年4月为旱季。雨季中常遭加勒比飓风的侵袭，雨量充沛，全年平均降水量为1300毫米，适宜植物生长。全国有植物8000多种，其中著名的有皇家棕榈，其树干高大挺拔，是古巴的国树。国花为姜花，花为白色，象征纯洁与和平。国鸟为咬鹃，羽毛的颜色为红、白、蓝三色，同古巴国旗的颜色一样。这种鸟一旦被关进鸟笼，便很快死亡，因此被古巴人视为自由的象征。

简　史

15世纪以前，古巴岛上居住着处于原始阶段的印第安人，其总人口约20万人[②]，他们主要分属三个部族，即西沃内人（Siboney）、瓜纳哈达韦伊人（Guanajatabey）和泰诺人（Taino）。前两个部族以游牧、狩猎和捕鱼为主要谋生手段，后一个部族文化较发达，已开始进入农业社会，会烧制陶瓷和制作简单的生产工具，种植木薯、玉米、烟草和棉花等。

一　西班牙统治时期（1509～1898）

（一）西班牙统治初期（1509～1789）

1492年10月27日夜间，意大利航海家克里斯托弗·哥伦布在第一次航行美洲时到达古巴岛的东北岸。次日早晨当他看到岛上的景色后惊叹道，

① http://cuba.forestry.gov.cn/article/3880/3885/3905/2016-08/20160819-054307.html（2017-09-05）

② Julio Le Riverend. *Breve Historia de Cuba*, Editorial de Ciencias Sociales, Ciudad de La Habana, 1981, p. 8.

古巴岛是“人类的眼睛所能看到的最美丽的地方”[①]。1509 年，西班牙征服者迭戈·贝拉斯克斯（Diego Velázquez）率领约 300 人的远征队占领该岛，从此便开始了西班牙的殖民统治。在随后的二三十年中，印第安人遭到殖民者的杀戮和奴役，大批死亡。到 1537 年，全岛的印第安人只剩下约 5000 人了。同年，西班牙在古巴设立都统府，任命埃尔南多·德索托（Hernando de Soto）为第一任都统。1762～1763 年，古巴曾一度被英国占领。不久，西班牙又恢复了对古巴的统治。

在西班牙殖民统治初期，古巴经济先后经历了采金业热潮、畜牧业的兴起和烟草业的发展等阶段。18 世纪中叶以后，蔗糖业逐渐取代以上行业而成为古巴最重要的经济活动。1779 年，古巴蔗糖的年产量已达到 5600 吨，此后糖产量继续增加。

（二）西班牙统治中期（1790～1867）

1513 年，由于印第安人数量锐减，殖民者开始向古巴输入黑奴，以补充劳动力的不足。在 17 世纪和 18 世纪，贩入的黑奴不断增加。到 1817 年，黑人已占古巴人口的 53.88%，其中奴隶占 65.98%，其余为自由人。[②] 奴隶劳动成为古巴经济发展的基础。这时古巴社会分成几个对立的阶级和阶层：土生白人种植园主同奴隶；来自宗主国的西班牙人同土生白人；白人同黑人。西班牙人和土生白人是古巴社会的上层，而后者是最有变革能力和愿望的阶层。然而，当 18 世纪末 19 世纪初独立运动（1790～1826）在拉丁美洲大陆上风起云涌时，古巴土生白人为了维护奴隶制度而不愿发动黑人，因而站在独立运动的对立面，致使这一难得的国际机遇与古巴失之交臂。

从 18 世纪末到 19 世纪上半叶，是古巴蔗糖大发展时期。1776～1827 年，甘蔗种植园从 70 个增加到 510 个，蔗糖的年产量从几千吨增至近 10 万吨。到 1860 年，全岛的年产量已达到 50 万吨，占当时世界蔗糖产量的 1/3。蔗糖业成为古巴经济的主要支柱，这种单一的畸形经济结构形成后一直延

---

① José Cantón Navarro. *Historia de Cuba*: *El desafío del yugo y la estrella*, Editorial SI-MAR S. A., La Habana, 1996, p. 15.

② 〔美〕菲利普·方纳：《古巴史和古巴与美国的关系》第 1 卷（1492～1845 年），涂光楠、胡毓鼎译，田保生校，北京：生活·读书·新知三联书店，1964，第 77 页。

续到20世纪末。

（三）西班牙统治后期（1868～1898）

到19世纪中叶，古巴社会在“蔗糖繁荣”的基础上有较大发展。一方面，在古巴的少数西班牙殖民者同土生白人的矛盾日益尖锐，而后者同其他居民的共同性逐渐增多，古巴人的民族意识不断提高；另一方面，西班牙在拉美大陆独立运动胜利结束后加强了对古巴的控制和奴役，激起了古巴人的强烈不满，要求独立的呼声日益高涨。1868年10月10日，该岛东部的奥连特省种植园主卡洛斯·曼努埃尔·德赛斯佩德斯（Carlos Manuel de Céspedes，1819～1874）在“拉德马哈瓜”（La Demajagua）糖厂举行起义，接着到亚拉村散发古巴独立宣言，并同西班牙殖民军遭遇，史称“亚拉呼声”（Grito de Yara）。起义开始后，广大奴隶纷纷响应，起义军迅速扩大并占领了东部大部分地区。然而，由于西班牙军队的残酷镇压和起义军中妥协势力的动摇，历时10年的战争以同殖民军当局签订折中性的《桑洪条约》（*Pacto de Zanjón*）而告终。但以安东尼奥·马塞奥（Antonio Maceo Grajales，1845～1896）为首的起义军革命派不承认这一条约，史称“巴拉瓜抗议”（La Protesta de Baraguá），组织人民继续斗争（1879～1880）。[①] 对于部分起义军继续进行的战争，史称“小战争”（Guerra Chiquita）。

1895～1898年，古巴人民进行了第二次独立战争。1895年1月28日，古巴革命党领袖何塞·马蒂（José Julian Martí y Pérez，1853～1895）同马克西莫·戈麦斯（Máximo Gómez Báez，1836～1905）、安东尼奥·马塞奥等人一起发动武装起义，号召人民推翻殖民统治，同年9月13日宣布古巴独立。到1898年初，起义军解放了全岛2/3的地区。同年4月在独立战争即将取得最后胜利时，美国对西班牙宣战，乘机派兵占领了古巴。1902年，古巴取得了名义上的独立，实际上开始沦为美国的保护国。

二 美国控制的共和国时期（1899～1958）

美国觊觎古巴由来已久。早在19世纪初，美国就企图吞并古巴，把古

---

① 详见本书第十二章第三节第三条第5款的注。

巴看作一个迟早都会落入“美国怀抱的熟果”①。19 世纪下半叶，美国对古巴的经济渗透不断加剧。到 19 世纪末，美国资本控制了古巴的制糖、采矿等工业部门。为了维护在古巴的殖民主义利益，美国参与了古巴的独立战争。然而，在西班牙战败后的停战协议签字仪式上却没有战胜方的主角古巴人参加。随后，美国又背着古巴单独同西班牙签订《巴黎和约》。1899 年初西班牙军队撤走后，美国对古巴实行了军事占领。

1901 年，在美国军事当局的操纵下制定了《古巴共和国宪法》，美国强行把《普拉特修正案》（Platt Amendment）作为附录载入该宪法。这个修正案的基本内容是，美国有权干涉古巴内政和古巴应为美国提供海军基地。1902 年 5 月 20 日，古巴共和国成立，亲美的埃斯特拉达·帕尔马（Tomás Estrada Palma，1835～1908）就任总统，美军撤离古巴。1903 年 2 月，美国根据《普拉特修正案》“租借”了古巴的关塔那摩和翁达湾两处海港作为海军基地，前者至今尚未归还古巴。

1906 年，古巴爆发了反对帕尔马政府的起义，美国乘机对古巴实行军事占领，历时 3 年之久。此后，美国还于 1912 年、1917～1922 年、1930～1933 年对古巴进行多次武装干涉或军事占领。

1925～1933 年是赫拉尔多·马查多－莫拉莱斯（Gerardo Machado y Morales，1871～1939）独裁统治时期。这时，美国资本已经控制了古巴经济的战略部门。到 1925 年，美国在古巴的投资达 13.6 亿美元。世界经济危机（1929～1933）期间，古巴经济遭受严重打击。与此同时，独裁政权加紧了对人民的镇压。1933 年 8 月，全国性的反美反独裁运动推翻了马查多政权。在 1933 年革命的影响下，古巴于 1935 年废除了《普拉特修正案》；于 1940 年制定了一部比较进步的资产阶级宪法。从马查多政权倒台到 1952 年初，改良主义者及其政党古巴革命党（Partido Revolucionario Cubano）② 曾两度上台执政，第二次执政长达 8 年之久。然而，由于执政党本身的动摇和蜕

---

① 〔美〕约翰·昆西·亚当斯致休·纳尔逊函（1823 年 4 月 28 日），载美国国务院《给美国公使的指令》第 9 卷，转引自菲利普·方纳，前引书，第 125 页。关于美国的“熟果政策”，详见本书第十三章第四节第三条。

② 又名真正党（Partido Auténtico）。

变，所推行的改良主义运动遭到失败。

1952 年 3 月 10 日，亲美的政治人物富尔亨西奥·巴蒂斯塔－萨尔迪瓦（Fulgencio Batista y Zaldívar，1901～1973）在美国支持下发动政变上台，实行亲美独裁统治。巴蒂斯塔对外积极投靠美国，对内残酷镇压人民，有数以万计的人惨遭杀害。全国各地不断爆发小规模的武装起义。1953 年 7 月 26 日，由菲德尔·卡斯特罗·鲁斯（Fidel Castro Ruz，1926～2016，以下简称卡斯特罗）领导的、在圣地亚哥等地举行的武装起义便是其中最重要的一次。起义失败后，卡斯特罗等人被捕入狱，1955 年 5 月 15 日获释。同年 6 月 12 日，一批革命者在卡斯特罗领导下成立了"七·二六运动"组织（Movimiento 26 de Julio）[①]，进一步开展斗争。同年 7 月，卡斯特罗等人流亡墨西哥。1956 年 11 月，卡斯特罗率领 81 名战友乘"格拉玛号"游艇（El "Granma"）驶离墨西哥，并于 12 月 2 日在古巴的奥连特省南岸登陆，与政府军激战后仅存 8 人，他们随后转入马埃斯特腊山开展游击战争。

1957 年，卡斯特罗领导的起义军不断取得胜利。到 1958 年初，起义军完全解放了马埃斯特腊山的西部，并向东部地区扩展。与此同时，各地的反抗和暴动相继发生。1957 年 3 月 13 日，以安东尼奥·埃切维利亚（José Antonio Echeverría Bianchi，1932～1957）为首的一批青年学生攻打巴蒂斯塔总统府失败后成立"三·一三革命指导委员会"（Directorio Revolucionario de 13 de Marzo），1958 年初转入山区进行游击斗争。这时，古巴人民社会党（Partido Socialista Popular de Cuba，PSP，即古巴共产党）也表示支持卡斯特罗的武装斗争路线，并开始组织游击队，后来加入了起义军。1958 年 7 月，"七·二六运动"同大多数反对党派一起建立了"革命民主公民阵线"。同年 12 月，起义军解放了古巴中部重镇圣克拉拉，并继续向西挺进，直指首都哈瓦那。1959 年 1 月 1 日，巴蒂斯塔仓皇逃往国外。起义军进入哈瓦那，宣告了古巴革命的胜利。

三　社会主义时期（1959～　）

本书的以下各章将详述这一时期的情况。

---

① José Cantón Navarro. Op. cit.，p. 166.

本书第一版写作主旨

本书主要是介绍、论述和分析古巴的社会主义。作者为什么要研究这样一个课题呢？其原因是多方面的。

一 推动对科学社会主义的研究

马克思主义的科学社会主义自诞生以来已有150多年历史。社会主义运动的兴起和发展是世界历史在19世纪和20世纪中最重要的事件。20世纪中叶以后，社会主义实践从一国发展到多国。20世纪80年代社会主义国家最兴旺的时候，生活在社会主义制度下的人口约占世界总人口的1/3。然而，由于社会主义制度是人类历史上第一次以自己的智慧给自己设计的一种社会制度，是一个前所未有的新生事物，是一项规模巨大的社会试验，因而其发展不可能是一帆风顺的。在世界进入20世纪最后10年时，较早建立社会主义制度的几个东欧国家发生剧变。接着，世界上第一个社会主义国家在诞生70多年后也解体了。世界社会主义运动经历了有史以来最大的一次挫折而转入低潮。这究竟是什么原因？有哪些教训？从中应找出哪些有规律性的东西，以便振兴社会主义运动？这些是摆在关心社会主义运动的人们面前的重大课题。古巴作为始终坚持社会主义制度的少数国家之一，对其特点和经验的研究是上述重大课题的组成部分。对古巴社会主义的研究有助于推动科学社会主义理论和社会主义史研究的深入和拓展。

二 加深对古巴的了解和认识

古巴是一个具有许多特点的拉丁美洲国家，而它最大的特点就在于所实行的社会制度是社会主义制度。半个多世纪以来，古巴是拉丁美洲以至整个西半球唯一的社会主义国家。1959年，古巴爆发了一场不仅对古巴而且对拉丁美洲来说都是前所未有的深刻革命，在这场革命进一步发展时古巴走上了社会主义道路。古巴在社会主义革命和建设中取得了不少成就和经验，同时也存在不足和教训。古巴的社会主义在抵制外部压力和克服内部困难的长期斗争中逐步形成了自己的特点，特别是经历了世界格局变化的大震荡以后仍然顽强地生存了下来，自有其独特的地方。古巴社会主义发展的特殊经历使对古巴社会主义的研究成为古巴研究中最重要的课题。

三 促进中古两国的交流与合作

我国和古巴同属社会主义国家。我国实行社会主义制度已有半个多世纪之久，特别是近40年来实行改革开放后已经取得了丰富的经验。但这还不够，需要吸收别国的经验。因此，研究古巴的社会主义不仅可以加深对中国特色社会主义的认识，更重要的是可以从古巴社会主义的理论和实践中获得对我国有益的启示和借鉴。目前，世界社会主义运动仍处于困难时期，坚持社会主义制度的少数国家需要加强交流与合作，把各自国家的社会主义建设搞好，为世界社会主义运动的复兴做出贡献。要做到这一点，必须首先增加彼此的了解。因此，介绍和分析古巴的社会主义将大大有助于加强我国与古巴的友好合作关系，推动这一关系不断向前发展。

综上所述，对古巴社会主义的研究具有重要的理论意义和实践意义。然而，目前我国国内这方面的论著还较少。在国际上，苏联曾出版过一些论述古巴的著作，但没有专门论述古巴社会主义的书，且有所涉及的书籍已年代较早。自20世纪80年代后期起，苏联的古巴研究逐渐减退。苏联解体后，俄罗斯的拉美研究受到严重冲击，对古巴的研究也是如此。在西方国家中，对古巴的研究力量主要集中在美国、英国和加拿大等国，这些国家特别是美国有为数不少的古巴问题专家和学者，他们出版了大量论述古巴的著作。然而，也没有一部全面论述古巴社会主义并包括21世纪以来最新情况的专著。虽然有的著作接近这一主题，但是同其他著作一样，其作者所运用的观点很难摆脱西方价值观念的影响，因而不可能全面、客观地反映古巴社会主义的真实情况。本书作者水平有限，但是愿为充实这一研究领域贡献自己的绵薄之力。

写作本书的指导思想和写作方法是力求介绍的全面性、论述的客观性和分析的准确性。作为一名中国的社会科学工作者，一切研究和写作的总原则都应是以马克思主义为指导，以辩证唯物主义和历史唯物主义为武器，以丰富的原始材料为基础，进行全面、系统的分析和研究，力求得出合乎实际的概括和判断。对本书的写作也不例外，其中重要的是客观性问题。所有叙述和结论都力求来自对客观事物的客观分析，遵循所掌握的资料的指引。

本书的写作方法主要采取四个结合，在结合中突出重点，即纵向与横向相结合，以横向为主；点与面相结合，以面为主；共性与个性相结合，以个性为主；历史与现实相结合，以现实为主。总之，作者希望能在本书中充分凸显古巴社会主义的特点，包括其成就和经验。正是由于有了这些特点，古巴社会主义才具有强大的生命力，才能够战胜一切困难，继续生存和发展。

根据以上的思路和方法，本书在结构上做了如下安排。

导言是简要介绍研究对象和研究目的，包括以下内容：国情概况、地理和资源、简史、本书写作主旨。第一章介绍古巴是怎样选择社会主义制度的，内容包括向社会主义转变的过程和特点，选择社会主义的原因和国际意义。第二章到第五章介绍古巴社会主义制度的基本方面，即古巴共产党、古巴的民主政治制度、军队建设和经济体制，从这几章中可以了解古巴社会主义的基本概貌、运作情况、主要经验和教训。第六章到第九章介绍的是几个具有古巴社会主义特色的领域，即教育模式、医疗体系、宗教事务、反对帝国主义和坚持国际主义的对外政策。通过这些方面的介绍，读者对古巴社会主义的了解就会比较全面和具体了。第十章专门介绍特殊时期中的经济情况，所以单独立章。第十一章介绍古中关系，这是中国和古巴读者都会感兴趣的题目。第十二章以“古巴社会主义具有强大的生命力”为题，作为最后一章，意在总结古巴社会主义的主要特点和基本经验，并就有关的现实问题提出作者的看法。结束语着重从更广阔的角度来阐述古巴社会主义的历史和现实意义，以及同世界社会主义运动的关系和对前景的展望。

在考虑本书的结构时，作者以为本书不是一本列国志，也不是一部历史书，因此其写法不必面面俱到，也不需要按年代来写。根据课题性质的要求，作者以为应把社会主义制度的几个基本方面介绍出来，同时作为所研究的具体对象，也应对古巴社会主义的特点进行充分的论述。因此，本书的结构是以一个专题为一章，共分十二章，除头尾两章外，从第二章到第十一章涵盖了古巴社会主义制度的基本方面和主要特点。这样也许能使读者对古巴社会主义制度的某一个方面和特点有比较完整和系统的了解，从而有助于更好地从整体上认识古巴社会主义。

关于出第二版（修订版）的缘由及这版的特点，请见第一作者自序中的有关部分。

中外学界对古巴社会主义的研究现状简介

一　国内的研究现状

我国同古巴建交已近60年，两国关系不断发展。我国学界对古巴国情的介绍和论著已十分丰富而全面。然而，迄今为止，以“古巴社会主义”冠名的书，除了拙作外，只出过两本，即周新城主编的《越南、古巴社会主义现状和前景》（2000年出版，下略“年出版”三字）和肖枫、王志先合著的《古巴社会主义》（2004）。前者讲古巴的部分有六章，约10万字，主要谈古巴社会主义的现状，占了四章，由于篇幅所限，很难展开谈；后者有15万多字，共十章，主要谈古巴在苏东剧变后的改革开放，占了五章。在这五章中有三章是谈改革开放的实际进程，因此，可以说这两本书各有其侧重点，但都没有全面系统阐述古巴的社会主义制度。此外，广西学者王承就于2016年以“古巴社会主义研究”课题申请立项，获得国家社科基金批准。

虽然论述古巴社会主义的专著不多，但是不同程度地涉及这一主题的书不少。这里只重点列举作者知道的近年来出版的有关著作。

（一）研究所和高校研究中心出版的成果

这类成果主要有：徐世澄编著《古巴》（2003），徐世澄、贺钦编著《古巴》（新版，2018），徐世澄著《卡斯特罗评传——从马蒂主义者到马克思主义者》(2008)、《当代拉丁美洲的社会主义思潮与实践》(2012)、《徐世澄集》(2013)、《古巴模式的"更新"与拉美左派的崛起》(2013),徐世澄主编《拉美左翼和社会主义理论思潮研究》(2017);苏振兴著《苏振兴文集》(2005)、《苏振兴集》(2012),苏振兴主编《拉丁美洲的经济发展》,苏振兴主编、刘维广副主编《拉美国家现代化进程及其启示》(2012);冯颜利等著《亚太与拉美社会主义研究》(2013);崔桂田著《当代社会主义发展模式比较》(2005),崔桂田、蒋锐等著《拉丁美洲社会主义及左翼社会运动》(2013);袁东振、杨建民等著《拉美国家政党执政的经验与教训研究》(2016)。

(二)高校的国际共运教材(其中含有古巴部分)

这类成果主要有:黄宗良、孔寒冰主编《世界社会主义史论》(2004),秦宣主编《科学社会主义概论》(2010),赵曜主编《科学社会主义教程》(2004),赵明义主编《科学社会主义》(2011),高放、李景治、蒲国良主编《科学社会主义的理论与实践》第六版(2014),高放、李景治、蒲国良主编《"科学社会主义的理论与实践"疑难解析》(2004)。

(三)中国共产党中央机关和地方机构出版的成果

这类成果主要有:张志军主编,郭业洲、周余云副主编《20 世纪国外社会主义理论、思潮及流派》(2008);刘洪才主编《当代世界共产党党章党纲选编》(2009);康学同主编,王玉林、王家雷副主编,刘荣根执行主编《当代拉美政党简史》(2011);梁宏、朱兴有、金玲、王翠芳、付光焰编著《变革中的越南朝鲜古巴》(2010)。

(四)我国前驻古巴大使和记者撰写的著作

这类成果主要有:陈长久著《卡斯特罗与古巴——出使岛国见闻》(2002)、《"硬汉"卡斯特罗:中国驻古巴大使手记》(2009),王成家著《解读卡斯特罗神话——王大使与菲德尔的不解之缘》(2005),徐贻聪著《我与卡斯特罗》(2015);庞炳庵著《亲历古巴——一个中国驻外记者的手记》第二版(2004)、《怎样当记者——一个国际新闻工作者走过的路》(2015)。

(五)关于卡斯特罗和格瓦拉的传记类著作

据不完全统计,卡斯特罗的传记从国内出版政学著《卡斯特罗》(1997)

到出版徐世澄著《卡斯特罗评传》（2008）为止至少出版了8本，加上外国人写的卡斯特罗传记5种中译本（分别是：巴西人克劳迪娅·富丽娅蒂著《卡斯特罗传》，2003；卢学慧编译《卡斯特罗传》，2003；意大利人安格鲁·特兰托著《卡斯特罗与古巴》，2006；美国人富兰·利兹著《菲德尔·卡斯特罗》，2008；法国人伊格纳西奥·拉莫内著《卡斯特罗访谈传记：我的一生》，2008），共计有13种。关于格瓦拉的书包括外文著作的中译本，也有10多种，其中如美国作家乔恩·李·安德森著《切·格瓦拉》这样的大部头传记已有中译本（2009）。

（六）一批中青年学者已推出了他们的成果

这类成果主要有：张金霞著《"古巴模式"的理论探索——卡斯特罗的社会主义观》（2012），王承就著《古巴共产党建设研究》（2011），靳呈伟著《多重困境中的艰难抉择——拉美共产党的社会主义理论与实践》（2016），陈美玲著《古巴农业革命》（2013）等。

仅限于本书作者所知道的近年来出版的涉及古巴社会主义的中文书就有如此之多，可见提供研究者参考的资料是很丰富的。浏览之余，作者不仅对同行们的努力深怀敬意，而且也感到这些成果的内容佐证了作者在第一版中的基本论点是站得住脚的。然而，作者也发现，迄今为止，上述成果（包括拙作第一版在内）普遍存在着一种偏向，即对古巴的成就、优势和经验谈得多，谈得细，对不足、失误和教训谈得少，谈得不充分。作者以为，其原因是多方面的：第一，应该承认我们的研究总的说还不够深入；第二，为了显示不认同某些西方学者和舆论对古巴社会主义事业的有意贬低、歪曲或否定，我们过多地强调优点，忽略缺点；第三，我们作为同属社会主义国家的中国学者，难免倾向于多谈喜、少谈忧；第四，对古巴社会主义建设进程中出现的问题认识不足等。古巴的实际情况是，劳尔主政后对过去进行了深刻的反思，某些过去认为成功的事现在看来是不成功的，如培养接班人的问题便是一例，不少问题还需要重新评价。然而，我国学界的成果尚未明显地反映出这一新的变化。这是摆在同行们面前的一项新任务，也是作者在修订版中所努力追求的目标。

二 古巴国内的研究现状

21 世纪第一个 10 年末期至第二个 10 年初期是古巴共产党自我反思的转折期。经过数年的酝酿，到 2010 年前后基本上取得共识，认为从 1990 年至 2010 年古巴处于社会主义模式的“特殊时期”[①]，并于次年在古共六大上正式提出“更新”模式的方案。到 2017 年末，古巴已出版了一批论述劳尔主席领导下的“更新”模式的书籍，其中主要有由奥马尔·埃韦尔伦尼·佩雷斯、比利亚努埃瓦、里卡多·托雷斯主编的题为《注视古巴经济：对非国有部门的分析》的报刊文集，和玛丽亚·德尔卡门·萨瓦拉等人主编的题为《古巴经济模式更新过程中对社会公正的挑战》文集等。[②] 值得注意的是，劳尔主席在 2011 年曾三次强调要纠正过去所犯的错误。[③] 根据这一指示精神，古巴学者过去所发表的一些观点有待重新审视。当然，如何重新评价过去某一问题是件大事。如我国有学者认为纠偏运动是犯了“左倾”错误的问题；[④] 又如，如何评价在“特殊时期”举行的古共五大等，都是值得深入研究的问题。目前在古巴的学界，人们的认识也不是很一致，有的如拉斐尔·埃尔南德斯对过去进行了深刻的反思，也有的如何塞·路易斯·罗德里格斯否定市场经济的作用。可喜的是，古共七大提出了加强理论研究的问题，我们期待着通过深入的研究，古巴的研究会有所创新，并有新的成果问世。

对于我国的学者来说，能读到的来自古巴的资料是丰富的。不仅古巴的党报、党刊和重要的图书在有关的图书馆里都有，而且有些图书还有中译本。其中近期出版的译本主要有《卡斯特罗语录》(2010)，《总司令的思

---

① Rafael Hernández, “Reform/Revolution in Cuba: The Current Transition”, Seminar on *Discussions of Socialism in an International Comparison*, Beijing, September 16 – 17, 2010.

② Omar Everleny Pérez, Villanueva and Ricardo Torres, eds. *Miradas a la Economía Cubana: Análisis del sector no estatal.* La Habana, Editorial Caminos, 2015. p. 163; María del Carmen Zavala et al, eds. *Retos para la equidad social en el proceso de actualización del modelo económico cubano.* La Habana, Editorial Ciencias Sociales, 2015. pp. vi + 362. 详见本书第六章第四节的有关段落及注释和第十五章第三节的注释。

③ 〔古〕劳尔·卡斯特罗于 2011 年 4 月 16 日、8 月 1 日和 12 月 18 日在不同场合发表的讲话。

④ 崔桂田：《当代社会主义发展模式比较研究》，济南：山东人民出版社，2005，第 71 ~ 72 页。

考》(2008) 等，特别是法国学者伊格纳西奥·拉莫内著《卡斯特罗访谈传记：我的一生》(2008) 具有特殊的史料价值。再者，卡斯特罗和劳尔历年的讲话以及古巴重要的报刊都已数字化；古巴的党政军各部门都有自己的网站，毫无遗漏地提供文献资料；古巴的国家统计机构适时地发布各种统计数字资料，并都已数字化。所有这些资料都无偿地供国内外互联网读者查阅和下载。

三 世界其他国家的研究现状

(一) 美国

在世界上，对古巴的研究就研究人数、出版物的数量和质量而言，美国都是居于首位的。然而，专门论述古巴社会主义的书却很少。下面着重介绍几位长期或终身研究古巴的著名学者的研究近况。

豪尔赫·I. 多明格斯 (Jorge I. Dominguez)，哈佛大学教授，《古巴：秩序与革命》[①] (1978) 为其研究古巴的开山之作，后来陆续发表的几本著作多为论述古巴的政治和对外关系。21 世纪以来，其研究领域扩展至经济、社会等方面，成果主要有：第一主编《21 世纪开始时的古巴经济》(2004)，专著《今日古巴：分析其过去，设想其未来》(西文版，2006)，第一主编《古巴的经济和社会发展：21 世纪中的政策改革与挑战》(2012)，第一主编《古巴的社会政策和非集中化：21 世纪拉丁美洲背景下的变革》(2017)。他对古巴持温和观点，同古巴学者有着数十年的学术联系，上述的部分著作是与古巴学者共同编写的。

马克斯·阿齐克里 (Max Azicri)，爱丁博罗大学教授，他的第一本著作是《古巴：政治、经济和社会》(1988)。此后的主要著作有：《古巴的今天和明天：重新创造社会主义》(2000)，同埃尔西·迪尔共任主编《新世纪的古巴社会主义：逆境、幸存和更新》(2004)。他的观点比较客观，简明扼要而全面，其著作充分利用了当代美国同行们的研究成果。

卡梅洛·梅萨 - 拉戈 (Carmelo Mesa - Lago)，匹兹堡大学教授，处女作

---

① 书名原文及出版社情况，见本书的“主要参考文献”，下同。

是与他人合编《古巴的革命变革》(1971)。专攻古巴经济，迄今已著作等身。有专著《七十年代的古巴：注重实效与体制化（修订版)》(1978，有中译本)，《社会主义古巴的经济：对20年的评价》(1981)；主编《冷战后的古巴》(1993)。近期的有：《劳尔·卡斯特罗领导下的古巴：对改革的评价》〔西文版（2012)，英文版（2013)〕，第一主编《古巴非国有部门中的变革之声》〔西文本在古巴和西班牙同时出版（2016)，英文版（2018)〕。他对古巴经济持高度批判的态度，但他所根据的资料大都来自古巴。个别时候也有误引之事，如对中古关系他曾在一处引用了美国的不实资料，本书第一作者对他当面提出了批评。他曾在美国《古巴研究》上发表对拙作（本书第一版西文本）的书评，认为此书是“不妥协地赞扬古巴革命及其政策”①。

此外，还有长期研究古巴而至今仍活跃于学界的一些资深学者，如美洲大学教授威廉·利澳格兰德、迈阿密大学教授海梅·苏奇利基等。由于作者未曾亲身接触过这些学者，便不在这里一一介绍了。值得一提的是，在20世纪比较活跃的史密斯学院经济学教授安德鲁·津巴利斯特和瑞典隆德大学政策研究所所长克拉斯·布伦登尼亚斯合作，发表多部论著，以充分肯定古巴的建设成就而著称。后来，津巴利斯特教授的学术兴趣转向其他方面，而布伦登尼亚斯教授则一直研究古巴，近期与里卡多·托雷斯合作，出版了论述古巴更新模式的新著。

（二）加拿大

该国学界对当代古巴的研究兴起于20世纪中期。1969年，加拿大拉丁美洲研究协会成立；1972年，约克大学设立拉美和加勒比研究室，1978年扩展为研究中心。与此同时，卡尔顿大学、温莎大学等相继开设当代拉美和加勒比课程。20世纪80年代，中国社会科学院拉丁美洲研究所曾先后派出三位学者访问加拿大高校的拉美研究机构，进行学术交流，其中包括本书第一作者。下面着重介绍长期从事古巴研究的著名学者、卡尔顿大学教授阿奇博尔德·R. M. 里特尔（Archibald R. M. Ritter）的研究近况。他的主要著作有：专著《革命古巴的经济发展：战略与成效》(1974)，《国际系统

---

① （USA）*Cuban Studies* No. 44，p. 394.

中的古巴：结合与正常化》（1995）；主编《古巴经济》（2004），同特德·亨肯共任主编《企业家的古巴：变化中的政策风景线》（2014）。他于21世纪第一个10年末，以“古巴经济”为题开辟了一个英、西双语的博客网站，除自己写稿外，还向国际上的古巴问题专家征稿，适时地研讨古巴的现实问题。目前，这一网站在他的主持下办得十分活跃，跟踪形势，讨论热点问题，已有来自世界各国的数十位学者在其博客平台上发表过文章，其中包括本书第一作者的文章。其内容已不限于经济，涵盖了古巴社会的各个方面，分列出数十个专题。这些文章不仅信息量大，而且包含了古巴最新的动态。他的观点客观、包容，他同古巴建立了学术联系，曾任哈瓦那大学经济硕士研究生项目的加方协调员（1994～1999）。[①]

（三）英国

在几个著名的大学剑桥大学、牛津大学、伦敦大学、利物浦大学里都设有拉丁美洲研究所或研究中心，在这些机构中都有研究古巴的学者，但是伦敦大学拉丁美洲研究所所长莱斯利·贝瑟尔在主编《剑桥拉丁美洲史》时延请了美国学者来撰写古巴的现代和当代的历史。虽然英国研究古巴现实问题的学者不多，但也并非无所作为。如东安格利亚大学（University of East Anglia）教授鲁思·皮尔逊（Ruth Pearson）从1994年开始对古巴的宏观政策进行研究，并将三位古巴著名经济学家合著的《古巴：经济改革——提供讨论的一项建议》（第二版/增订版，1996）全书译成英文，通过伦敦大学拉丁美洲研究所出版发行，使广大读者从中了解古巴经济改革的情况。她于2000年转至利兹大学（University of Leeds）任教，现为该校发展研究学的荣誉教授，古巴的更新问题仍是她的研究兴趣之一。[②]

根据上述情况可以看出，近年来外国学者的研究趋势是日益重视古巴的经济形势和经济改革，特别是个体经济在社会主义制度下的发展问题。多数著作的立论是客观、公允的，在有的著作中还提出了建设性的政策建议，这是值得古巴方面认真研究的。

---

① https://thecubaneconomy.com/profile/（2017－09－21）

② http://www.polis.leeds.ac.uk/people/staff/pearson/（2007－09－21）

第一章　古巴对社会主义的历史性选择

古巴是实行社会主义制度的国家，但它走上社会主义道路的途径与所有其他社会主义国家都不相同，有其独特的方式。本章将介绍古巴选择社会主义制度的过程，探讨其历史渊源及现实原因、特点和意义。

第一节　古巴革命向社会主义转变的发展过程

1959年1月1日，古巴革命取得了夺取政权的胜利。那时，这一革命是属于民族民主性质的。革命的目标是实现“蒙卡达纲领”。1953年，当卡斯特罗领导的起义者攻打蒙卡达兵营失败后，他同其他战友被捕入狱。同年10月16日，卡斯特罗在独裁政权的法庭上进行自我辩护，发表了后来名为《历史将宣判我无罪》的著名长篇辩护词。这份历史性文献“十分精确地规定了整个革命阶段的纲领中的基本路线”[①]。卡斯特罗提出的革命目标是恢复1940年宪法，建立革命政府，实行工业化和外国资本国有化，进行土地和教育方面的改革；实行民族独立的政策，并主张同拉丁美洲各国人民团结一致。这份文献又称“蒙卡达纲领”。以“七·二六运动”为主体的革命领导力量取得政权后，便进入了民族民主革命阶段（即革命的第一阶段），为实现“蒙卡达纲领”而采取了一系列强有力的政策措施。

① 〔古〕菲德尔·卡斯特罗：《卡斯特罗言论集》第一册，北京：人民出版社，1963，第1页。

一　摧毁旧的国家机器，建立革命政权

1959 年 1 月 3 日古巴临时政府成立后，立即宣布解散旧议会和特别法庭，清除政府和其他机构中的巴蒂斯塔分子，取缔反动政党；废除一切反动法令，没收反动分子的财产；改组旧军队，建立革命武装部队。与此同时，逐步建立新的革命秩序，扩大社会民主。同年 2 月 7 日，临时政府颁布了以 1940 年宪法为基础的《1959 年根本法》，以此为共和国的宪法。

为了体现统一战线原则，临时政府由曾经参加反独裁统治的各派政治力量所组成。代表资产阶级自由派的曼努埃尔·乌鲁蒂亚（Manuel Urrutia，1901～1981）和何塞·米罗·卡多纳（José Miro Cardona，1903～1974）分别担任总统和总理。卡斯特罗任武装部队总司令。然而，随着革命的深入，自由派反对改革的立场已不能适应革命发展的需要。在人民的要求下，卡斯特罗于 1959 年 2 月 16 日接受了总理职务。在此后一段时间中，新政府曾进行多次改组，使政权内的革命力量逐渐占有绝对优势。到同年 7 月以奥斯瓦尔多·多尔蒂科斯（Osvardo Dorticós，1919～1983）取代乌鲁蒂亚担任总统时，建立革命政权的任务便基本上完成了。

在革命向前推进的同时，支持革命的阵线也日益明晰。一部分城市中的资产阶级和中产阶级上层以及农村中的大庄园主纷纷起来反对这场革命。他们对大城市中的一些厂矿企业进行破坏活动，而在农村则组织反政府的武装。革命政府对这些活动进行了及时有效的打击，并从组织上保证了革命的秩序。1959 年 10 月，政府将“起义军”（Ejército Rebelde）改名为“革命武装力量”（Fuerzas Armadas Revolucionarias，FAR），成立“革命武装力量部”（MINFAR）以加强军队的力量。1960 年 9 月，群众组织——保卫革命委员会（Comité de Defensa de la Revolución，CDR）成立。该组织在全国、省、市（县）和街道均设有下属机构，其任务是配合政府维持社会治安。

二　实行民主改革，改造旧经济制度，建立新生产关系

这一任务包括以下内容。

（一）土地改革

1959 年 5 月 17 日，革命政府颁布《土地改革法》（简称土改法）。土

改法规定废除大庄园制度和禁止外国人占有古巴土地。土改法限定每个自然人或法人占有的土地最多不超过 30 卡瓦耶里亚（简称卡，1 卡 = 13.43 公顷，30 卡合 402.9 公顷），超过部分予以征收。这次土改征收了大庄园主和外国人占有的土地 16.2 万卡（约合 217 万公顷），使 10 余万名无地或少地的农民得到了土地。但对征得的大部分土地，政府没有分给农民，而是直接组成国营人民农场和农牧业生产合作社来经营，从而使 40% 的土地成为国有。这次土改消灭了古巴的大庄园制和外国资本土地占有制，完成了农村中的民主改革。

（二）外国企业国有化

1959 年 10 月，政府颁布了石油法和矿业法，废除一切租让地，对外资企业课以重税。从 1960 年 6 月到 9 月，政府先后接管了外国炼油厂、美国银行和部分美国企业，并征用美国人在古巴的财产。1960 年 10 月美国宣布对古巴实行禁运后，古巴把余下的美资企业全部收归国有。至此，收归国有的美资企业共有 400 多家，价值约 12 亿美元，从而实现了外国企业的国有化。①

（三）改造城市经济

1960 年 1 月 28 日，政府颁布没收巴蒂斯塔分子全部财产的法令，将价值约 4 亿比索的财产收归国有。同年 9 月，政府接管了所有私营烟厂。10 月，将 382 家私营工商企业和全部私营银行收归国有。本国和外国企业的国有化使古巴的国民经济完全控制在国家手中。政府还于 1960 年 10 月 14 日颁布了《城市改革法》，规定每户居民只准拥有一所住宅，租房者以每月的房租分期偿还房价，在 5～20 年内积累还足房价后便可成为所住房屋的主人，从而逐步消除了城市中的房租剥削关系。

三　选择社会主义道路，进入社会主义革命阶段

在古巴人民反帝斗争和民主改革深入发展时，以卡斯特罗为领袖的革

---

① “Resolución No. 3 del Gobierno Cubano sobre la Naionalización de las Empresas Industrias y Comerciales Norteamericanas” (24 de octubre, 1960). *Compilación de Decretos de la República de Cuba*, Moscú, 1962, p. 207.

命领导力量选择了社会主义道路。1960 年 9 月，古巴全国人民大会通过的第一个《哈瓦那宣言》，谴责了剥削制度和帝国主义侵略。10 月，卡斯特罗宣布，“蒙卡达纲领”已经实现，革命已完成了第一阶段。1961 年 4 月 16 日，卡斯特罗在群众集会上宣布，古巴革命是“一场社会主义革命”[①]，这标志了古巴革命的第二阶段即社会主义革命阶段的正式开始。在进行社会主义革命中，古巴革命的领导力量采取了以下政策。

（一）坚持反对帝国主义的立场

1961 年 4 月 17 日，1000 多名美国雇佣军从海上登陆，对古巴进行武装侵略。古巴军民在卡斯特罗亲自指挥下经过 72 个小时的激战，全歼入侵者。这就是著名的吉隆滩战役（Batalla de la Playa Girón），又称“猪湾入侵”（Bay of Pigs Invasion）。[②] 1962 年 2 月，针对美国强迫美洲国家组织做出开除古巴的无理决议，古巴全国人民大会通过了第二个《哈瓦那宣言》，谴责美国对拉丁美洲的奴役、掠夺和侵略。同年 10 月 16 日，美国宣布武装封锁古巴，要求苏联从古巴撤走“进攻性武器”，并在海上拦截苏联船只，造成“加勒比海危机”（The Caribbean Crisis）。[③] 接着，苏联表示已下令撤除上述武器，并同意让联合国代表去古巴核实。卡斯特罗和古巴政府先后发表演说和声明，严词拒绝联合国视察古巴领土。

（二）发展同社会主义国家的关系

1961 年 4 月以后，古巴不断得到苏联供应的石油，当年供油量达到 350 万吨。1961 年 8 月，古巴同苏联达成了苏联向古巴提供经济和军事援助的协议。与此同时，古巴发展同中国的关系。中国积极支持古巴的斗争，向它提供援助，包括军事援助。1961 年 4 月，美国雇佣军入侵古巴时，周恩来总理致电卡斯特罗总理，支持古巴人民保卫祖国的斗争。1962 年 10 月美国制造“加勒比海危机”时，中国政府两次发表声明谴责美国的侵略行径，

---

① 〔古〕菲德尔·卡斯特罗，前引书，第二册，第 25 页。

② 详见本书第十三章第一节中的第二条。

③ 又称“导弹危机”（The missile Crisis），见〔古〕菲德尔·卡斯特罗，前引书，第二册，第 423、434 ~435 页；Robert F. Kennedy，*Thirteen Days*，W. W. Norton，New York，1969；详见本书第十三章第一节第二条。

北京等地举行了500万人的游行示威，声援古巴人民。1963年10月古巴遭受风灾时，中国赠送了价值4654万元人民币的救灾物资。古巴同其他社会主义国家也发展了关系。

（三）合并革命组织，开始建党进程

关于"七·二六运动"、人民社会党和"三·一三革命指导委员会"这三个革命组织的合并和共同建党的过程，将在第二章第一节中详述。此处需要说明的是，到1962年5月，在古巴一个统一的党及其领导核心建立起来了。

（四）进行第二次土地改革

1963年10月，政府颁布了《第二次土地改革法》，规定每个农户占有的土地不得超过5卡（合67.15公顷），超过部分全部予以征收。这次土地改革共征收了200多万公顷土地，从而消灭了古巴的富农经济。土改后，国营部分占全部土地的70%，小农（包括少数加入合作社的农户）占全部土地的30%，农村中形成了国营农场、农牧业生产合作社和个体小农三种土地占有形式。

（五）普及初等教育，发展革命文化

政府将1961年定为"教育年"，开展扫盲运动，大力兴办学校。1961年7月，政府颁布《教育国有化法》，所有学校均实行免费教育。扫盲运动后古巴的文盲率从23.6%下降为3.9%。到1961年底，小学数量比革命前增加了70%，入学人数增加了一倍。1961年8月和1962年12月，先后召开了作家、艺术家和文化代表大会，强调文艺作品要为革命事业服务。

到1963年底，古巴的社会主义改造基本完成，此后开始了社会主义建设的新阶段。

从1964年起，古巴社会主义建设的历史分期如下：1964～1989年是社会主义政治经济制度逐步确立和运作时期；1990～2006年是"和平年代的特殊时期"（periodo especial en tiempo de paz，简称"特殊时期"）；自2007年以来是社会主义建设发展模式的更新时期。从本书的第二章起将详述以上各个时期的有关情况。

第二节　古巴选择社会主义制度的历史渊源和现实原因

古巴革命向社会主义的转变并不是偶然的，有其深远的历史渊源和重要的现实原因，即当时的国内外条件使然。

一　历史渊源

（一）强烈的民族独立要求

到19世纪初，古巴沦为西班牙的殖民地已有300年的历史。古巴社会的经济和文化发展已达到一定水平。在古巴社会中，先进分子开始萌发国家主权的意识，主张独立的思想流派诞生了。当拉美大陆上的西班牙殖民地纷纷独立时，古巴虽然丧失了这一宝贵的国际机遇，但是独立的浪潮仍然给古巴带来了深刻的影响。1820年以后，史称“分离主义”（separatismo）的独立运动迅速地发展起来。独立运动从诞生之日起就必须同时与两种势力进行斗争：一个是维护殖民利益的传统派和只要求局部变革的改良主义势力（reformistas）；另一个是主张将古巴并入美国的兼并主义势力（anexionistas）。独立运动在这两条战线上的斗争贯穿了整个19世纪；而第二条战线的斗争以另一种形式一直持续到古巴革命胜利后的今天。纵观古巴的独立运动史，前后跨越一个半世纪，分成三个阶段：第一阶段是19世纪前半叶以小规模的起义为主；第二阶段是19世纪后半叶以大规模的解放战争为主；第三阶段是20世纪前半叶以反对本国的亲美卖国政权为主。在拉丁美洲，古巴是独立较晚的一个共和国，同时又是1959年革命前独立得很不彻底的国家之一。古巴争取独立的时间如此之长，如此之艰巨，在拉美近代史上是罕见的。这种特殊的历史经历教育了古巴人民，激发了他们争取真正的民族独立的强烈要求。

（二）激进的社会解放意识

在长期争取独立的斗争中，古巴人民反压迫、反剥削的思想意识也在不断提高。西班牙老殖民主义者被赶走后，美国新殖民主义者又来控制这个国家。在长达半个世纪之久的美国控制下，古巴工人、农民和其他劳动者遭到更残酷的剥削，大量财富被美国资本家掠走，也养肥了本国的买办寡头集团。数十年间出现了两次独裁统治，即马查多政权（1925～1933）和巴蒂斯塔政权（1940、1944、1952～1958），而兴起于20世纪30年代后期的新改良主义运动又由于美国的阻挠和保守势力的破坏，以及领导这一运动的资产阶级左翼政治力量的动摇和蜕变，最终以失败而告结束。因此，到20世纪50年代，古巴社会呈现如下的特点：一方面阶级矛盾空前激化；另一方面广大的人民群众包括工人、农民、其他劳动者、知识分子等的政治觉悟普遍提高。工人运动、学生运动、妇女运动蓬勃发展。一场彻底的社会革命已迫在眉睫了。

（三）广泛的社会主义思想影响

早在19世纪末，社会主义思想就开始在工人中传播。古巴社会主义革命的先驱、最早的马克思主义者卡洛斯·巴利尼奥（Carlos B. Baliño，1848～1926）年轻时曾同烟草工人一起劳动，并于1892年和何塞·马蒂共同创立古巴革命党（Partido Revolucionario Cubano，PRC），动员工人积极参加古巴的独立战争。1903年，他创建了古巴第一个马克思主义团体“俱乐部”；1904年又创建了工人党（从1905年起称社会主义工人党）。俄国十月革命后，古巴的工人运动受到很大鼓舞，社会主义思想的传播更为广泛。1925年，巴利尼奥同胡利奥·安东尼奥·梅利亚（Julio Antonio Mella，1903～1929）一起创建了古巴共产党（Partido Comunista de Cuba，PCC）（后改名为人民社会党）。同年，古巴第一个全国性劳工组织古巴全国工人联合会（Confederación Nacional Obrera de Cuba，CNOC）也成立了。具有共产主义思想的知识青年开始同工人运动相结合。在20世纪30年代初期，共产党积极参加了反对马查多独裁统治的斗争。1933年8月4日，古共领导工人进行总罢工。在古共和古巴全国工人联合会的共同宣言中提出建立民主政府、改善劳动人民的生活状况、结束对美国的半殖民地依附关系等。这时罢工的规模急剧扩大，在许多工厂和种植园都成立了独立的“苏维埃”。这是古巴有史以来无产阶级第一次作为革命的力量登上政治舞台。在1933年的革命中，社会主义思想得到进一步传播，工人阶级的觉悟有新的提高。以共产党为代表的工人力量不仅对推翻马查多暴政做出了贡献，而且对后来格劳政府（Ramón Grau San Martín，1944～1948）所采取的一些政策措施，以及制定具有进步内容的1940年宪法等都发挥了积极作用。在20世纪40年代和50年代，社会主义思想以空前的广度和深度在古巴民众特别是在工人阶级中传播。

二　现实因素和内外环境

古巴革命向社会主义转变的原因除历史渊源外，更重要的是现实因素和当时古巴的内外环境。在1960年底古巴基本完成民族民主革命任务后，革命的领导者面临革命是否要继续深入的抉择。当时的形势正如卡斯特罗所说，“必须在这两者之间进行选择”：是继续处于帝国主义的统治下，还是进行一次反帝的、社会主义的革命。[①]

当时的国际国内条件如下。

（一）美国对古巴的敌视态度

1959年古巴革命的性质是对外反对帝国主义，对内反对独裁统治。因此，革命的发展必然会触及美国在古巴的帝国主义利益。这一点古美双方都非常清楚。古巴的态度是尽可能用和平的方式加以解决。卡斯特罗在革命胜利后仅4个月就率领代表团访问美国，表示愿意同美国保持良好的关系。然而，美国却采取另一种态度。时任美国副总统尼克松在会见卡斯特罗时态度很冷淡。当时美国设想，如果古巴革命继续深入，美国就中断同它的经贸关系，使它无法生存下去。果然，1959年4月以后，当古巴的土地改革触及美国资本的利益时，美国便开始对古巴进行威胁。1960年5月，美国宣布停止对古巴的一切经济援助；7月，美国决定取消古巴对美国的食糖出口份额；8月，美国操纵美洲国家组织通过决议，干涉古巴内政；10月，美国对古巴实行禁运。1961年1月，美国同古巴断交。与此同时，美国不仅不断指使美国的反古分子潜入古巴进行破坏活动，而且还加紧组织

① 〔古〕菲德尔·卡斯特罗，前引书，第二册，第265页。

雇佣军，准备公开入侵古巴。美国这种不断急剧升级的威逼态度，给新生的古巴革命政权以沉重的打击，使长期依附于美国的古巴经济突然失去支撑，古巴革命面临被扼杀的危险。古巴为了将革命继续深入下去，自然会寻求另一条前进的道路。

（二）社会主义阵营的存在和支援

在第二次世界大战结束后，世界共产主义运动出现了大发展的局面，欧亚地区的社会主义国家（1959 年时共 12 个）形成了社会主义阵营；亚、非地区反对帝国主义的斗争不断取得胜利。世界上社会主义阵营的形成和殖民主义势力的瓦解使国际政治舞台上的力量对比发生了重大的变化。这种世界形势不仅为古巴革命向社会主义发展创造了有利条件，而且也为它的生存提供了强大的后盾。在美国步步进逼、力图扼杀古巴革命时，社会主义国家给予热情的支持。古巴革命胜利后的第 10 天，苏联就承认了古巴革命政权。1960 年 2 月，苏联部长会议副主席米高扬访问古巴，允诺向古巴提供贷款和购买古巴的蔗糖；同年 5 月，苏联同古巴复交；[①] 6 月，苏联表示愿帮助古巴防范来自美国的入侵；7 月，苏联的武器开始运往古巴。中国于 1960 年 9 月同古巴建交，双方派代表团互访；同年 11 月，中国开始向古巴提供经济援助。毛泽东主席高度评价古巴革命，多次表示坚决支持古巴人民的革命斗争。[②] 其他社会主义国家也对古巴给予了热情的支持，到 1960 年底，所有社会主义国家都同古巴建立了外交关系。这些国家的支援对古巴革命的生存发挥了很大作用。正如卡斯特罗后来回忆道，如果那时没有国际上的声援，如果没有全世界的阶级兄弟，特别是苏联人民的支持，古巴革命者就有可能无法取得胜利。[③]

（三）人民社会党的转变

革命前，人民社会党（即共产党）是古巴国内主张实行社会主义制度

---

① 巴蒂斯塔政府曾于 1952 年 4 月同苏联断交。

② 中华人民共和国外交部、中共中央文献研究室编《毛泽东外交文选》，北京：中央文献出版社、世界知识出版社，1994，第 398～488 页；中华人民共和国外交部外交史编辑室主编《中国外交概览：1987》，北京：世界知识出版社，1987，第 365 页。

③ Fidel Castro Ruz. *Informe Central al Primer Congreso del Partido Comunista de Cuba*, Editora Política, La Habana, 1982, p. 6.

的唯一政党，纲领明确，组织严密，在劳工运动中有相当影响。但是该党反对“七·二六运动”的武装斗争路线，主张通过议会以和平的方式取得政权，因而在推翻巴蒂斯塔独裁统治的斗争中没有发挥应有的作用。从1957年底开始，该党逐渐转变态度，支持起义军，同“七·二六运动”进行合作。革命胜利后，人民社会党表示完全支持革命政府，接受卡斯特罗的领导，承认自己在武装斗争问题上犯了错误。该党还支持卡斯特罗领导的革命进程继续发展，以便向新的目标——社会主义前进。

（四）工农群众的激进化

革命后政府采取了一系列措施，提高工人的政治地位和生活待遇。半年内职工的实际工资增加了约15%，失业者重新就业。工会中的反动分子被清除，政府保证了劳动人民参与政治的权利。城市贫民享受到削减房租等优惠待遇。在农村，土地改革使贫苦农民获得了土地和贷款，结束了他们过去长期欠债和非法占地的生活。政府相继宣布实行全民免费医疗和全民免费教育制度。这些政策受到群众的欢迎，尤其使大多数处于底层的黑人和混血种人（当时占人口的20%以上）获益最大。政府还旗帜鲜明地反对种族歧视和性别歧视。在此形势下，广大城乡工农群众的革命积极性空前高涨，他们要求政府将革命继续进行下去。与此同时，许多被推翻的反动分子和被剥夺土地的大庄园主不断进行反革命活动，一部分资产阶级自由派和“温和派”也开始倒向反对革命的一边。形势迫使革命的领导者采取果断措施，将革命推向前进。

古巴革命向社会主义转变的根本原因还在于革命的主要领导力量即“七·二六运动”本身。该组织最初是由一批革命的青年学生组成。他们具有强烈的民族感情和改造社会的历史责任感，而其创建者和领导人卡斯特罗则是他们中的杰出代表。卡斯特罗在大学时代就研读过马列著作，对社会主义思想有深刻的认识。“七·二六运动”的其他领导人也都不同程度地具有社会主义思想。在反独裁斗争中，卡斯特罗等人尊重和团结老的共产党人，革命胜利后充分发挥人民社会党的积极作用。随着革命形势的发展，马列主义学说已成为革命领导人的主要指导思想。这就是以“七·二六运动”为主体的革命领导力量向社会主义转变的主观原因。他们在1961年前后革命形势急剧发展的关键时刻，在上述主客观因素的作用下迅速做出决断：选择社会主义道路，开始进行社会主义革命。

综上所述，古巴革命向社会主义转变是历史和现实、主观和客观各种因素综合作用的结果，国际学术界一度出现的“偶然论”“外因论”等观点是不符合实际的。在20世纪中期，争取独立的国家受到帝国主义威胁和镇压的为数不少，但绝大多数国家并没有因此被逼向社会主义，其原因主要还在内部。几十年来，古巴经历了无数的风浪，特别是自1990年以后承受了苏东剧变的巨大打击和考验，古巴坚持走社会主义道路的决心始终不变，古巴人民对社会主义有如此强烈的信念，这说明社会主义在古巴有深厚的根基。正如卡斯特罗所说：“没有一国的人民是被迫成为革命者的……是革命的规律使我国的人民树立了社会主义的信仰。”①

第三节　古巴革命向社会主义转变的特点和国际意义

古巴革命由少数人开始，在短短的几年里取得了全国性胜利；夺取政权后又在不长的时间内完成了民主革命的任务，随即向社会主义阶段过渡。这一革命是20世纪中“拉丁美洲最重要的事件”②，其发展过程引起世人的瞩目。

一　古巴革命的主要特点

（一）革命性质的变化和领导力量

古巴革命的第一阶段是民主革命。其领导力量是一批具有社会主义思想的先进分子，他们领导了反帝反独裁的斗争，代表广大阶层特别是工农

① Fidel Castro Ruz. *Una revolución solo puede ser hija de la cultura y las ideas* (discurso pronunciado en el Aula Magna de la Universidad Central de Venezuela, 3 de febrero de 1999), folleto, n/d, ofrecido por la Embajada de Cuba en China, p. 6.

② 〔古〕菲德尔·卡斯特罗，前引书，第二册，第19页。

群众的利益，将革命不断推向前进。在革命进程中领导力量本身也在不断地革命化，逐渐显现其科学社会主义倾向。在同一个领导力量的条件下，使这场革命过渡到第二个阶段：社会主义革命阶段。从形式上看，古巴革命是先有政权，后有党（统一的马列主义政党），这在世界共产主义运动史上是没有先例的，从而形成了一个新的模式，即古巴模式。

（二）革命的道路

在古巴历史上，资产阶级对改良的多次尝试均告失败。历史教育了革命者，在革命的第一阶段必须拿起武器，走武装斗争的道路，从独裁者手中夺取政权。古巴革命第一阶段的胜利表明，在那时的发展中国家开展农村游击战是可以获胜的。游击战在农民的支持下迅速发展，推动了全国的斗争，直至取得全国胜利。然而，革命者取得胜利后可以凭借其领导权运用非暴力的方式过渡到革命的第二阶段，即社会主义革命阶段。

（三）革命的彻底性

1959 年的古巴革命是 1868 ~ 1895 年独立运动和 1933 年反独裁斗争的继续和发展。这场革命积蓄了近一个世纪的爆发力，因而具有空前的彻底性。其表现是：第一，革命不满足于从大庄园主、大资产阶级及其代表手中夺取政权，改变旧的政治力量和社会力量，而是要彻底摧毁暴政统治的全部国家机器及其赖以生存的经济基础；第二，革命不仅推翻了本国的独裁统治，而且还摧毁了美国在古巴的殖民统治，铲除了它的经济垄断机构，实现了彻底的民族独立。古巴革命的发展进程表明，只有完成了第一阶段的革命任务，才有可能向革命的第二阶段胜利过渡。

（四）革命的国际条件

古巴是第二次世界大战后诞生的最年轻的社会主义国家之一。它的革命过程不是与世界战争或直接反抗外国统治者的民族解放相联系，而是以反对独裁政权的国内革命战争的方式取得政权的。这与战后出现的其他社会主义国家的情形不同。古巴革命在 20 世纪 50 年代末所以能取得胜利并迅速向社会主义过渡，就外部因素来说是由于社会主义阵营的存在，这是大多数其他社会主义国家诞生时所不具备的条件。如果没有这种条件，位于强大的美帝国主义身旁的小国古巴要胜利地过渡到社会主义阶段是很困难的。

二　古巴革命的国际意义

毫无疑问，古巴革命是拉丁美洲历史上一个划时代的事件，它对拉美当代历史发展进程产生了深远的影响。主要表现在以下几个方面。

（一）古巴革命是拉丁美洲历史上反独裁斗争最彻底的一场革命

从 20 世纪初到 50 年代末，拉美出现过 1910 年的墨西哥革命、1944 年的危地马拉革命和 1952 年的玻利维亚革命，但这些革命的彻底性远远不能同古巴革命相比。古巴所走的武装斗争道路和胜利后对旧制度的彻底摧毁都给拉美各国人民树立了榜样。

（二）古巴革命是拉丁美洲历史上反帝斗争最坚决的一场革命，其坚定性远远超过该地区以往的其他革命

古巴是拉丁美洲第一个同美国的统治彻底决裂的国家，作为一面反帝的旗帜鼓舞了并继续鼓舞着一代又一代的拉美人。它打破了“在拉丁美洲，反帝必败”的神话。

（三）古巴革命是拉丁美洲历史上第一次由民族民主斗争向社会主义过渡的革命

它证明了这种过渡是可能的，从而激发了拉美广大劳动者的革命积极性，推动了拉美社会主义运动的发展。

这一革命树立了一个实现社会公正的现实样板，为拉丁美洲国家后来发生的革命斗争开辟了新的视野，提供了另一种选择。1970 ~ 1973 年智利阿连德实行的“社会主义”、1979 ~ 1990 年尼加拉瓜桑地诺解放阵线的上台执政和 1979 ~ 1983 年格林纳达毕晓普实行的“社会主义”，以及近年来在委内瑞拉、玻利维亚、厄瓜多尔、巴西等南美国家实行的社会改革中都能看到古巴革命的影响。社会主义古巴在世界上的出现和存在还增强了不结盟运动的力量，提高了第三世界在国际舞台上的地位，对第三世界国家的民族解放运动起了积极的推动作用。古巴的影响远远超过了拉丁美洲的界限，达到世界上的广大地区。

第二章　古巴共产党的理论和实践特点

第一节　独特的建党历程

如前章所述，古巴革命无论对古巴本国还是对拉丁美洲来说都是一场伟大的革命，这是世人所公认的。但是，人们对这场革命的领导力量（包括其政治组织和所代表的阶级）的看法却不尽相同。这在国际学术界中是一个有争议的问题。古巴革命的领导组织“七·二六运动”是个什么性质的组织，它代表什么阶级；古巴革命前已经有了一个共产党（人民社会党），为什么革命后还要建立共产党；人民社会党和“三·一三革命指导委员会”在古巴革命中同“七·二六运动”是什么关系；革命胜利后这三个组织为什么要合并和为什么能够合并成一个新的共产党；古巴共产党的建党过程有哪些特点。这些都是古巴革命历史上的重要问题，弄清这些问题将有助于我们更好地认识今天的“古巴本土的可行的社会主义”[①]。本节将围绕这些问题做一些探讨。

现在的古巴共产党是1959年革命胜利后由古巴人民社会党、“七·二六运动”和“三·一三革命指导委员会”三个革命组织合并而成的。这一

① 〔古〕布鲁诺·罗德里格斯·帕里利亚（古巴外交部部长）在中国社会科学院的讲演《古巴：本土的可行的社会主义》，2009年9月1日。

建党方式在世界共运史上是独特的。为了说明这一独特的建党过程，有必要首先简要地回顾一下这几个组织的历史。

一　三个组织的革命历史

（一）古巴人民社会党

该党在三个革命组织中历史最长，它主要代表工人阶级。20 世纪初，古巴畸形的资本主义经济已有所发展，以糖业工人为主的工人数量不断增加，工人运动逐渐兴起。在俄国十月革命胜利的影响下，古巴一批具有共产主义思想的革命者从 1922 年起先后在哈瓦那和其他一些城市建立了共产主义小组，在工人和学生中传播革命思想。1925 年 8 月 16 ~ 17 日，这些小组召开第一次代表大会，成立了古巴第一个马列主义政党——古巴共产党。出席这次大会的代表近 20 人，代表着全国约 100 个共产主义者。大会通过了党章和争取农工权益的纲领，提出参加选举斗争的主张，制定了有关工会、农民和妇女工作的策略，并决定加入共产国际。大会还选举了包括卡洛斯·巴利尼奥、胡利奥·安东尼奥·梅利亚在内的9 人中央委员会，何塞·米格尔·佩雷斯（José Miguel Pérez）任总书记。这次大会的召开得到了共产国际代表的有力支持。

古共从诞生之日起就被古巴当局宣布为非法。当时正值马查多独裁统治初期，古共成立两星期后其总书记米格尔和中央委员梅利亚等领导人就被迫流亡国外，然而他们并未停止斗争。1928 年，古共成立共产主义青年联盟，加强了对学生和青年工人的工作。1929 年 1 月 20 日，梅利亚在墨西哥城被马查多雇用的刺客杀害，从而激起了古巴民众强烈的抗议浪潮。在 1933 年反对马查多独裁政权的革命斗争中，古共始终站在斗争的前列，成为这次革命中一支重要的政治力量。马查多倒台后，革命的果实被亲美的军人所攫取。1934 年 4 月，古共召开第二次代表大会，通过了党纲，制定了建立工农政府的策略，提出了废除《普拉特修正案》等要求。大会批准布拉斯·罗加（Blas Roca Calderio，1908 ~ 1987）担任中央委员会总书记。会后加强了全国的工人斗争。同年，在古共的支持下，关塔那摩山区的“18 号领地”约5000名农户开展了保地斗争，并取得胜利。[1] 20世纪30年代后期，古共克服了宗派主义思想，加强了同其他左派组织的联系。古巴的政治形势也从军人独裁向立宪民主转变。1938年，古共第一次取得合法的地位。1939年，党的重要干部拉萨罗·培利亚领导建立了古巴工人联合会，进一步开展工人斗争。同年，古共同革命联盟党联合参加立宪大会的选举，接着两党合并，取名为共产主义革命联盟党，胡安·马里内略（Juan Marinello y Viaurreta，1898～1977）任主席，罗加任总书记。该党提出了参加大选的纲领，并决定支持民主社会主义联盟党推举的总统候选人富尔亨西奥·巴蒂斯塔。巴蒂斯塔在大选中获胜，自1940年开始了为期4年的立宪政府执政时期。这时共产党人由于客观形势的改善和自身政策的得力，其影响和威信大为增强，对推动古巴政治民主化发挥了积极作用。在这一时期中，共产党人同巴蒂斯塔建立了统一战线关系。巴蒂斯塔政府任命了当时西半球第一个共产党员部长。1939～1952年，古巴共产党均有代表被选入国会。1944年，共产主义革命联盟党改名为人民社会党。1946年，政治形势发生变化，改良主义的格劳政府开始走向反动，人民社会党不断受到迫害。1952年，巴蒂斯塔政变上台后，公开实行独裁统治。1953年，人民社会党再次被宣布为非法。

在反对巴蒂斯塔独裁统治的斗争中，人民社会党主张以和平方式解决政治冲突，反对采取武装斗争的路线。当时该党认为“七·二六运动”是爱国主义运动，但他们攻打蒙卡达兵营是“冒险行动”。当“七·二六运动”的成员于1956年12月武装登陆后，该党虽重申不同意武装斗争的路线，但同时又号召对起义战士进行声援，并以实际行动采取多种形式帮助卡斯特罗领导的起义军。1957年下半年，人民社会党逐渐接受武装斗争的主张。同年12月，该党决定支持武装斗争，并输送其党员加入游击队。与此同时，该党在拉斯维利亚斯省的雅瓜哈伊地区组织了一支游击队。在推翻独裁政权的最后日子和革命胜利初期，该党都以积极的行动支持以卡斯特罗为首的“七·二六运动”的革命斗争。1960年8月在该党第八次代表大会

---

① José Cantón Navarro. *Historia de Cuba*：*El desafío del yugo y la estrella*，Editorial S1 – MAR S. A.，La Habana，1996，pp. 122 – 123；李春辉：《拉丁美洲史稿》（下册），北京：商务印书馆，1983，第525～526页。

上，总书记罗加承认党在武装斗争问题上犯有错误，并重新评价了“七·二六运动”。[①]

（二）“七·二六运动”

该组织是个多阶级的革命组织，它代表工人阶级、农民阶级以及小资产阶级中进步的和革命的力量。[②] 早在 1952 年 3 月巴蒂斯塔发动政变时，卡斯特罗就谴责政变，号召人民投入反独裁的斗争。他认为，所有合法的、和平的道路都已被堵塞，唯一的希望就在于进行暴力革命。同年 5 月，当卡斯特罗及其战友们看清了资产阶级起义派无力也无心进行认真的起义斗争时，便决定组织一个自己的、真正革命的运动。他们的基本策略是以武装起义为主、以其他斗争形式为辅。步骤是攻占一个主要的军营，发动整个地区的起义，号召总罢工，把斗争推向全国；若此举未能推翻独裁政权，便到山区农村开展游击战争，继续战斗直至胜利。[③]

1953 年初，卡斯特罗及其战友着手准备发动武装起义的工作。他们决定首先攻打位于古巴东部的圣地亚哥市的军事要塞蒙卡达兵营；作为策应，也同时攻打巴亚莫市的德塞斯佩德斯军营。起义日期选定为古巴的狂欢节 7 月 26 日。这天清晨，起义者共 159 人按计划在圣地亚哥和巴亚莫同时发起进攻。在攻打蒙卡达兵营的 131 名战士中，卡斯特罗亲自率领主力发起正面袭击，其他人分别占领兵营附近的两个主要建筑——市民医院和司法大厦。但是，在主力按计划拔掉敌人的岗哨后，遭遇了巡逻队，袭击未能实现，在兵营外展开了阵地战；特别是有一半起义者的车队因迷路而未能及时赶到战斗地点。在显然无望取胜的情况下，卡斯特罗下令撤退，起义遭到失败。

大多数起义者被捕或被杀害，卡斯特罗也被捕入狱。1953 年 10 月 16 日，卡斯特罗在敌人的法庭上进行自我辩护。他的长篇辩护词不仅揭露了新老殖民主义和巴蒂斯塔独裁统治的种种罪行，而且还提出了在古巴进行民族民主革命的政治纲领。起义战士把敌人的监狱当作学习的课堂，卡斯

---

① 《古巴人民社会党第八次全国代表大会主要文件》，北京：世界知识出版社，1961，第 20～22、31～38、119 页。

② 参见〔古〕菲德尔·卡斯特罗《卡斯特罗言论集》第二册，北京：人民出版社，1963，第 231～232 页。

③ José Cantón Navarro. Op. cit. , pp. 155－156.

特罗这时深入研读了马列著作，并秘密地把法庭上的辩护词写下来，这便是著名的纲领性革命文献《历史将宣判我无罪》。1955 年 5 月 15 日，卡斯特罗及其战友在大赦中获释。6 月 12 日，他们成立了以 1953 年起义日命名的革命组织“七・二六运动”,① 选出以卡斯特罗为首的领导成员，建立了第一个全国性领导机构。7 月 7 日，卡斯特罗等人被迫流亡墨西哥。8 月 8 日，在墨西哥发表了卡斯特罗亲自起草的《“七・二六运动”致古巴人民的第一号宣言》，号召人民以武装起义推翻独裁政府。

经过一年多的准备，卡斯特罗于 1956 年 11 月 25 日率领 81 名战友乘游艇“格拉玛号”从墨西哥的图斯潘港出发返回古巴。他们于 12 月 2 日在奥连特省南岸科罗拉多斯滩登陆，同政府军展开了激战，起义者经过几昼夜的英勇奋战后向马埃斯特腊山区转移。随后，卡斯特罗宣布成立起义军，从此开始了游击战争。

起义军在山区得到贫苦农民的支持，他们开始在那里扎根。1957 年 1 月，起义军在卡斯特罗领导下组织了对拉普拉塔河兵营的袭击并取得胜利。这一胜利大大鼓舞了起义军的士气。同年 2 月，“七・二六运动”召开了登陆后的第一次会议，决定组织平原战斗小组来支持起义军的斗争，并从游击根据地发出了第一份告古巴人民书。5 月，起义军对埃尔乌维罗兵营发起攻击，缴获了大批武器弹药。这次战斗的胜利使起义军声威大震，表明这支军队“已经成长起来了”②。此后，游击队不断壮大，并建立起稳定的根据地。7 月，国内资产阶级反对派的代表人物劳尔・奇瓦斯和费利佩・帕索斯到马埃斯特腊山区同卡斯特罗会谈，共同发表了《马埃斯特腊山宣言》，宣布成立反对独裁的革命爱国阵线。

1958 年初，在阿瓜松林的第二次战役后，起义军完全解放了马埃斯特腊山区西部。于是，卡斯特罗部署以马埃斯特腊山区为第一战线，由他亲自领导，埃内斯托・切・格瓦拉（Ernesto Che Guevara，1928 ~ 1967）是这一战线的第四纵队司令；在克里斯托山区开辟奥连特省第二战线，由其弟

---

① 成立日期有不同的说法，此日期是根据 José Cantón Navarro. Op. cit.，p. 212。

② Ernesto Che Guevara. *Reminiscences of the Cuban Revolutionary War*，Monthly Review Press，New York，1968，p. 120.

劳尔·卡斯特罗领导；另以一部分兵力向圣地亚哥城郊挺进，建立第三战线，由胡安·阿尔梅达（Juan Almeida Bosque）领导，军事斗争开始向古巴东部地区扩展。同年3月，古巴42个群众团体的数千名代表发表联合宣言，要求巴蒂斯塔下台。4月，"七·二六运动"等联合组织了一次总罢工，但由于各派政治力量协调不够和没有充分发动工人而归于失败。5月，巴蒂斯塔乘机对起义军发动大规模进攻，但被彻底击溃。7月，"七·二六运动"同大多数反对党派在委内瑞拉首都举行会议，签署了《加拉加斯协定》，建立"革命民主人民阵线"，推举卡斯特罗为起义军总司令，从而实现了反独裁各派力量的联合。起义军在粉碎了夏季攻势后军事形势大为改观。8月，卡斯特罗下令向西部进军。卡米洛·西恩富戈斯（Camilo Cienfuegos Gorriarán，1932～1959）和格瓦拉分别率领各自的纵队离开山区，前往古巴中部的拉斯维亚斯省作战。与此同时，根据地的建设也在有序地进行。10月，卡斯特罗颁布了名为"第三号法令"的第一个土地改革法，把土地分给无地或少地的农民。12月，起义军攻克古巴中部的重镇圣克拉拉，并继续向西挺进，直指首都哈瓦那。1959年1月1日凌晨，巴蒂斯塔仓皇逃往国外。起义军在全国总罢工和首都武装起义的配合下胜利进入哈瓦那，推翻了独裁政权，宣告古巴革命的胜利。

（三）"三·一三革命指导委员会"

该组织主要代表学生阶层，同时也在工人、知识分子和农民中吸收成员。其规模小于上述两个组织，但战斗力并不弱。在古巴，青年学生特别是首都的大学生有参与政治的光荣传统，历来是一支激进的政治力量。"三·一三革命指导委员会"原名为革命指导委员会，其前身是大学生联合会。早在1922年12月，哈瓦那大学的学生就创建了大学生联合会。1923年召开第一次全国大学生代表大会，古巴共产党早期的领导人之一胡利奥·安东尼奥·梅利亚曾是这一组织的领导人。1930年9月，在大学生中又出现了大学生指导委员会、左翼大学生联盟等激进组织。古巴的大学生在1933年革命中曾起了重要作用。1952年巴蒂斯塔政变上台时，大学生联合会立即做出强烈反应。从那时起，以大学生联合会为代表的学生运动成为反对巴蒂斯塔独裁统治斗争的三支最具激进思想的政治力量之一（其他两支分别是"七·二六运动"

和人民社会党）。随着斗争形势的发展，大学生联合会的领导层认为有必要建立一支由它领导的、由学生中最激进分子组成的组织，于是在1955年末成立了革命指导委员会（简称“革指委”）。1956年2月24日，大学生联合会主席兼革指委总书记何塞·安东尼奥·埃切维利亚（José Antonio Echeverría，1932－1957）发表演说，公开宣布革指委的成立，同时发表了该组织的《致古巴人民书》，提出其政治纲领，内容包括武装起义、彻底改造古巴社会和摆脱外国资本的控制等。同年，埃切维利亚在墨西哥两次会见卡斯特罗，会谈后签署了《墨西哥宪章》，提出联合全国一切革命力量夺取政权，实现社会正义、自由和民主的政治主张。

然而，革指委的斗争策略同“七·二六运动”是有区别的。革指委以城市特别是哈瓦那的斗争为主，采取袭击个人的办法，认为从肉体上消灭独裁者具有决定意义。“七·二六运动”则认为，决定性因素是在全国群众斗争的支持下到山区开展武装斗争。但两个组织没有把重点放在分歧上，而是求同存异，以各自的方式打击独裁政权。

为了实现上述策略，革指委的战士40余人于1957年3月13日攻打了总统府，目的是刺杀巴蒂斯塔。计划一旦成功，就号召人民占领首都的军事要地，推翻独裁政权。那天，虽然袭击者到了总统府的第三层楼，但巴蒂斯塔已闻风而逃。在攻打总统府的同时，埃切维利亚率领一个小组攻入广播电台，宣读革命宣言。当他们完成任务返回驻地时，同反动警察遭遇，在交火中埃切维利亚中弹英勇牺牲。在这次行动中，牺牲了30多名战斗者。为了纪念这一事件，革指委改名为“三·一三革命指导委员会”（简称“三·一三革指委”）。

从1957年11月初起，“三·一三革指委”转变了策略，开始在古巴中部的埃斯坎布拉伊山区建立游击阵线，以部分力量投入游击斗争。1958年2月8日，流亡美国的“三·一三革指委”书记福雷·乔蒙·梅迪亚维利亚（Faure Chomón Mediavilla）率领该组织成员乘“斯卡帕德号”游艇在古巴卡马圭省北岸的努埃维塔斯登陆，随即转入埃斯坎布拉伊山区，加强那里的游击力量。“三·一三革指委”领导的游击队后来同“七·二六运动”的起义军会合，参加了著名的解放圣克拉拉的战役。

二　合并经过和原因

革命胜利后，上述三个组织在巩固政权、重建国家的共同斗争中经过密切合作和充分酝酿，决定考虑合并问题。为顺利进行组织的合并，首先需要求得思想上的统一。培训干部，提高其马列主义水平便成为当务之急。在卡斯特罗和罗加的共同倡议下，1960 年 12 月成立了具有党校性质的“革命指导学校”，以培训三个组织的干部。当时全国共设立了 12 所这样的学校，由人社党的领导人之一利昂内尔·索托负责。教材有罗加所著的《古巴社会主义基础》等，在首都的学校由人民社会党中央执行委员、哈瓦那大学教授卡洛斯·拉斐尔·罗德里格斯（Carlos Rafael Rodríquez，1913～1997）等人授课。1961 年 6 月，人民社会党做出了自行解散并与“七·二六运动”和“三·一三革指委”共建新党的决定。后两个组织也随即做出了同样的决议。接着，三个组织合并为“古巴革命统一组织”（Organizaciones Revolucionarias Integradas，ORI）。此前，“七·二六运动”和人民社会党的青年组织已先行合并了。三个组织的具体合并工作是从基层开始自下而上进行的。待各省市的统一组织建立后，于 1962 年 3 月 9 日成立了中央机构——全国指导委员会。共有 25 个委员，其中来自“七·二六运动”的 13 人，来自人民社会党的 10 人，来自“三·一三革指委”的 2 人，卡斯特罗担任第一书记。[①] 同年 5 月，古巴革命统一组织改名为古巴社会主义革命统一党（Partido Unido de Revolución Socialista de cuba，PURSC）。在 1965 年 9 月底 10 月初的一次重要会议上决定将党名改为古巴共产党，并决定建立中央委员会，卡斯特罗继续担任第一书记。“七·二六运动”和人民社会党这两大组织各自的机关报合并后取名为《格拉玛报》。至此，一个新的处于执政地位的共产党便在古巴诞生了。

关于革命胜利后三个组织要求合并和能够合并成为一个以马列主义为指导思想的无产阶级政党的原因主要如下。

---

① Jorge I. Dominguez. *Cuba*: *Order and Revolution*, The Belknap Press of Harvard University Press, Cambridge, Mass., 1978, p. 210.

（一）新一代共产党人的出现

自1953年以来，领导古巴革命的主要组织是“七·二六运动”及其前身。在该运动中，以菲德尔·卡斯特罗、劳尔·卡斯特罗（以下简称劳尔）、切·格瓦拉和卡米洛·西恩富戈斯等人为代表的领导层早在学生时代和其后的革命实践中便不同程度地接受了科学社会主义思想。他们继承和发扬了老一辈共产党人的优良传统，学习和研究马列主义学说，并将它运用到古巴的具体实践中去。在夺取政权的斗争中，他们坚决拒绝中右势力的同路人反对人民社会党参加统一战线的要求，维护了老共产党人的革命权益。正如卡斯特罗所说：“当时马列主义学说虽然尚未成为我国开始走上革命武装斗争道路的所有人的普遍思想，但已是其主要领导人的思想。”[①]然而，由于策略需要，他们在取得政权以前没有公开提出社会主义目标，也没有强调自己的政治信仰。不急于公开提出革命的长远目标是“七·二六运动”主要领导人一贯的策略思想。早在1958年，卡斯特罗在马埃斯特腊山上就对来访的人民社会党代表罗德里格斯表示过，认为该党“把革命的目的规定得过于明确，从而使敌人有所提防”[②]。1975年，卡斯特罗在回顾革命前的历史时说，那时在古巴的社会里“充满偏见和警察以及帝国主义”，古巴第一个共产党的成员遭受了“可怕的隔绝和排挤”。因此，“七·二六运动”的革命者只能宣布“提上日程的革命运动和人民对此已有足够准备的目标。如果在起义斗争时期提出搞社会主义，人民还不会理解，帝国主义就会对我国直接进行军事干涉”[③]。卡斯特罗先前在另一场合形象地说：“当然，要是在那时，即在我们登上图尔基诺峰[④]时，在我们的人数屈指可数时，我们在那里就开始说我们是马克思列宁主义者，那么我们未必能从图尔基诺峰上走下来。”[⑤]

---

① Fidel Castro Ruz. *Informe Central al Primer Congreso del Partido Comunista de Cuba*, Editora Política, La Habana, 1982, p. 6.

② Hugh Thomas. *Cuba: The Pursuit of Freedom*, Harper & Row, New York, 1971, p. 270.

③ Fidel Castro Ruz. *Informe Central al Primer Congreso del Partido Comunista de Cuba*, pp. 26, 28.

④ 古巴岛的最高峰，位于马埃斯特腊山脉。

⑤ 〔古〕菲德尔·卡斯特罗：《卡斯特罗言论集（1961～1963）》，转引自阿·弗·舒利戈夫斯基编《马克思列宁主义与拉丁美洲》（上、下册），莫斯科科学出版社，1989，未出版的中译稿第三章第一节，孙士明、蔡同昌等译，1992。

革命胜利后，以他们为首的革命政权领导古巴人民在较短的时间内完成了民族民主革命的任务。与此同时，他们自己也在斗争中不断革命化和进一步成熟。正如卡斯特罗所说，作为革命的领导力量，“通过革命本身，我们自己日益革命化”[①]。这样，在反帝反独裁斗争中出现了以人民社会党为代表的老共产党人和以“七·二六运动”领导层为代表的新共产党人同时并存的局面。随着社会主义革命的开始，新老共产党人的联合便是很自然的事了。

（二）国内形势发展的需要

巴蒂斯塔独裁统治垮台后，成立了一个具有广泛代表性的临时政府，包括反对旧政权的主要阶层和政党的代表人物。以“七·二六运动”为首的革命力量本来希望通过这一新的政权逐步完成民族民主革命的任务，然而事与愿违，临时政府成立后，这些身居要职的中产阶级和资产阶级人士根本不愿意把革命继续进行下去，对任何改革措施都加以阻挠，这便使“七·二六运动”等革命组织和广大工农群众不得不同他们进行斗争。政府总理卡多纳和总统乌鲁蒂亚在最初的半年多时间内先后离职。随着社会改革的深入，坚持革命和反对革命的斗争日益激烈。在很短时间内，在各行各业、各个阶层和各种政治力量中都迅速出现了明显的分化，营垒鲜明。斗争的焦点是要不要彻底完成民族民主革命任务并向社会主义方向转变。反对革命的分子眼看革命潮流难以阻挡，便纷纷诉诸武力，以各种非法形式包括组织暴乱来同革命政权相对抗，其反抗程度和规模在古巴历史上都是空前的。引人注目的是“七·二六运动”等革命组织内部也发生了深刻的分化。突出的事件是1959年6月“七·二六运动”成员、空军司令迪亚斯·兰斯叛变，秘密逃往美国，并在那里建立反动组织，进行反革命活动。同年10月，曾在马埃斯特腊山上打过游击的卡马圭省起义军司令乌韦尔特·马托斯少校上书卡斯特罗，公开反对“七·二六运动”的革命路线，密谋另立该运动的“全国指挥部”，阻挠土改并以集体辞职相威胁。卡斯特罗立即亲赴卡马圭省，逮捕了马托斯及其同伙。更有甚者的是，曾经参加反巴蒂斯塔游

① 〔古〕菲德尔·卡斯特罗：《卡斯特罗言论集》第二册，第239页。

击战争的“七·二六运动”和革命指导委员会的极少数人这时强烈反对革命政权向社会主义转变而沦为革命的敌人，并纠集上千人的匪徒重上曾经战斗过的埃斯坎布拉伊山区谋反。这支反革命武装的头目包括“七·二六运动”的摩根少校和革指委的赫苏斯·卡雷拉斯等人。1960 年 10 月，卡斯特罗亲自率领民兵队伍开进山区，剿灭了这股匪帮。1959～1960 年，国内革命和反革命的激烈斗争要求坚持革命的三个组织联合起来，以打退反革命势力的猖狂进攻。

（三）为了抗击美国的侵略

革命后，古巴临时政府对美国的政策是保持正常的友好关系。卡斯特罗还于 1959 年 4 月亲自率团访问美国，表示了古巴新政权的诚意。然而，美国出于殖民主义和霸权主义的心态，对古巴革命运动从它取得胜利之日起就感到不快。1959 年 1 月，美国接纳古巴反革命分子到美国“避难”，让他们在美国继续进行反古活动。同时，美国对古巴镇压反革命活动横加指责，并唆使多米尼加共和国反对古巴。美国不断派遣特务同古巴反革命分子相勾结，进行破坏生产、暗杀领导人、阴谋策划暴乱等颠覆活动；从美国起飞的军用飞机到古巴进行轰炸。1959 年 4 月，美国副总统尼克松在会见卡斯特罗后立即向其同僚建议，应马上把古巴流亡分子组织起来，推翻卡斯特罗政权。[①] 同年 5 月，美国在古巴南面的天鹅岛建立反对古巴革命政权的电台。1960 年 3 月，美国在哈瓦那港阴谋策划了货轮“库布雷”号的爆炸事件。美国操纵美洲国家组织对古巴施加压力，企图使用封锁禁运等经济手段来扼杀新生的古巴革命政权。与此同时，美国加紧秘密策划雇佣军的直接入侵活动。古巴革命处于空前的危险之中。这样严峻的外部形势要求古巴的革命力量高度统一，以对付随时都可能来犯的敌人。1961 年 4 月 7～19 日，发生了美国雇佣军入侵古巴的吉隆滩战役。1981 年，卡斯特罗在纪念古巴社会主义革命 20 周年的大会上回忆道：“我们在吉隆滩宣布了我们革命的社会主义性质，实际上也是在吉隆滩建立了我们的党。”

在美国加紧扼杀古巴革命时，苏联等社会主义国家的支持和援助是至

---

① Hugh Thomas. Op. cit. , p. 430.

关重要的。1959年至1961年上半年，古巴新老共产党人分布于三个革命组织中，将这些革命力量集中在统一的共产党内，形成一个单一的共产主义政党，将有助于更好地争取社会主义国家的支援，而这种支援对古巴有效抗击美国侵略是必不可少的。

（四）三个组织的共同要求和愿望

革命前，虽然三个组织有大体相同的革命目标，但是由于其革命策略各不相同，不可能结合在一起。革命胜利后形势不同了，出现了合并的有利条件。在1959～1960年国内外尖锐复杂的斗争形势下，古巴革命从民族民主革命急剧地转向社会主义革命。三个组织的共识是，既然大家都是共产党人，为什么还要“制定出两个马克思列宁主义纲领呢”①。显然，统一后能够优势互补，消除摩擦，更好地安排和调动干部，以满足革命形势迅速发展的需要。在统一工作中，三个组织，特别是人民社会党和“七·二六运动”的相互尊重是具有决定意义的。人民社会党不仅在其八大上充分肯定了卡斯特罗的历史功绩，而且积极支持他把革命向前推进。在三个组织合并前，该党总书记布拉斯·罗加明确表示，将来统一党总书记的人选不可能有比卡斯特罗更合适的了。② 同样，以卡斯特罗为首的“七·二六运动”的领导层认真继承了老共产党人的革命传统，把早期的共产党领导人作为自己的“老师、启蒙者和斗争中的榜样”，正如卡斯特罗后来所说，“这是我国革命的一条重要经验”③。1960年前后，在革命政权中已经有大量的人民社会党的干部担任各级领导工作。卡斯特罗在古共一大上的中心报告中对其他两个组织的历史贡献给予了高度评价，他说：“这（古巴革命的胜利）不仅仅是‘七·二六运动’的功绩。把我国工人阶级最优秀分子组织在一起的马克思列宁主义党，也付出了血的代价，许多党的优秀儿女献出了自己的生命。‘三·一三革命指导委员会’的战士们多次采取了如1957年3月13日攻打总统府那样的英勇行动，并积极参加了起义斗争。我们光荣的共产党后来就是从这些组织中产生出来的。”

---

① 〔古〕菲德尔·卡斯特罗，前引书，第二册，第271页。

② Hugh Thomas. Op. cit. , p. 595.

③ Fidel Castro Ruz. *Informe Central al Primer Congreso del Partido Comunista de Cuba*, p. 20.

三　几点看法

第一，古巴共产党建党历程的独特性可概括为“先掌权，后建党”。这种方式有别于传统方式，在世界共运史上是罕见的，堪称独树一帜的“古巴模式”。

产生这一模式是因为，作为工人阶级先锋队的共产党在革命形势出现时未能走在斗争的最前列，而组织以外的新一代共产党人成长起来，担任了斗争的主角，领导了夺取政权的任务；在将革命继续向前推进的过程中迫切需要新老共产党人从组织上联合起来，以实现共同的目标。

第二，面对古巴革命的这一特点，国际上具有不同色彩的学者纷纷提出“偶然论”“例外论”“中间阶级领导论”“农民革命论”等各种各样的论点，企图从各自的立场出发来进行解读，以此否定马克思主义建党学说的普遍意义，这显然不符合实际，是错误的。

这些观点的共同缺陷是没有看到新一代共产党人的成长。我们认为，古巴模式的出现不仅没有否定马克思主义的普遍意义，反而丰富了它，这一模式正是古巴新老共产党人将马列主义同古巴实际相结合的产物。

第三，古巴三个革命组织的合并是在古巴革命处于从民主主义阶段向社会主义阶段转变的关键时刻古巴新老共产党人做出的正确的战略决策，对古巴当时的革命形势以及以后的社会主义革命和建设都产生了重大影响，并由此派生出古巴政治生活中的其他特点。

虽然古巴和中国、越南、朝鲜等都属社会主义国家，但唯独古巴没有民主党派，没有政治协商性质的机构。这一现象的产生是由古巴革命的特殊性所决定的。

第四，以卡斯特罗为代表的新共产党人在民主革命阶段和取得政权初期有意识地不提出社会主义目标是一个成功而英明的决策。

这是古巴革命的又一特点，也是卡斯特罗革命谋略的亮点之一。如前所述，他曾多次讲到这一问题，那就是不急于提出过分激进的纲领将有利于团结更广泛的阶层和政治力量，同时又可麻痹敌人。革命胜利初期，美国的决策者在内部曾长时间地争论古巴领导人是不是共产党人，对是否应立即搞掉古巴新政权举棋不定,[①] 从而使古巴革命赢得了宝贵的时间，巩固和壮大了自己的力量，胜利地度过了最危险的时期，按预定的目标继续前进。

第二节　古巴共产党的主要特点

1961 年 6 月，古巴三个革命组织合并后产生了新的共产党。古巴共产党建党至今已有近 60 年的历史，在长期的艰苦斗争中古巴共产党形成了许多自己的特点，这些特点正是古巴社会主义制度得以生存和发展的重要根据。现将古共的主要特点分述于后。

一　坚持奉行马列主义理论，坚决捍卫社会主义制度

（一）党的纲领主张及在和平时期的情况

1975 年 12 月古共一大通过的党的基本纲领提出，古共的“最终目标是在我国建设共产主义”，实现这一目标的理论基础是关于共产主义社会分为社会主义和共产主义两个阶段的论断；古巴现正处于社会主义阶段，其任务是“建立社会主义的物质技术基础”[②]。古共在一大上通过的第一个党章也宣称，古共的产生是“所有立意要搞社会主义的革命力量紧密团结的结果”[③]。1976 年 2 月，古巴全国人民政权代表大会通过的古巴共和国宪法规定：“由工人阶级以马克思列宁主义先锋队组成的古巴共产党，是国家和社会的最高领导力量，它组织和引导古巴朝着建设社会主义和共产主义的目标前进。”[④]

反映党和国家基本性质的上述重要文件虽然发表于 20 世纪 70 年代中

---

① Theodore Draper. *Castroism*: *Theory and Practice*, Praeger Publishers, New York, 1965, pp. 223 – 253; Hugh Thomas. Op. cit. , pp. 413 – 434.

② *Plataforma Programática del Partido Comunista de Cuba*: *Tesis y Resolución*, Editado por el Departamento de Orientación Revolucionaria del Comité Central del Partido Comunista de Cuba, La Habana, 1976, pp. 55, 61.

③ *Estatutos del Partido Comunista de Cuba*, Departamento de Orientación Revolucionaria del Comité Central del Partido Comunista de Cuba, La Habana, 1976, p. 5.

④ *La Constitución de la República de Cuba*, Editora Política, 1981, pp. 6 – 7.

期，但自1961年古共建党和宣布古巴实行社会主义制度后，古共便已开始领导古巴人民沿着社会主义道路前进了。因此，上述文件中的有关表述是对20世纪60年代初以后古共领导的社会主义实践的实际反映，同时也表明了古共领导的建设社会主义的目标。纵观古巴从20世纪60年代到80年代的发展历程，古巴共产党遵循马列主义所阐明的科学社会主义原理，领导古巴人民在自己的国土上进行社会主义建设，取得了长足的发展，社会主义制度日益巩固和完善。古巴同当时世界上的其他十几个社会主义国家一样，都在进行着科学社会主义的伟大实践。古共为在古巴实现这一崇高理想进行了艰苦的探索和不懈的努力。

（二）20世纪80年代后期的国内外形势

20世纪80年代，世界上多数社会主义国家先后开始了经济和政治的改革。戈尔巴乔夫于1985年出任苏共中央总书记后，在他大力推进改革和提倡公开性的影响下，东欧社会主义国家普遍进入了改革时期。这种潮流也波及古巴，古巴国内有一些人也想学苏东国家搞“改革”。在美国方面，里根于1981年就任美国总统后，接受极右组织“圣菲委员会”的建议，对古巴采取强硬政策。1985年，美国政府建立了从事反古宣传的“马蒂电台”；1986年，里根宣布对古巴实行更严厉的贸易禁运。80年代后期，美国对古巴的军事威胁日益增加。然而，早在80年代初苏联领导人就在内部向古巴领导人表示，如美国入侵古巴，苏联将不进行军事干预，古巴将处于孤立无援的境地。[①] 在古巴国内，自1976年实行新经济体制以来，该体制在促进经济发展的同时也出现了若干问题。卡斯特罗提出，这一体制问题严重，已偏离了正确道路，其主要表现是出现了资本主义倾向。[②] 古共在三大以后决定在全党全国开展“纠正错误和消极倾向进程”[③]，以确保国家的社会主义方向。古巴领导人强调，古巴的国情不同，不能照搬别国的做法。当苏

---

① Raúl Castro Ruz. *Interview Granted by General of the Army Raúl Castro to "El Sol de México" Newspaper*, Defence Information Center, Revolutionary Armed Forces of the Republic of Cuba, 1993, pp. 38 –41.

② Fidel Castro Ruz. *Por el camino correcto: compilación de textos*, Editora Política, La Habana, 1987, pp. 18, 91, 96.

③ 详情将在本书第五章第四节中叙述。

东国家的改革开始出现偏差后，卡斯特罗及时地提出尖锐批评，并采取措施清除其在古巴的影响。例如，1989 年 8 月，古巴政府决定禁止两份苏联刊物在古巴发行，并大幅度减少其他苏联刊物在古巴的发行量。

（三）苏东剧变后的形势和古共的决心

在 20 世纪八九十年代之交，古共领导人担心的事终于发生了。从 1989 年下半年起，在短短的两年时间内全部东欧社会主义国家都改变了“颜色”，苏联不仅变色还解体了。鉴于古巴同苏东国家长期密切的关系，这一剧变对古巴的冲击是难以估量的。与此同时，美国的布什政府把古巴的困难视为“结束”古巴社会主义政权的绝好机会，抓紧利用除直接入侵外的一切手段颠覆古巴的社会主义政权；而美国国会则成立所谓“争取古巴自由决策小组”，公然确定在一年内搞垮古巴现政权的目标。古巴处于美国的严重威胁之下。这时，一些第三世界国家特别是拉美的近邻也对古巴施加压力。例如，1991 年 12 月举行的“里约集团首脑会议”专门就古巴问题发表声明，声称对古巴局势的未来“深感忧虑”，要求古巴“实现民主”。1992 年 3 月在联合国人权委员会表决美国提出的谴责古巴违反人权的决议时，智利、乌拉圭、阿根廷、哥斯达黎加等国都投了赞成票。更有甚者，以墨西哥、委内瑞拉、哥伦比亚三国总统组成的所谓“三人团”，从 1991 年开始在不同的场合多次会晤卡斯特罗，说是要帮助古巴现政权“谋取一条体面的出路”，其实质是压古巴领导人放弃社会主义制度。此外，欧洲和拉美的所谓“有影响人士”联名致信卡斯特罗，要求就他是否应“继续执政”问题举行公民投票，直接对古巴人民的领袖施加压力。

在此情况下，以卡斯特罗为领袖的古巴共产党人和全体古巴人民顶住了来自多方面的强大压力，克服种种困难，坚决捍卫社会主义，经历了自 1989 年至 1993 年最艰苦的考验，使社会主义在古巴土地上生存了下来，并获得新生。早在 1989 年初，卡斯特罗在庆祝古巴革命 30 周年大会上就首次发出“誓死捍卫社会主义，誓死捍卫马列主义”的号召。同年 12 月，他在为国际主义战士送葬仪式上进一步提出要为捍卫社会主义“流尽最后一滴血”。从 1989 年到 1991 年，古巴领导人利用国内外的各种场合不下数十次地反复申明，古巴坚持马列主义原则和社会主义制度。卡斯特罗提出，“社会主义是古巴革命的实质”“古巴人民不会再接受资本主义”[①]。古巴共产党人在极为困难和危险的条件下所表现出的对社会主义的坚定信念，不仅稳定了国内局势，为困境中的古巴人民指明了前进的方向，而且也向世人明确显示出古巴共产党具有高度的原则性。当时的阿根廷总统卡洛斯·梅内姆曾哀叹：“压力再大，菲德尔也将誓死捍卫他的旗帜。”西方一家媒体承认：“卡斯特罗拒绝在古巴实行那些导致资本主义制度的任何改革。”[②]

（四）为坚持社会主义道路而斗争

古巴共产党人在申明捍卫社会主义坚定立场的同时，采取了一系列措施，为维护这一立场提供实际保证。1990 年 2 月，古共召开特别中央全会，第一次提出“和平年代的特殊时期”的概念，要求完善党和国家的领导机构和领导方法，强调要按马列主义原则来推进完善国家政治制度的进程。[③] 1991 年 10 月，古共召开四大，庄严宣布古巴共产党人“最神圣的职责是：拯救祖国、革命和社会主义”，大会为此通过了有关新的党章、新的党纲、完善人民政权的组织和职能、国家的经济发展、对外政策以及授予中央委员会特别权利等 6 项决议，为坚持社会主义提供了进一步保证。古共四大统一了全党的认识，加强了人民的团结，反击了国内外敌人的挑衅，为使古巴摆脱困境和日后开展经济改革铺平了道路。古巴的形势发展说明，为了坚持社会主义，不仅需要抵制外来的压力和反击敌人的进攻，而且还需要清除人们头脑中的错误意识。正如古共四大的文件所说，必须“同一切教条主义和自由主义的表现决裂”，“推动我们的创造性思想的发展”[④]。苏东剧变以后，美国为了达到推翻古巴社会主义政权的目的，不断加大在外部封锁和在内部搞和平演变的力度。1992 年，美国政府出台了旨在加强封锁

---

① Fidel Castro Ruz. “Discurso pronunciado por Fidel Casreo Ruz, precidente de la República de Cuba, en el abanderamiento del Contingente ‘Blas Roca’ como vanguardia nacional, el 3 de junio de 1990”, *Discursos de Fidel*. http://www. granma. cubaweb. cu/(2017 – 08 – 01)

② *Efe*, *Mensaje*, 14 de octubre y 14 de diciembre de 1991.

③ “Comunicado del Pleno Extraordinario del CC del PCC”, *Granma*, 17 de febrero de 1990.

④ *IV Congreso del Partido Comunista de Cuba*: *Discursos y documentos*, Editoria Política, La Habana, 1992, p. 137.

古巴的“托里切利法”[1]。1994 年中，美国鉴于对古巴的经济封锁和政治压力未能搞垮古巴社会主义政权，开始加大进行和平演变的力度，企图从内部颠覆古巴。美国的渗透活动在古巴知识界引起了混乱，党的一些研究机构和一些党员也受其影响，当时这种倾向呈现继续发展的趋势。1996 年 3 月，克林顿政府签署了《赫尔姆斯—伯顿法案》[2]，进一步强化对古巴的制裁。在此形势下古共于同月召开四届五中全会，提出在加强经济工作的同时，在全党全民中“开展一场强大的意识形态战役”，以武装人民的头脑，增进党和人民的团结。[3] 此后，古共为恢复经济和加强政治思想工作展开了新的斗争。1997 年 10 月，古共召开五大，再次申明坚持社会主义和共产党的领导，强调古共是团结人民、维护民主和捍卫人权的党，提出古巴实行一党制是历史的必然。卡斯特罗在会上号召共产党员“在社会主义阵营中苏联已不存在，在世界许多地方的许多共产党员已放弃革命理想的情况下，要坚持斗争，捍卫自己的革命理想”[4]。90 年代后期，虽然古巴的内外形势有所好转，但美国的敌视政策丝毫未变，国际上的压力也依然存在。例如，1999 年 11 月在古巴举行的第九届伊比利亚美洲国家首脑会议上，一些国家首脑再次对古巴领导施压。卡斯特罗在会议上以回顾参加第一届伊美首脑会议情景的方式十分策略地反驳说：“那时有些有教养、有智慧的人，协调一致，徒劳地劝说古巴放弃革命和社会主义道路，认为这是唯一的解决办法。从四面八方来的劝说如倾盆大雨袭来。但是，我们并不这样想，我们决心斗争下去。”“我们会像我们的导师亚里士多德一样，以蒙娜丽莎式的微笑和《圣经》中约伯式的耐心来听取他们的劝说。”[5] 卡斯特罗以如此幽

---

① *Torricelli-Graham Bill*（《托里切利—格雷厄姆法案》），简称托里切利法，正式名称为《古巴民主法》（*Cuban Democracy Act*）。

② *Helms-Burton Law*（《赫尔姆斯—伯顿法》），简称赫—伯法，正式名称为《古巴自由与民主声援法》（*Cuban Liberty and Democratic Solidarity Act*）。

③ *Granma Internacional*, 3 de abril de 1996.

④ Fidel Castro Ruz. *Informe Central y Discusso de Clausura al V Congreso del Partido Comunista de Cuba*, Editora Política, La Habana, 1997, pp. 204 – 205.

⑤ Fidel Castro Ruz. “Discurso del presidente del Consejo de Estado de la República de Cuba, en la Inauguración de la IX Cumbre Iberoamericana de Jefes de estado y de gobierno, el 16 de noviembre de 1999”, *Discursos de Fidel*. http://www.granma.cubaweb.cu/(2017 – 08 – 01)

默的口吻有力地回敬了这些政治家的围攻。

2006年7月31日，卡斯特罗因病将最高行政职权暂时移交给劳尔。2008年2月24日，在第七届全国人代会上劳尔当选为古巴国务委员会主席兼部长会议主席，正式担任古巴的最高行政职务。劳尔在2009年8月1日全国人代会七届三次会议上说："大家选我当主席不是为了在古巴复辟资本主义，也不是为了出卖革命，是为了捍卫、维护和继续完善社会主义而不是摧毁社会主义。"[①] 2011年4月16～19日，古共召开了六大，通过了《党和革命的经济和社会政策纲要》[②]；2012年1月28～29日，古共召开了第一次全国代表会议，通过了《古巴共产党工作目标》。在这一文献中的"党的基础"部分指出，古共的主要使命是"团结所有的爱国者建设社会主义，保卫革命的成果，并为在古巴和全人类实现公正的理想而继续斗争"[③]。

古巴革命60年，特别是特殊时期开始以来，为确保社会主义永不变色，古巴共产党就是这样在长期困难的条件下带领古巴人民进行了英勇顽强和坚持不懈的斗争。

二 高举爱国主义旗帜，突出古巴民族特性

（一）继承祖国的革命传统，代表全民族的利益

古巴革命前的历史不仅是被压迫者和压迫者、被剥削者和剥削者之间的斗争史，而且也是争取独立的广大人民反对宗主国和美国兼并主义者的斗争史。早在19世纪初，古巴民族独立的意识已经形成，[④] 社会上的先进分子开始提出建立独立国家的要求。到19世纪中叶，争取独立的运动在同改良主义和兼并主义的斗争中逐渐壮大，终于在1868年爆发了古巴历史上的第一次独立战争。自那以后直到1959年，古巴历经了第二次独立战争（1895～1898）和新殖民地共和国时期（1902～1958），古巴革命的两大目标之一就是争取国家的完全独立。在近一个世纪的斗争中，涌现出无数的

---

① http://www.cubadebate.cu/；http://www.cubasocialista.cu/(2017－08－01)

② 原文于2011年5月9日正式公布，全文见 http://www.pcc.cu/(2017－08－01)

③ http://www.cubadebate.cu/especiales/2012/02/01/objetivos-de-trabajo-del-pcc（2017－08－01)

④ Sergio Aguirre. *Nacionalidad y Nación en el siglo XIX Cubana*, Editorial de Ciencias Sociales, La Habana, 1990, pp. 58－59.

英雄人物，创造出许多可歌可泣的英雄业绩。这是古巴革命的光荣传统，也是古巴人民宝贵的精神财富。

古巴共产党人历来把1959年的革命视为古巴反对4个半世纪的殖民主义和新殖民主义斗争的继续。他们明确表示，要继承、捍卫和发扬古巴历史上的爱国主义传统，实现爱国者的遗愿，维护古巴的主权和尊严。60年来，古共一贯高举爱国主义旗帜，从理论上和实践上弘扬爱国主义精神，将民族独立同社会主义结合起来。古共认为，古巴共产党人面临两项任务：一是维护民族独立；二是建设社会主义。在古巴，没有社会主义就没有民族独立，没有民族独立也就没有社会主义，两者是密不可分的。[①] 古共在实践中充分体现了以继承爱国主义传统为己任的思想。古共的党纲和党章均以大量篇幅详尽地阐述了古巴优良的革命传统，认为党就是这种传统的继承者和革命历史连续性的保证。根据这一思想，古共在历次党代会上都悬挂古巴民族英雄何塞·马蒂的画像，把马蒂等英雄人物作为共产党员的革命先辈。在古巴进入特殊时期后，古共将这一困难时期比作历史上第一次独立战争失败后以马塞奥将军为首的起义军革命派反对妥协、坚持斗争的时期。当时马塞奥在巴拉瓜会见西班牙殖民军总司令马丁内斯，表示拒绝接受没有独立的和平条约《桑洪条约》，决心继续战斗下去，史称“巴拉瓜抗议”。1991年古共准备召开四大时，向人民发出的号召书中提出的口号是：“我们祖国的未来将是永远的巴拉瓜！”[②] 将独立战争的历史事件作为共产党会议的政治口号，这在其他社会主义国家是罕见的。而且，更能说明问题的是沿用国名的事实。古巴于1961年4月宣布实行社会主义制度，成为当时世界上14个社会主义国家之一。第二次世界大战后走上社会主义道路的国家在革命胜利后无一例外地都更改了本国的国名：在国名中加以“人民”二字的有阿尔巴尼亚、保加利亚、匈牙利、波兰、罗马尼亚、蒙古

---

① Fidel Castro Ruz. “Discurso pronunciado en el Acto de despedida de Duelo A Nuestros Internacionalistas Caídos Durante el Cumplimiento de Honrosas Misiones Militares Y Civiles, efectuado en el Cacahual, el 7 de Diciembre de 1989,” *Discursos de Fidel.* http://www.cuba.cu/gobierno/discursos/index.html (2017-08-01)

② *El IV Congreso del Partido Comunista de Cuba: Discursos y documentos*, Editoria Política, La Habana, 1992, pp. 27-46.

国和中国；加上“社会主义”的有捷克斯洛伐克、南斯拉夫（于 1963 年改加“社会主义”）、越南（于 1976 年由加上“民主”改加“社会主义”）；加上“民主”或“民主主义人民”的为东德和朝鲜。唯独古巴始终没有更改国名，仍用 1902 年以来的“古巴共和国”名称，国旗、国徽、国歌也均沿袭原样，未做任何改动。古共之所以如此独树一帜，其用意是很清楚的。

（二）将党的领导地位同民族独立与国家的主权结合起来

坚持共产党的领导是所有社会主义国家的共同特征之一，其理论根据也是一样的。然而，由于各国的国情不同，其具体提法不尽一致。在古巴，由于特殊的历史条件，古共对党的领导这一基本原则有其自己的理解。古共认为：“党概括了一切，集中体现了我国历史上一切革命者的理想；具体体现了革命的思想、原则和力量……党是今天古巴的灵魂。”① 自 1960 年古巴共产党形成起到 1990 年特殊时期开始前，在整整 30 年中古巴共产党成功地领导了捍卫民族独立和建设社会主义的斗争，在古巴社会中取得了无可争辩和无可代替的领导地位。正如卡斯特罗所说，古巴共产党是革命的历史连续性的最好保障，在劳动群众中获得了深厚的和不可摧毁的尊重和爱戴，成为古巴人民久经考验的先锋队。② 自古巴进入特殊时期后，以美国为首的西方国家压古巴实行多党制，美国还明确提出以此为条件换取封锁禁运的解除和两国关系的改善。古巴国内的少数所谓“不同政见者”也蠢蠢欲动，同国外的反古势力互相呼应，企图改变古巴的社会主义航向。这种鼓噪在 1991 年达到高潮。古巴共产党对此予以坚决的反击。同年 5 月 20 日，卡斯特罗在接见意大利记者时一针见血地指出：“如果古巴出现两个政党，那么一个是革命的党，另一个则是美国佬的党。”在 4 天以后的 5 月 24 日，《格拉玛报》发表文章说，在古巴搞多党制就是“让过去使新殖民统治在古巴合法化的政党重新兴风作浪”。同年 10 月召开的古共四大重申绝对地确立古共在古巴社会中唯一政党的地位，同时向全党和全国人民发出

---

① Fidel Castro Ruz. *Informe Central al Primer Congreso del Partido Comunista de Cuba*, Editora Política, La Habana, 1982, pp. 203 – 204.

② Fidel Castro Ruz. *Informe Central al II Congreso del Partido Comunista de Cuba*, Editora Política, La Habana, 1980, p. 104; *Informe Central al Tercer Congreso del Partido Comunista de Cuba*, Editora Política, La Habana, 1986, p. 92.

“拯救祖国、革命和社会主义”的号召。[①] 古共认为，“拯救祖国”主要指的是捍卫古巴的独立和主权；“拯救革命”就是捍卫1868年独立战争以来的革命成果；因此，古巴共产党人今天坚持社会主义的斗争，也同时是维护祖国和革命的斗争。从那时以后，古共反复阐明这一关系。1994年1月，卡斯特罗说：“我们党有历史根源，因为马蒂——我们今天纪念他——创建了一个党来领导人民为独立而斗争，我们需要一个党来领导人民为革命奋斗，领导人民维护我们的主权和我们的独立。”[②] 1997年10月召开的古共五大重申了在古巴坚持共产党一党领导、不搞多党制的历史必然性和现实必要性。正因为古共把党的事业和目标同古巴民族的根本利益高度统一起来，并在长期的实际斗争中证明了这一点，充分支持和拥护共产党的领导便成为古巴人民的广泛共识和自觉行动。2012年1月28~29日古共召开了第一次全国代表会议，在闭幕式上劳尔重申了坚持一党制。他说：“放弃一党制意味着帝国主义在古巴的一个或多个政党的合法化，从而牺牲古巴人民团结的战略武器……根据古巴为独立和民族主权长期斗争的经验，这意味着蛊惑人心和政治商品化，我们将捍卫一党制。”[③] 劳尔的讲话阐明了古共坚持一党制与国家民族的命运和前途的密切关系。

在古巴，社会主义和爱国主义已融为一体。今天，古共将古巴人民的爱国主义传统精神提到历史上前所未有的高度，在这方面同其他国家相比也是十分突出的。爱国主义是凝聚古巴全民族力量的一面光辉旗帜，古巴共产党高举了这面旗帜。这是古巴人民60年来，特别是自特殊时期开始以来团结在党的周围，万众一心，克服各种困难，坚持社会主义，使国家走出困境的重要因素之一。

（三）将马蒂思想作为指导思想的组成部分

1991年10月召开的古共四大正式将马蒂思想同马克思列宁主义一起作为

---

① Fidel Castro Ruz. *El IV Congreso del Partido Comunista de Cuba*: *Discursos y documentos*, pp. 3, 78.

② Fidel Castro Ruz. “Discurso pronunciado en la clausura del IV Encuentro Latinoamericano y del Caribe, efectuada en el Palacio de las Convenciones, el 28 de Enero de 1994”. *Discursos de Fidel*. http://www.granma.cubaweb.cu/(2017-08-01)

③ 劳尔·卡斯特罗讲话的全文详见 http://granma.cubaweb.cu/(2017-08-01)

党的指导思想。四大通过的党章决议申明，古共是“马蒂思想和马克思列宁主义性质的党”①。1992年7月召开的古巴全国人民政权代表大会第三届第十一次会议通过的古巴共和国宪法规定，古巴公民的指导思想是“何塞·马蒂及马克思、恩格斯和列宁的政治—社会思想”②。这样，马蒂思想就正式成为古巴党、国家和社会的指导思想了。

何塞·马蒂，全名何塞·胡利安·马蒂－佩雷斯（José Julián Martí y Pérez，1853～1895）是古巴的民族英雄、古巴独立运动领袖、革命思想家、诗人和文学家。青年时期因从事反对殖民统治的斗争，曾两度被殖民政府流放到西班牙服刑。1880年，他到达美国，继续从事争取古巴独立的活动。1892年，他创建古巴革命党，其宗旨是实现古巴岛的彻底独立。1895年1月，他赴多米尼加共和国筹划在古巴的武装起义；同年2月，古巴第二次独立战争爆发。4月，他与其他革命领导人一起返回古巴。5月19日，在同西班牙殖民军的战斗中牺牲。何塞·马蒂一生中写下了大量的著作，现有《马蒂全集》共73卷。马蒂思想博大精深，其中最为突出的是关于民族独立和社会公正的思想，这对古巴后来的独立斗争和民族意识的发展产生了重大影响。何塞·马蒂是伟大的革命家，他的思想已接近社会主义，但他还不是社会主义者。③

无论是在世时还是牺牲后，何塞·马蒂都是古巴人民十分爱戴和崇敬的民族英雄。一个多世纪以来，他的思想一直鼓舞着古巴人民为争取独立和自由而进行斗争。20世纪上半叶，在古巴各地陆续竖起他的塑像，在首都建立了马蒂纪念馆。1949年3月，驻古巴的美军海军陆战队的一名士兵在酒后竟爬到位于哈瓦那中央公园马蒂塑像的头上便溺，侮辱这位伟人。这一事件严重伤害了古巴人民的民族尊严，从而在全国激起了反美浪潮，最后以美方赔礼道歉而告平息。④

---

① *El IV Congreso del Partido Comunista de Cuba*：*Discursos y documentos*，p. 78.

② *La Constitución de la República de Cuba*，Editora Política，La Habana，1992，p. 2.

③ 本书第一作者（以下简称作者）对古共中央高级党校校长劳尔·巴尔德斯·比沃（Raúl Valdés Vivó）的专访，古巴驻华大使馆，2004年5月25日。

④ Roberto de los Reyes Gavilán. “La dignidad herida”. *Tríbuna de la Habana*，13 de Marzo de 1994.

1959年革命后，古巴共产党大力弘扬何塞·马蒂的革命思想和革命精神。古巴的党政领导机构不仅在其文件中充分阐述马蒂思想的重要意义，而且还以各种形式在全社会宣传马蒂思想，使之深入人心。卡斯特罗曾说，他自己在成为马克思主义者之前“是一个马蒂主义者”，他对古巴所做的贡献“在于把马蒂思想与马列主义结合起来，并不断地将它应用于古巴革命的斗争之中”[①]。由此可见，马蒂的思想对古巴革命的影响是极其深远的。在古共四大以前，在党的纲领和章程中对马蒂思想的最高评价是“后来革命者的旗帜”“古巴共产党继承了何塞·马蒂的思想”；并明确规定古共的“理论和行动指南是马蒂思想和马列主义”。[②] 古共四大第一次把马蒂思想作为党的指导思想的组成部分，这是古共在党建方面一个独特的举措。这不仅在古共历史上没有先例，而且在世界共运史上也是罕见的。在古巴进入和平时代的特殊时期以后，古巴共产党人所面临的紧迫任务是“拯救祖国、革命和社会主义”。显然，把马蒂思想提高到党的指导思想的地位，是为了体现现阶段古巴革命的特点，突出党的本土性和民族性，以便更好地发扬爱国主义精神，领导全国人民胜利前进。

（四）允许教徒入党，以扩大党的代表性

古共四大的另一个举措就是对党的组织原则的修改，即允许教徒入党。四大通过的古共党章决议指出：“取消古共发展进程中曾做出的以宗教信仰为由否定先进革命者要求入党的权利的条款。”[③] 古共过去是不允许教徒入党的。古共一大和二大通过的党章都规定，党员的义务之一是“对宗教迷信和其他旧思想开展有力的斗争”[④]。

古共四大做出允许教徒入党的决定不是偶然的，有其历史和现实的原因。[⑤] 首先，信教者的人数在古巴国民中的比例是相当高的。居民中信奉天

---

① Frei Betto. *Fidel y la Religión*: *Conversaciones con Fidel Castro*, Siglo XXI Editores, México, 1986, pp. 158 - 159, 163 - 164.

② *Plataforma Programática del PCC*, *Tesis y Resolución*, p. 7; *Estatutos del PCC*, 1976, pp. 4, 7.

③ *IV Congreso del PCC Discursos y documentos*, Editora Política, La Habana, 1992, p. 86.

④ *Estatutos del PCC* (aprobados en el Ⅰ Congreso en 1975), p. 23; *El Ⅱ Congreso del PCC*, *Documentos y discursos*, Editora Política, la Habana, 1981, p. 183.

⑤ 本书第十一章将全面介绍古巴的宗教情况，这里只限于讨论古共允许教徒入党的原因。

主教的人较多，另有一些人信奉基督教新教，在黑人中有不少人信奉从非洲传来的教派如桑特里亚教、阿瓦库亚教等。此外，还有一些人信奉万物有灵的古巴教，在这一教派的信徒中既有黑人、黑白混血种人，也有白人。因此，信教者的总人数在人口中占大多数。其次，宗教影响大。宗教在古巴历史上起过重要的作用，包括积极的和消极的两个方面；宗教对古巴的政治、经济和社会都产生过广泛的影响。如古巴的第一所大学——著名的哈瓦那大学就是在1728年由天主教教会创立的，但在19世纪古巴争取独立的运动中教会持反对的立场。20世纪以来，虽然其他宗教有所发展，但在各种宗教中仍以天主教的力量为最大。在50年代，一些普通天主教徒积极参加反对巴蒂斯塔独裁统治的斗争，这一事实曾受到卡斯特罗的赞扬。然而，1959年革命胜利后，教会上层反对革命政府的改革政策，甚至参与了针对新政权的反革命活动。政府与教会的关系十分紧张。20世纪60年代后期，教会的态度开始转变，政府也对宗教政策做了相应调整。到80年代，教会已基本适应社会主义社会的环境，政府同教会保持着较好的关系。再次，由于现实的需要。特殊时期开始后，全国人民最紧迫的任务是拯救革命，共赴国难。在广大的教徒中涌现了不少爱国人士和革命者，而共产党是古巴社会中唯一的政党，是否应为这些优秀分子敞开党的大门便成为摆在党面前的一个亟待解决的问题。经过认真考虑，这一问题终于获得突破。正如卡斯特罗所说："我们有一个党，唯一的一个党，唯一的一个干革命的党，必须使所有爱国者、革命者、所有希望人民进步的人和所有捍卫我们革命的正义思想的人入党。"当然，入党的信教者还应接受党纲、党的原则和社会主义观念。①

古共允许教徒入党的决定受到宗教界和国内外舆论的普遍欢迎。古巴政府同宗教界的关系明显改善。1998年初，罗马教皇保罗二世访问古巴获得成功，有力地促进了全国人民的团结。在这里需要说明的是，回顾世界共运史，有些国家的共产党是允许教徒入党的。列宁就曾认为神职人员如

① *El IV Congreso del PCC*, *Discursos y documentos*, Editora Política, La Habana, 1992, p. 402.

果其他条件具备，是可以加入俄国社会民主党的。[①] 在现有社会主义国家的共产党中也有允许教徒入党的，如越南共产党和老挝人民革命党。[②] 因此，古巴的情况不是独有的。

三 一切面向群众，切实做到同群众打成一片

马克思主义认为，人民群众是立党立国之本，是把社会主义推向前进的基本动力和基石。这一重要原理在古共的实践中得到充分而生动的体现。早在 1961 年，卡斯特罗宣布古巴实行社会主义时就明确指出，古巴革命是“一场贫苦人的、由贫苦人进行的、为了贫苦人的社会主义民主革命”[③]。革命前，贫苦人占古巴人口的绝大多数。古巴革命的性质和目标代表了他们的根本利益。古巴革命的任务不仅要永远结束新老殖民主义对包括劳动群众在内的全体古巴人民的统治和压迫，而且还要实现所有古巴被压迫和被剥削者的彻底解放，建设社会主义社会。古共领导人认为，作为古巴社会领导力量的古巴共产党肩负如此的重任，要求它必须重视同人民群众的联系。卡斯特罗曾强调，古共要维护同群众的联系，因为“这是一个党存在的理由，它的全部声望和威信决定于它同群众的实际联系……假如它同群众没有联系，在群众中没有声望，没有威信，它就不算一个党”[④]。古共在党群关系方面坚持的原则是：一切立足于群众，一切依靠群众，一切决定要倾听群众意见，一切活动要有群众的配合，即“四个一切”。为了贯彻这一原则，古共制定了一系列的政策措施，确保党同人民群众的密切联系。其中比较突出的有：群众参与吸收党员的工作；党通过各种组织加强同群众的联系；群众参与制定党的重大政策等。现就这几个方面的情况分述如下。

（一）群众参与吸收党员的工作

古共认为，党员的先进性是至关重要的，因此“党所关心的永远是质

---

① 列宁：《论工人政党对宗教的态度》（1909 年 5 月 13 日），载《列宁选集》第 2 卷，北京：人民出版社，1960，第 381～382 页。

② 古小松：《越南的社会主义》，北京：人民出版社，1995，第 64 页；高放、李景治、蒲国良主编《科学社会主义的理论与实践》（第六版），北京：中国人民大学出版社，2014，第Ⅷ页。

③ 〔古〕菲德尔·卡斯特罗：前引书，第二册，第 26 页。

④ 同上书，第 383 页。

量而不是数量”，参加党的人应该是“工人阶级和人民最优秀的儿女”，是“从最出色的劳动者中挑选出来的”[①]。为了保证党员的质量，党组织在按党章要求，对申请人严格履行入党手续前必须征求群众的意见。古共对这一点十分重视，在党章中有专门的规定。1975 年古共一大通过的党章第一章第三条第三款规定，接纳党员必须“在征求群众的意见后”才能进行；1980 年古共二大通过的党章完整地保留了这一要求，其表述是“接纳党员和预备党员只能在征求过群众意见之后履行手续”[②]。对此，其他国家的共产党特别是执政的共产党在其党章中也有类似的规定，但古共更加强调这一点。古共在吸收党员过程中的这一组织措施具有重要的意义。正如卡斯特罗在古共一大的报告中所说，“我们的挑选办法包括民主地听取党的发展对象所在单位的全体劳动群众对其入党的意见”，这体现了列宁关于无产阶级先锋队“必须同最广大的人民群众紧密联系起来”的原则；“党的建设和成长过程就包含了同群众的经常对话。党保留选择党员的权利，但也时刻倾听群众的看法和意见”。这一措施不仅保证了党员的先进性，其中包括同人民群众的密切联系，而且通过群众的参与，密切了党群关系，大大地增强了群众的政治积极性。

（二）党通过各种政治组织加强同群众的联系

同其他社会主义国家一样，古巴共产党领导和指导了若干群众组织和社会团体。其中包括古巴工人中央工会（简称工会）、保卫革命委员会（简称保革会）、古巴妇女联合会（简称妇联）、古巴大学生联合会（简称大学联）、古巴中学生联合会（简称中学联）、古巴少先队员联盟（简称少先队）、全国小农协会等群众组织和古巴作家和艺术家联盟、古巴记者联盟等社会团体。然而，古巴的群众组织又有自己的特色。正如古共所评价的那样，这些组织和团体在社会主义建设中发挥着极为重要的作用，这是古巴“革命生活中一个引人注目的现象”[③]。古共认为，这些组织是保证党同广大群众保持最密切联系的桥梁和纽带，是党得以教育、指导和动员群众的保

---

① *Estatutos del PCC*, 1976, p. 9.

② Op. cit., p. 10.

③ *Programa del Partido Comunista de Cuba*, Editora Política, La Habana, 1987, p. 68.

证，党通过他们能够了解到各部分人的想法、问题和意见。古巴的革命进程充分证明了这一点。这些组织覆盖了全国各阶层人民。据1986年的统计，工会、妇联、保革会、大学联、中学联和少先队的成员占各自群体的80%以上，其中工会会员占工人中的比例和少先队员占在校儿童的比例均高达99.5%。[①] 古共就是通过这样的网络将全国人民联系起来，使整个社会信息畅通，运转自如，生机勃勃。在社会主义革命和建设中，古共从这些组织获得了强大的政治支持。

在这里，作为一个典型的例子，有必要着重介绍一下保卫革命委员会（Comité de Defensa de la Revolución）的情况。这一组织是其他社会主义国家所没有的，被卡斯特罗誉为"古巴革命的创举"[②]。保革会是在1960年9月28日国内外反革命势力严重威胁革命政权、革命群众奋起反击的斗争烈火中诞生的。它是古巴最广泛的群众性组织。据20世纪80年代的统计，其成员占全国14岁以上人口的80%多；到90年代，这一比例进一步上升。保革会是建在街区的，但在市（县）、省和全国都有其领导机构。保革会建立时的任务是监视敌人和同敌人进行斗争。革命胜利初期，它在维护全社会的革命秩序方面发挥了重要作用。随着社会主义建设事业的发展，它的职能也大大扩展了。在20世纪70年代和80年代，保革会除同犯罪行为和反社会行为进行斗争外，还完成了政治、经济、文化、社会等多方面的工作，极大地支持了党的领导。保革会不仅担负起教育群众、提高其思想觉悟的任务，而且在诸如动员群众参加经济建设、声援外国人民的斗争、落实爱国主义军事训练以及回收废旧物资、组织献血、开展"模范家长"活动、协助政府做好卫生防病工作等方面都做出了突出的贡献。卡斯特罗曾赞扬保革会"不仅仍然是（革命事业的）身经百战的捍卫者，而且也是革命事业的勤劳和不倦的建设者"[③]。古巴进入特殊时期后，保革会在团结群众克服困难和维护社会稳定方面发挥了不可替代的作用。90年代初期，当少数

---

① Fidel Castro. *Informe Central al Tercer Congreso del Partido Comunista de Cuba*, Editora Política, La Habana, 1986, pp. 62 - 72.

② Fidel Castro. *El II Congreso del PCC, Documentos y discursos*, Editora Política, La Habana, 1981, p. 93.

③ Fidel Castro. *Informe Central Tercer Congreso del PCC*, p. 82.

所谓“不同政见者”进行反对党和社会主义的违法活动时，保革会组织群众与之进行了卓有成效的斗争。90年代中期，当一些群众非法出逃时，保革会做了大量的说服教育工作，使这一事态得以迅速缓解。90年代后期，保革会开展的“革命街区”活动，为提高群众的政治觉悟发挥了独特的作用。保革会的发展历程和全部工作说明，它是古巴社会中的一个不可或缺的机构，是党同人民群众保持密切联系的最重要的组织形式。正如卡斯特罗所说，它在古巴的出现“为丰富世界革命运动的经验做出了贡献”[①]。

（三）群众参与制定党的政策

党在确定政策前，广泛吸收群众参加讨论，高度重视和充分尊重群众的意见。这是古共的传统作风，也是古共在党群关系中的另一个突出特点。早在20世纪70年代卡斯特罗就说过，“党要时刻倾听群众的看法和意见”[②]。颇能说明问题的是古共在全国党代会上提出新的方针政策前，总是要首先把基本原则和内容交给党外群众进行讨论，古共四大文件的形成过程就充分显示了这种坚持群众路线的优良作风。

古共四大是在古巴处于历史上空前困难的情况下于1991年10月召开的，四大的决议代表了古共的方向和国家的前途。古共对这一关系党和国家命运的大事采取了公开的、民主的对话形式，吸收最广泛的群众参加，收到了良好的效果。其具体做法如下。

其一，早在1990年3月，古共中央就发表了召开四大的呼吁书，旗帜鲜明地阐述了坚持社会主义、坚持党的领导和计划经济的原则立场，同时也承认现有的政治经济体制还需要完善。然后，发动全党和全国人民对呼吁书进行大讨论，号召党员和群众畅所欲言，自由发表意见，同时要求党员和干部积极引导群众，捍卫党的立场。这次大讨论持续了数月之久，全国有350多万人参加。这一全民性的大讨论实际上是一次对社会主义和共产党的全民公决。讨论中一共提出了120多万条意见，其中包括许多尖锐的批评。但是，正如党中央的官员所说，基本上没有提出不能实现的要求，所有意见都是为了解决问题。真正的反对意见只是极少数。例如，要求实行

① Fidel Castro. *El II Congreso del PCC, Documentos y discursos*, p. 93.

② Fidel Castro Ruz. *Informe Central al Primer Congreso del Partido Comunista de Cuba*, p. 205.

多党制的只占0.01%，要求实行资本主义市场经济的则更少，占0.005%，要求私有化的也还不到1%。通过讨论，绝大多数群众拥护社会主义制度和共产党的领导。[①] 事实证明，这次大讨论不仅发扬了民主，教育了群众，并使党的决策更加完善，而且密切了党群关系，巩固了党的领导地位。古共如此大规模地动员群众参与制定党的方针政策，这在资本主义国家是绝对无法做到的事，即便在社会主义国家中也是罕见的。

在召开六大以前，古共中央再次决定将党代会的主要文件交给全国人民进行讨论。2010年11月8日，劳尔宣布将于2011年4月16~19日召开六大。次日，古共公布了准备在党代会上讨论通过的主要文件《经济和社会政策纲要》（简称《纲要》）草案。从2010年12月1日至2011年2月底，在全国各地组织党内外群众对《纲要》草案进行了广泛的讨论，征求意见和建议。据报道，共有891万多人参加了讨论，召开了16.3万次会议，有300多万人在会上发言，提出了78万多条意见和建议。通过大讨论，古共中央将《纲要》原草案的291条中的181条进行了修改补充，有的进行了合并，并增加了一些条文。因此，修改稿共311条，将此稿提交六大。这次大讨论是古巴党发扬社会主义民主的又一次大展示。

四　从严治党，加强自身建设

如前所述，古巴的社会主义建设一直是在险恶的特殊环境中进行的。古巴共产党深刻地认识到作为领导这一伟大事业的核心力量，只有始终坚持其先进性、纯洁性和战斗性才能完成领导这一伟业的使命。因此，古共从成立时起便高度重视自身的建设，并在长期的党建工作中形成了自己的特色，取得了许多卓有成效的经验；而这些特点和经验可概括为一句话，那便是“从严治党”。

（一）健全党的培训体系，加强党员和干部的政治思想教育

古共一贯重视对党员和干部的政治思想教育。在本章第一节中谈到，早在革命后建立新的共产党之前，在卡斯特罗和罗加的倡议下于1960年便

① 倪润浩：《古共四大准备就绪》，新华社哈瓦那1991年10月4日电。

创立了革命指导学校，为三个革命组织的合并奠定了政治思想基础。它是古共党校的雏形。从那以后，党的培训体系不断扩大和发展。今天，古共已拥有一个覆盖全国的、多系统的、完善的教育培训体系。古共中央设有党内教育部，负责领导全国的党校系统和政治思想培训中心系统。

党校系统分中央党校、地方党校和基层党校。位于哈瓦那的“尼科·洛佩斯”高级党校是古共的中央党校，其前身是根据卡斯特罗的建议在革命胜利前建立的一所干部学校。学制以 3 年的本科生班为主，同时还开设在职干部走读班、短期进修班和不定期举办的各种专题研修班等。这是古共培训党的中高级干部和专业干部的重要基地。地方党校就是各省的省委党校，它们大都是在 20 世纪 60 年代初建立的，其建制与中央党校大体相同，主要是培训党的地方干部。基层党校则以培训基层干部为主。中央要求，党的领导干部和每个党员都要定期到不同级别的党校接受不同期限的政治思想培训，特别是对即将提拔的干部，党校举办专门培训班，有针对性地进行培训。在特殊时期中，大部分党员在党校学习过。古共中央还要求每个新党员都要在基层党校接受 100 小时的党课教育。[①]

政治思想培训中心系统初创于 1975 年 10 月，在中央和一些地方成立了首批培训中心，共 27 个，随后向全国推广。培训中心分初级、中级和高级三个级别。开办中心的主要目的是要从理论上和政治上对党员和预备党员进行系统的、正规的教育。培训中心同党校的区别在于：培训对象偏重普通党员；教学内容以基本的马列主义理论为主。实践证明，培训中心确已成为对党员进行马列主义教育的基本途径。仅在 1981 ~ 1985 年 5 年间，就有 401686 名学员从中心毕业，占当时党员总数的 77%。[②] 这些中心也举办短期训练班，以培养基层组织的领导人。

此外，共青盟、工会、妇联、保革会和小农协会等群众组织也都开办了全国性的和省一级的学校，培训各自的干部和成员。从广义上来说，这些学校也都是党的教育培训体系的组成部分。需要说明的是，在古巴革命

① 作者同古巴马坦萨斯省委党校和西恩富戈斯省委党校教职员座谈时获得的信息，1997 年 6 月 20 日和 27 日。

② Fidel Castro. *Informe Central Tercer Congreso del PCC*, pp. 74 – 75.

后的前30年中有大量党的干部和专业人员被派往苏联、民主德国和保加利亚等社会主义国家去进修，这些国家还为古巴的党校培训师资。总之，古共通过多体系、多渠道、多方位地对党员进行政治思想教育，使党员享有充分的学习机会来提高自己的政治水平和思想觉悟。

（二）提高党员的文化程度，为培养党员的综合素质奠定基础

古共在建党初期，大部分党员来自“七·二六运动”。这一革命组织除领导层外大多是农民和工人，人社党也有相当一部分工人党员。古共在党的发展中一贯强调党员的社会成分要以劳动者为基础，以保证党员的成分主要由社会中最革命的阶级所构成。这从组织上确保党的工人阶级先锋队性质来说是完全必要的，但也同时出现了一个无法回避的问题，即多数党员的文化水平偏低。由于革命前的古巴劳动人民缺乏受教育的机会，革命胜利后的第一代劳动者的文化程度普遍不高。这种状况无疑影响了党的领导作用，同其领导地位很不相称。古共领导人特别是卡斯特罗本人及时而敏锐地注意到这一问题的严重性，于是从20世纪60年代初起便采取措施，努力提高党员的文化水平。当时，卡斯特罗提出，要“特别重视”这一工作，认为这是摆在所有党员面前的一项“革命义务”[①]。在他的直接领导下，建立了指导学习的体制，除一部分人直接上正规学校进行脱产学习外，大多数党员和干部在不脱产的情况下进行系统的文化学习。

经过长期的不懈努力，党员的文化水平有较大的提高。据统计，20世纪60年代，六年级文化水平以下（含六年级）的党员高达党员总数的80%。然而，经过数年的学习后情况大为改善。到1975年第二季度，这一百分比便降至62%，其中已经达到六年级水平的党员为42%。卡斯特罗在古共一大上尖锐地指出，一部分文化水平较低的党员不管他们有多么坚定的革命意志，他们在为理解党的方针政策所必须掌握的知识方面都会遇到很大的障碍。他要求各级党组织进行顽强的努力，严格要求，以达到提高全党文化水平的目的。到1980年，80.7%的党员已具有八年级或更高的文化水平；换言之，八年级以下的党员人数占党员总数的比例只有19.3%了。

① Fidel Castro Ruz. *Informe Central al Primer Congreso del Partido Comunista de Cuba*, pp. 211 - 212.

此后，党员的文化程度继续提高。到 1986 年，有 72.45% 的党员达到或超过九年级的水平。在此基础上，古共中央又提出了新的目标，即把注意力集中在提高党员的技术和专业水平上。①

经过 20 多年的努力，古共党员文化水平低下的问题已经解决。取得这一成绩的主要原因是古共领导人的远见卓识和高度重视。同时，随着时间的推移，在全社会普及九年制义务教育的环境下新一代有知识的劳动者已经成长起来，党员的文化程度也随之改观。古共党员文化水平的提高对坚持和发展古巴的社会主义事业具有十分重要的意义。

（三）强化纪律，规范党政干部的行为准则

特殊时期以前，虽然也发生过党员干部的违纪行为，但由于纪律严明，这类事例只是个别的。特殊时期开始后，古共面临新的不利形势，特别是经济改革带来了某些不良倾向，腐败现象开始抬头。古共领导人对此高度重视，注意抓苗头，及时采取措施，防止其扩大和蔓延。经过一段时间的酝酿，古巴政府于 1996 年 7 月 18 日颁布了《古巴国家干部道德法》，共 26 条，详细规定了对国家干部的道德要求和行为准则。这项法令要求全体干部胸怀坦白、敢于批评和自我批评，不应消沉悲观、懒散、虚荣、骄傲自满和浮夸，无论是在个人的私生活或日常工作中，都应是“一个无可挑剔的榜样和典范”。这项法令还对干部的行为准则做了若干具体规定，使之便于操作，有法可依。如高级干部除因公外即便自己有外汇也不得在旅游饭店消费；领导干部装修房屋即便用自己的钱也须经过批准；古共中央政治局委员、政府部长不得更新汽车；部级以上干部及其家属不得在企业兼职或担任名誉职务；不允许高级干部的子女经商；不允许企业领导人将家属和亲戚安排在本单位工作；等等。②

古巴领导人为这一法令的颁布于 1996 年 7 月 17 日举行了隆重的签字仪式，由部级以上的高级干部参加并依次在法令上签名，宣誓保证以此标准

---

① Fidel Castro. *El II Congreso del PCC*, *Documentos y discursos*, Editora Política, La Habana, 1981, p. 112; *Informe Central Tercer Congreso del PCC*, p. 75.

② *Código de Etica de los Cuadros del Estado Cubano*, Imprenta del Comité Ejecutivo del Consejo de Ministros, diciembre de 2000.

要求自己和下属各级干部，违者必究。这一仪式由中央干部委员会秘书格拉迪斯·贝赫兰诺主持。签名结束后，国务委员会副主席、部长会议执行秘书卡洛斯·拉赫做了重要讲话，强调不仅政府官员应该遵守这些法规，而且他们的家属和亲友也应如此。然后，拉赫将具有所有有关人员签名的这一法律文件庄严地交给卡斯特罗和劳尔。本来在安排这一活动时，组织者没有计划让这两位领导人签名，但卡斯特罗说，作为老一辈的国家官员，他们也应该签名，于是他郑重提出了允许他们在文件上签署名字的要求。当他们签名的时候，全场热烈欢呼。这一签字仪式的全过程由国家电视台向全国播放，以便由全社会监督执行。[①] 虽然这一法令是有关国家干部的道德行为准则，但由于古巴的各级干部绝大多数由党员担任，所以实际上也是对党员干部的要求。

（四）健全监督机制，防范党员和干部的越轨行为

古共在长期的党建中形成了一整套相当完善的监督机制。除了党组织对党员进行经常性的监督，要求党员定期向组织汇报思想和工作外，在党内外都设立了监督机构。在党内主要是监督委员会。该委员会分全国（即中央）、省和市（县）三级，其产生、组成和职能在党章中都有明确的规定。同时，古共还设立了从中央到省、市（县）的三级申述委员会，受理对党员和干部违纪行为的举报和审理被举报人的申述。在党外，古共设立了全国群众举报委员会，直属中央政治局领导，由一名政治局委员负责，主要监督党的各级干部。特殊时期开始后，大量干部处于经济工作的前沿，为了防范改革开放所带来的负面影响，古共强化了财政监督部门的职能。在政府方面，建立了全国审计办公室，由财政与物价部领导，并加强了各部委原有的审计办公室的工作。各省的省级机构都设有进行监督的审计局。此外，各级党的领导干部直至中央政治局委员不定期地在没有事先通知的情况下到地方或基层进行视察，一方面是为了体察民情，倾听群众的呼声；另一方面也是为了考察干部的工作情况。根据古共中央关于干部视察制度的规定，政治局委员每年到地方视察的次数不得少于6次，其中4次必须深

① *Granma International*, August 7, 1996.

入基层，并要在报纸上公布视察报告。古共对党政干部的监督是全面的，即便是如公车私用这样的一般问题也十分重视，设有专门机构来监督这一行为。古共在发挥党外群众的监督作用方面，主要是不让党的干部搞特权，使他们时刻处于群众的监督之下。如不设特供，没有专门的住宅区，等等。有关的具体情况，还将在下面谈到。

由于古共中央的高度重视和措施得力，在改革开放不断发展过程中，古巴的党政干部发生经济犯罪和贪污腐败的事例相当少，而且多为中下层干部，涉及的金额也不大。

（五）严格执行党纪国法，以肃贪反腐事例警示全党全民

古巴在特殊时期以前的30年中，最大的一宗腐败案件莫过于1989年六七月间发生的奥乔亚事件了。同年6月12日，即将被任命为西部军区司令、曾任古巴驻安哥拉军事使团团长的阿纳尔多·奥乔亚中将及其助手豪尔赫·马丁内斯上尉在哈瓦那被捕。接着，内务部的几名高级军官也同时被捕入狱。政府从6月16日起陆续公布了奥乔亚等人被捕的原因和参与国际走私与贩毒等严重的犯罪事实。[①] 奥乔亚中将参加过马埃斯特腊山的游击战，革命胜利后被派往委内瑞拉领导游击斗争，担任过古巴驻尼加拉瓜高级军事顾问，立过三次大功，得过十枚勋章，是古巴仅有的五名“共和国英雄”之一，曾任革命武装力量部副部长。然而，对于这样一个昔日的功臣，当他堕落成罪犯的时候，古巴领导人为严肃法纪，伸张正气，仍对其依法予以严惩。同年6月25日，由47名将军组成的荣誉法庭对奥乔亚等人正式进行审判。7月7日，荣誉法庭再次开庭，判处奥乔亚等4人死刑，其余10名罪犯被分别判处10年至30年的有期徒刑。卡斯特罗和劳尔两位领导人亲自主办了这一案件的处理，曾为此连续工作150多个小时。有一些国内外人士，其中包括罗马教皇曾要求对奥乔亚等人减刑，但都没有获得同意。[②] 对奥乔亚事件的严肃处理表明了古巴党和政府对肃贪反腐的坚定立场，在党内外产生了积极的影响。

特殊时期开始后，发生在高层领导中因违纪而被撤职的重要案例之一

---

① *Granma*，14，16，22 de Junio de 1989.

② Efe，*Mensaje*，La Havana，12 de Julio de 1989.

是1992年对卡洛斯·阿尔达纳的处理。阿尔达纳原系共产主义青年联盟的领导人，因工作出色而被提拔重用，在1986年的古共三大上当选为中央委员，1991年的古共四大上当选为政治局委员，负责领导党的意识形态工作和国际关系事务，被国外舆论界认为是古巴仅次于卡斯特罗和劳尔的第三号人物，当时年龄为49岁。然而，他于1992年被发现与因行贿等罪行而被捕的不法商人有牵连，经调查证实虽然他和他的家属没有从中获得过好处，但他没有足够的勇气和道德品质及时说明有关事实。事发后组织曾对他进行帮助教育。鉴于他在领导机构中身居要职，他的错误给党造成了政治损失，他因“工作无效率和在他所负责的工作中犯有严重的个人错误”[①]，古共中央政治局毅然撤销了他在党内的一切职务，并将他渎职的详细情况通报全党全国，以儆效尤。

以上事例说明，古共坚决贯彻从严治党、从严治吏的政策，对违反党纪国法的干部一经发现，便严肃处理，绝不姑息，以永远保持党不受侵蚀。

（六）领导干部以身作则，不搞特殊化

古巴党的干部与群众同甘共苦，和群众打成一片，生活简朴，平易近人。这种自革命胜利后便保持下来的优良传统至今不变，蔚然成风；在特殊时期中尤其发挥了重要作用。这是古共党建中又一突出的成绩和特点，具体情况如下。[②]

1. 工资情况

党政干部的工资待遇是完全公开的。按2015年的标准，全国国营和混合企业职工的平均月工资为687比索，最低工资（旅馆餐饮业435比索）与最高工资（制糖工业1147比索）的差距为1∶2.64。[③] 国家规定，党政机关干部的工资不得高于同级企业领导人的工资。在特殊时期中，中央领导人的工资没有涨过。由于不准党政干部搞第二职业，所以他们无其他收入。

---

① *Granma Internacional*, 18 de octubre de 1992; Efe, *Mensaje*, La Havana, 10 de octubre de 1992.

② 以下资料来自作者对古巴有关方面的实地采访（哈瓦那，1997年6～7月）和我国访古人员提供的信息。

③ Oficina Nacional de Estadísticas. *Anuario Estadístico de Cuba 2015*, tabla 7.4, p. 171. http://www.one.cu/aec2015/00%20Anuario%20Estadistico%202015.pdf（2017－04－14）

2. 住房情况

老的党政干部和职工的住房一般是革命胜利后征收的房子，干部和职工之间没有什么区别。对后来参加工作的人，分房的标准仍然是不论职位大小，一律按职称和缺房情况进行分配，坚持公开和公平的原则。因此，上至部长下至普通工人一般都是两室一厅。党政干部分散地住在普通居民区，没有专门的住宅区。

3. 生活必需品的供应情况

古巴自 1962 年以来对城市居民的生活必需品实行平价的定量供应，以保持全体居民的基本生活水平。供应标准对所有人（包括政府官员）都是一样的，党政官员没有特供。党政机关的干部可以利用自己的庭院种植农副产品和饲养家禽以供自己消费，但不准作为商品出售。

4. 医疗情况

古巴实行全民性的公费医疗，一切医疗项目均不收费。如属于小病，或医院缺药时，由医生开出处方，到指定的药房买药。在此情况下需要自己付费，但因有国家的补贴，价格很低。古巴领导人有一个小的诊所，主要是为了省去排队时间。需要看病时临时抽调医生来诊所出诊。享受这一待遇的只有卡斯特罗和劳尔等 5 人，其他领导人包括古共中央政治局委员均同群众一样，到一般医院看病。

5. 配备警卫的情况

出于安全考虑，只有卡斯特罗和劳尔配有少数警卫人员，其他党政领导人不配警卫员。他们经常深入基层，出访时均轻车简从，群众很容易接近。在特殊时期开始时最紧张、最困难的日子里，党报上按时公布卡斯特罗的行踪，使人民群众及时了解领导人的活动。

6. 用车情况

只有卡斯特罗使用 20 世纪 80 年代别人赠送给他的奔驰车，劳尔使用的是苏联的伏尔加，其他党政高级官员一律使用普通的拉达车，许多领导干部骑自行车上班，不坐公家配给的小车。1998 年，古共规定禁止领导干部个人购车。

特殊时期开始后，由于能源短缺，工交车辆严重不足，古巴做出一个规定，凡是挂红、蓝牌照的公车在行驶中有空位时，沿途的老百姓如想搭车，应该允许其乘车，否则他（或他们）可以上告。据传，有位将军乘坐的专车每天上下班时沿途都要搭上一些普通群众。这已成为首都哈瓦那街上一道特殊的风景线，被许多访问过古巴的外国人传为佳话。

7. 对领导干部的有关规定

国家领导人出国访问，不准带家属；高级干部在外事活动中所接收的高档礼品一律上缴。包括古共中央政治局委员在内的党政领导干部都必须参加所在社区的保革会的活动，并接受其管理；保革会有义务向这些领导干部所在单位报告他们及其家属在社区的表现。

从以上情况可以看出古共反对特权的决心和措施。无怪乎一位曾出使古巴的日本大使感叹道，“古巴是世界上最罕见的平等社会”，在这个社会里“一般国民并不对党和政府领导人感到嫉恨和抱怨”，“这一事实正是在经济危机中古巴能够保持政治安全和社会安全的最大原因”①。

五　存在的问题和不足及解决的办法

按照古共党章的规定，党的全国代表大会应每5年召开一次。前五届党代会基本上都是按这一规定时间举行的，其间最多也没有超过6年。但是，古共自五大于1997年召开后，相隔14年后才在2011年召开六大。这说明党的组织生活是存在问题的。

劳尔于2006年7月31日接手最高领导职务后，曾多次发表讲话，指出古共在工作中存在的问题和错误，有些批评十分尖锐，击中要害。

在政治思想方面，一些党员和干部的思想不能与时俱进，因循守旧，观念上存在一些误区。劳尔多次强调必须进行观念的变革。他在2010年12月8日举行的第七届古巴全国人大第六次会议上说：“干部和所有同胞都必须改变思想以适应新的局面。多年来，出于社会公正，革命政府采取过分包办主义、理想主义和平均主义的做法，在广大民众中形成了对社会主义错误的、站不住脚的观念，必须予以彻底改变。”②

---

① 〔日〕宫本信生：《古巴卡斯特罗政权倒不了》，〔日〕《世界周报》1993年8月3日。

② http://www.cubadebate.cu/; http://www.cubasocialista.cu/(2017-08-01)

在组织工作方面，党的高级干部年龄偏大，中青年干部所占比例较小，后备力量不足。长期以来，由于在党内没有建立任期制度，在党的机构特别是中央机构中第一代革命干部一直占多数，对接班人的培养和干部年轻化方面做得不够。劳尔在六大的中心报告中批评了过去在提拔干部方面的习惯做法，提出干部“应该来自基层”。他认为：“当前古巴缺乏经过适当培养的、有足够经验和成熟的预备干部来承担党和国家的领导职位。”①

在作风建设方面，长期以来，古共的工作作风、领导作风和干部的生活作风都是以廉洁朴实而闻名于世的。但是，自特殊时期开始后，特别是近年来，在一些党员和干部中出现了腐败行为。劳尔在古共第一次全国代表会议闭幕式上的讲话尖锐地指出：“在目前阶段，腐败已成革命的主要敌人之一，它要比美国政府和它在古巴国内外的盟友花费上百万美元的颠覆和干涉计划更为有害。”②

在党政关系上，党政职能分工不清的问题一直存在。这一问题多年前就已被提出，但总是解决得不好。劳尔在 2010 年 12 月 18 日说：“多年来，党不得不卷入一些不属于自己职能的工作，限制了党作为古巴民族有组织的先锋队和社会化国家最高领导力量的作用。”他在六大中心报告中再次强调：“首先要纠正的错误是党政职能不分，党过于干预政府的事务。”他在第一次全国党代表会议的闭幕式上又一次谈到党政分开的问题，他说：“党应该有能力领导国家和政府，监督其运转和对其方针的执行情况，鼓励、推动、协助政府机构更好地工作，而不是取代它。”

在经济发展与社会发展的关系上，长期以来古共的发展战略是偏重于社会发展，经济发展相对滞后。劳尔在 2008 年 4 月 28 日举行的古共五届六中全会上强调，“粮食生产是党的领导人的主要任务”。他在 2010 年 4 月 4 日举行的古巴共青盟九大闭幕式上提出要打“经济战”，他说：“经济战是今天干部思想工作的主要任务和干部思想工作的中心，因为我们的社会制度能否持续和保存下去要靠经济战。”劳尔如此强调经济问题的重要性是因

① http://www.granma.cubaweb.cu/secciones/6to-congreso-pcc/artic-28.html（2017-08-01）

② http://www.granma.cubaweb.cu/（2017-08-01）

为过去对这一问题重视得很不够。[①]

可喜的是，古共领导人对上述问题已有所认识。2011 年 4 月 16 ~ 19 日召开的六大专门讨论经济问题，提出要“更新”发展模式，通过了《党和革命的经济和社会政策纲要》等有关文件。2012 年 1 月 28 ~ 29 日召开了第一次全国党代表会议，专门讨论党的工作问题，通过了《古巴共产党工作目标》等有关文件。这两个会对上述问题都提出了解决办法。例如，党代表会议规定了主要国家领导人的任期制，即任期最多为两届，每届任期 5 年。正如劳尔在上述会议闭幕式上的讲话中所说：“老一代革命者能够领导纠正自己所犯的错误。”[②]

第三节　卡斯特罗的思想和他对古巴革命的贡献

卡斯特罗是古巴共产党的缔造者、古巴革命的第一代领导人。他领导古巴人民经历了古巴革命的三个发展阶段，即夺取政权阶段、民主革命阶段和社会主义阶段。如果从 1961 年三个组织合并时算起到 2011 年古共六大卡斯特罗正式卸任为止，他领导古巴革命整整 50 年。他退休后仍对党和国家发挥着指导性的作用。正如劳尔在 2008 年 2 月 24 日举行的古巴第七届人代会上的就职讲话中所说：“今后有关国防、外交、经济社会发展的特别重大事情仍将请示菲德尔·卡斯特罗。”[③] 总之，他的思想与古巴革命的胜利和发展密不可分。早在 1959 年古巴革命胜利时，卡斯特罗的思想便已显露出自己的特点，逐步形成了独立的思想内涵和思想体系。当时，外国的观察家开始使用“卡斯特罗主义”或“菲德尔主义”来描述他的思想。然而，尽管古巴革命的发展一直是在卡斯特罗思想的指导下进行的，但在古巴国内一直没有使用过这样的词。随着古巴社会主义事业的推进，特别是进入特殊时期后，卡斯特罗的思想经受了考验，更加显示其光彩，并自成体系。

---

① 有关古共的经济政策问题，将在本书第七章详细论述。

② http://www.granma.cubaweb.cu/(2017 - 08 - 01)

③ http://www.cubadebate.cu/; http://www.cubasocialista.cu/(2017 - 08 - 01)

1997年10月古共五大的中心文件《团结、民主和捍卫人权的党》中说，古巴共产党是“以马列主义、马蒂学说和菲德尔的思想为指导的”。这是在古巴官方文件中第一次出现有关卡斯特罗思想的提法。[①] “菲德尔思想”作为全民的指导思想之一，已载入于2018年12月举行的九届二次人代会通过的新宪法。[②] 为了说明卡斯特罗在古巴革命中的历史地位，本书将着重对他的思想形成过程、主要特点和他对古巴革命的贡献做简要的介绍。

一　卡斯特罗思想的形成过程

（一）20世纪中叶古巴的社会环境

到20世纪四五十年代，古巴处于新殖民地共和国时期已近半个世纪。美国的控制阻碍了古巴社会的发展。20世纪30年代出现的一次声势浩大的改良主义运动由于领导者资产阶级温和派的动摇和蜕变而最终失败了。从40年代到50年代，古巴相继出现了几届独裁而腐败的政府，古巴处于内忧外患之中。人民群众中蕴藏着革命的积极性。代表工人阶级利益的共产党（人民社会党）由于本身政策的失误而未能走在斗争的前列，难以负起领导革命的重任。形势呼唤着新的政治力量特别是新的政治领袖的出现。斗争需要先进人物引导古巴摆脱困境，走向坦途。卡斯特罗就是在这样的社会背景下开始其革命生涯的。

（二）卡斯特罗思想形成的几个阶段

1. 卡斯特罗的家庭环境

卡斯特罗于1926年8月13日出生在古巴原奥连特省马亚里区比兰村马尼亚卡斯庄园（Mañacas），其父为庄园主兼木材商。父亲是西班牙移民，出身贫苦，来古巴后在一家糖厂当工人。其父有强烈的进取心，刻苦地自学文化，并有组织才能。当卡斯特罗出生时，他已经成为大庄园主了，但

---

① 据古共中央高级党校校长劳尔·巴尔德斯·比沃称：“卡斯特罗本人不同意提‘菲德尔思想’，只同意提‘菲德尔的创新思想’。”作者对巴尔德斯校长的专访，于古巴驻华大使馆，2004年5月25日。

② 新宪法（2019年1月5日公布）于2019年2月24日经全民公决后正式生效。http://www.granma.cu/cuba/2019-01-14/en-pdf-nueva-constitucion-de-la-republica-de-cuba（2019-01-15）

他对手下的农工较好。卡斯特罗的父母出身贫苦，没有一般富人和地主的思想意识，而卡斯特罗作为他们的下一代，也没有受富人思想意识的影响。因此，卡斯特罗在童年时对待周围的农民孩子没有地主阶级的偏见。同时，卡斯特罗的父母都是信教的，母亲更是虔诚的教徒。父母的宗教道德观念也给幼年的卡斯特罗积极的影响。

2. 卡斯特罗所受的初、中等教育

卡斯特罗五岁时被送到圣地亚哥城的一位女教师家里学习。那位教师很穷，卡斯特罗也同她一样过着贫穷的生活，历时两年多。此后，他先后就读于拉萨列学校、多洛雷斯学校和哈瓦那的贝伦学校，这些都是教会学校，其中贝伦学校是当时古巴全国最好的中学。这一时期也正是卡斯特罗性格和基本道德观念形成的时期。耶稣会教徒所推崇的个人尊严感、正义感和责任感，以及强调为人正直、富于牺牲精神等道德规范深刻地影响了少年卡斯特罗。他所喜爱的体育活动也培养了他严格遵守纪律和坚持不懈奋斗的精神。

3. 从马蒂主义者到马列主义者

1945 年卡斯特罗进入哈瓦那大学学习，直到 1950 年获得法学博士学位为止。大学时期是卡斯特罗日后成长为革命领袖的最重要时期，他在那里学到了最先进的思想，受到了多方面的锻炼，增长了领导才干。首先，在革命意识的形成方面，他在入学之际已是一个马蒂主义者，他具有古巴独立战争时期的传统思想，对马蒂深有感情，阅读过所有有关马蒂的著作。进入大学后，他学习政治经济学，了解了资本主义制度的不合理性和荒谬性，在他的观念中形成了乌托邦社会主义思想。后来，他阅读了许多马克思和列宁的著作，深受震动，在离校前终于成为一名马列主义者。其次，在学校的政治斗争锻炼了他的领导才能。在竞选大学生联合会主席的活动中，他同亲政府势力和黑社会势力进行了顽强的斗争。再次，在参与国内政治斗争方面，1947 年进步政治家爱德华多·奇瓦斯创建古巴人民党（又称正统党）时，他便参加了该党，成为该党的左派。他积极参与奇瓦斯领导的反对政治弊端和腐败的斗争。最后，在国际政治斗争方面，1947 年，他参加了反对多米尼加共和国特鲁希略独裁政权的远征队活动。1948 年，他赴哥伦比亚领导了在波哥大召开的抗议美洲国家组织大会的学生会议的筹备工作。波哥大事件爆发后，他参加了当地人民的反美活动。所有这一切使卡斯特罗在思想上、政治上、品德上和才能上都日臻成熟，一个新的革命领袖在古巴困难而动荡的年代里出现了。

二　卡斯特罗思想的主要特点

在介绍这一问题前，需要说明两点。第一，卡斯特罗思想的内涵是极其丰富的，他总结和发展了古巴历史上所有的先进思想和经验。他从发动攻打蒙卡达兵营时起便领导了古巴革命，到2016年逝世已有半个多世纪的时间，在这漫长的岁月中，古巴革命的进程和社会主义事业各个方面的成就都体现了他的思想。他发表的数以千计的讲话是他思想的语言和文字的体现。第二，卡斯特罗是坚定的马克思主义者。他具有一般马克思主义者所必备的条件，即马克思主义的立场、观点和方法。然而，他又是古巴土地上成长起来的马克思主义者，他的思想是马克思主义同古巴实际相结合的产物，具有显著的古巴本土性。

由于上述的第一点，作者将在本书的各个章节中详细论述古巴社会主义事业的各个方面在卡斯特罗思想的指引下所取得的进步，从而更全面地展示他的思想，在这里只做简略的提及和概括。同时，由于上述的第二点，作者将简要地概述卡斯特罗的马克思主义观，着重介绍他主要的创新思想。

卡斯特罗作为古巴社会主义国家的缔造者，他坚持科学社会主义的基本原则。在他的领导下，于1976年制定了古巴历史上第一部社会主义宪法。时隔10余年后，于1992年修改了这部宪法。当时，古巴正处于美国加紧封锁、苏联解体后完全中断援助的最困难的时刻，以卡斯特罗为首的全体人民政权代表大会的代表，顶着内外的强大压力，坚持在宪法中继续保留如下章节和条款，即“古巴共和国是一个社会主义国家”“古巴共产党是国家和社会的最高领导力量”和“继续革命，直至在古巴实现建设共产主义社会的最后目标”①。宪法还规定，马克思、恩格斯和列宁的政治、社会思想

① *Constitución de la República de Cuba*, Editora Política, La Habana, 1992, pp. 2, 4, 5。

是古巴国民的指导思想的组成部分。1991 年，在古共“四大”上，他提出了“拯救祖国、革命和社会主义”的口号。在更早一些时候，他向全国人民发出了“誓死捍卫社会主义”的号召。作为领袖，在困难面前如此坚强，着实令人叹服。关于马克思主义，他曾说，马克思主义不仅是唯一真正革命的政治科学，而且是自人类拥有自我意识以来唯一正确解释人类历史发展进程的科学。关于社会主义，他在不同的场合中说，社会主义制度应该是对剥削者实行专政，对无产阶级实行民主。只有社会主义、共产主义才能解决人的问题。未来属于社会主义。当有人鼓吹应在古巴实行多党制时，他尖锐地批驳说，多党制是帝国主义用来使社会分裂和碎片化的工具，它使社会变得无力解决问题和无法维护自己的利益。[①]

卡斯特罗在数十年的领导工作中将科学社会主义理论本土化，从革命的实践中不断探索和总结，提出了一系列光辉的思想，为丰富和发展马克思主义的科学社会主义理论做出了卓越的贡献。自古巴 1961 年进入社会主义建设时期以来，为探索社会主义道路和制度的本土化，古巴共产党领导层先后集中进行过四次理论大讨论。第四次是在 21 世纪 10 年代后期进行的，这次是由劳尔领导，得到卡斯特罗的积极支持。总的来说，这些讨论的中心议题是如何在古巴的现实条件下，坚持社会主义原则，防止两极分化和资本主义倾向，同时又能快速发展经济和各项社会事业，以满足国民日益增长的物质和精神需求。其中的关键问题是如何认识市场经济的属性、价值规律和市场因素的作用，以及是否应该进行和如何进行利用市场因素的经济改革等。在第四次党内外大讨论的基础上，由党中央向古共六大提出关于更新古巴社会主义经济社会模式的重大举措。这是卡斯特罗等老一辈革命家长期坚持不懈地探索古巴社会主义道路的重要成果，具有里程碑的意义。

现将卡斯特罗在对社会主义本土化探索中的创新思想分述于后。[②]

（一）民族独立的思想

卡斯特罗认为，古巴革命的目的首先并且最重要的是使古巴取得真正

---

① 〔古〕萨洛蒙·苏希·萨尔法蒂编《卡斯特罗语录》，宋小平、徐世澄、张颖译，北京：社会科学文献出版社，2010，第 149、185、216、159 页。

② 详见 http://www.fidelcastro.cu/es/citas。（2016－12－19）

独立的地位，只有这样才能使古巴民族获得彻底解放。在古巴，要维护国家的独立，就必须走社会主义道路。在20世纪90年代初古巴经历最困难的时刻，他发出了拯救祖国的号召。

（二）社会公正的思想

这一思想包括政治平等、经济平等和社会平等。他始终着眼于占人口大多数的普通人民群众。在政治上他强调群众的参与；在经济上实行公平分配；在社会方面反对种族歧视和性别歧视等。他认为，只有这样才能体现社会主义的优越性。

（三）国际主义思想

无产阶级国际主义是卡斯特罗思想的重要组成部分，这一思想贯穿于他的长期革命实践中。他认为：第一，取得独立的民族应该支援未独立民族的斗争，这不仅是一种义务，而且也是对取得独立的民族本身有利的；第二，对革命者来说，爱国主义和国际主义是统一的，当出现矛盾时前者应服从于后者，即先人类，后祖国；第三，在拉丁美洲，各国的革命斗争从来都是互相支援的，今后也将如此。

（四）关于反对帝国主义和新自由主义的思想

卡斯特罗认为，我们时代的特点是资本主义向社会主义过渡。国际形势的缓和是各国人民长期斗争的结果，丝毫不意味着帝国主义失去了侵略本性。帝国主义没有前途，它终将消失。新自由主义是帝国主义的最后一种表现形式，反对新自由主义就是反对帝国主义。新自由主义的全球化是最可耻的对第三世界的再殖民化。今天我们面临单极的霸权主义的危险，要生存下去，唯一可接受的方式是使世界多极化。为了战胜帝国主义的侵略，第三世界人民必须团结起来，共同斗争。古巴为能顶住世界上主要的帝国主义强国的侵略而感到骄傲。

（五）关于全球化的思想

卡斯特罗指出，全球化不是哪一个人的发明创造或异想天开，它是历史的规律，是全世界生产力发展的结果。马克思早就设想了一个全球化的世界，那是对财富进行公平分配的世界，这样的世界在地球上还远未建立。我们不反对全球化，也不可能反对全球化。我们所反对的是新自由主义全球化。这种全球化是现代帝国主义强加给世界的，是持续不下去的，必将垮台。

（六）关于塑造新人的思想

卡斯特罗认为，为使社会主义在古巴生存和发展，不仅需要建立牢固的制度，而且需要造就具有社会主义觉悟的人。这就是“社会主义的人”或“新人”。这样的人为社会而生存，摈弃私有观念，不再为社会所异化。但“社会主义的人”不会自发产生，需要进行革命教育和坚持不懈的政治思想工作。只有这样，才能发展社会主义的生活方式和全面造就高质量的、具有共产主义道德风尚和原则的人。

（七）党的建设思想

卡斯特罗提出，党是古巴革命的灵魂。党应集中体现古巴历史上一切革命者的理想、原则和力量。入党要经过严格的挑选，党必须同群众保持密切的联系。党必须保持思想上的纯洁性和组织上的团结。党不仅是工人阶级的先锋队，而且也是国家和民族利益的忠实代表。党员应该永远是古巴社会中在严格要求自己、克服困难和遵守纪律、保持艰苦朴素和富于牺牲精神等方面的道德规范和榜样。

（八）军队的建设思想

他在这方面的思想可以概括为：第一，军队应服从党的领导；第二，古巴必须有一支强大的、现代化的军队；第三，根据全民战争的思想，建立人数众多的民兵组织，并对广大群众进行军事教育；第四，军队在和平时期是参加经济建设的重要力量；第五，全国上下都必须高度重视国防工作，永远不能放松革命的警惕性。

（九）全民教育的思想

卡斯特罗认为，在社会主义国家中，受教育是国民享有的最基本的权利。他把发展教育作为提高国民政治素质和振兴国家的主要战略。因此，古巴实行全民免费教育，经费由国家负担。在他的领导下，经过数十年的努力，由革命胜利初期的扫盲运动到21世纪初的普及大学教育，古巴的教育水平现已跻身世界的先进行列。古巴发展教育的成功模式被一些拉丁美洲国家所仿效。

（十）全民免费医疗的思想

古巴宪法规定，保障全体公民享有医疗服务是国家的责任。因此，看病就医对全民都是免费的，一切费用都由国家负担。在卡斯特罗领导下，党和政府把提高全民的健康水平作为革命一项重要的战略任务，提出“让人人享有健康”的奋斗目标。几十年来政府在全国逐步建立起以基层社区为重点的三级医疗卫生体系，推广先进的家庭医生制，使古巴的医疗卫生保健的基本指标达到世界先进水平，创造了小而穷的国家拥有最好的公共医疗体系的奇迹。

（十一）关于宗教的思想

卡斯特罗认为，基督教义信奉者同马克思主义有共同点。两者的目标是一致的，两者的伦理道德规范是相同的，也具有同样的历史遭遇。当代拉丁美洲的天主教中出现了进步思潮；革命政权同宗教界之间应该建立战略性联盟。宗教是不是“人民的鸦片”要视情况而定。[①]

（十二）关于建设社会主义文化的思想

在卡斯特罗领导下制定的党的文化政策是，鼓励以马列主义为原则、创作具有阶级精神的艺术和文学作品，其中包括以下内容：吸收本国文化的优秀传统；批判地赞同、加工和发展世界文化；利用艺术表现多种多样的、创造性的形式，真实反映我们所生活的世界，鼓励创造性地观察未来；将艺术和文学与群众及其最重要的利益相结合，反对资本主义腐朽的、反人类的艺术和文学表现形式；以声援所有进步和革命运动的感情培养人。他对知识分子的要求是：“参加革命，什么都有；反对革命，什么也没有。”或者说：“参加革命，就有一切权利；反对革命，就没有任何权利。”

（十三）反对和平演变的策略思想

从20世纪60年代起，美国就开始对社会主义古巴搞和平演变。几十年来美国所采取的主要手段是，利用所谓人权、民主等西方的价值观来干涉古巴的内政；加强反古宣传，进行思想、文化渗透；支持和资助国内外反古分子的活动。卡斯特罗领导的古巴政府所采取的主要对策是：其一，在

---

① 详见本书第十一章第五节。

社会主义制度等原则问题上旗帜鲜明，绝不让步；其二，加强人民群众的政治思想工作，揭露美国的阴谋诡计和侵略本质；其三，对反古宣传进行针锋相对的斗争，当美国开播反古的电台和电视台时，就进行成功的干扰，当反古的流亡者驾机侵入古巴领空进行挑衅时，就把它打下来；其四，依靠群众，严厉打击非法组织和非法活动；其五，放宽移民政策，减轻内部压力；其六，深入境外，主动打击和分化流亡的反古分子。[①] 经过长期坚持不懈的斗争，美国和平演变古巴的图谋始终未能得逞。事实证明，古巴反对和平演变的策略是成功的。

三 卡斯特罗对古巴革命的贡献

（一）在古巴实现了最彻底的社会革命

卡斯特罗领导的古巴革命于1959年取得胜利。这场革命经历了武装夺取政权、民主革命、社会主义革命和社会主义建设几个发展阶段。这场革命之深刻、影响之广泛，不仅在古巴和拉丁美洲历史上是前所未有的，而且在世界历史上也是罕见的。第一，古巴在历史上第一次取得了民族独立，并始终维护了独立的地位。这是古巴400多年来无数先烈前赴后继、英勇斗争、梦寐以求的理想，终于在以卡斯特罗为领袖的1959年革命胜利后实现了。第二，古巴通过社会主义革命彻底地消灭了阶级压迫和阶级剥削，实现了社会公正和平等，这在拉丁美洲是史无前例的。即使在古巴进入特殊时期遭受极大的困难时，社会公正的原则和政策措施仍然得以坚持，甚至还有新的发展。如果没有卡斯特罗领导的革命，古巴就会处于社会矛盾重重的资本主义世界之中。

（二）从根本上改善了国民的素质

革命前，古巴民族是处于分裂状态的。在亲美的独裁政权统治下，各种政治力量相互争斗，各种思潮泛滥。卡斯特罗领导的革命胜利后，古巴民族在历史上第一次实现了真正的民族统一和团结。各种关系包括工农之间、脑体劳动者之间、领导者和被领导者之间、不同种族和性别之间的关

---

① 张卫中：《在古巴的和平演变与反和平演变斗争》，《国际研究参考》1992年第5期，第23～26页。

系都处于古巴历史上最好的时期。在卡斯特罗的引领下，人民群众的思想觉悟空前提高。卡斯特罗把古巴历史上优良的思想传统同共产主义的道德品质要求有机地结合起来，把人民群众的爱国主义思想、国际主义思想和社会主义思想提高到前所未有的高度。经过几十年的培育，在古巴民众中形成了广泛的共识，即国家的独立和民族尊严是神圣不可侵犯的，祖国、革命和社会主义是一个不可分的整体，为了维护它无论付出怎样的代价也在所不惜。这种意识已经成为当代古巴民族的特性之一，它也是几十年来古巴人民战胜各种困难的主要动力。正如卡斯特罗所说："古巴最强大的武器是人民的斗争士气、坚定的思想和牢固的革命觉悟。"①

（三）重组了古巴共产党和缔造了古巴的社会主义制度

古巴原来有一个共产党，成立于1925年，后改名为人民社会党。由于最初不同意武装斗争的路线，未能担负起用武力推翻独裁政权的主要任务，后来转变了立场。另一个反独裁的革命组织名为"三·一三革命指导委员会"。卡斯特罗领导的"七·二六革命运动"成员最多，力量最大，是推翻独裁政权的主力军。革命胜利后，卡斯特罗以高度的智慧促成了三个革命组织的合并，几易其名后于1965年10月定名为古巴共产党，卡斯特罗担任第一书记。1961年5月1日，卡斯特罗正式宣布古巴是社会主义国家，此后古巴进入社会主义建设时期。在古巴，建设社会主义是前无古人的新生事物，一切都需要创新。20世纪60年代，卡斯特罗领导古巴人民进行了大胆的探索，积累了宝贵的经验，也付出了一定代价。70年代中期，古巴初步建立起稳定的政治、经济体制。经过10年的实践，这种体制既显示了优越性，也暴露出存在的缺陷和问题。于是，在80年代中期进行了集中的调整，即开展了"纠偏运动"。80年代末90年代初，国际格局的变化、苏联援助的突然中断对古巴造成了空前的冲击，古巴的社会主义制度经历了一次最严峻的考验。从1994年起，古巴形势逐步好转。这一发展进程说明卡斯特罗所缔造的古巴社会主义具有强大的生命力。

（四）树立了革命者的光辉典范

卡斯特罗作为古巴人民的领导者不仅具有通常意义上的领袖人物所必

---

① Fidel Castro. *Informe Central al Primer Congreso del Partido Comunista de Cuba*, p. 217.

备的卓越条件，而且在某些方面还具有特殊的优点和长处。国内外舆论对他的赞誉性称号是多种多样的，这说明他具有强烈的人格魅力，在群众中享有崇高的威望。本文仅就几个侧面的具体事例展示他高尚的革命品德之一斑。

1. 坚强果敢，依靠群众

1994 年 7 月，由于古巴经济困难和美国敌对分子的煽动，出现非法移民潮。8 月 5 日中午，哈瓦那一些街道爆发革命胜利以来的首次社会骚乱。近千名反社会分子呼喊反动口号，砸汽车、抢商店，同警察发生冲突，造成 30 多人受伤，其中包括 10 名内务部人员，形势十分危急。卡斯特罗决定立即前往现场。身边的人劝他不要去，因为太危险。卡斯特罗坚定地表示他必须去。他斩钉截铁地说："我愿冒受批评的风险，我认为到骚乱现场去是我的职责。""如果他们（指闹事者）真的扔了石头和开了枪，那么我也应该去挨石头、挨枪子。"[①] 他表示他必须同人民和警察站在一起对付这个局面。同时，他命令随从人员不许带枪。随后，他迅速赶到现场。结果，没动用武力很快平息了骚乱。他不顾个人安危的非凡胆略表现了革命领袖对群众的真诚信赖，使古巴老百姓深为感动。

2. 反对个人崇拜，勇于自我批评和自我革新

卡斯特罗一贯反对突出他个人，不搞个人迷信。在他的倡议下，古共中央做出明确规定，不给活着的人包括卡斯特罗在内建立塑像等。因此，在古巴见不到一座他的塑像，也没有一所学校、一个街道或一座城镇以他的名字命名。相反，在古巴为历史和当代已故的英雄人物树立塑像或以他们的名字命名有关单位的现象则很普遍。卡斯特罗勇于自我批评和自我革新的精神是很突出的。他对 20 世纪 60 年代过激的经济政策造成损失一事不止一次地做自我批评。卡斯特罗在 20 世纪 90 年代所领导的经济改革从某种意义上说是改革他自己过去所倡导的观念和体制，如他亲自下令关闭达 8 年之久的自由市场又重新开放。自劳尔于 2006 年 8 月执政以来，进行了大刀阔斧的改革，劳尔尖锐地批评过去工作中存在的许多问题和错误，并进一

① *Granma International*, August 17, 1994, p. 7.

步提出更新经济模式的重大决策。面对这些批评和变革，卡斯特罗的态度是给予劳尔积极的支持。他在出席古共六大闭幕式的会上面对全体代表，高高举起他紧握着劳尔的手，表明他全力支持劳尔的工作，包括劳尔否定在他领导期间实行的许多政策措施。卡斯特罗能如此大度，实在难能可贵。

3. 清正廉洁，严于对待亲属和好友

卡斯特罗生活简朴，不仅严格要求自己，而且对亲属和好友也很严格。革命胜利初期，卡斯特罗便说服他的母亲和大哥把父亲去世后留下的1.3万公顷地产全部无偿地交给了国家。妹妹胡安娜不同意，为此宣布同两个兄弟（菲德尔和劳尔）断绝关系，并远走国外。卡斯特罗的儿子菲德尔·卡斯特罗·迪亚斯·巴拉特曾长期担任古巴国家原子能委员会的执行秘书，因工作不力等于1992年6月被撤职，做出这一决定时未因其与卡斯特罗的父子关系而有任何迁就和姑息。1989年，古巴驻安哥拉军队的驻军司令奥乔亚中将被发现犯了严重的腐败、贩毒罪行。奥乔亚早年同卡斯特罗一起在马埃斯特腊山区打游击，是卡斯特罗的好友。但在法律面前没有特权，卡斯特罗亲自处理此案，严格遵循法律程序办事，奥乔亚最终被依法处决。

4. 带头垂范，以身作则

卡斯特罗从年轻时起便有抽烟习惯，后来每天几乎要抽10支雪茄。但为了在全球性的戒烟运动中起表率作用，他于1984年带头戒烟。开始时他忍受着巨大的痛苦，但仍坚持不再抽烟。1988年4月，世界卫生组织为表彰他为古巴和全世界人民健康做出的表率作用，授予他两枚金质奖章。他是世界上享有此项荣誉的第一位国家元首和政府首脑，为世人传为美谈。他十分重视古巴的医疗卫生保健事业，号召群众为这一事业做贡献，为此他多次带头献血。1990年3月，他号召群众为支援伊朗地震灾区的人民而献血。当时他以63岁的高龄亲自到医院率先献血，一周内全国献血者多达4万多人。

5. 忘我工作，毕生奉献

卡斯特罗基于对祖国和人民的无限热爱，总是不知疲倦地投入工作，每天只睡三四个小时。早餐时至少要阅读200页来自世界各地的消息，每天至少要审批50份文件和阅读国内的各种报告和报道，他将主要的精力和时间用于大量的国务活动中。在苏东剧变后极为困难和紧张的日子里，他顶着巨大的压力，常常通宵达旦地工作。

2006 年 7 月 31 日，卡斯特罗积劳成疾，因肠道出血而手术治疗，他决定把最高行政职务暂时移交给劳尔。在 2008 年 2 月举行的全国人代会上，他正式辞去最高行政职务。在 2011 年 4 月举行的古巴共产党六大上，他辞去了党的最高领导职务，从而完成了全部的交接。卡斯特罗是所有社会主义国家第一代领导人中唯一亲身实践干部任期制的人。他病愈后坚决不再复职，专心从事写作。2008 年 2 月以前，他在传媒上开辟以“总司令的思考”为题的专栏，辞去最高行政职务后将专栏题名改为“菲德尔同志的思考”，先后发表了数以百计的精辟文章，以退休者的身份继续为古巴革命贡献他的智慧和经验，实践了他“作为一名思想的战士进行战斗”的心愿。[①] 退休期间，他还多次接见到古巴访问的外国政要，其中包括在他去世前不久到古巴进行国事访问的中国总理李克强同志。2016 年 4 月 19 日，他出席古共七大闭幕式，发表了题为《古巴人民必胜》的讲话，强调古巴人民的共产主义思想将会延续，这是他最后一次公开讲话。2016 年 8 月 12 日，他在感谢国内外人士对他 90 寿辰祝福的文章中表示，他将以向同志们“传达（我的）思想来回报大家”[②]。10 月 8 日，他还撰写了一篇题为《人类不确定的命运》的文章，他坚持生命不息，奉献不止。美国著名学者谢尔登·利斯赞扬道：“他的最大快乐来自对别人生活的积极奉献。”[③] 卡斯特罗于 2016 年 11 月 25 日逝世，享年 90 岁。

卡斯特罗的高风亮节和领袖风范对古巴的党政干部和广大人民群众，以至对整个古巴民族的精神文明建设都产生了难以估量的积极影响。

古巴社会主义产生于 20 世纪中期世界社会主义的兴盛时期，20 世纪末世界社会主义转入低潮，古巴社会主义战胜了空前的困难，经受住了考验，在继续探索中不断前进。古巴是世界上现存的五个社会主义国家之一，古

① http://www.cuba.cu/gobierno/discursos/2008/esp/f180208e.html（2016 - 12 - 06）

② Fidel Castro. “The Birthday”, August 12, 2016. http://www.en.granma.cu/reflections-of-fidel/2016 - 08 - 15/the-birthday（2016 - 12 - 06）

③ Sheldon B. Liss. *Fidel! Castro's Political and Social Thought*, Westview Press, Inc., Boulder, 1994, p. 9.

巴社会主义本土化的经验对其他社会主义国家具有重要的借鉴意义。这一切成就均应归功于卡斯特罗的卓越贡献。他为古巴人民和世界社会主义发展建立的不朽功绩将永载史册。

四　格瓦拉的革命思想和革命精神

在介绍卡斯特罗思想的时候，我们不能不同时谈到格瓦拉。正如一位外国的文化人所说："切·格瓦拉和菲德尔·卡斯特罗，忽略其中任何一个，对于另一个的理解都将是不完整的。"[①] 格瓦拉的一生为古巴社会主义革命和建设的理论和实践做出了重要贡献，他的思想同卡斯特罗思想一起构成了古巴本土化社会主义的理论基础。

到 2017 年 10 月 8 日，格瓦拉牺牲已经 50 年了。回顾过去，他不仅在古巴社会主义革命和建设中发挥了重要作用，而且为推动人类的进步事业做出了宝贵的贡献。他的思想和精神在当今世界仍具有现实意义。下面就他的生平、思想和精神以及他在中国的影响做一简介。

（一）格瓦拉光辉的一生

埃内斯托·切·格瓦拉（Ernesto Che Guevara，1928～1967）1928 年 5 月 14 日生于阿根廷的罗萨里奥市一个建筑师兼马黛茶庄园主的家庭。2 岁时得了哮喘病，全家迁至气候较为干燥的科尔多瓦省的阿尔塔格拉西亚，以利于给他治病。由于有病，在达到入学年龄时他不能正常上学，由母亲塞莉亚教他读书写字。塞莉亚是个思想开放的女性，她的性格特点深刻地影响了格瓦拉幼小的心灵。9 岁时他进入当地的圣马丁学校（小学）。1939 年第二次世界大战爆发，他的父亲格瓦拉·林奇参加了一个亲同盟国团体的活动，父亲的政治倾向对他产生了重要影响。14 岁时，他到科尔多瓦市的国立迪安福内斯学校（中学）上学。

格瓦拉自幼便有课外阅读的习惯，中学期间他阅读了大量书籍，其中包括马克思和列宁的著作。1947 年中学毕业后，在科尔多瓦省道路管理局任材料检验员。同年，进入布宜诺斯艾利斯国立大学医学系学习。格瓦拉

---

① 〔澳大利亚〕戴维·多伊奇曼（David Deutschmann）编《切·格瓦拉：卡斯特罗的回忆》（*Che：A Memoir By Fidel Castro*），邹凡凡译，北京：译林出版社，2009，第二版说明第 3 页。

热爱旅行，大学期间利用假期周游全国大部分国土，并于 1951 年 12 月至 1952 年 8 月同一位好友结伴游历了南美一些国家，途中结识了许多新的朋友，其中有共产党人。1953 年 3 月他大学毕业，获医学博士学位。同年再次游历了许多拉美国家，以了解民间的疾苦。他甚至在亚马孙河地区一所治疗麻风病的医院住了一段时间，并曾因乘飞机中转在美国迈阿密待了数周，目睹了那里的剥削和种族歧视现象。[①] 这两次旅行为他的革命人生观和世界观的形成奠定了基础。在旅途中，他听说危地马拉的阿文斯民主政府实行进步的改革，便于 1954 年去危地马拉，参加该国政府的土地改革工作。土改侵犯了美国香蕉园主的利益，在美国支持下，军人发动政变，他参加了保卫阿文斯政权的战斗。阿文斯政府被推翻后，他流亡墨西哥。1955 年 7 月，他在墨西哥城结识了卡斯特罗，因志同道合，他很快便参加了卡斯特罗领导的古巴革命组织“七・二六运动”。此后，他一直同卡斯特罗在一起：在墨西哥秘密进行军事训练，参加 1956 年卡斯特罗领导的远征队，乘“格拉玛号”游艇回国和以后两年中在马埃斯特腊山的武装斗争。他在战斗中两度负伤。1957 年 6 月，他晋升为少校，被任命为纵队司令。1959 年 1 月 1 日，他指挥的圣克拉拉战役获胜；随即率纵队于次日进入哈瓦那，占领了卡瓦尼亚要塞，为古巴全国的解放做出了重要贡献。1959 年 2 月 9 日，古巴总统颁布法令宣布格瓦拉为古巴公民，享有与在古巴出生的人同样的权利。古巴革命胜利后，格瓦拉历任全国土地改革委员会工业司司长（1959 ~ 1961）、国家银行行长（1959 ~ 1961）、工业部部长（1961 ~ 1965）、古巴革命统一组织全国领导委员会成员和书记处书记兼经济委员会委员（1962 ~ 1963）、社会主义革命统一党政治局委员和书记处书记（1963 ~ 1965）。1965 年，他辞去在古巴党政中的一切职务，放弃古巴国籍，先后到非洲的刚果（利）和南美洲的玻利维亚开展游击斗争。1967 年 10 月 8 日，他在玻利维亚山区的一次战斗中受伤被俘，次日被玻利维亚政府军杀害。古巴政府将每年的“10 月 8 日”定为“格瓦拉遇难日”，此为官方纪念日。1997 年，格瓦拉的遗骨在玻利维亚被发现，后被运回古巴，安放于圣克拉拉市的格瓦拉陵墓，供后人

① Jon Lee Anderson. *Che Guevara*: *A Revolutionary Life*, Bantam Press, London, 1998, pp. 93 – 94.

凭吊。格瓦拉曾于1960年和1965年访问中国。

（二）格瓦拉的革命思想和革命精神

在古巴，人们称颂格瓦拉是一位革命的军事家、理论家，用新人精神对青年进行教育的教育家，社会主义义务劳动的倡导者。[①] 他的革命思想主要有以下几个方面。

其一，关于游击战争的理论。古巴革命胜利后，格瓦拉总结了古巴游击战的经验，先后发表了《游击战》《革命战争片段》和《游击战：一种手段》等著作[②]，提出了游击战争的新理论，被时人称为游击中心主义（foguismo），又称游击中心论、格瓦拉主义。其论点主要是：人民力量可以战胜反动军队；不一定要等待一切革命条件都成熟，游击中心可以创造这些条件；在不发达的美洲国家，武装斗争的战场应该主要是农村；武装斗争应从游击战开始，其领导者和参加者则是游击队本身；进行游击战的方式是建立"游击中心"，当发展了若干"游击中心"后便可组成一支"人民军队"，夺取政权；拉美革命的性质应当是社会主义的。法国学者雷吉斯·德布雷（Régis Debray）于1967年发表《革命的革命》一文，对游击中心理论做了进一步阐述。他提出，游击队本身就是革命党的雏形和统一的中央核心；游击运动的首脑就是游击战中的政治领袖和军事领袖。[③] 德布雷的阐述增强了游击中心论的理论特点。这一理论对20世纪60年代的拉丁美洲以至中东和非洲的游击运动产生了广泛的影响。20世纪60年代中后期，拉丁美洲的游击中心运动达到高潮，有近20个国家和地区先后出现了上百个游击中心组织，每个组织的人数少则几十人，多则数千人，其成员大部分是青年知识分子。[④] 格瓦拉本人亲自参加在非洲和拉美的有关国家的游击战

---

① José Cantón Navarro. *Historia de Cuba: El desafío del yugo y la estrella*, Editorial SI – MAR S. A., La Habana, 1996, p. 242.

② Ernesto Che Guevara. *La Guerra de Guerrillas*. La Habana: Talleres de INRA, 1961; *Pasajes de la Guerra Revolucionaria*. La Habana: Ediciones Unión/Narraciones, UNEAC, 1963; "Guerrilla Warfare: A Method", *Cuba Socialista*, September 1963.

③ Régis Debray. *Revolution in the Revolution?* London, Pelican Latin American Library, Penguin Books, 1968 (orig. Paris, Maspéro, 1967).

④ 毛相麟：《战后拉美的游击战争与共产党人》，《当代世界社会主义问题》1997年第2期，第27页。

争，以实践他的理论。1966 年 11 月，他秘密进入玻利维亚，领导一支由多国战士组成的游击队开展游击战争，历时 11 个月。格瓦拉遇害后留下了一部战地日记，被后人出版，书名为《切在玻利维亚的日记》，该书成为研究格瓦拉和游击战的珍贵史料。

其二，关于造就社会主义新人的思想。1965 年，格瓦拉发表了题为《古巴的社会主义与人》的著名著作。他在分析资本主义社会中人的异化问题基础上，提出了在社会主义社会中防止人的异化、造就新人的问题。他认为，革命的根本目的是摆脱异化，走向自由；而资本主义社会无法解决人的异化矛盾，无法使人获得本质上的自由。他强调，在社会主义社会中应以人的精神和觉悟为核心，防止革命被来自两方面（商品意识和官僚主义）的腐蚀。他指出，在革命进程中人是基本因素，靠的就是人，任何成败都取决于人的行为能力。他说，物质奖励不可或缺，但物质刺激绝不应成为建设新社会的根本动力；引导真正的革命者前进的是伟大的爱。共产主义的实现不仅要创造物质基础，同时要缔造新人。他强调，缔造新人是一种不间断的长期行为，革命者必须不断强化自己的革命精神。他呼吁，让我们来创造 21 世纪的新人吧，新人就是我们自己。[①]

其三，关于经济建设的思想。（1）在社会主义建设中，培养新人和丰富物质产品是两个同样重要的问题。他说，如果不能提高产量，没有各色各样的消费品，提高觉悟也徒劳无益。[②] 古巴经济学家塔夫拉达认为，从生产和觉悟两方面来建设社会主义是格瓦拉的主要贡献。[③]（2）在经济建设中必须坚决反对官僚主义，其途径和方法是干部应密切联系群众；党不能代政，不能党政不分；领导干部必须懂技术、会管理。[④]（3）在经济建设中，必须正确处理物质鼓励和精神鼓励的关系。格瓦拉在古巴经济建设中首创

① Ernesto Che Guevara. "Socialism and Man in Cuba". In David Deutschmann, ed. *Che Guevara and the Cuban Revolution*, Sydney, Pathfinder/Pacific and Asia, 1987, pp. 246 - 261.

② 〔苏〕约·拉弗列茨基：《格瓦拉传》，复旦大学外文系译，上海：上海人民出版社，1974，第 265 页。

③ (Méx.) *Excélsior*, el 6 de noviembre de 1988.

④ Ernesto Che Guevara. "Against Bureaucratism". In David Deutschmann, ed. Op. cit., pp. 197 - 202.

了义务劳动形式。他说，义务劳动是培养共产主义觉悟的学校。卡斯特罗赞扬说："义务劳动是切的创造，是他在参加我国革命时期遗留给我们国家的最杰出的创举之一。"①

格瓦拉作为古巴革命和建设的领导核心成员之一，把实践的经验及时地上升到理论的高度，这种精神是可贵的。这些理论难免存在某些缺陷和不足，受到当时时空环境和人们认识程度的制约。革命的理论通过实践所获得的经验，无论是正面的还是反面的，对后人都是宝贵的财富。

格瓦拉以无产阶级革命家的思想和精神激励了一代又一代的古巴革命者。正如卡斯特罗所说，社会主义是榜样的科学。② 格瓦拉提出了造就社会主义新人的任务，他便以自己的模范行为带头实践了新人的最高标准。他具有无私的国际主义精神，对人类怀有伟大的爱心。他完美的革命战士的光辉形象至今仍鼓舞着世界上无数为争取公平和正义而斗争的人们。

（三）格瓦拉在中国的影响

在中国，格瓦拉的影响经历了一个由冷到热的过程。在 20 世纪 60 年代，特别是"文革"期间，人们在谈到格瓦拉时往往只想到他的游击战理论和实践，而且还带有些许贬义。不过，那时他的影响范围不大，仅限于思想界。

从 20 世纪 80 年代起，格瓦拉在中国的正面影响逐渐上升；到 90 年代末至 21 世纪初达到高潮。随着关于格瓦拉的信息更多地传入中国和人们的偏激情绪逐渐淡去，格瓦拉的光辉形象日益树立起来。有的学者开始发表文章，肯定他的主要经济建设思想；有的学者深刻解读《古巴社会主义与人》；还有作家、学者先后出版了中国人自己写的格瓦拉传。如，论文有袁东振的《格瓦拉的经济建设思想值得研究》（1989 年 1 月），刘承军的《切·格瓦拉与他的"新人"思想》（1997 年 11 月）；著作有王士美的《切·格瓦拉》（1996 年 11 月），陈才兴、刘文龙的《切·格瓦拉》（1997 年 10 月）等。在此期间，

---

① Fidel Castro. "Discurso en el acto celebrado por el XX Aniversario de la caída en combate del Comandante Ernesto Che Guevara, efectuado en la Ciudad de Pinar del Rio, el 8 de octubre de 1987." *Granma*, el 12 de octubre de 1987.

② *Código de Etica de los Cuadros del Estado Cubano*. Habana, Comité Ejecutivo del Consejo de Ministros, 2000, cubierta.

有两件事值得提及。一是由庞炳庵主编的《拉美雄鹰：中国人眼里的切·格瓦拉》一书于2000年5月出版。该书收集了我国外交界、新闻界、学术界、党政机构中熟悉格瓦拉的人士撰写的文章，从多个角度颂扬了这位英雄。中共中央对外联络部副部长兼中国拉丁美洲学会会长蒋光化在该书的序言中赞扬格瓦拉是“拉丁美洲历史上一位伟大的革命家”。二是由沈林、黄纪苏、张广天等主创的史诗剧《切·格瓦拉》于2000年4月在国内公演。该剧不仅在北京上演，而且在上海、郑州、广州等地巡回演出。仅在北京一地就演出了53场，场场爆满，在观众中特别是在青年学生中反响强烈，被称为席卷中国的“文化思想界的红色风暴”[①]。本书的第一作者（以下简称作者）在应邀观剧后与剧作者及演职人员的座谈会上赞扬说，此剧是“继电视剧《保尔·柯察金》之后在中国大地上空响起的又一声春雷”。如今，格瓦拉已经成为许多中国人特别是青年人心目中令人崇敬的革命家。

格瓦拉牺牲后，他在全世界的正面影响不断扩大。与此同时，西方国家特别是美国也有一些人污化他的革命思想和革命行动，诋毁他的形象。这股思潮也悄然潜入中国。典型的事例是一位美国华裔学者撰写的《格瓦拉为什么出走?》一文于1997年底在中国某个刊物上发表，并由某个大报和另一份报纸相继转载。文中对格瓦拉为什么离开古巴的分析不顾历史事实，做出了贬损格瓦拉的错误结论。作者发现后及时写出题为《应该尊重历史事实》一文，批评了该文中的不实之词，发至上述报刊，以澄清事实，消除其负面影响，但均未能获发表。接着，作者又写出以《对格瓦拉离开古巴原因的分析应该尊重历史事实》为题的研究报告，向有关方面通报。与此同时，新闻界的一位资深人士也及时著文，详细批驳了该文中的错误论点，以“洗雪泼向切·格瓦拉的污水”。[②] 中国学界同仁普遍认为，格瓦拉的出走是为了促进世界革命特别是拉美的革命，其他猜测都是不符合实际的。如今，中国出版有关格瓦拉的书籍已有数十种，绝大部分是正面的描述，弘扬了他的革命思想和革命精神。

---

① 刘智峰主编《切·格瓦拉：反响与争鸣》，北京：中国社会科学出版社，2001，封二。

② 庞炳庵：《一个历史见证人的话》，载于庞炳庵主编《拉美雄鹰：中国人眼里的切·格瓦拉》，北京：世界知识出版社，2000，第238~246页。

许多中国人特别是青年人都十分崇敬格瓦拉。其原因：第一，格瓦拉是一个榜样，是一种不可摧毁的精神力量，在格瓦拉身上充分体现了他的浪漫主义理想和革命的坚韧作风、牺牲精神、战斗意志和工作精神；第二，格瓦拉精神在今天的中国具有时代意义，在物欲横流的世界中，人们需要一个坚定、浪漫而又辉映着理想主义荣光的偶像英雄，为了多数人的公平、正义而牺牲自己是格瓦拉精神中最能触动人们内心的一个方面；第三，格瓦拉已成为一个时代的符号，具有多元意义。人们对待格瓦拉的态度体现了他们价值观念的多元化和情感的多样性，特别是体现了当今青年人的思想追求和主流价值观念的趋向。①

第四节 劳尔·卡斯特罗和米格尔·迪亚斯-卡内尔

一 劳尔·卡斯特罗的革命历史和他的政绩

劳尔·卡斯特罗（以下简称劳尔）生于1931年6月3日，是菲德尔·卡斯特罗的胞弟，比其兄小5岁。哈瓦那大学法律系肄业。劳尔曾于1953年参加人民社会党领导的社会主义青年联盟。他在其兄的影响下走上了革命道路，追随其兄积极参与了历次重大的革命斗争。从攻打蒙卡达兵营，失败后被捕入狱，大赦后流亡墨西哥，到“七·二六运动”成立，乘“格拉玛号”游艇回到古巴，上马埃斯特腊山打游击，他们都一直在一起。劳尔成为其兄的亲密战友，是古巴革命的主要领导人之一。他在这些革命斗争中展现了卓越的领导才能。1958年初，为了扩大起义军的势力范围，他领导了一支纵队离开根据地，深入奥连特省东北部的山区同敌人作战，这就是著名的“东方第一阵线”。这条阵线的开展为古巴革命的胜利做出了重大贡献。

---

① 刘维广：《切·格瓦拉及其思想在中国的影响》，《拉丁美洲研究》2008年第4期，第18~19页。

从古巴革命胜利后到2006年7月底以前，劳尔一直是古巴党、政、军的第二把手。在党内，从古共一大至五大他都被选为中央政治局委员、中央第二书记；在政府中，他担任国务委员会和部长会议第一副主席，兼任革命武装力量部部长。他作为卡斯特罗的第一副手，主要任务是协助卡斯特罗的工作，但也有分工。卡斯特罗统领全局，主管意识形态和外交，劳尔则主要负责军队和各省的工作，并参与领导经济工作。

在长期担任第一副手期间，劳尔对国家最大的贡献在于协助卡斯特罗把古巴的军队建设成为一支精干的军队。20世纪80年代初，古巴领导人根据国情提出了“全民战争思想”的军事战略，大力发展民兵。90年代初古巴进入“特殊时期”后，经济严重困难，军费锐减。在劳尔主持下将总兵力从18万人减少至6万人，并要求部队做到减员不减战斗力。为了减轻国家负担，组织军队生产自救，使全军食品的自给率达到80%。劳尔还是改革的倡导者。为了强调发展经济，注重民生，他曾形象地说：“芸豆与大炮同样重要，甚至比大炮更重要。”他还说：“只要人民有饭吃，冒些风险并不重要。”他既坚持原则，又灵活务实，勇于批评和自我批评。作为卡斯特罗的第一副手，一贯为人低调，不轻易公开露面，默默地为其兄分忧解难。①

2006年7月31日，卡斯特罗因病入院治疗，决定把最高行政职务暂时移交给劳尔。2008年2月24日，在全国人代会上劳尔当选为国务委员会主席兼部长会议主席，正式接替卡斯特罗的行政职务。在2011年4月16～19日召开的古共六大上，劳尔当选为古共中央第一书记。至此，古巴党和国家完成了全部最高领导职务的顺利交接。自劳尔主政以来，他的领导才能和人格魅力开始充分地展现在国人面前。他领导古巴党政干部进行了大量的变革，顺利地召开了六大和第一次全国代表会议，推出了一整套更新经济社会模式的政策措施。2016年4月，古共召开七大，产生了新老结合的领导班子。劳尔继续当选中央第一书记，但中央委员会和政治局的人数均有所扩大，以便吸收较年轻的新人。劳尔在七大上重申，他将在2018年卸去国务委员会主席兼部长会议主席的职务，由年轻一代担任。他在党内的

---

① 幺素珍：《劳尔·卡斯特罗——贡献独特的古巴领导人》，《当代世界》2005年第5期，第32～34页。

领导职务将任至下一届党代会为止（2021年）。因此，这段时期是领导层新老交替的关键时期。就当前古巴全党全国的中心任务而言，就是继续推进经济社会模式更新这一伟业。在劳尔的正确领导下，这些工作正在顺利进行。

关于劳尔的执政理念与卡斯特罗的异同问题，我们认为在总的方面是一致的，但在具体问题上有所区别。人们普遍认为，劳尔更加灵活、务实和更加注重民生。他的领导作风从以下两个事例中可见一斑。

事例之一。1994年，古巴中央政府召开了一个由格拉玛省领导干部进行的工作汇报会。会上，该省的领导干部一个个都按事先准备好的、只讲成绩的讲稿发言：农业大丰收，渔业成就空前，儿童都受到良好教育，人人身体健康，等等。当时在场的人回忆说，突然，不知谁大声地说了一句“胡扯”，顿时四座皆惊。所有人的眼光都转向坐在后排的一位穿一身将军服的老人。劳尔又重复了一遍“胡扯”。然后说：“我不想听谎言，我想听事实！”原来劳尔是准备参加这个会的，后因故而迟到了。在会议开始后，他从会场的后门进来，不动声色地坐在后面，大家都没有注意到。这样，便出现了上述该省领导人尴尬的一幕。据该省的群众反映，当地失业问题严重，化肥、饲料、汽油等农用物资奇缺，影响了生产，但省领导视而不见，无所作为。会后，劳尔随即派人去“收拾该省的烂摊子”。①

事例之二。1980年4月，古巴政府为了全面推广“经济领导和计划体制”，促进整个经济的发展，决定在全国范围内开设农民自由市场，允许农民在完成交售任务后出售自己的剩余产品。1986年5月，政府以防止贫富分化和非法致富现象的产生为由，关闭了农民自由市场。此后农民不断发出怨言。在20世纪80年代和90年代之交发生的苏东剧变使古巴经济遭受严重打击，农民生活更加困难。在劳尔向其兄的建议和坚持下，终于在1994年4月重新开放了农牧业产品自由市场，活跃了城乡经济。②

这里还须指出的是，曾经有人说，古巴搞的是“兄弟社会主义”，意即兄传弟的家族政治，这是很大的误解。综上所述，在当代古巴，劳尔是卡斯特罗最合适的接班人。他的接班是历史的选择、形势的需要，众望所归，

---

① （USA）*Baltimore Sun*, July 2, 1995.

② Ibid.

人心所向，绝非家族政治。毋庸置疑，他执政 10 余年来的大量政绩充分证明了他卓越的领导才能，他是当代古巴全民拥戴的革命掌舵人。

二 新的国家领导人米格尔·迪亚斯－卡内尔

如前所述，为了践行党政高级干部任期制的规定，劳尔所担任的国家领导人职务于 2018 年 4 月全国人代会开会时任期届满而卸任。该会于同月 19 日正式宣布，米格尔·迪亚斯－卡内尔（Miguel Mario Díaz－Canel Bermúdez，以下简称迪亚斯－卡内尔）当选为新一任的国务委员会主席兼部长会议主席。他的简历如下。

迪亚斯－卡内尔，1960 年 4 月 20 日生于古巴圣克拉拉市，父亲是机械厂的一名普通工人，母亲是师范学校的教师。他在 1982 年毕业于拉斯维利亚斯省玛塔阿布雷乌中央大学电子工程专业，获硕士学位。随后参军，在革命武装力量防空导弹部队服役。1985 年 4 月返回母校的电子工程学院任教，不久他被选任该校的古巴共产主义青年联盟（简称共青盟）的业务干部。1987 年开始在共青盟内担任领导工作，在此期间曾赴尼加拉瓜执行任务。1990 年回国，任比亚克拉拉省共青盟委第二书记，1992～1993 年任第一书记。1993 年转入古巴共产党党内工作，同年当选古共比亚克拉拉省委第一书记。2003 年就任古共奥尔金省委第一书记。他在这两省的领导工作成绩卓著。自 2003 年以来，一直是古共中央政治局委员。2009 年 5 月，他被任命为古巴高等教育部部长。2012 年 3 月被任命为古巴部长会议副主席。2013 年在全国人代会上当选为国务委员会第一副主席。①

迪亚斯－卡内尔在 2018 年 4 月 19 日全国人代会上被宣布当选为国务委员会主席兼部长会议主席之后发表了讲话。他强调，他将把古巴社会主义和革命的红旗接过来，继续革命的进程；忠于菲德尔和劳尔；实行集体领导，扩大人民群众的参与；当前和未来的决定仍将在劳尔领导下做出；古巴的对外政策不变，如有改变，那将是人民做出的选择。他要求国务委员

---

① 劳尔·卡斯特罗在 2018 年 4 月 19 日全国人代会闭幕式上的讲话，http://en.granma.cu/cuba/2018－04－20/the-communist-party-will-resolutely-support-and-back-the-new-president。（2018－04－21）

会继续按社会主义和革命的指针毫不疲倦地行动、创造和工作，以不负人民的期望。他号召全国人民团结起来，建设繁荣的和可持续发展的社会主义社会。[①] 劳尔接着发表了长篇讲话。他表示，古巴共产党坚决支持和支援新任主席的工作。当他讲话结束时，全体代表起立长时间热烈鼓掌，高呼“Viva Raúl!”（“劳尔万岁!”）并向他致敬。[②]

在古巴全国人代会宣布选出新的国家领导人当日，中国国家主席习近平便向劳尔·卡斯特罗第一书记和米格尔·迪亚斯－卡内尔主席发出贺电，在电文中指出中古是真诚互信、命运与共的好同志、好朋友、好伙伴，中方愿同古方继续携手并进。同日，李克强总理也致电祝贺迪亚斯－卡内尔主席。[③]

---

① http://prensa-latina.cu/index.php? o = rn&id = 173655&SEO = nuevo-gobierno-cubano-garantiza-continuidad-de-la-revolucion（2018－04－21）

② 同上。

③ 新华社，北京2018年4月19日电。

第三章　古巴社会主义民主政治制度的建设

第一节　社会主义民主政治制度的建立和运作（1959～1989）

一　为建立新型民主政治制度创造条件

（一）彻底打碎旧的国家机器

古巴革命是古巴历史上最深刻的一场社会革命，根据“蒙卡达纲领”，其目标是要在古巴国土上建立起真正代表人民利益的革命政权。因此，革命胜利后必须摧毁独裁统治遗留下来的旧的国家机器，在其废墟上建立新的政权。1959 年 1 月 3 日临时政府成立后，在短短的数月内便基本上完成了清除旧的国家机器的任务。

清除旧制度的主要措施是：解散旧的国会、特别法庭以及其他所有政治统治机构和行政管理机构；解除其领导成员（包括议员、省长、市长等）的职务；清除政府机关和学校中的巴蒂斯塔分子；取缔反动政党，规定反动政客在一定时期内（多至 30 年）不得担任公职；废除一切反动法令，没收反动分子的财产；审判曾经镇压过革命者的军警和特别机构的官员，并按情节轻重分别给予惩处；清除工会中的叛徒、工贼和帝国主义代理人；解散旧军队，由起义军担负保卫国家的职责；为独裁政权充当顾问的美国军事代表团也同时被告之限时离境。

接着，在农村和城市先后实行了土地改革和城市改革，摧毁了反动政权赖以存在的经济基础。所有这些措施都为建立民主主义的和社会主义的民主政治制度扫清了障碍。

（二）颁布共和国的根本法

古巴革命胜利后，百废待兴。为了保障人民的基本权利和保障革命的发展，国家急需确立一部根本大法。然而，要在短时期内提出这样一部大法是不可能的，于是临时政府选择古巴历史上较为进步的 1940 年宪法作为基础，经过若干修改后以《1959 年根本法》为名于 1959 年 2 月 7 日颁布实施，起共和国宪法的作用。该法共 16 章 230 条，规定共和国主权在于人民，一切权利属于人民。该法取消了国会，删除了三权分立的条文，将立法权和行政权均赋予部长会议。该法还规定，对基本法修改须经部长会议做出决议。随着革命的不断深入，许多重要的法律如土地改革法、城市改革法、教育国有化法等均被纳入该法。根本法一直实行到 1975 年，它的及时颁布和实施为当时保证古巴人民的基本权利发挥了重要作用，也为以后制定第一部社会主义宪法积累了经验。

（三）为实现真正的民主创造必要的条件

鉴于古巴人民过去长期处于独裁统治之下，毫无民主可言，而且独裁者还以假民主欺骗民众，混淆是非，古巴领导人在革命后及时地提出，人民所需要的是真正的民主，只有创造了必要的条件才能使人民享有这样的民主。这些条件包括农民获得土地，工人的劳动权有保障，青年不分贫富均有接受高等教育的机会，工农的子弟有学可上，老人的生计有保障，黑人不受歧视，妇女同男人平等，居民有房居住，病人得到医疗的救助，等等。[①] 为此，革命政府从胜利初期起便大刀阔斧地进行社会改革，以提高人民的生活质量。政府先后采取的措施有：大幅度降低城镇居民的电费、电话费，降低房租 50%，宣布向黑人开放全国海滩，创造就业机会，消除失业现象，对所有劳动者实行社会保障，对全民实行免费医疗和免费教育，

---

① Michael Taber, ed. *Fidel Castro Speeches Vol. II*, Pathfinder Press, New York, 1983, pp. 30 – 34.

取缔赌博、贩毒、走私和卖淫活动，消除城市贫民区等。与此同时，政府开展广泛的宣传教育运动，阐明所有国民不仅在法律面前享有平等，而且在劳动、受教育以及所有社会生活方面都享有真正平等的权利。古巴领导人认为，这些权利均属于民主的范畴。[①]

二　对新型民主政治制度的初步探索：扩大直接民主

（一）尝试扩大直接民主的实现方式

在打碎旧的国家机器和初步建立起革命的政权体系后，古巴领导层便开始探索新的民主政治体制。他们认为，为了批判专制主义独裁和资产阶级民主，必须对真正的人民民主提出新的定义。卡斯特罗对此做了精辟的论断，他说："民主就是大多数人的治理；民主就是在这样的治理形式下大多数人的意见得到考虑；民主就是在这样的治理形式下大多数人的利益得到维护；民主就是在这样的治理形式下保证人们不仅有自由思考的权利，而且有如何思考的权利，知道如何写出其思想的权利，知道如何阅读别人思想的权利；民主不仅有保证得到面包的权利和得到工作的权利，而且还保证享有文化的权利和在社会中受到尊重的权利。因此，这就是民主。古巴革命就是民主。"[②] 卡斯特罗对新型民主的上述界定成为古巴革命后建立新的民主政治体制及其运作的指导思想。他同时还提出，要扩大直接民主的实现方式，充分体现民主的本质。他认为，直接民主就是人民和政府发生直接的关系，共同为古巴绝大多数人的利益而工作和奋斗。[③] 实现直接民主的主要措施包括如下。

其一，举行全民性的群众集会，即"古巴全国人民大会"（Asamblea General Nacional del Pueblo de Cuba），运用直接表决的方式，动员群众对国家最重要的政治文件表明态度。

其二，对革命政府计划颁布的各种重要法律草案组织全民性的大讨论，广泛征求意见，以便补充和修改。

---

① Michael Taber, ed. *Fidel Castro Speeches Vol. II*, Pathfinder Press, New York, 1983, pp. 30 – 34.

② Op. cit., p. 30.

③ Op. cit., p. 32.

其三，群众组织和社会团体直接参与法律的制定和国家重大政策的实施。

（二）直接民主实现方式的运作情况

对实行直接民主措施的初次尝试是通过《哈瓦那宣言》。1960 年 8 月，第七次美洲国家外长协商会议在美国的操纵下通过了干涉古巴内政的《圣何塞宣言》。同年 9 月 2 日，古巴 100 多万人在哈瓦那举行全国人民大会，在欢呼声中通过了著名的《哈瓦那宣言》。这份向全世界表明古巴人民反帝立场的重要宣言就是以直接民主的方式产生的。会后，这份宣言获得 100 多万人的签名支持。1962 年 1 月，第八次美洲国家外长协商会议在乌拉圭的埃斯特角通过了把古巴排除出泛美体系的决议。为了进行反击，古巴于同年 2 月 4 日举行第二次全国人民大会，再一次运用直接民主的方式通过了第二个《哈瓦那宣言》。这两份著名的反帝宣言成为古巴革命胜利初期的重要文献。

从 20 世纪 60 年代初期起，古巴政府便采取将重要的政策法规交全国人民进行讨论的做法。起先，由于多数政策是属于初创性的，主要体现了工农的利益，加之那时广大群众的革命热情高涨，对政策本身没有提出过大的不同意见。当时主要的问题集中在地方工作上，有些省、市（县）在执行中央政策和地方工作中出现了若干错误，群众提出了批评意见。①

群众组织参与国家重大决策的制定和实施是实行直接民主的又一重大措施。革命胜利后不久，除原有的群众组织，在短短的两三年内先后又成立了若干新的群众性组织，基本上覆盖了国民中各种社会群体，如妇联（1960 年 8 月成立）、保革会（同年 9 月成立）、起义青年协会（同年 10 月成立，后改名为共青盟）、少先队员联盟（1961 年 4 月成立）、全国小农协会（1961 年 5 月成立）等。1961 年 11 月，古巴工会召开了十一大；同时，古巴大学生联合会也加强了活动。这些新老组织在 60 年代初期都积极地开展了工作，发挥了一定的参政作用。

（三）直接民主实现方式的变化和发展

古巴领导人在 20 世纪 60 年代初期提出直接民主的几种实现方式是具有

---

① Lee Lockwood. *Castro's Cuba*, *Cuba's Fidel*, Alfred A. Knopf, Inc., New York, 1969, p. 150.

历史意义的。从理论上讲，民主分为直接民主和间接民主两个范畴。按民主理念的要求，一个国家的每个公民都应该有直接行使管理国家事务的权利，以真正体现其作为国家主人的主体地位和价值。然而，事实上又不可能使每个公民都直接参加公共事务的管理，于是便有了间接民主。一个国家或社会的直接民主是否充分，是衡量其民主发展水平的一个重要标准。[①]因此，古巴领导人在革命胜利后不久便着眼于扩大直接民主，并大胆探索实现直接民主的方式，这是日后社会主义民主政治制度在古巴建立的良好开端。就前面提到的第一项主要措施即举行全国人民大会而言，在当时尚未建立代表制度的情况下采用这种形式确实发挥了一定的积极作用。正如一位外国学者所说："对过去一直受忽视、受剥削的农民和工人来说，这类大会（指全国人民大会等）为他们提供了过去闻所未闻的参政机会，使他们比任何时期都更加接近权利的根源。"[②] 然而，随着革命体制的建立，这种方式日益显现其局限性，主要是难以体现其科学性和不便于操作，所以后来没有继续使用，而被其他的方式所取代了。关于第二项主要措施即党和国家的重大决策提交全民讨论问题，虽然在60年代中后期由于体制尚未健全，制度保证不力，在确定讨论范围和下情上达方面都很不充分，但这是古巴革命所追求的目标，到70年代这一措施便重新较好地体现在党和国家的体制改革中了。至于第三项主要措施，各群众组织在成立或重新整顿初期曾为沟通上下关系做了不少工作，但是在60年代后期随着整个国家政策的激进化，在群众组织中出现了单纯强调支持和配合政府的倾向，忽视了群众参与决策和对政府进行监督的一面。这一偏向在工会工作中表现得尤其明显。但是，如第二项主要措施一样，在70年代民主政治制度化和经济合理化过程中，群众组织和社会团体参政议政的作用又重新显现出来。总之，古巴领导层对扩大直接民主实现方式的大胆尝试是十分可贵的，它表明了同资产阶级民主政治制度的决裂和探索有古巴特色的民主政治制度的决心，更为重要的是这种尝试为70年代建立社会主义的民主政

① 李铁映：《论民主》，北京：人民出版社、中国社会科学出版社，2001，第173页。

② E. Bradford Burns. *Latin America: A Concise Interpretive History*, Printice-Hall Inc., Eaglewood Cliffs, 1986, p. 339.

治制度提供了有益的经验和教训。

三 新型民主政治制度“人民政权”[①] 的建立

（一）对10年探索的回顾

到20世纪60年代末，国家的决策权日益集中于中央，主要集权于少数职业革命家所组成的党和国家的最高领导层。造成这种局面的原因，从思想上说，是古巴革命从民主主义阶段向社会主义阶段转变后逐渐显露的激进化倾向，这种倾向在60年代后期达到高潮；从体制上说，具有立法、行政和司法职能的部长会议（政府）权力过大，而国家的各级权力机构的官员都是任命的。在这种条件下，以群众参政为目标的直接民主的实现方式便很难运作了。1970年，古巴领导人对此做了反思，认为国家政权体系的改革已刻不容缓。

（二）“人民政权”制度的建立过程

1970年，卡斯特罗在不同的场合多次谈到现行政治社会管理体制的弊端，并表示决心大力进行改革。其主要方向是：分散中央的权力，加强社会主义法治，分清党、政、军的职能，加强党的领导和自身建设，充分发挥工会和其他群众组织的作用，扩大群众参与决策和对政府进行监督的权利等。卡斯特罗还宣布，“古巴革命现正进入一个新的阶段”[②]。

20世纪70年代是古巴社会主义建设时期非常重要的年代，古巴现行的政治经济体制都是在这10年中建立起来的。就政治体制而言，其发展过程可分为三个阶段：准备阶段（1970～1975）；建立阶段（1976）；运作阶段（1977～　）。准备阶段的工作主要分两方面进行：一方面针对当时的问题逐步进行改革和整顿；另一方面着手草拟新宪法和为建立新的权力机构进行筹备工作。作为改革行政权力的第一步，1972年底成立了由总理和8名副总理组成的部长会议执行委员会，各副总理分别负责几个部和部分国家

① 西班牙语为“poder popular”。此词在我国历来均译为“人民政权”，作者认为译为“人民权力”更符合实际。但如更改，牵涉面较大。因此，本书仍沿用传统译法，特此说明。

② 卡斯特罗在这一时期的几次讲话载于 *Granma Weekly Review*，May 31，August 30，September 20，October 4 and December 20，1970。

机关的工作，从而分散了总理的权力，也加强了中央工作的协调一致。1973年年中，对司法制度进行了改革。这次改革虽然仍保持部长会议兼有行政、立法和司法三权的状况，但结束了司法部门多头的局面，将原有的普通法庭、军事法庭、革命法庭和人民法庭这四种法庭合并成统一的法庭。与此同时，对政权体系也进行了整顿，按政、党、军、群各个系统开始一系列改革，主要是明确和加强各自的职能作用。在政权建设方面，首先是成立宪法起草委员会，由老共产党人布拉斯·罗加担任领导。其次是建立国家的最高权力机构全国人民政权代表大会（Asamblea Nacional del Poder Popular），从而将立法权分离出来，结束了部长会议总揽三权的历史。1974年5月成立了专门委员会领导人民政权机关的选举工作，并以马坦萨斯省为试点。1975年12月古巴共产党召开一大，讨论并同意了宪法草案和新的人民政权结构。至此，政权体制制度化的准备阶段便完成了。

人民政权体制的建立阶段集中在1976年。同年2月15日，经全民投票批准了古巴共和国第一部社会主义宪法，并于2月24日起开始生效。10月，在地方政权机关普遍建立的基础上进行了全国大选。12月，召开了第一次全国人民政权代表大会。同年还调整了全国的行政区划，由原来的6个省改为14个省，并撤销了区级建制，由原来的市（县）—区—省—中央四级改为三级，从而密切了中央和地方的关系。从1977年开始，新体制进入了运作阶段。

（三）“人民政权”制度的提出和定型

1974年上半年，作为制度化进程中的重要举措，在马坦萨斯省选举政权机构的试点工作获得成功，人们把新建立的这种机构用其字头大写的形式称作“人民政权机构”（Organos del Poder Popular，OPPs）。同年7月26日，卡斯特罗首次在讲话中公开肯定了“人民政权”的概念，并将新建立的民主政治体制的整个体系都纳入这一概念。① 随后，马坦萨斯模式向全国推广。卡斯特罗在上述讲话中还着重谈到，地方权力机构将领导经济、卫生、文教等方面过去由中央管的大部分生产和服务单位，从而迈出了中央

---

① See Michael Taber, ed. *Fidel Castro Speeches Vol. II*, Pathfinder Press, New York, 1983, pp. 188 - 214.

权力下放的关键一步。根据古巴领导人在此前后多次讲话的精神，“人民政权”的含义指的就是“建立由选出的代表进入治理机构的制度”，也是指“群众参与政府事务的制度化进程”[①]。劳尔·卡斯特罗阐述了实现人民政权的原则。他说，实现“人民政权”的实质是“群众真正实现参与国家管理，使代表们能够真正行使这种权力”[②]。不难看出，“人民政权”的理念发展了前一阶段对探索直接民主实现形式的经验，将直接民主同间接民主有机地结合起来，并为扩大直接民主开辟了更大的空间。1975 年底召开的古共一大进一步总结了马坦萨斯经验。1976 年，“人民政权”机构作为议行合一的国家机构载入了宪法。此后，“人民政权”制度便成为古巴的国家政权组织形式和根本的民主政治制度。

（四）社会主义政体的主要内容

如前所述，经过 10 年的探索和 5 年的酝酿，并在吸收了社会主义国家特别是苏联的经验后，一个完整的、新型的社会主义政体“人民政权”制度于 1976 年在古巴确定下来。现就这一政体的主要方面分述如下。

1. 宪法

1976 年宪法是古巴历史上，也是拉美国家中的第一部社会主义宪法，共 12 章 141 条。宪法规定，古巴共和国是由工人和农民以及其他一切体力劳动者和脑力劳动者所组成的社会主义国家；一切权力属于劳动人民，他们通过人民政权代表大会行使国家权力；马克思列宁主义是古巴人民的指导思想，古巴共产党是古巴社会和国家的最高领导力量；一切权力机构都是建立在社会主义民主、权力的统一和民主集中制基础上的；古巴的经济制度是以生产资料的社会主义全民所有制为基础，实行各尽所能、按劳分配的社会主义原则；国家保护家庭、母亲和婚姻，保证教育、文化和所有公民的基本权利，禁止任何对种族、性别、肤色和国籍的歧视，所有人的权利一律平等；古巴奉行无产阶级国际主义和同各国人民团结战斗的原则等。[③]

---

① See Michael Taber, ed. *Fidel Castro Speeches Vol. II*, Pathfinder Press, New York, 1983, p. 15.

② Raúl Castro. “The Closing Speech to the Seminar of People’s Power” (August 22, 1974). In Michael Taber, ed. Op. cit., p. 224.

③ *Constitution of the Republic of Cuba*, Editora Política, La Habana, 1981, pp. 4 – 22.

从上述内容可以看出，宪法清楚地表明了古巴的社会制度、政治结构、国体和政体，特别是政权的属性这一根本问题，即属于社会主义性质。卡斯特罗为此给予高度的评价，他说："这部宪法无愧于美洲大陆第一个由工人、农民、体力劳动和脑力劳动者组成的社会主义国家。"[①] 这部宪法的特点还在于它具有鲜明的民族性，并体现了古巴的国情。第一，这部宪法没有提阶级斗争，也没有提无产阶级专政，这在当时作为一个社会主义国家的宪法是独特的。在略去上述提法的同时，着重强调了以人为本的思想。宪法申明，要实现何塞·马蒂的强烈愿望，即"我希望我的共和国的首要法律是古巴人对人的全部尊严的信仰"。宪法规定，社会主义国家"保障人的自由和充分的尊严""保障人的个性的全面发展"，国家机构"以人人平等的原则从小教育全体公民"等。第二，鉴于古巴存在私有小农 23 万多人，计 16 万多户，拥有全国可耕地面积的 30%，约 210 万公顷，其产量分别占烟草、咖啡的大部分，蔬菜、薯类和水果的将近一半，牲畜和甘蔗的 26% 和 18%，[②] 为了保护这一部分生产者的积极性，宪法承认他们对土地和生产资料的所有权，规定他们有权出卖和继承所拥有的土地，并承诺在合作化问题上遵循自由和自愿的原则。

1976 年宪法经过 1992 年、2002 年和 2018 年三次修改。2019 年 1 月 5 日，全国人代会公布了第三次修改后的新宪法，并于同年 2 月 24 日交由全民公决后正式生效。[③]

2. "人民政权"机构

古巴的政体是"人民政权"机构制，亦称"人民政权"代表大会制。全国人民政权代表大会（简称人代会）是古巴最高权力机关和唯一的立宪和立法机关。根据 1976 年宪法的规定，人代会有三级，即全国、省级和市（县）级，市（县）人代会代表由选民以无记名投票方式直接选举产生，而省和全国的人代会代表则是由间接选举产生。1992 年宪法修改为全国、省

① Fidel Castro. *Informe Central al Primer Congreso del Partido Comunista de Cuba*, Editora Política, La Habana, 1982, p. 154.

② Op. cit., p. 168.

③ 详见本书导言的国情概况部分。

级和市（县）级人大代表均由选民直接选举产生。[①] 全国人大代表任期五年。全国人代会每年召开两次会议，闭会期间由其常设机构国务委员会行使其权力。全国人代会的职权包括：通过和修改宪法，批准、修改或废除法律，审议和通过国家社会经济发展计划和国家预算，批准对内对外政策的基本方针路线，选举国务委员会，根据国务委员会主席的提名任免部长会议成员、最高人民法院院长和总检察院检察长等。除修改宪法外，人代会的一切法律和决议均以简单多数通过。宪法规定，地方人代会，即省、市（县）两级人代会是在其管辖区内行使国家职能的权力机关，每届任期为两年半。全国人民政权代表大会制与资本主义国家的议会制和总统制的区别是后者只有立法权，而前者既是立法机构，又是国家最高权力机关，所实行的是议行合一的政治体制。

3. 部长会议

部长会议是国家的最高执行和行政机关，即共和国政府。其职责是负责组织和管理整个国家的社会、经济、文化的发展，加强国家安全和国防建设，处理国际交往与联系等方面的具体事宜。部长会议的组织体系由各部和中央机关所构成，它对全国人代会负责并定期报告其活动。部长会议的成员包括主席（由国家和政府首脑担任）、第一副主席、若干副主席、中央计划委员会主席、各部部长、秘书等。部长会议主席、第一副主席和若干副主席组成部长会议执行委员会，控制和协调中央各部门的工作，在紧急情况下可行使平时属于国务委员会的职权。中央工会的总书记有权参加部长会议及其执行委员会的会议。

4. 司法机构

最高人民法院和省、市（县）人民法院行使国家的司法权。这三级人民法院分别由相应级别的人代会产生。法院的组成和活动所遵循的原则是保证司法的独立性，所有法院都属合议庭性质，由职业审判员和陪审员组成。司法机构的行政职能归司法部管，而实际的司法决定（审判）则是分开的，这部分职权完全属于法院。总检察院和省、市（县）检察院是国家

---

① 详见本章第二节第二条第二款。

的检察机关，负责监督社会主义法律的执行。检察员由人代会产生。各级检察机关按垂直方式组建，独立于一切地方部门，其活动只对共和国总检察长负责。

四　“人民政权”制度的几个特点

（一）地方人民政权代表大会对企事业单位实行直接领导

宪法规定，地方人代会［省和市（县）两级］通过其所建立的机构直接领导下属的经济、生产和服务管理。这里所说的机构指的就是人代会下属的行政部门。这些行政部门分为两类：一类是职能部门，另一类是行业部门。这两类部门分别领导本地区纳入预算的单位和企业，即生产和服务管理。行业部门领导有关教育、公共卫生、体育、文化、运输和贸易等企事业单位；职能部门则领导计划、财政和劳工等职能机构。这些行政部门既是当地人代会的下属单位，又接受上一级人代会行政部门的领导（省人代会下属的行政部门则受中央行政机构的领导），即接受双重领导。[①] 因此，在省和市（县）两级政权组织中，地方人民政权代表大会（休会期间是其执行委员会和常务委员会）是代表人民履行国家职能的唯一的政府机构，其内部的领导关系是：省、市（县）人代会领导各行政部门，而各行政部门则领导纳入预算的单位和企业。这种机构同其他社会主义国家的相应机构是有区别的。如，在中国有地方各级人民代表大会和地方各级人民政府；在越南有地方各级人民议会和地方各级人民委员会；在朝鲜有地方各级人民会议和地方等级的行政经济指导委员会等。[②] 古巴在贯彻政行合一原则中将地方人代会的执行机关置于其直接领导之下，因而也就直接领导了企事业单位。这在社会主义国家中是独特的。2011 年 8 月 1 日召开的古巴全国人代会通过决议，在新设立的两个省的省、市（县）两级人代会将政府职能分出去。详情见本章第三节第二段。

（二）通过完善的选举制度加强人民群众的政治参与

除了在宪法中有专门的章节对选举做出规定外，古巴人代会还于 1982

---

① Raúl Luis. *Organs of People's Power*. Printed by the Department of Revolutionary Orientation of CC of PCC，1981.

② 张友渔主编《世界议会辞典》，北京：中国广播电视出版社，1987，第 118、186、188 页。

年8月颁布了选举法（第37号法令）。该法对人民群众政治参与的规定主要表现在以下三个环节上。

其一，人大代表的提名不是来自党派或团体，而是来自每个公民；是不是党员并不是选举代表的条件。在1976年的市（县）级选举中，代表中非党人士占35.5%。[①]

其二，对人大代表的职责和权限有明确的规定。以市（县）级代表为例，每个代表每月至少应拿出一天时间来接待选民的来访；代表除在人代会上述职外，每4个月还应在本选区的选民大会上向选民报告代表的工作情况，回答选民提出的问题。各级代表履行职责是没有任何报酬的。[②]

其三，如省和市（县）人大代表由于无论何种原因而失去选民的信任时，选民可随时罢免他。如此人为市（县）级的代表，便由所在选区的选民以无记名投票方式决定其罢免与否；如为省级或全国人大代表则分别由省人代会或全国人代会履行罢免程序。从1976年到1979年，共有108名代表被罢免，其中主要是市（县）级代表。1976年选出的10752名市（县）级代表中只有50%的代表在1979年选举时继续当选，余下50%的代表均落选。[③]

（三）开辟渠道，保证人民群众参与法律的制定

自革命政权建立以来，党和国家的重大决策一般都要事先交给人民群众进行讨论后再决定。这已是一个不成文的传统。“人民政权”制度建立后，这一传统得到发扬，并被正式纳入民主政治体制。一项法律的诞生需要通过以下四个步骤。

第一，党中央设有一个特别委员会，由它提出草案，该委员会由党中央法律研究委员会的成员、政府官员和群众组织的代表三方面所组成。草案提出后送交党中央政治局和书记处审核和通过。

第二，将党中央通过的草案交给各级党组织和群众组织讨论，以征求意见。

---

① Max Azicri. *Cuba: Politics, Economics and Society*, Pinter Publishers, London and New York, 1988, p. 105.

② Raúl Luis., Op. cit., pp. 27, 30; Max Azicri. Op. cit., p. 102.

③ Raúl Luis. Op. cit., pp. 29, 42. Max Azicri. Op. cit., pp. 107 – 108.

第三，此后，将草案交给广大人民群众讨论，以便在全民范围内征求意见。

第四，将草案连同大量的修改补充意见返回起草该法的特别委员会进行研究和修改。

1975 年 2 月公布的《家庭法》就是体制化进程开始后以这种程序产生的第一部法律。从 70 年代中期到 80 年代，除 1976 年经全民投票通过的宪法外，古巴政府还颁布了许多重要的法律。这些法律都是经过这样的程序制定出来的。古巴领导人认为，坚持人民群众参与国家法律的制定，是发扬社会主义民主的重要方式。国家的政策法规必须反映群众的意愿和要求，不要害怕群众在决定中可能出现错误，要允许他们在实践中纠正。卡斯特罗就说过："如果一个工厂的工人们在决定一个问题时有错误……那是不好的，但那是人民的决定。"①

（四）加强工会工作和制定《劳动法》，充分发挥工人阶级的领导作用

如前所述，在 20 世纪 60 年代后期工会的作用有所削弱。但从 1970 年起，普遍整顿了地方工会和行业工会，并于 1973 年 11 月召开了古巴工人中央工会第十三次代表大会。通过这次代表大会重新肯定了工会捍卫工人权益的作用；再次强调了工人参与制定国家决策和企业管理的权利；纠正了过去某些不利于工人的工资福利方面的偏差。大会决定在企业中实行明确劳企双方责、权、利的"集体劳动合同制"。② 工会十三大以后，古共中央成立了专门委员会负责落实大会的决议。从宏观上说，政府在制订第一个五年计划（1976～1980）时，吸收了全国的职工参加讨论，参加者多达 130 多万人。从微观上说，工厂里的职工通过工会参加企业的管理，其形式是由工会组织全体职工成立生产和服务大会，在会上选出代表组成常设代表大会。职工通过代表大会对企业的重大问题行使监督权和一定的决定权。③

---

① Fidel Castro. "Speech at the Rally in Celebration of 17th Anniversary of the Attack on the Moncada Garrison". In Sandor Halebsky and John M. Kirk, eds. *Transformation and Struggle*: *Cuba faces the 1990s*, Praeger Publishers, New York, 1990, p. 40.

② 周克明、王玉先、周通、程清林主编《当代世界工人和工会运动》，沈阳：辽宁大学出版社，1990，第 226～227 页。

③ 同上书，第 229 页。

为了更好地发挥工人阶级在社会主义建设中的作用，党和政府在20世纪80年代初提出了一部综合性的劳动法草案，发给全国的职工进行讨论和修改。1984年12月，全国人代会通过了这部《劳动法》，并确定从1985年7月26日开始实施。该法共14章308条，对古巴社会主义制度下的劳动者的各个方面都做出了详细的规定。卡斯特罗说："《劳动法》是一部极其先进的立法，它包含了工人在革命中取得的全部成果和权利。"[①]

第二节　特殊时期中社会主义民主政治制度的完善（1990～2006）

一　社会主义民主政治制度面临严重考验

苏东剧变对古巴的冲击是巨大的。从国内政治上讲，外部压力主要来自三个方面：第一，苏东国家自20世纪80年代中期以后的"改革"日益背离社会主义方向，这在古巴民众的思想上引起了混乱；第二，美国乘机大肆攻击古巴的社会主义制度，掀起一场反对古巴的国际诽谤运动，污蔑古巴的民主政治制度"不民主"、"违反人权"；第三，西欧发达国家在人权等政治问题上同美国站在一起，而大多数拉美国家对古巴国内的政治情况也持保留甚至批评的态度。

在这样的外部环境下，古巴国内极少数的反对分子蠢蠢欲动，一些非法组织先后出笼。他们利用某些知识分子和群众对苏东的变化不理解和要求改革的心情，反对社会主义制度，鼓吹实行资产阶级的民主和自由。他们人数很少，据估计只有约1000人，分属50个组织。[②] 按人口计算，他们仅为国民总数的万分之一，但他们同流亡在美国的反古分子相勾结，并且直接受到美国政府的经济资助，其危害性是不可小视的。

---

① Fidel Castro. "Speech at the National Assembly of People's Power" (December 28, 1984). *Granma Weekly Review*, January 13, 1985.

② The Economist Intelligence Unit. *Country Report*: *Cuba*, *The Dominican Republic*, *Haiti*, *Puerto Rico*. First Quarterly, 1992, p. 15.

90年代初期的古巴形势的确是严峻的，国际上即便在同情和支持古巴的友好力量和人士中也有一些人对古巴的前景感到悲观，特别是对在经济危机日益加深的情况下古巴人民能否在制度上坚持社会主义表示担忧。古巴社会主义民主政治制度面临前所未有的严重考验。

二 为捍卫和完善社会主义民主政治制度而斗争

面对这种形势，古巴的党政领导人同人民群众团结一致，开展了一场捍卫社会主义的斗争。就政治方面而言，所采取的对策主要分两类：一类是为稳定局势而采取的应急性措施；另一类是为完善现行的政治体制而进行的变革。这些措施和变革都是在90年代前期加以实施和完成的。在此之前，党和政府采取各种方式广泛征求民众的意见，为正式的决策提供依据。其主要方式如下。

（一）发挥群众组织的作用

自1990年初，古巴的主要群众组织都先后召开了全国代表大会。这些代表大会动员群众为坚持社会主义献言献策。通过这些会议的集思广益，不仅使民众澄清了思想，树立了信心，而且也使领导机构明确了政治经济改革的具体目标。

（二）召开直接对话会

针对个别群体的实际需要，开展了领导人同基层群众的直接对话。如在1991年5月，18名党、政、军高级官员同150名青年学生代表在哈瓦那进行了为期4天的大型直接对话会。与会者坦率地提出了423个有争议的问题，都得到了答复。领导人同群众坦诚地交换意见，沟通思想，了解民情，取得了很好的效果。①

（三）全民讨论党的文件

1991年10月召开的古共四大的文件就是经全民讨论后定稿的，有关详情在本书第二章第二节第三点中已有叙述，这里不再重复。值得提及的是，群众提出的意见有些在未等形成文件前就已被采纳，开始进行整改，如精

① *Granma International*, May 26, 1991, pp. 8 - 10.

简机构等。作为行将召开的古共四大的准备工作之一，全国人代会于 1990 年 7 月举行会议，讨论当时古巴面临的形势，明确存在的问题，并提出对策。会上党中央通报了将要召开的古共四大的主要议题，即讨论如何完善古巴社会主义政治经济制度，以及如何深入开展自上届党代会以来所进行的纠偏运动。会上代表们在肯定成绩的同时，对工作中存在的缺点和错误提出了尖锐的批评。这些问题包括官僚主义、人浮于事、文山会海、贪污盗窃现象等。其尖锐程度连外国的传媒都认为，“对缺点的批评超过了对成绩的赞扬”①。

在全国上下长达一年多时间充分讨论和酝酿的基础上，古共于 1991 年 10 月召开了四大，集中了全国人民的意志和智慧，提出了“拯救祖国、革命和社会主义”的任务和完善社会主义制度的若干政策。随后，全国人代会举行会议，讨论并通过了这些政策建议。与此同时，在全国人代会的组织下开始进行修改宪法的工作。

古巴第三届全国人代会第十一次会议于 1992 年 7 月举行。会议经过充分讨论，一致通过了宪法修正草案。这次修宪的特点是，在恶劣的国际环境下继续坚持共产党的领导和社会主义道路，保留了有关章节和条款；与此同时，根据新的形势和完善民主法治、振兴经济、保卫国家的需要对许多具体政策做了新的规定。1976 年的古巴宪法共有 141 条，对其中的 76 条做了修改，增删了约 30 条，涉及面相当广泛，包括政治、经济、军事、外交、文化、教育、社会、家庭等各个方面。② 总之，通过全面修改宪法，实现了国家在法制上向特殊时期的转变。

三　对人民政权代表大会制度的完善

为了落实党中央提出的完善社会主义制度的要求，自 1990 年特殊时期开始以后在改革人民政权代表大会制度方面采取了三项主要措施，现按出台时间的顺序分述如下。

---

① （Méx.）*Excelsior*，el 1 de agosto de 1990.

② *Constitución de la República de Cuba*（Actualizada según la Ley de Reforma Constitucional aprobada el 12 de Julio de 1992），Editorial de Ciencias Sociales，La Habana，1996.

（一）建立人民政权代表大会的基层组织“人民委员会”

为了加强同人民群众的紧密联系，以应对特殊时期中的各种挑战，并吸收东欧国家政权机构同社会基层民众严重脱节的教训，全国人代会决定在市（县）人代会与居民之间建立一级新的机构，将国家政权的建制延伸到基层选举区。人民委员会（Consejo Popular）由基层选出的代表组成，拥有充分的权利对所在辖区的一切机关和企事业单位进行领导和监督，即这些单位要接受本系统的上级和人民委员会的双重领导。①

（二）实现各级人大代表的直接选举

如前所述，古巴自20世纪70年代建立人民政权代表大会后，其代表的产生分两种方式：市（县）级人代会代表由选民直接选出；省级和全国的人大代表由市（县）人代会代表选出，即间接选举。特殊时期开始后，为了完善政治体制，古共四大建议全国和省级的人大代表均由基层选民直接选举产生。1992年7月，全国人代会采纳了这一建议，并对宪法做了相应修改。这项改革扩大了人民群众直接参与政治生活的权利，加强了选民与代表的直接联系，有利于选民直接监督人大代表，并通过代表直接监督中央政府的工作。在现有的社会主义国家中，只有古巴和越南是对全国性代表采取直接选举的方式。②

（三）在企事业单位的职工中建立工人议会

1993年，古巴经济空前恶化，摆脱困境、渡过难关是摆在全国人民面前的紧迫任务。同年12月，全国人代会会议认为，在寻求应对良策时应首先征求广大劳动者的意见，于是决定在中央工会的领导下在全国范围内建立工人议会（Parlamento obrero），向普通劳动者要办法。通过工人议会可以直接而及时地听取意见，以便人代会最后做出决定。从1994年初起，在全国300多万职工中成立了近8万个工人议会，公开讨论当时全国面临的严峻形势，为克服困难献言献策。③ 历时三个月的全国职工大讨论将工人们的建议收集起来，提交有市（县）、省和全国人代会代表参加的市（县）和省工会会议上加以讨论，然后再提交1994年5月召开的全国人代会特别会议

---

① *Granma International*, June 2, 1991, pp. 8 – 9.

② 张友渔主编《世界议会词典》，第118、186、188页。

③ *Granma International*, February 23, 1994, p. 11.

（工人议会的代表也参加了这次会议）和同年8月召开的例行会议。这次大讨论促成全国在如何应对困难问题上取得了共识。

四　古巴社会主义民主政治制度的新发展：参与制民主

（一）提出参与制民主的缘由

参与性问题历来是研究现代民主政治的学者所关注的问题。美国著名政治学家加布里尔·阿尔蒙德和西尼·维伯提出，世界上的政治文化分三种基本类型：一是地方性政治文化；二是臣民式政治文化；三是参与式政治文化。他们认为，第三种类型“存在于高度发达的社会中”[①]。民众参与政治的程度标志着政治民主的发展水平。20世纪70年代后期，当古巴建立起“人民政权”制度这一民主政治体制后，一位外国学者指出，古巴实行的是“一种新形式的参与制民主”[②]。在80年代，古巴学者对参与性问题的研究日益深入，他们提出：“真正的民主只有通过人民参与行使权力来获得。”[③] 90年代进入“特殊时期”后，古巴的党政领导人更加重视民众的政治参与问题。1991年10月召开的古共四大在有关完善“人民政权”机构的组织和运作的决议中多次提到扩大人民群众参与的问题。然而，把“参与”和“民主”两词直接联系起来使用于官方文献则首次出现在1993年。同年4月在哈瓦那举行的第四届圣保罗论坛的声明提出，必须“用深刻的参与制民主（democracia participativa）去反对新自由主义所倡导的虚假的民主”[④]。此后，在文件和文章中“参与制民主”便成为古巴的一个正式的政治词语了。[⑤] 1996年6月，第六次圣保罗论坛会议提出，要以“参与制民主、社会公正和可持续性发展”为基本模式代替新自由主义方案。此后，“参与制民

---

① 俞可平：《权利政治与公益政治：当代西方政治哲学评析》，北京：社会科学文献出版社，2000，第89页。

② Marta Harnecker, ed. *Cuba: Dictatorship or Democracy?* (English Translation), Lawrence Hill Inc., Westport, 1980, Introduction on back cover.

③ Edward D'Angelo, ed. *Cuban and North American Marxism*, B. R. Gruner-Amsterdam, 1984, p. 101.

④ Max Azicri. *Cuba Today and Tomorrow: Reinventing Socialism*, University Press of Florida, Gainesville, 2001, p. 303.

⑤ Haroldo Dilla, ed. *La democracia en Cuba y el diferendo con los Estados Unidos*, Ciencias Sociales, Ciudad de la Havana, 1996, p. 115.

主”成为拉美左派民众追求的政治目标。[①]

（二）参与制民主的含义和定位

古巴的党政领导干部和学者认为，要在古巴实现社会主义的发展目标，就必须不断地推进民主化进程。因为只有领导者同人民群众保持密切的联系，深知他们的愿望和要求、困难和疾苦，经常地同他们讨论国家大事，才能取得他们的共识和支持，使全国人民团结成一股强大的力量，去夺取社会主义事业的胜利。因此，古巴领导人历来就重视民众的政治参与问题，认为这是社会主义建设中一个关键的问题，而苏联、东欧国家的失败正是出在这个问题上。[②]

古巴现在所实行的社会主义民主政治制度就是参与制民主，其特点主要表现在两个方面。第一，选举方式。人代会代表的提名来自各个基层选区，而不是来自政党，因此所选出的代表都是基层选民所熟知的、真正能够代表他们权益的人。第二，决策方式。涉及公众的一切事务，大至国家的重大方针政策，小到本街区或乡村的具体问题均需要通过普通民众的讨论，征求意见后才可做出决定。政府的许多重要政策就是普通民众自己提出来的。参与制民主同代议制民主不是对立的关系，而是前者高于后者。古巴有关方面的领导人解释说，代议制是很重要的民主形式，因为不可能把所有民众召集到一起来讨论和决定问题。但是，没有所有人参与的民主是远远不够的，因此，需要实行参与制民主，即要运用各种办法和措施来调动全体民众积极参与国家大事和重要决策的讨论，如不是这样，革命就会失败。[③]

五 古巴社会主义民主政治制度的运作效果和主要特点

（一）民主政治制度的运作效果

如前所述，苏东剧变后古巴承受着国内外的巨大压力，古巴社会主义

---

① 祝文驰、毛相麟、李克明：《拉丁美洲的共产主义运动》，北京：当代出版社，2002，第390页。

② 〔古〕何塞·拉蒙·巴拉格尔（古共中央政治局委员）：《在会见中国社会科学院代表团时的谈话》，哈瓦那，2000年1月31日。

③ 同上。

制度经受着严峻的考验。这一段最困难的岁月能够最真实地反映古巴民众的政治态度。1993 年 2 月，古巴举行了自革命后首次全国人民政权代表大会代表的直接选举。选民的投票率高达 99.62%，其中 95.17% 的人投了赞成票，卡斯特罗在其选区获得了 99% 的选票。[①] 投票率之高在古巴历史上是前所未有的，比其他拉丁美洲国家高出一倍。选举结果表明，古巴绝大多数民众是支持现有政治经济制度的。1994 年 11 月，美国盖洛普民意测验所和迈阿密《先驱报》联合在古巴进行了一次民意调查。这是自革命胜利后古巴政府第一次允许外国机构在古巴进行独立的调查活动。调查结果表明，大多数古巴人认为古巴革命的成就大于失败；美国封锁是经济困难的主要原因；认为古巴的主要问题是政治问题的人只占被调查者的 3%。[②] 事实证明，古巴人民对古巴的社会主义民主政治制度是满意的，即使在最困难的时期他们也没有动摇对社会主义的信念。正因为如此，古巴社会主义制度才经受住了严峻的考验。卡斯特罗曾经说过："如果没有一个像我们这样的制度，我们就不可能坚持。"[③] 正是因为古巴的民主政治制度充分调动了人民群众的积极性，古巴才能战胜困难，渡过难关，走向恢复和发展。

（二）民主政治制度的主要特点

综上所述，古巴社会主义民主政治制度的主要特点就是坚持对人民参政的最好形式的探索与创新。纵观古巴自 1959 年革命胜利后的 60 年中民主政治制度的发展历程，贯穿始终的一条线索就是对人民参政的最好形式不断地进行探索和创新。这一历程有三个发展阶段，即直接民主—"人民政权"—参与制民主。通过这三个发展阶段，古巴的民主政治制度日益完善、丰富和成熟，基本上已经定型，但仍坚持继续完善。在古巴人看来，人民的参与是民主的核心，最大限度地实现这一参与是推动古巴政治民主化进程的根本动力。这一进程没有止境，跨入 21 世纪以来，古巴人又创造出新的参与

---

① *Granma International*, March 7, 1993, p. 5.

② *Miami Herald*, December 18, 1994.

③ *Granma International*, February 23, 1992, p. 10.

形式。如1999年12月，在争取埃连返回古巴的群众运动[①]中成立了公开论坛（tribunas abiertas）。埃连事件于2000年6月底胜利结束后，这一组织形式保留了下来，成为广大群众参政议政的又一新的机制。[②] 又如2001年，在哈瓦那市民中成立了“街区改造”工作室（“neighborhood transformation” workshops），让基层居民更多地参与解决他们所面临的实际社会问题。这一形式受到外国观察者的赞许。[③]

第三节 新时期中社会主义民主政治的新发展（2006～ ）

一 参与制民主的进一步发展

在劳尔主政前，古巴面临着困难的局面。劳尔虽然对古巴的问题已经有所考虑，但是为了更全面、更准确地了解情况，同群众一道克服困难，他在代政伊始便组织专人深入基层搞调查。他鼓励群众讲真话，谈实情。在他的领导下，于2007年下半年在全国上下开展了历时两个月的全民大讨论，就古巴当前的问题及解决办法广泛征求意见。这次大讨论有500多万人参加，提出了130多万条意见，内容涉及政治经济等各个方面。这次大讨论为未来的变革奠定了思想基础。

劳尔在2010年11月8日宣布将于2011年4月召开党的六大，集中解决经济问题。次日，党中央公布了准备在六大上讨论通过的主要文件《经济和社会政策纲要》（以下简称《纲要》）草案。接着，在古共高级党校举办了500多人参加的高级干部培训班。11月15～30日，在全国所有城市举

---

① 1998年11月22日，古巴6岁儿童埃连（niño Elián）随母偷渡美国途中其母死于海难，他获救脱险，抵达美国后被交给了他在当地的亲戚。埃连的父亲要求美国送还孩子，但美国反古势力竭力阻挠埃连回国。经过古巴人民的斗争，埃连终于在2000年6月28日返回古巴。详见本书第十二章第三节第一条第四款。

② The Economist Intelligence Unit. *Country Report*：*Cuba*，February 2001，p. 11.

③ *Miami Herald*，January 16，2002.

行培训干部研讨会，会后这些干部被派往基层参加讨论。从同年12月1日起到2011年2月底，在全国各地组织党内外群众对《纲要》草案进行了为期3个月的大讨论，征求意见和建议。然后，在全国各地组织5000多名专家对群众提出的意见和建议进行归纳、整理。之后，将意见和建议提交党政高层领导人领导的12个工作组进行分析，对《纲要》草案进行修改补充，提交六大讨论通过。这次大调查、大讨论的深度和广度都是空前的，这种古巴式的社会主义大民主，即使在社会主义国家中也是罕见的。

纵观六大文件出台的全过程，可分两个阶段，即起草阶段和讨论阶段。人民群众不仅参加了讨论阶段，而且也参加了起草阶段。换言之，从最初的社会调查开始，人民群众就已经参加了政策的形成过程。这是与古共四大的全民大讨论最明显的不同之处。这一创举扩大了参与制民主的内涵，是古巴社会主义民主政治制度的新发展。

二　社会主义民主政治体制的进一步改善

（一）调整行政区划，并将地方政府的职能从省人代会中分离出来

2010年8月1日，古巴全国人代会通过决议，将原哈瓦那省划分为两个省，即阿尔特米萨省（Artemisa）和马亚贝克省（Mayabeque）；同时将原属于比那尔特里奥省的三个市，即Bahía Honda、Candelaria和San Cristobal划归新成立的阿尔特米萨省。这一决议从2011年1月1日起生效。这样，古巴就从原来的14个省及1个特别市（共169个市）调整为15个省及1个特别市（共168个市）。[①] 2011年8月1日，古巴全国人代会通过决议，在新设的两个省中实行将省和市的政府职能部分同省市人代会的职能分开，分出来的政府职能部分名为行政委员会（Consejo de Administración）。这两个省是试点，一段时间后在全国推开，从而改变数十年来地方政权议行合一的组织结构。[②]

---

① http://www.cubadebate.cu/noticias/2011/01/03/asi-es-cuba-en-el-2011/（2017-09-01）

② http://www.cubadebate.cu/noticias/2011/08/01/separacion-de-la-direccion-de-los-consejos-de-administracion-y-de-las-asambleas-provinciales-y-municipales-en-los-nuevos-territorios-de-artemisa-y-mayabeque/（2017-09-01）

（二）规定高级别公职人员任期制

在 2012 年 1 月举行的古共第一次全国代表会议上通过了限定高级别公职人员任期的提案。2013 年 2 月，古巴全国人民政权代表大会开会时对宪法进行了修改，将上述任期制列入其中。这一制度规定，担任重要领导职务的公职人员任期最长不得超过两届，每届任期 5 年。据此，从 2008 年开始担任党政最高领导的劳尔已于 2018 年 4 月 19 日卸任行政职务，并将于 2021 年卸任党的职务。高级公职人员任期制的实行对加速干部年轻化和接班人的培养具有重要意义。

三　古巴政治社会生活民主化的其他方面

（一）妇女解放的进展

革命前，古巴大多数妇女深受剥削和歧视，源于西班牙传统思想的大男子主义（machismo）相当盛行，大部分妇女被困于家庭之中，参与社会生活的比重很小。据 20 世纪 50 年代的统计，妇女仅占全国经济活动人口的 13%，而且其中大部分是当家庭女佣。[①] 贫困、疾病、失业、文盲等是当时妇女的基本状况。在这样的生存条件下，古巴妇女中蕴藏着很大的革命积极性。古巴妇女具有光荣的斗争传统，其历史可以追溯到殖民时期。安娜·贝当古（Ana Betancourt）、玛丽亚娜·格拉哈雷斯（Mariana Grajales）等是古巴人民所熟知的巾帼英雄。20 世纪 50 年代，有不少妇女加入反对巴蒂斯塔独裁统治的斗争行列，为赢得革命的胜利做出了重要贡献。

革命后政府十分重视妇女问题，把消除对妇女的歧视和争取妇女的解放作为重要的革命目标之一。1960 年 8 月 23 日，古巴妇女联合会在当时原有的几个革命妇女组织联合会的基础上宣告成立。这一代表妇女权益的组织成立后迅速发展，后来其成员人数一直保持在占古巴 14 岁以上妇女人数 80% 的水平上。妇联促进了广大妇女参与革命的经济、政治和社会生活。古巴妇女在投入各项活动的同时也提高了自身的政治思想觉悟。关于这一点，卡斯特罗曾评价道，古巴革命中最革命的方面就是在妇女中发生的变化；

---

① Marifeli Pérez-Stable. *The Cuban Revolution*: *Origins*, *Course*, *and Legacy*. Second Edition, Oxford University Press, Oxford, 1999, p. 33.

而妇女政治思想觉悟的提高无疑是古巴革命所取得的一项最显著的历史性成果。[①]

古巴政府从革命胜利后的最初年代起就实行了一系列政策措施，改善妇女的工作和生活条件。1975 年 2 月，政府颁布了第一部社会主义的《家庭法》，其中的第一篇（婚姻）第二章（夫妻关系）中明确规定，夫妻双方对共同的财产享有平等的权利，从而维护了妇女的经济权益。[②] 1978 年 6 月，政府又颁布了《儿童和青年法》，进一步体现了男女平等的精神。到 20 世纪 80 年代，妇女在全国经济活动人口中的比重从革命前的 13% 增加到 1988 年的 38%，其中在教育、卫生等行业中女性还超过了男性。[③] 妇女参与政治生活的程度更有显著的提高。

古巴自 20 世纪 90 年代初进入特殊时期后，妇女面临新的形势。90 年代前期，在国家严重的经济困难对社会各群体的影响中，妇女首当其冲，承受着沉重压力。然而，广大妇女在妇联的组织下，和党同心同德，以拯救革命为己任，同男人们一道迎战困难并默默地做出奉献。以至卡斯特罗曾感叹道："如果我们不经常想到，在这些特殊的条件下，妇女承受着主要牺牲，那将是极不公平的。"[④] 由于政府的重视，在特殊时期的困难条件下妇女解放的进程并未停滞，而是继续向前发展。据联合国开发计划署于 2014 年 9 月 4 日发表的报告称，世界上女性在国家议会中的席位数与女性人口的比例相匹配的，只有古巴和卢旺达这两个国家。[⑤] 然而，男女平等之路仍是漫长的。例如数十年来妇女在古巴经济活动人口中的比重一直在 40% 以下徘徊，未能进一步提高。总之，革命后的妇女解放取得了巨大的成

---

① Fidel Castro. *Informe Central al Primer Congreso del Partido Comunista de Cuba*, Editora Política, La Habana, 1982, p. 172; "Fidel Castro's speech on October 10, 1966". In Margaret Randall. *Cuban Women Now*, The Women's Press/Dumont Press, Toronto, 1974, p. 24.

② *Family Code* (Publication of Laws, Volume VI), Cuban Book Institute, Havana, Cuba, 1975, pp. 19 – 24.

③ Comité Estatal de Estadisticas. *Anuario Estadistico de Cuba 1989*, Editorial Estadística, Centro Habana, 1991, p. 118.

④ Fidel Castro. "Speech at the FMC Sixth Congress" (March 1995). In Marifeli Pérez-Stable. Op. cit., p. 193.

⑤ 联合国开发计划署：《2014 年人类发展报告》中文版，纽约：联合国开发计划署，2015，第 23 页。

绩，但这是一项长期的任务，还有不少工作要做。

（二）种族问题的解决

古巴革命胜利前，按1953年人口普查的数字，黑人和黑白混血种人占人口总数的26.0%。他们是18世纪和19世纪从非洲贩卖到古巴的黑奴的后代。在历史上，古巴黑奴曾为古巴的经济发展和民族独立做出过巨大的贡献。然而，黑人在社会上却长期遭受种族歧视和隔离政策的侵害。古巴革命胜利后，政府于1959年4月21日宣布开放全国所有的海滩，让不同肤色的人都能享用这一公共资源；接着，进一步废除几个世纪以来一切带有种族歧视性质的法规。与此同时，政府开展了广泛的运动，阐明不同肤色的所有古巴人不仅在法律上而且在劳动、受教育以及其他社会生活方面都是真正平等的，教导民众要同人们头脑中的种族偏见做斗争。在革命政府的大力促进下，民族团结成为社会的主流倾向，黑人热烈拥护新政权。据报道，在20世纪60年代初期移居海外的约50万古巴人中，黑人仅占6.5%。[①] 按2012年人口普查的统计，在古巴民族中，白人占64.1%，黑人占9.3%，混血种人（黑白混血、印欧混血）占26.6%，黄种人不足0.1%。[②] 在现今的古巴社会中，黑人享有和其他种族同样的权利。上至古共中央政治局和党政军领导机关，下至各行各业的基层领导机构都有一定数量的黑人。1994年美国盖洛普等机构在古巴进行民意调查的结果表明，90%的人认为，在古巴一个人的种族和肤色是不会影响其工作机会和社会待遇的。[③] 在古巴历史上，各个种族之间的通婚较其他国家更为普遍，古巴革命胜利后又大力反对种族主义，因此在古巴社会中民族融合的程度较高。古巴人引以为自豪的是，现今古巴只有一个民族，那就是古巴族。

---

① Howard I. Blutstein, et al. *Area Handbook for Cuba*, U. S. Government Printing Office, Washington, D. C., 1971, p. 76.

② http://www.one.cu/publicaciones/cepde/cpv2012/20140428informenacional/26_grafico_13_14pdf（2017-09-03）

③ *Miami Herald*, December 18, 1994.

第四章　军队建设和国防战略

第一节　古巴军队概况

一　建军简史

1953 年 7 月 26 日，以卡斯特罗为首的 100 余名革命青年发动起义，攻打圣地亚哥市的蒙卡达兵营，旨在推翻巴蒂斯塔亲美独裁统治，此为古巴革命的武装力量之滥觞。1956 年 11 月下旬，由卡斯特罗率领的 81 名革命战士从墨西哥返回古巴，于 12 月 2 日在奥连特省南岸登陆，与政府军展开激战，被击败后余部转入马埃斯特腊山区。同月下旬，卡斯特罗在加拉加斯山宣布成立起义军，开始展开游击战。经过 2 年多的战斗，起义军不断壮大，终于打败了在数量上超过自己 20 倍的政府军，推翻了巴蒂斯塔反动政权，于 1959 年 1 月 1 日宣告古巴革命的胜利。同年 10 月 16 日，古巴革命政府将起义军改名为革命武装力量，并成立了革命武装力量部（EI Ministerio de las Fuerzas Armadas Revolucionarias，MINFAR），10 多天后又组建了国民革命民兵（Milicias Nacionales Revolucionarias）。1961 年 6 月 6 日，被称为革命武装力量部“孪生兄弟”的内务部宣告成立。1963 年 11 月，古巴开始实行义务兵役制，规定士兵服役期为 3 年，后改为 2 年。为纪念 1956 年远征的革命战士在古巴登陆和反独裁统治的游击战争的开始，古巴政府将 12 月 2 日定为建军节。

二　国防体制和武装力量

古巴的军队即革命武装力量，由正规军和准军事部队组成，其领导机构是政府的革命武装力量部。该部是最高军事机关，负责武装力量的指挥和管理。正规军分陆军、海军、空军和防空军；准军事部队由劳动青年军、民防部队、地方民兵、国家保安队和边防警卫队组成。2019 年新宪法规定，古巴国务委员会主席行使武装力量最高统帅的职权，并决定其总建制。① 他通过国防委员会和革命武装力量部对全国武装力量实行领导和指挥。

革命武装力量的总兵力为：现役部队 4.9 万人，其中陆军 3.8 万人，海军约 3000 人（含海军陆战队），空军 8000 人；预备役部队陆军 3.9 万人；准军事部队 2.65 万人，其中有国家保安队 2 万人和边防警卫队 6500 人（均归内务部领导）；另有劳动青年军 7 万人（归陆军领导），民防部队 5 万人，地方民兵 100 万人（后备）。陆军编成 3 个军区和 1 个军分区，有 5 个装甲旅、9 个机械化步兵旅、1 个空降旅、14 个预备旅，以及边防旅和地对空导弹旅及高炮团各 1 个。配备有不同编号的 T 型坦克约 900 辆和 PT—76 型坦克若干辆，步兵战车约 50 辆，装甲侦察车若干辆，不同编号的 BTR 型装甲运输车约 500 辆；各种类型的火炮共 2000 余门；还有反坦克导弹和单兵便携式防空导弹等。海军在沿海有 7 个基地，编成 4 个分舰队，海军步兵团两栖攻击部队 550 余人，分 2 个营。有近海巡逻舰 7 艘、扫雷艇 5 艘、后勤支援船和训练舰各 1 艘。空军分为东、西 2 个飞行区域，有 11 个基地，编成 3 个战斗机中队、1 个运输机中队、4 个其他飞行中队，以及防空导弹营。装备有作战飞机 179 架，其中约 45 架可用；武装直升机 19 架。有地空导弹、空空导弹、空地导弹各若干枚。② 古巴的军事力量在加勒比地区是最强的，但由于美国的长期封锁，武器装备的更新和维修受到不利的影响。冷战结

---

① *Constitución de la República de Cuba*（全国人代会于 2019 年 1 月 5 日公布），第 128 条第 9 款。http://www.granma.cu/cuba/2019 - 01 - 14/en-pdf-nueva-constitucion-de-la-republica-de-cuba (2019 - 01 - 14)

② The International Institute for Strategic Studies. *The Military Balance 2013*, Europa Publications, Ltd., 2nd Revised Edition, London, 2013, pp. 449 - 450；中国军事科学院：《世界军事年鉴》(2013)，北京：解放军出版社，2014，第 259 ~ 260 页。

束后，军队的任务主要集中在对本国的防卫上。然而，古巴军方同本地区一些国家，特别是委内瑞拉的军方保持了密切的联系，对这些国家派出了军事顾问和军队医务人员。

三　组织编制和军衔制度

革命武装力量部下辖总参谋部、政治部、后勤部，哈瓦那卫戍部队、海军司令部、空军防空军司令部、劳动青年军司令部、后备役司令部、全国民防参谋部、西部军区、中部军区、东部军区和青年岛分军区。各个省份都有一个军团。

古巴军队的军衔分6等19级：总司令（相当于元帅）；将官4级（大将、上将、中将、少将）；校官3级（上校、中校、少校）；尉官5级（大尉、上尉、中尉、少尉、准尉）；军士4级（军士长、上士、中士、下士）；兵2级（上等兵、列兵）。现任武装力量的最高统帅是国务委员会主席兼部长会议主席米格尔·迪亚斯－卡内尔。革命武装力量部部长是莱奥波尔多·辛特拉·弗里亚斯（Leopoldo Cintra Frías）上将，第一副部长兼总参谋长是阿尔瓦罗·洛佩斯·米耶拉上将（Alvaro López Miera）（均从2011年11月起）。①

古巴的国防费用开支（当年价格，下同）在2015年为26.87亿比索，占国家预算总支出552.77亿比索的4.86%，占国内生产总值871.33亿比索的3.08%。② 古巴于2019年初发布的“2016年数字”将国防费用同其他两项合在一起计算，即“公共行政、国防和国内秩序”（Administración pública, defensa y orden interior），因此这项费用在2016年为68.68亿比索，占国家预算总支出542.87亿比索的12.65%，占国内生产总值540.30亿比索的12.71%。③

① *Granma*, 9 de Noviembre de 2011. http://www.mod.gov.cn/leaders/2017-03/28/content_4776769.htm（2017-04-01）；http://www.mod.gov.cn/leaders/2015-09/04/content_4617848.htm（2017-04-01）

② http://www.one.cu/aec2015/00%20Anuario%20Estadistico%202015 pdf（2017-01-04）；http://www.one.cu/aec2015/00%20Anuario%20Estadistico%202015 pdf（2016-12-25）

③ http://www.onei.cu/publicaciones/08informacion/panorama2016/Panorama2016/15%20Presupuesto del Estado pdf（2019-02-24）

第二节　古巴的国防战略：全民战争思想

一　全民战争思想的定义和内涵

全民战争思想（Concepción de la Querra de Todo el Pueblo）是古巴国防战略的理论基础，指导武装力量建设的总方针。[①] 古巴著名学者何塞·坎东·纳瓦罗曾对这一思想做过简明扼要的概述。他说，古巴反侵略的战争“不是一场专门由职业军队来打的战争；国内的每一个男女老少都要在各条战线上（军事的、经济的、政治思想的、卫生的、文化的等）起特殊的作用。决定全力开展战斗，直至挡住入侵者；如果敌人占领了国家，就要使敌人无法生活下去而予以击败”[②]。另一位古巴学者卡洛斯·阿尔苏加拉伊·特雷托则将这一思想概括为四个要点：第一，组织全民参加国防体系；第二，准备同敌人进行长期战争；第三，依靠古巴人自己的力量抗击入侵者；第四，增加入侵的代价，致使敌人不敢轻易来犯。[③] 古巴的两位将军恩利克·卡雷拉斯中将和何塞·拉蒙·费尔南德斯少将则认为，全民战争的思想是“我们的策略和战略的基础”，是“今天我们军队的指导理论”，其含义是为了打败侵略者，不仅要靠我们的军队，而且必须要有全体人民参战，从而“铸成一道不可战胜的革命盾牌”[④]。

古共党纲对这一思想还有更为详尽的阐述。党纲指出，全民战争思想认为，保卫社会主义祖国是党和国家的根本目的，是革命武装力量的神圣使命，同时也是各政治、群众组织和社会组织的责任和全体人民的任务。

---

① http://www. cubagov. cu/otras_info/minfar/defensa. htm（2015 -08 -21）

② José Cantón Navarro. *Historia de Cuba*: *El desafio del yugo y la estrella*, Edlitorial S1 - MAR S. A. , La Habana, 1996, p. 257.

③ Carlos Alzugaray Treto. “Problems of National Security in the Cuban - U. S. Historic Breach”. In Jorge I. Dominguez and Rafael Hernández, eds. *U. S. - Cuban Relations in the 1990s*, Westview Press, Boulder, 1989, pp. 93 -95.

④ *Haciendo Historia*: *Entrevistas con Cuatro Generales de Las Fuerzas Armadas Revolucionarias de Cuba*, Editora Política, La Habana, 2000, pp. 54, 71 -72.

为了制止和挫败帝国主义敌人的入侵，应该把全国人民团结到抗战中去，开展群众性的战争。具体地说，就是一旦敌人入侵，便将革命武装力量及其组成部分包括民兵部队、生产与防务大队进行战时的特殊编队，并把全体人民组织成国防区，使国家中央机关，人民政权机构，政治的、群众的和社会的组织都参加到保卫战中，在全国建立起一个保卫领土的强大的统一体系。这样，军民就可以根据不同的地理、社会、经济和人口特点来开展武装斗争，不停歇和不间断地进行战斗，在部分领土暂时被占领的情况下继续斗争，有效地抵抗敌人，消耗敌人；使敌人付出高昂的代价。正如卡斯特罗所说，全民战争的原则是：只要有一个革命者、一个爱国者、一个真正的男人或女人存在，斗争就不会结束，就有可能获得胜利。按照全民战争的思想，在和平时期各个机关都负有国防方面的义务。人民政权地方机构（内设参谋部）掌握革命武装力量及其预备力量和陆军民兵部队。一旦情况需要，必要的设备和手段就将交给革命武装力量部，并把人力交其使用。党要起唯一的领导作用，这是武装斗争的军事组织的一条重要的领导原则。党要努力创造条件来开展全民战争。如果全国人民对战争做了充分的准备，敌人就不敢轻易发动战争。①

二　全民战争思想产生的背景和实践过程

全民战争思想是马克思主义军事理论同古巴革命实际相结合的产物。正如古共党纲所说，它集中体现了古巴争取独立时期的军队和20世纪50年代古巴革命起义军的历史经验、社会主义思想和军事科学的成果以及人民战争的思想，它把传统的斗争形式和人民战争的形式结合了起来。现将产生这一思想的背景做简要的介绍。

（一）客观条件

如本书第一章所述，从历史上讲，美国的统治者一贯企图吞并古巴或至少是将古巴纳入自己的控制之下，巴蒂斯塔时期的古巴便属于后者。1959年的革命使古巴打破了美国的控制，后来古巴还走上了社会主义道路，美

---

① *Programa del Partido Comunista de Cuba*, Editora Política, La Habana, 1987, pp. 53 - 55.

国对此自然是不能容忍的。因此，古巴革命胜利后不久，美国便采取了敌视的政策并不断升级，对古巴的革命政权欲必除之而后快。美国的这种敌视态度是长期存在的，尽管古巴坚持和平的外交政策，也无法改变美国的敌视立场。古巴的生存始终处于美国的威胁之下，这是古巴难以摆脱的外部环境，也是古巴国家安全的首要特点。另一个特点是，古美两国相比，无论从国力、人力、军力来说，都是强弱悬殊、不能相提并论的。在此情况下，古巴作为一个小国，显然不能用常规的防御理论来指导反侵略战争，必须另辟蹊径，以求克敌制胜。

（二）主观条件

古巴是社会主义国家，保卫祖国是全体人民的神圣职责。古巴人民深刻地认识到，一旦祖国被敌人所占领，他们就将再一次沦为殖民地人民，他们亲手创造的社会主义成果将付之东流。因此，反侵略战争不仅是军队的事，而且与他们每一个人都休戚相关。在迎战侵略者的时候，他们必将奋不顾身，英勇顽强，表现出“为革命而生或为捍卫革命而亡”的坚定决心。这种群众基础为新的战略创造了主观条件。有了这个前提，才有实施全民战争战略的可能性。

（三）远因和近因

全民战争思想是 1980 年提出的，[①] 但酝酿的过程早就开始了。古巴领导人认为，反对国内外敌人不仅需要军队和保安部队，而且还需要人民群众的广泛参与。卡斯特罗就说过，军民要永远融合为一体，组成一个武装起来的民族；战士就是革命者，革命者就是战士。[②] 早在革命胜利初期，古巴政府就着手组织民兵，将大量武器发放给农民，以反击敌人的破坏。在 1961 年的吉隆滩战役中，民兵对迅速击败入侵者发挥了重要作用。后来民兵全部转入了预备役部队。20 世纪 60 年代和 70 年代，古巴领导人在加强正规军建设的同时，一直坚持对适合本国国情的国防战略进行探索。

---

① Raúl Castro Ruz. *Interview Granted by General of the Army Raúl Castro to "El Sol de México" Newspaper*, Defence Information Center, Revolutionary Armed Forces of the Republic of Cuba, 1993, p. 37.

② Fidel Castro Ruz. *Informe Central al Primer Congreso del Partido Comunista de Cuba*, Editora Política, La Habana, 1982, pp. 179, 187.

20 世纪 70 年代末，古巴的外部环境出现了新的变化。时值美国总统卡特执政的后期，美古关系在一度缓和后又趋紧张。1978 年 10 月，美国得知古巴部署了一批米格 -23 歼击机；1979 年 8 月，美国又称发现在古巴驻有一个苏联战斗旅，卡特政府因此对古巴采取了新的威胁措施。在此情况下，古巴领导人认为有必要提高民众特别是青少年的国防意识，于是 1979 年在全国范围内成立了“爱国军事教育协会”（Society for patriotic and Military Education），旨在通过军事技术培训和军事体育活动，向青少年普及军事知识和培养其军事素质，为保卫祖国做准备。古巴此举可谓新的国防战略出台的前奏。

进入 80 年代以后，美古关系更加恶化。1980 年，里根竞选总统时将极右的圣菲委员会报告中的主张作为其竞选纲领的组成部分。该报告公开号召推翻古巴现政权，提出要加强宣传，鼓动古巴内部叛乱；如不奏效，“就应该发起反对卡斯特罗的解放战争”①。古巴领导人预见到里根可能上台，美国咄咄逼人的军事威胁必将大增。于是，一个酝酿多年的新的国防战略被提出来了，这就是全民战争的思想。在此还须提及的是，在古巴开始实施这一新战略时，其最亲密的盟国苏联却在内部告知古巴领导人：如美国入侵古巴，苏联是不会出面支援的。② 这一意想不到的情况使古巴更加坚定了依靠自己的力量保卫国家的决心，从而加快了古巴实施新的国防战略的步伐。

在 1980 年庆祝五一节的群众大会上，卡斯特罗首次提出要建立“地方部队民兵”（Milicias de Tropas Teritoriales，MTT）。到 1981 年底，全国各地的民兵组织都已建立起来。民兵组织的建立标志着以正规部队、预备役部队和民兵这三大支柱为依托的国家防御体系初步形成。这是贯彻全民战争思想的第一个重要举措。到 1985 年，全国的民兵已发展到约 150 万人。为完善防御体系所采取的另一个重要举措，是于 1984 年在全国范围内划分防务区（La Zona de Defensa）。这种防务区比市（县）要小得多，是整个防御体系中的基本单位，具有独立作战的能力，在战时实行军政结合和军民结合的体制，共同抗击入侵的敌人。全国共有防务区 1000 多个。至此，一个

---

① José Cantón Navarro. Op. cit.，p. 257.

② Raúl Castro Ruz. Op. cit.，p. 38.

完善的防御体系形成了。卡斯特罗在 1986 年初举行的古共三大上十分满意地说："我们关于全民战争的思想大大地得到实现和丰富，我们的军事理论也适应了这一思想。"

三　全民战争思想在特殊时期中的运用和发展

20 世纪 80 年代末 90 年代初的苏东剧变给古巴带来灾难性的后果，美国又乘人之危，加紧其敌视古巴的活动，古巴社会主义政权处于危机之中。在 1990 年的前几个月，美国不断地向古巴挑衅：1 月，美国的舰艇在公海炮击古巴商船；3～4 月，美国不断向关塔那摩海军基地增派军舰；从 5 月 1 日起美国在这一基地附近同时进行 3 个军事演习。面对美国的这些军事挑衅，为了阻止其直接的军事入侵，古巴领导人毅然决定从 1990 年 5 月 2 日起举行代号为"古巴之盾"（Escudo Cubano）的大规模军事演习，广泛动员群众反击美国的军事威胁。参加这次演习的不仅有正规军和后备军，同时也有民兵组织和大量的人民群众，外媒估计人数超过 300 万。[①] 这次演习也是古巴在特殊时期条件下第一次根据全民战争思想进行反侵略战争的大演练。经过这次演习，古巴的防御体系得到进一步充实和加强。为了确保国家的安全，古巴在特殊时期按照全民战争思想对防务建设采取了如下新的措施。

（一）调整战略重点，增强中央的应变能力

按古巴原有的设想，防御战略分三个阶段，即打退敌人进攻、在本土上坚持抵抗、组织反攻。鉴于世界格局的变化和海湾战事的教训，将防御的重点从第一阶段转为第二阶段，以便更加突出全民战争思想。1991 年 10 月召开的古共四大做出专门的决议，授予党中央针对国家所处形势采取决策的特别权力。1992 年 7 月通过的新宪法规定，成立全国国防委员会和省、市（县）、防务区的防务委员会，国务委员会主席兼任全国国防委员会主席。这些委员会在平时领导各自区域内的人民备战，在战时指挥人民抵御外来的侵略。

---

① Efe, *Mensaje*, La Habana, 5 de mayo de 1990.

（二）加强干部的军事素质教育，培养军事指挥人才

为了提高武装力量和民兵队伍的军事素质，加大了对军政干部的培养力度。除了正规军拥有的军事院校培养指挥官和各类专业人员外，防务委员会的所有成员每年均须参加一次为期 15 天的短期军事训练班。从中央政治局委员、政府各部部长、各省委第一书记和人大主席，一直到各政治组织和群众团体的主要领导干部每年都要参加一次接受军事教育的干部学习班。①

（三）完善防务区的建设，明确各组织的职能

防务区内的领导机构是防务委员会，其武装力量主要由地方部队民兵和生产与防务大队（production and defense brigade）这两部分组成。民兵编成师、团、营和独立连，全国共有团级的建制单位 300 多个。民兵的主要任务是参加本区的防务，保护政治、经济和军事目标，封锁和围剿入侵的敌人。区内的各企事业单位都设有负责民兵工作的武装部门，全国有这类专职人员约 10 万人。区内未参加民兵的公民都被编入生产与防务大队，每个大队的编制是 40 ~ 50 名男女成员，全国有 5 万多个大队。这样，在全国 1000 多万人口中有战斗能力的 600 万人都已被组织起来，形成了一支既能生产又能作战的强大的战斗力量，实现了亦民亦军、全民皆兵的设想。②

（四）开展全民军事训练和军事教育，做到常备不懈

全国每一个省和市（县）都设有防务训练中心，每个防务区也都有训练场地。在每月一天的“防务日”中，民兵战士接受一次军事训练。全国各高等院校都设有军事教研室，将军事科目列入教学内容。高中阶段也设有军事课，教授基本军事知识。政府在少年儿童中开展爱国军事教育，中学生也大都参加早期的军事训练。自 1991 年起，义务兵服役期由 3 年缩短至 2 年，以便增加适龄青年服役的机会，储备更多的后备役兵源。

（五）增加物资储备，提高国防工程质量

鉴于战时敌人可能进行海陆空的封锁，平时做好各种物资的储备十分重要。政府一向重视此项工作，在特殊时期尤其如此。古巴能自己生产一

---

① 少一：《处变不惊，未雨绸缪——古巴采取措施加强国防建设》，《解放军报》1990 年 5 月 28 日。

② 同上。

般的轻武器，军事领导人要求每个公民在战时都能有一支枪、一枚手榴弹或地雷。军事部门还组织力量教会人民群众如何用土法制作诸如手榴弹等简易武器，以便在必要时能独自作战。为了保护人员和武器，古巴自革命后就着手进行地下国防工程建设，几十年来形成了广泛的地下洞库网。1990年海湾战争以后，古巴对原有的工事进行了普遍的检查，并加强了工事的深度和抗爆能力，以保证达到安全的水平。在某些城市，如东部的曼萨尼略（人口10万）和中部的特立尼达（人口4万）的地下工事能够防护全市居民可能遭受的空袭并保持其战斗能力。[①] 古巴岛内有大量天然岩洞，山区森林茂密，这为建设地下工事和开展对敌作战提供了十分有利的地理条件。

古巴以全民战争思想为指导的国防战略是成功的，它保证了国家的安全。数十年来特别是特殊时期开始以来，尽管古巴曾处于极为困难的境地，美国也曾多次跃跃欲试地企图乘机以武力推翻古巴社会主义政权，但终因慑于古巴全国人民的战斗力和战斗意志，担心因此付出得不偿失的沉重代价而未敢贸然动手实施这一战略，使古巴阻止了在国民经济恢复过程中的外部军事入侵。这是一个巨大的成就。正如古共“党纲”所指出的：“我们避免了战争就是我们最大的胜利。”

第三节　古巴军队的特点及其军事职能

1959年古巴革命的胜利主要是武装斗争的结果，军队发挥了决定性的作用。卡斯特罗在谈到这一问题时称赞说：“起义军是古巴革命的灵魂。”[②] 由于革命后形势发展的需要，古巴共产党的领导人一贯高度重视军队的建设及其在保卫国家和建设国家中的作用。数十年来，古巴的军队形成了以下几个基本特点。

第一，军力强大，是遏制国内外敌人的主要力量。正如劳尔所说，古

---

① Raúl Castro Ruz. Op. cit. , p. 49.

② Fidel Castro Ruz. *Informe Central al Primer Congreso del Partido Comunista de Cuba*, p. 178.

巴的军队在拉美国家中是最强大的。[①] 在20世纪70年代和80年代支援非洲和中东的战争中获得了直接的作战经验。

第二，军队具有严密而科学的组织体系。根据全民战争思想，以正规军为主体将全国人民按军事体系组织起来，形成全国性的防御网，确保了国家安全和社会稳定。

第三，军人有高度的政治觉悟。革命武装力量是古共领导下的军队，全军官兵忠于党、忠于革命领袖。古共一贯重视军队中党的建设和政治思想工作。数十年来，尽管敌人千方百计地企图在军队中制造分裂，但始终未能得逞。

第四，军队承担着广泛的社会任务。古巴的军队是社会中一支十分活跃的力量。长期以来，军队一直担负着许多非军事任务，为经济建设和社会发展做出了重大的贡献。

本节和下一节将就军队的本身职能和社会作用分别做进一步介绍。关于军队发挥其本身职能的情况可分以下几个时期。

一　革命胜利初期（20世纪60年代）

从1959年1月革命胜利到1961年7月（三个革命组织合并）的时间中，起义军发挥了促进全国人民实现团结和统一的桥梁作用。在此期间，敌人企图分化起义军，但它始终团结一致，忠于革命。少数混入起义军的野心家，如原空军司令迪亚斯·兰斯和原卡马圭省军区司令乌韦尔特·马托斯等人的叛乱和分裂活动很快被击溃。起义军为古巴革命的胜利立了大功，但党一成立，它便把革命的旗帜交给了党，真诚地接受党的领导。卡斯特罗曾评价说，这样的事例在历史上是罕见的，这是古巴革命最成功的经验之一。[②]

革命武装力量在革命胜利后的最初年代里，担负了对内清剿反革命武装匪帮和对外抗击帝国主义入侵的双重任务。由于革命的迅速深化，国内外反动派相互勾结进行疯狂的反扑。1959年，美国的间谍组织在比纳尔德里奥省等地建立了许多特务小组和反叛基地。从1959年下半年到1960年全

---

① Raúl Castro Ruz. Op. cit. , p. 52.

② Fidel Castro Ruz. *Informe Central al Primer Congreso del Partido Comunista de Cuba*, p. 180.

年，由美国策动建立的反革命组织逐步扩展到全国各省；1960年下半年，位于古巴中部的拉斯维利亚斯省的埃斯坎布拉伊山区爆发了反革命武装叛乱。在1959年至1965年，反革命匪帮曾一度多达179个。这种形势严重地威胁了革命政权，革命武装力量在内务部和广大群众的参与和支持下，通过英勇顽强的战斗，打退了反革命分子的进攻，平息了叛乱。据估计，被击毙和俘获的反动武装匪徒有3591人，而革命军人也有约500名在战斗中牺牲。[①]

在20世纪60年代的前半期，革命武装力量在抗击外来入侵方面有过两次重大的军事行动。一次是吉隆滩战役，另一次是十月危机。1961年4月17日，美国组织的雇佣军1500人在拉斯维利亚斯省的吉隆滩登陆，对古巴进行武装入侵。革命战士特别是空军和炮兵同民兵一起在卡斯特罗的亲自指挥下，经过72个小时激战全歼入侵者，取得了完全的胜利。这是美国历史上在美洲打的第一次败仗。战事结束后古巴和美国达成协议，以古巴遣返所俘的1197名战俘为交换条件，由美国向古巴赔偿战争损失，这也是美国历史上第一次向外国支付战争赔款。1962年10月22日，当美国政府发现古巴拥有来自苏联的中程导弹后宣布对古巴进行武装封锁，并要求苏联在联合国监督下撤除在古巴的进攻性武器。为此，美国先后出动了183艘军舰封锁古巴海面。加勒比海上空顿时战云密布，古巴面临核侵略的致命性威胁，革命战士同全国人民一起临危不惧，严阵以待。后来这一危机以苏联同意撤出导弹和美国许诺不进攻古巴而告结束。虽然危机持续的时间不长，但古巴军队所表现出来的不畏强暴的精神长留于古巴人民心中。

二 建设时期（20世纪70年代和80年代）

在革命胜利后的最初年代里，由于政治、军事形势复杂，为了保证革命政权的生存，正规部队的人数曾一度增加过多。进入70年代，国内外形势相对稳定，古巴党和政府便开始对革命武装力量进行一系列的重大改革，使之成为一支现代化的社会主义军队。首先是裁减军队人员，从1970年到

---

① José Cantón Navarro. Op. cit., pp. 217, 219; Jorge I. Dominguez. *Cuba: Order and Revolution*, The Belknap Press of Harvard University Press, Cambridge, Mass., 1978, pp. 345 - 346.

1975 年共裁减了约 15 万名边防军人和 5000 部车辆，全部转入经济部门。其次是将生产部队同正规军分开，将这些部队同其他生产劳动部队合并，于 1973 年 8 月组成了劳动青年军（Ejército Juvenil del Trabajo，EJT）。最后，如前文所述，1973 年 4 月将民兵全部转入后备役部队。

在完成了精简部队的任务后，党和政府便着手整顿和完善兵役制度和军衔制度。1973 年 8 月，政府颁布了《总兵役法》（la Ley de Servicio Militar General），规定年满 17～28 岁的男性公民为适龄应征青年，服役期为 3 年（后改为 2 年）；年满 17 岁的女性公民可自愿服现役或去军事学校学习。《总兵役法》还对后备役部队做了若干规定。古巴军队的军衔原较简单，最高为少校衔。1973 年、1976 年和 1978 年三次颁布新的军衔制，参照苏联的军衔制进行了改革。除校官和尉官外增设了将官。在将官中分大将、中将和少将（后增加上将）。

加强政治思想教育和军事教育也是改革的重要内容。在所有的军事机构中都建立了党的组织，并成立初、中、高三种级别的党校。在 70 年代，党员和共青盟盟员在军官中的比例已高达 85%。军事院校分培养初级干部和中高级干部两类。前者称为“卡米洛·西恩富戈斯”军校；后者称为“马克西莫·戈麦斯将军”学院等，1977 年以后统称为高等军事学院。全国的“卡米洛·西恩富戈斯”军校共有 16 所。

由于美国的敌视政策，古巴从革命胜利初期起就同苏联建立了军事合作关系。在到 80 年代末的 30 年间，苏联向古巴提供了大量军事援助，为古巴建立强大的国防力量起了关键作用。苏联提供的全部武器装备都是无偿的，估计总价值约 100 亿美元。① 为了提高古巴军队的现代化和专业化水平，苏联派出了军事专家，向古巴军人传授军事科学知识；古巴还派出相当数量的军官到苏联学习。经过多年的不断建设，古巴军队已经成为足以确保国家安全的坚强卫士。

在此还要提及的是，革命武装力量在这一期间忠实地完成了党和国家交付的支援安哥拉和埃塞俄比亚的国际主义任务。1975 年末，当安哥拉新

① Raúl Castro Ruz. Op. cit. , p. 28.

生的政权受到威胁时，应安哥拉人民共和国的要求，古巴派出数以万计的战士，支援安哥拉政府，同安哥拉人民武装力量一起作战，拯救了这个国家的新生政权。派遣到安哥拉的古巴战士曾一度高达5万多人；到1991年5月最后撤出时为止，共有33.7万名古巴战士到过安哥拉，有数以千计的官兵牺牲在安哥拉战场上。[①] 1978年初，当索马里入侵埃塞俄比亚时，古巴应后者的要求派遣了4万名战士到埃塞俄比亚同该国士兵一起击败了入侵者。[②] 古巴军人的战绩获得了这两个国家的一致好评。

三　特殊时期（20世纪90年代至21世纪10年代中期）

20世纪八九十年代之交的苏东剧变给古巴带来了巨大的灾难，特别是古巴的军队面临严峻的考验。苏联的解体导致对古巴的一切军援中止，使一向在武器弹药、后勤装备和军事技术上受到苏联大力支援的古巴军队处于十分不利的地位。与此同时，美国又进一步加强了对古巴的封锁，在军事上对古巴施加强大的压力。俄罗斯于1993年6月将在古巴的驻军全部撤回，结束了两国军事合作的历史。在古巴处于危机的岁月里，古巴军队以其固有的素质为国家渡过难关做出了特殊的贡献。就军队本身而言，一是要加紧备战，二是要支援建设。自那时起，军队围绕这两大任务进行了一系列改革和调整。首先，进一步突出全民战争思想，以正规军为主力将全国人民组织起来。其次，根据国内外形势的变化，逐步裁军。20世纪80年代末，军队的总兵力为18万多人。从90年代初起数度裁减，到2001年已减至5.8万人。1991年5月，古巴在安哥拉的最后一批士兵撤离回国，从而结束了古巴在国外驻军的历史。最后，自力更生，生产自救。从90年代初起，军队便开始对外来供应可能完全断绝做应急准备，一些部队进行“零点方案”的演习，即在无任何新供应的情况下仍能作战并战而胜之。由于经济困难，军费开支大幅度削减。1988年军事预算为12.74亿比索，占预算总支出的10.2%，占社会总产值的4.9%，而1995年军事预算降为7.27亿比索，占

---

① José Cantón Navarro. Op. cit.，p. 245.

② Ibid..

预算总支出的5.7%，占国内生产总值的3.4%。[①] 在此后的年份中，军事预算基本都控制在这一水平上。为了弥补军费的不足，军队开展了国家政策所允许的多种经济活动，并在不影响军事训练的前提下，积极从事农副业生产，使部队的粮食消费大体上做到自给自足，从而大大地减轻了国家的负担。在特殊时期，虽然有种种不利的条件，但在全军官兵的努力下军队仍然保持了防御的能力，足以重创胆敢来犯的敌人，使之放弃其侵略计划。

布什政府于2004年年中对古巴采取新的反古措施后，美古之间的紧张关系进一步加剧。针对美国的威胁，古巴于2004年12月13日至19日举行了为期一周的代号为“堡垒2004”的军事演习。这次演习的目的是检验古巴击退美国可能入侵的能力，使美国认识到“一旦入侵，古巴将成为一个马蜂窝，使任何侵略者都无法招架”[②]。演习按计划开始后，投入了10万名陆海空官兵、40万名预备役兵员，在最后两天有400万民众参加演习操练，以增强和完善“全民战争思想”指导下的备战工作。这次演习的规模是18年中最大的一次。演习取得了圆满成功，受到卡斯特罗主席的赞扬。

四　改革时期（21世纪10年代中期至现在）

自从2006年7月31日卡斯特罗因病住院后，美国的军事动向更受世人关注。尽管美国政府表示美国没有入侵古巴的计划，但国外媒体披露，美国加强了对古巴反政府力量的扶持。古巴政府动员了全国军民，进入高度戒备状态，以防止美国可能发动的突然袭击。[③] 同年12月2日，古巴政府为庆祝建军50周年在哈瓦那革命广场举行了盛大的阅兵式，展现了古巴军队的强大实力和保卫祖国的坚定信念，使全国人民深受鼓舞。

2011年4月16日，为纪念古巴宣布社会主义性质和吉隆滩战役胜利50周年，古巴政府隆重举行盛大阅兵式，再次展示了古巴军民团结一致，支

---

① Oficina Nacional de Estadísticas. *Anuario Estadístico de Cuba*（*2000*），Artes Gráficas，Ciudad de La Habana，p. 9；（U. K.）The Economist Intelligence Unit. *Country Profile*：*Cuba*（*1989 - 1990*），pp. 9，24；（*1996 - 1997*），p. 13.

② “General of the Army Raúl Castro Ruz，vice president of the National Defense Council to Initiate the Bastion 2004 Strategic Exercise”，*Granma International*，December 19，2004，p. 6.

③ http://www.cnki.com.cn/Article/CJFDTOTAL-HQJS200617017.htm（2016 - 12 - 01）

持社会主义制度，维护和平的力量和信心。古巴唯一的一份军事刊物《橄榄绿》（Verde Olivo）为这次阅兵式出版了专刊，发表了卡斯特罗的祝贺文章和数十张阅兵式图片。2012 年 3 月 13 日，古巴政府开设了首个军事网站，网址为 www. cubadefensa. cu。该网站由橄榄绿出版社主办，其目的是使国内外广大网民了解古巴的国防理念、国防现状和武装部队的情况。[①] 这也是劳尔主席“更新”进程的措施之一。

2016 年 11 月 16 日至 18 日，古巴举行了“堡垒 2016”军事演习。因这次军演是在特朗普当选美国总统后一天举行的，国外一家媒体称，这是古巴“向美国发出的信号”[②]。2017 年 5 月 2 日，古巴举行盛大阅兵式，庆祝革命胜利 58 周年、革命武装部队建立 60 周年和纪念已故的卡斯特罗，数万名古巴民众参加了阅兵式和随后的游行。

第四节 古巴军队的社会作用

如前所述，古巴军队的特点之一是除了出色地完成其军事职能外，还发挥了广泛的社会作用。现就其社会作用分述如下。

一 政治思想工作的排头兵

由于古巴党和国家领导人的一贯重视，加之军队本身具有优良的传统，军内政治思想工作历来都处于先进的水平。军队是除古共和共青盟以外政治素质最高的组织。前两个组织的成员是分散在社会各行各业之中的，而军队则是一个集中的组织，具有高度的机动性，这是军队独特的优势。早在革命胜利后的初期，古巴领导人就向全社会发出了“向军队学习”的号召，[③] 而军队在数十年中的光辉业绩也为人民群众做出了榜样。军人的品德

---

① http://news. xinhuanet. com/world/2012 - 03/12/c_122820409. htm（2016 - 12 - 01）

② 德国新闻电视频道网站，2016 年 11 月 16 日。

③ Richard Gillespie，ed. *Cuba after Thirty Years：Rectification and the Revolution*，Frank Cass Publishers，London，1990，p. 45.

感染着老百姓，部队的经验传播到非军事单位，促进了整个社会风气的优化。这一作用在特殊时期表现得尤为明显。例如在 1993 年，当塞嫩·卡萨斯将军被调到政府的交通部任部长后，他针对该部纪律涣散的情况尖锐地指出：“我们要（在这里）逐步地按革命武装力量的做法行事。”数月后，劳尔赞扬说：“革命武装力量是国家的先锋队。”①

二 培养青年的大学校

军队作为一个高度政治化的集体，通过国家规定的义务兵役制，每年从社会上吸收和返还给社会大量的青年。军队犹如一座大熔炉，这些青年在军队经过锻炼后以新的面貌重返社会，为社会培养了人才。到 1975 年为止，在革命武装力量的复员军人中，有 5 万多人是在服役期间加入共青盟的，而这些人在参军前大都没有工作。军队还培养了数以万计的技术人员和熟练工人，他们后来也转业到了地方。② 由于复原回来的青年表现出色，一些老百姓想把自己难以管教的孩子送去参军，希望通过部队的教育使他们健康成长，这表明了军队在群众心目中的地位。③ 20 世纪 80 年代初，在军队中建立了中等军事学校，学员既学军事又学文化，毕业后可以上大学。1981～1985 年，有 5000 名服完兵役的青年通过这一途径进入了大学。自 1991 年起，将义务兵服役期由 3 年缩短至 2 年，这一变革有利于教育更多的青年。

三 经济建设的生力军

古巴的军队参加国家经济建设是有其传统的，数十年来军队在这方面的贡献很大，古巴领导人曾多次提出表扬。早在 20 世纪 60 年代初期清剿埃斯坎布拉伊山区的匪徒时，军队就曾帮助农民干活。60 年代后期当国家转入大规模经济建设时，军队便承担起重要的生产任务。那时收获甘蔗的机械化程度

① Marifeli Pérez-Stable. *The Cuban Revolution*: *Origins*, *Course and Legacy*. Second Edition, Oxford University Press, Oxford, 1999, p. 191.

② Fidel Castro Ruz. *Informe Central al Primer Congreso del Partido Comunista de Cuba*, p. 183.

③ Richard Gillespie, ed. Op. cit., p. 49.

还不高，需要大量劳动力，军队便前去支援。1968 年，军队派出了 5.1 万名官兵参加砍甘蔗，这一人数占正规军的 46% 和全部武装力量的约 1/5；1970 年，军队派出 7 万名官兵参加砍甘蔗，分别占上述两项的 64% 和 28% 。1973 年劳动青年军成立后，这支部队的主要任务就是从事生产。70 年代，军队每年完成的砍蔗量占全国手工砍蔗总额的约 20% 。军队还大力支援了建筑部门的工作，并取得突出成绩。从 80 年代后期起，军队除支援国家的经济建设外，还自己直接开办企业和从事农副业生产，其目的在于减轻政府的军费负担。进入特殊时期后，军队的企业和农场进一步扩大，其经营管理水平和生产率都优于地方单位。1994 年，军队企业赚取了 5500 万比索的利润。[①] 1995 年制定的《外国投资法》规定，允许外国人向军队企业投资，从而进一步增强了军队企业的活力。军队还急国家之所急。90 年代初当国家急需发展能够创汇的旅游业时，军队企业率先进入该行业，军队创办的海鸥旅游集团（Gaviota Tourism Group，S. A.）成为第一批著名的旅游企业之一，1994 年全年收入高达 2.2 亿美元，占当年国家全部外汇收入的 15% 。[②] 当国家的粮食供应发生困难时，军队便大力生产粮食。劳尔于 1992 年向全军发出了著名的号召，指出："目前，芸豆同大炮一样重要，也许比大炮更重要。"当年军队的粮食产量增长了 30% ，许多部队单位自给有余，并将余粮转交国家，或直接送给医院、学校和幼儿园等。[③] 到 90 年代后期，军队企业几乎遍及古巴经济的各个部门，成为古巴经济中最具活力的因素。

四　创新举措的试验场

由于军队具有政治素质高、组织纪律强的特点，党和国家领导人往往把重大的改革举措先拿到军队试行，取得经验后再向全社会推广。20 世纪 70 年代的制度化和专业化改革就是从军队开始的；80 年代后期的纠偏运动中军队也走在前列，并且是以军队为标准而展开的。特殊时期开始后，古

---

① Prensa Latina. "El Ejército cubano es una espada afilada levantada sobre el enemigo", *Mensaje*, 29 de abril de 1995.

② Marifeli Pérez-Stable. Op. cit., p. 246, note 53.

③ Raúl Castro Ruz. *Entrevista concedida por el General de Ejército Raúl Castro al periódico "El Sol de México"*, pp. 33 – 34.

巴面临艰巨的经济体制改革任务。而在这时，军队创办的企业和军队农场早已进行改革，并取得了成效。这些单位从80年代后期就开始利用市场因素，并采取了一些改革措施，如将个人分配同劳动成果直接挂钩，下放企业经营管理权等。这些措施给生产注入了活力，提高了经济效益。将军队的经验在国有企业中进行推广，有力地推动了全国的经济体制改革。90年代中期，军队召开会议，总结军队企业改革的经验，提出新的改革计划，继续为全国的经济改革做出贡献。有的外国学者甚至认为，军队是90年代古巴经济改革的发动机。①

五 国家干部的人才库

长期以来，军队不仅为地方培养人才，而且还直接将其干部支援地方。革命胜利后初期，曾有大批军队干部转业到地方，充实地方机构。在后来长期的建设时期，由于军队和地方都相对稳定，军队干部调入地方的情况便大为减少了。特殊时期开始后，军队干部调任政府部门领导工作的事例又引起人们的注意。他们往往是得力的军队干部而受命于困难之际，调他们是要去打开局面的。如前文所提到的塞嫩·卡萨斯·雷盖罗将军于1993年被调任交通部部长，旨在推动该部的体制改革。② 又如革命武装力量部副部长兼总参谋长乌利塞斯·罗萨莱斯·德尔托罗中将于1997年被调任糖业部部长。罗萨莱斯担任总参谋长期间，在领导军队的企业方面成绩卓著，他被派主管糖业部显然是为了扭转糖业生产的不利局面。③ 除高级干部外，还有更多的中级以下干部被调出去支援地方的经济建设。在古巴开始大量吸收外国投资时，外国投资者惊奇地发现，在经过多年相对的隔绝状态后，古巴竟有不少深谙现代企业管理知识的人才，而这些人才又大都来自军队。事实表明，军队在国家需要的时候能够及时地提供合格的人才。

① Marifeli *Pérez-Stable*. Op. cit. , p. 190.

② Reuter. *News release*, August 4, 1993.

③ Marifeli Pérez-Stable. Op. cit. , p. 191; Max Azicri, *Cuba Today and Tomorrow: Reinventing Socialism*, University Press of Florida, Gainesville, 2001, p. 162.

卡斯特罗曾对革命武装力量有过两句概括性的评价：其一，它是“古巴革命的两大支柱”之一（另一支柱是古巴共产党）；其二，它“一直是并将永远是党的最忠实、最守纪律、最听从指挥和最坚决的拥护者”[①]。革命武装力量几十年来的光辉业绩充分证明了它无愧于卡斯特罗对它的高度赞誉。

---

① Fidel Castro. “Discurso pronunciado en la Sesión Plenaria del Consejo de Estado de Cuba”, *Granma*, 10 de julio de 1989; *Informe Central al Primer Congreso del Partido Comunista de Cuba*, p. 180.

第五章　对社会主义经济规律的探索

古巴虽然是第三世界国家，但它实行社会主义制度，其经济制度及运作情况完全不同于其他第三世界国家，有着自身的鲜明特点。为了说明这些特点，有必要首先对古巴经济的历史情况和社会主义经济制度的形成和发展做一简介。

第一节　1959 年革命前的古巴经济

革命前古巴经济的发展大致可分为以下五个时期。

一　印第安原始经济时期（远古～1508）

古巴岛被西班牙殖民者征服前，岛上的印第安人约有 20 万，由三个部族组成，其中的泰诺人已开始进入农业社会，种植木薯、玉米、棉花和烟草等。[①]

二　西班牙殖民统治初期（1509～1789）

西班牙殖民者于 1509 年踏上古巴岛后很快便掀起了采金热潮，然而岛上的金矿并不丰富，不久就告枯竭。到 1535 年，采金业作为古巴第一次大规模的经济活动就结束了。金矿开采殆尽，大批黄金运回宗主国，印第安人在残酷的奴役下几乎被灭绝。在此后的一个世纪中，岛上的经济没

① 详情见本书导言中的简史部分。

有什么发展。到1602年，古巴人口只有2万人。在16世纪，古巴岛还因欧洲战争受到损害，法国、英国和荷兰的海盗频繁袭击该岛，史称“海盗时代”。那时岛上的主要经济活动是畜牧业。古巴岛成为征服者的军队、商人和移民前往南北美洲的中转站和补给基地，畜牧业可为流动人口和往来船只提供肉干和皮革。1759年西班牙国王卡洛斯三世继位后，允许殖民地同西班牙自由贸易，岛上的烟草业、咖啡业和蔗糖业先后发展起来。到18世纪末期，欧洲战争频繁，海上交通困难，烟草业因出口量下降而逐渐衰落。

英法七年战争期间（1756～1763），西班牙在1761年加入法国方面作战。1762年，英军占领哈瓦那和从马列尔到马坦萨斯湾之间的北部海岸。1763年2月，英法签订《巴黎和约》，七年战争结束，英军撤出古巴。英国人对哈瓦那及其附近地区为期10个月的短暂占领经常被历史学家视为古巴开启近代化大门的标志。英军占领古巴的那段时间（1762～1763），哈瓦那以空前的规模开放了港口贸易，有1000多艘大船先后在此卸货，其中包括贩卖了10000多名奴隶的贸易船。七年战争之后，古巴向英国的北美领地开放，哈瓦那成为北美商人合法的立足点，古巴商人也从事到北美的转口贸易，哈瓦那作为贸易中转站的地位开始确立。①

三 西班牙殖民统治中期（1790～1867）

当18世纪末19世纪初独立运动席卷整个拉美大陆时，古巴的土生白人担心丧失自己的利益而不愿发动黑人，错过了这一难得的国际机遇。然而，政治上的落伍却带来了殖民地经济的繁荣。当时的主要产糖国海地爆发革命（1791～1804）后，该国的蔗糖业受到严重破坏，这为古巴蔗糖业的发展提供了良好的国际空间。海地的糖业主和咖啡业主纷纷逃到古巴，将资金和技术转向古巴，促进了古巴这两个行业的发展。为了满足欧洲和北美对蔗糖的需求，西班牙王室放宽了对古巴蔗糖贸易和奴隶贸易的限制，这进一步刺激了古巴蔗糖业的发展。这一时期甘蔗种植园和制糖厂

① 〔英〕理查德·戈特：《古巴史》，徐家玲译，北京：中国出版集团，2013，第43～44页。

均迅速增加，全岛的糖出口量从 1790 年的 15423 吨增加到 1840 年的 161248 吨，[①] 跃居当时世界产糖国的首位，古巴被誉为“世界糖罐”。此后，蔗糖便成为古巴经济的基础，这一畸形的单一经济结构一直延续到 1959 年革命以后。

四 西班牙殖民统治后期（1868 ~ 1898）

19 世纪下半叶，古巴历史的主要特点是独立运动的发展和殖民统治的结束。在这一主线下，经济方面有两点值得提及。其一，尽管在半个世纪中发生了两次独立战争（1868 ~ 1878 和 1895 ~ 1898），但由于古巴经济已具有一定规模，在社会动荡中经济仍有所发展。第一次独立战争结束后，西班牙殖民统治者被迫做出某些让步，这为经济发展提供了新的空间。1886 年奴隶制废除后，资本主义生产方式进一步确立。这时制糖厂广泛使用蒸汽机，先进的大型糖厂逐步取代了落后的中小糖厂，糖厂的数量从 1860 年的 2000 家减少到 1898 年的 207 家。其二，从 19 世纪中叶起，美国资本逐渐渗入古巴。到 1895 年，美国在古巴的投资约有 5000 万美元。[②] 古巴 75% 的蔗糖出口到美国，只有 2% 输往西班牙。古美贸易额高达 1 亿美元。

五 美国控制时期（1899 ~ 1958）

美国对古巴的觊觎由来已久，但一直未能下手。当古巴第二次独立战争接近胜利时，美国认为时机已经成熟。1898 年 2 月，美国制造了“缅因号”事件，挑起了美西战争。同年 7 月，美国以支援古巴反对西班牙殖民统治为名乘机出兵占领古巴。经过 3 年多的准备，美国于 1902 年使古巴成为名义上独立、实际上受美国控制的国家。1903 年，美国同古巴签订“互惠条约”，完全把古巴变成了美国的原料基地和商品市场。在 20 世纪 20 年

① Louis A. Perez Jr. *Cuba between Reform and Revolution*, Oxford University Press, Oxford, 1988, p. 77.

② Julio Le Riverend. *Historia Económica de Cuba*, Instituto del Libro, La Habana, 1967, p. 205.

代，美国垄断了古巴 2/3 的糖业和全国的电力网。美国资本源源不断地流入古巴。这一时期，在美资的刺激下蔗糖生产迅猛发展，年均产量增至 500 万吨，其产值占国民生产总值的 30%。古巴畸形的殖民地经济的特征日益凸显。当世界经济危机到来时，美国为了转嫁危机，提高了蔗糖的进口关税，古巴经济遭受了严重的打击，糖厂纷纷倒闭，美资又乘机收购糖厂和甘蔗种植园。古巴对美国的经济依附进一步加深。到 50 年代中期，美国资本控制了 40% 的古巴糖业生产、50% 的铁路、90% 的电力、69% 的对外贸易、90% 的铁矿和 100% 的镍矿。银行和金融业也基本上操纵在美资手中。①

在美国的控制下，古巴经济长期停滞不前。从 1948 年到 1958 年，古巴人均国内生产总值的年均增长率仅为 1%，而整个拉美则接近 2%。② 1957 年，公开失业率占劳动力的 17%，半失业率占 13%，此外还有大量的隐蔽失业者。③ 高达 20% 以上的文盲率自 20 年代以后一直没有什么变化。50 年代全国有 1/3 的人口生活极其贫困，1953 年有 62% 的经济自立人口的月收入不足 75 美元。④ 古巴社会危机四伏，民不聊生。

第二节 古巴经济的社会主义改造（1959～1963）

1959 年古巴革命的胜利为古巴历史翻开了新的一页，古巴经济也发生了质的变化。古巴革命胜利后的初期，这一变化主要表现为所有制的变革。其进程可分为以下两个阶段。

---

① （USA）The Department of Commerce. *The Investment in Cuba*, Washington, D. C., 1956, p. 10; Louis A. Perez Jr. *Cuba and the United States: Ties of Singular Intimacy*. Second Edition, University of Georgia Press, Athens, 1997, pp. 219－221.

② 〔巴西〕塞尔索·富尔塔多：《拉丁美洲经济的发展：从西班牙征服到古巴革命》，徐世澄、徐文渊、苏振兴、陈瞬英译，上海：上海译文出版社，1981，第 267 页。

③ 〔英〕莱斯利·贝塞尔主编《剑桥拉丁美洲史》第七卷，江时学等译，北京：经济管理出版社，1996，第 473 页。

④ Robert Freeman Smith, ed. *Background to Revolution: The Development of Modern Cuba*, Alfred A. Knopf, Inc., New York, 1966, pp. 211, 212－213.

一　民主改革阶段（1959～1960）

这一阶段的主要任务是改造殖民地性质的经济制度，建立独立国家的经济体系和生产关系。这一任务从土地改革、外国企业国有化、改造城市经济等方面着手进行。关于这几方面的详细情况，本书第一章第一节中已有介绍，这里不再赘述。

二　社会主义改造阶段（1961～1963）

1960年10月，时任政府总理的卡斯特罗宣布，古巴革命的第一阶段已经完成，他在革命前提出的革命纲领已经实现。半年后，他在1961年4月16日进一步宣布，古巴革命是“一场社会主义革命”。古巴从此进入社会主义时期，并开始了对经济的社会主义改造进程。这一进程到1963年底基本结束。在此期间古巴政府采取了以下几项经济政策。

（一）继续扩大国有化范围

1961年4月以后，鉴于市场供应紧张和投机倒把活动猖獗，政府开始对中小工商业企业采取限制措施，并对其中的部分企业实行赎买。到1962年4月，国家赎买的中小企业共107家。据1962年5月的统计，国营工业的产值已占工业产值的90%以上，从而基本上实现了大型工业企业的国有化。同年12月，根据政府公布的法律，对经营服装、纺织品、鞋类和五金产品的企业共5000多家进行赎买。1963年6月，政府又赎买了125家私营企业，其中包括经营洗染、汽车修理、珠宝、食品、理发等行业的企业，从而使国营成分在商业系统中占有绝对优势，初步建立起国家控制下的商业网。

（二）进行第二次土地改革

根据1963年10月政府颁布的《第二次土地改革法》，征收了每个农户超过5卡（合67.15公顷）的全部私有土地。这次改革共征收了200多万公顷土地，消灭了农村中的富农经济。土改后国有部分占全部土地的70%，其余为私有小农的土地。政府对小农的政策是帮助他们发展生产，鼓励他们在自愿原则下走合作化的道路。早在1961年5月17日，古巴全国小农协会便已成立。小农合作化的主要形式有两种：一是初级形式的信贷和服务合作社；二是高级形式的农牧业生产合作社。到 1963 年 1 月，全国有信贷和服务合作社 527 个，社员 46133 名，土地 432472 公顷；农牧业生产合作社 328 个，社员 3884 名，土地 37131 公顷。[①]

（三）建立计划经济体制

通过近 3 年对经济的社会主义改造，全民所有制在农业中占 70%，在工业中占 95%，建筑业中占 98%，运输业中占 95%，贸易批发业中占 100%，贸易零售业中占 75%。古巴已实现了国家对外贸的垄断，并控制了银行和金融活动。[②] 至此，国家已完全掌握了国民经济的命脉。在进行社会主义改造的同时，古巴还着手制订经济发展计划，以适应发展经济的需要。早在 1960 年 2 月，政府就成立了中央计划委员会，由卡斯特罗总理亲自兼任主席。中央计划委员会提出了第一个五年计划，该计划分两个阶段：第一阶段是 1961 年；第二阶段是 1962 年至 1965 年的四年计划。古巴政府将第二阶段的第一年即 1962 年定为“计划年”。

（四）发展同社会主义国家的经贸关系

在美国加紧威胁和力图从经济上扼杀古巴的情况下，古巴的对外经贸关系迅速转向社会主义国家。1961 年，古巴得到来自苏联的 350 万吨石油。同年 8 月，同苏联达成了获得经济和军事援助的协议。1963 年 4 月，卡斯特罗首次访问苏联。1963 年，同社会主义国家的贸易占古巴进口额的 81.8% 和出口额的 67.4%。1964 年 1 月，卡斯特罗第二次访苏时同苏联签订了长期供糖协定，从而保证了古巴糖的销售市场。在社会主义国家中，中国同古巴经贸关系的发展引人注目。1963 年，中国在古巴出口额中占 13.0%，在进口额中占 9.0%，仅次于苏联居第二位。[③] 中国的出口商品主要是轻工、食品、五金产品等古巴人民急需的生活必需品。

---

① Jorge I. Dominguez. *Cuba: Order and Revolution*, The Belknap Press of Harvard University Press, Cambridge, Mass., 1978, p. 449.

② Carmelo Mesa - Lago, ed. *Revolutionary Change in Cuba*, University of Pittsburgh Press, Pittsburgh, 1971, p. 283.

③ 根据 *Anuario Estadístico de Cuba (1989)* 和中国《人民日报》（1966 年 1 月 30 日）公布的数字算出。

第三节 社会主义经济体制：探索、确立和运作（1964～1985）

在社会主义改造于1963年底基本完成后，古巴开始了社会主义经济建设的进程。这一进程一直持续到1989年苏东剧变前。这20多年古巴经济政策的发展和变化可分为以下三个时期：对社会主义经济体制的探索（1964～1970）；社会主义经济体制的确立和运作（1971～1985）；对体制的反思和纠偏运动（1986～1989）。本节将介绍前两个时期的情况。

一 对社会主义经济体制的探索（1964～1970）

早在20世纪60年代初进行社会主义改造的同时，古巴便已开始探索和尝试社会主义建设的道路和方法，试图创造出具有古巴特点的发展模式。这一探索贯穿了整个60年代。

60年代初，古巴政府提出了国家工业化和农业多样化的经济发展战略。古巴的决策者急于改变单一的经济结构，力图在短期内实现以工业为中心的均衡发展。但由于这种战略脱离实际，到1963年经济遭到挫折。因此，古巴政府于1964年提出了新的发展方针，主要是恢复蔗糖生产在经济中的优先地位。为此，古巴同苏联签订了长期供糖协议，并取得了苏联的经济援助。

从1963年起，古巴领导层就发展战略和经济体制问题展开了一场辩论。这场辩论持续了将近4年，到1966年才结束。辩论中以工业部部长切·格瓦拉为代表的一方主张实行“预算拨款制”，而以全国土地改革委员会主席卡洛斯·拉斐尔·罗德里格斯为代表的另一方则主张实行“自筹资金制”。格瓦拉等人认为，社会主义的特点是过渡性，革命者的任务就是加速消灭市场或商品生产，其办法是实行生产资料国有化，采用高度集中的计划体制。中央通过预算拨款为企业无偿地提供资金，而企业的利润则全部上缴国库。同时，逐步消灭货币和取消物质刺激手段。因此，必须通过教育去造就一代能担当此任的社会主义“新人”。罗德里格斯等人则认为，价值规律在社会主义经济中将长期存在，国家可以利用它来调节计划经济。企业应有一定的自主权，实行自筹资金制就是要使企业自负盈亏，除留成外利润上缴国家；留成部分可用于扩大再生产和发放奖金；企业同代表国家的中央银行建立信贷关系，而银行则通过货币核算对企业进行监督。同时，健全经济部门的体制，实行劳动定额制度和采取物质刺激手段来提高劳动生产率。双方争论的核心是古巴社会主义经济的发展是否应有一个相对稳定的过渡阶段。

通过辩论，格瓦拉等人的主张占了上风。1967 年，卡斯特罗亲自主管经济工作，发展了格瓦拉等人的主张，实行否定商品货币作用的簿记登记制。1968 年春，古巴政府发动“革命攻势”，接管了几乎全部小商贩和手工业者的业务，消灭了城市中的私有经济。同时，扩大了免费的社会服务项目，用精神鼓励代替物质刺激。这时，古巴声称正在建设共产主义，在所有制、觉悟和分配方面都走在苏联的前头。这几年生产指标普遍偏高，1970 年计划产糖 1000 万吨。古巴为此动员了大量人力和物力，但这一指标最终仍未达到，反而造成国民经济比例严重失调，经济情况恶化。

二 社会主义经济体制的确立和运作（1971～1985）

20 世纪 60 年代对经济发展道路的探索和尝试的不成功，促使古巴党和政府进行深刻的反思，以新的视角寻求古巴社会主义经济的发展规律。从 1970 年下半年起，卡斯特罗多次表示要采取现实主义的态度，反对理想主义；并提出要进行改革，宣布“古巴革命现正进入一个新阶段”。后来他指出，在 60 年代“犯了理想主义的错误”①。在总结教训的基础上，古巴提出了新的方针、政策，主要是实行经济制度化和合理化，从而促进了古巴社会主义经济体制的形成。从 1971 年到 1985 年，古巴的经济政策和经济发展向可分为以下几个阶段。

（一）新经济体制的理论准备和组织准备阶段（1971～1975）

70 年代初，古巴领导人提出，古巴社会还要经历两个阶段才能实现共

---

① 卡斯特罗的几次讲话，载 *Granma Weekly Review*，August 30 and December 20，1970；*Juventud Rebelde*，16 de noviembre de，1973。

产主义。前一个阶段属于社会主义性质，而古巴目前尚处于建设社会主义物质和技术基础的前一阶段。[①] 根据这一理论，古巴党和政府将60年代许多过激的做法纠正过来，并提出了经济和社会发展的战略目标，即在现阶段（这一阶段将延续到20世纪末）中把目前的发展程度提高到东欧国家的水平，实现生产结构的合理化和国际经济合作的一体化和专业化。为此，古巴于1972年参加了经济互助委员会，同苏联签订了直到1980年的长期经济协定，初步实现了同苏联、东欧国家的经济一体化，并在此基础上提出了1973～1975年的“三年经济计划”。与此同时，政府采取了若干新的经济政策措施，其中包括：强化中央计划机构的职能，提高资本效能，恢复劳动定额制以提高生产率；抑制通货膨胀；扩大物质刺激的应用范围等。这些政策措施很快便取得成效，不仅扭转了60年代后期的困难局面，而且在70年代前期的5年中使经济增长达到了革命以来的最高水平。这5年的年均增长率高达16.3%，人均产值年增长率也达14.5%。取得如此惊人的增长，其原因除带有恢复性质和新措施产生效果外，苏联的援助特别是国际糖价的上涨起了重要作用。总之，古巴在70年代前期的经济运作获得成功，为其后的新体制的确立创造了有利条件。

（二）新经济体制的确立和实施阶段（1976～1980）

经过20世纪60年代的探索和参照苏联的经济体制，在70年代前期酝酿的基础上，古巴于1976年提出了“经济领导和计划体制”（Sistema de Dirección y Planificación de la Economía，SDPE）方案，并开始在经济部门推广。这一新制度的基本内容是：第一，完善和加强国家计划体制，国家通过各级的计划和规划进行财政控制，企业也要加强生产的计划性；第二，以企业为基本核算单位，实行自筹资金制，扩大经营自主权，企业有雇用和解雇工人、申请贷款以及做出投资决定的权力，企业间建立购销关系；第三，发挥价值规律的作用，承认在过渡阶段中货币和商品的地位，利用信贷、利润、物价、预算和税收等市场手段来调节经济。此时，政府提出

① *Plataforma Programática del Partido Comunista de Cuba*, Editora Política, La Habana, 1978, pp. 55 – 74.

了落实这一体制的时间表，即 1977 年开始在企业中逐步实行国家预算和经济核算制，并建立起企业间的购销关系；自 1978 年起实行价格、税收和银行信贷等新制度，同时在一些企业中开始进行自筹资金制的试点工作，在 1980 年以前逐步扩大到全部企业。在 70 年代后期，企业中普遍实行了劳动定额制，1979 年还开始实行集体刺激基金制。作为配套措施，在逐步推广新体制的同时，国家放宽了某些经济政策，其中包括允许职工谋取第二职业，建立平行市场，[①] 以搞活流通领域和促进货币回笼。政府还大力进行智力投资，开办经济管理学院，培训企业干部，提高职工的业务素质。此外，改组了小农协会，加速农业合作化进程，旨在以社会主义农业的优势支持新体制的运行。

第一个五年计划把经济的年均增长率定为 6%，其重点是加速实现工业化，同时也规定了农业增产指标和社会发展目标。然而，这一计划的执行结果并不理想，年增长率只达到 4%，其他一些经济指标也没有完成。但是社会发展情况较好，其中大部分项目完成计划。“一五”计划未能完成的主要原因是：国际糖价暴跌，收入减少；指标定得偏高，难以完成；新体制在推行中遇到困难，未能充分发挥促进经济的作用；部分军队派往国外，耗费了一定的人力和物力。到 70 年代末，古巴经济再次面临较大的困难。

（三）新体制的运作和调整阶段（1981 ~ 1985）

由于在 70 年代后期推广新经济体制和落实其他经济政策过程中出现了一定的混乱状态，加之国际经济形势对古巴不利，在进入 80 年代时古巴面临的主要问题是经济问题。因此，从 80 年代初开始，古巴采取一系列措施，调整经济政策，巩固和发展 70 年代经济制度化和合理化的成果。这些措施与推广新体制是并行不悖、相辅相成的。1980 年 12 月召开的古巴共产党第二次全国代表大会充分肯定了经济领导和计划体制，卡斯特罗要求在第二个五年计划（1981 ~ 1985）期间实行和尽量完善这一体制的各项措施，并号召各级党政干

---

① 古巴自 1962 年起，对城市居民的基本消费品实行定量供应制度。1977 年古巴建立平行市场，即在指定的国营商店中居民可按议价自由购买商品。

部和全国人民坚持不懈地尽最大努力去实现建立这一体制的目标。① 为了全面推广这一体制和促进整个经济的发展，政府采取了如下措施。

1. 改组领导机构，加强对经济的控制

1980 年 2 月，政府机构进行大规模改组，合并了一些部委，大多数部委级经济部门的领导由副总理直接兼任。专业技术人才和熟悉经济工作的干部受到重用。

2. 改变投资比例，重视人民生活的需求

过去的经济政策是要求人民节衣缩食搞建设。1979 年 11 月，古共中央首次提出要尽量保证人民的需要。“二五”计划降低了国民经济的增长率，缩短了基本建设战线，增加了用于消费和服务方面的投资。

3. 继续放宽经济政策，开放农民自由市场

1980 年 4 月，政府决定在全国的市（县）、镇开设农民自由市场，允许农民在完成交售任务后出售自己的剩余产品。随后，政府还在哈瓦那开设了艺术品自由市场，1981 年开设季节性的国营“农副产品贸易市场”。同年，政府大幅度提高农牧产品的收购价格，以激发农民的生产积极性。

4. 改革工资制度，更好地贯彻按劳分配原则

从 1980 年中起在全国实行新的工资制度。这次工资改革的特点是：增加工资级别和扩大级差；提高技术人员和领导干部的最高工资额；根据劳动数量、质量、服务和实际能力定级；对特殊工种、特殊职业和在农村工作的职工，工资从优；普遍提高工资水平等。此外，还扩大了奖金和物质奖励的范围。

5. 改革物价制度，减少价格补贴和免费的福利项目

政府于 1980 年提高了 1510 种零售商品价格，批发价格也有所调整。同年开始取消部分免费服务项目，以增收节支。

6. 调整对外经济关系，发展对外经济合作

1982 年 2 月，政府颁布了《古外合资法》②，规定外资到古巴兴建合资

① Fidel Castro Ruz. *Informe Central al II Congreso del Partido Comunista de Cuba*, Editora Política, La Habana, 1980, p. 36.

② 即第 50 号法令《关于古巴和外国单位成立经济联合体》（el Decreto Ley 50 “Sobre las Asociaciones Económicas formadas por las entidades cubanas y extranjeras”）。

企业的条件。根据该法，合资企业中的外资比例最多可占49%（旅游业等行业中可占51%），保证外商汇出合法收益的权利。

上述调整措施取得一定成效。国民经济增长率有了提高，大部分经济部门的生产情况有所改善，市场供应和住房紧缺状况也得到缓解。一批建设项目陆续上马。1982年10月，主管经济工作的领导人、中央计划委员会主任温贝托·佩雷斯肯定了经济调整的成绩，强调实行新体制的重要性。然而，随着时间的推移，经济形势又趋黯淡。从总体上说，“二五”计划的完成情况并不理想。主要问题是国民经济的增长很不稳定，除1981年猛增16%外，大部分年份中的增幅还不到5%。投资额和劳动生产率除1981年外均徘徊在低水平上。外贸逆差扩大，外债增加。到1985年，累计欠西方国家的债务为35亿美元。调整后新经济体制的运作效果忧喜参半，在实行中存在不少困难和问题。以上情况的出现，从主观上说是对经济发展缺乏宏观调控；新体制初步建立后没有继续加以完善；忽视经济效益；劳动力素质不高等。因此，“二五”计划结束时，经济问题仍是古巴国内面临的主要问题。

第四节　对经济体制的反思和纠偏运动（1986～1989）

到20世纪80年代中期，古巴的国际环境发生了变化：东西方关系步入既对抗又对话的新阶段；多数社会主义国家先后开始改革进程；苏联对古巴的政策出现疏远迹象；美国在中美洲、加勒比地区采取进攻性态势。古巴国内的经济面临困难，政治和社会状况也不佳。古巴领导人认为，造成困难的客观原因是国际糖价低落，油价暴跌①，连年遭受自然灾害和美元

① 在20世纪80年代，根据古苏协议，古巴从苏联进口的石油可再出口。1981～1985年出口额达19.22亿美元，占古巴外汇收入总额的30.2%。1986年油价下跌，当年约损失3亿美元。Max Azicri. *Cuba: Politics, Economics and Society*, Pinter Publishers, London and New York, 1988, p. 148.

贬值，当然也有主观原因。形势的变化和存在的问题促使古巴领导人对过去提出的方针政策和所采用的体制进行反思，寻找排除干扰、继续前进的途径。古巴领导人认为，从主观上说主要问题出在新经济体制上。卡斯特罗指出，这一体制存在严重问题，已偏离正确道路。① 其主要表现是，政治思想工作减弱，党的领导作用淡化，滥用价格等经济机制，导致资本主义倾向的产生。新体制本身并不完善，在实行过程中有关政策和具体措施没有跟上，造成管理混乱，经济效益减弱，财政收入下降。开放自由市场和允许发展个体经济后，对商品经济缺乏应有的控制和管理，社会上出现了贫富不均和非法致富的现象。在此环境下，机关干部和企业职工贪污受贿等不法活动日益增多，社会风气日下，犯罪案件迭起，群众反应强烈。因此，需要对现行的经济政策和经济体制进行重新审视，纠正其偏差，对不良倾向进行“革命的反击”。② 从经济和政治两方面考虑，一场整顿运动便势在必行了。

在这样的形势下，古共于1986年2月召开了第三次全国代表大会，其中心议题就是经济问题。三大提出，今后的重要任务是发展经济，主要目标是加速国家的工业化。卡斯特罗在中心报告中严厉批评了经济工作中存在的问题。大会通过了《完善经济领导和计划体制的决议》，指出了这一体制的弊端和克服弊端的办法。同年4月，卡斯特罗首次提出要在经济领域中进行整顿，③ 开始了“纠正错误和消极倾向进程”（Proceso de Rectificación de Errores y Tendencias Negativas，RP），简称纠偏运动。其主要措施如下。

1. 加强党的领导和政治思想工作，强调革命意识和精神鼓励，批判资本主义倾向

古共三大以后，古巴领导人要求工人群众以共产主义的献身精神和革命意志作为工作动力。1987年以后，大力弘扬格瓦拉的革命思想，为全国

---

① Fidel Castro Ruz. *Por el camino correcto：compilación de textos*，Editora Política，La Habana，1987，pp. 18，91，96.

② Sirvia Domenech. “El Proceso de Rectificación，la Economía Politica Socialista y el SDPE”，*Cuba Socialista*，septiembre-octubre de 1988.

③ Fidel Castro. “Discurso en el XXV aniversario de La Victoria de Playa Giron y de la programación del carácter socialista de la Revolución”，*Granma semanal*，27 de abril de 1986，pp. 9 - 11.

人民树立学习的榜样。

2. 加强中央计划体系和对经济的宏观调控，反对分散权力

卡斯特罗认为，从领导上讲，中央计划委员会应对经济失误负责。因此，对该组织进行了改组。1985 年 7 月，中央计划委员会主任温贝托·佩雷斯被解职，1987 年 12 月他被撤销古共中央委员的职务。后来，经济部门的其他领导机构也进行了相应的整顿。

3. 关闭自由市场，限制个体经济的发展

1986 年 5 月，卡斯特罗宣布取消农民自由市场。与此同时，政府还宣布限制向工人发放奖金并提高部分劳动定额。同年 6 月，政府宣布修改《住宅法》，禁止私人直接自由买卖房屋。

4. 采取紧缩措施，实行增收节支政策

从 1987 年 1 月起在全国范围内实行 27 项经济紧缩措施。其主要内容是：削减政府开支；提高乘车票价和平行市场中商品的价格；减少副食品和煤油的配给量；取消机关、工厂的免费用餐；限制官员的某些权益等。

5. 整顿经济秩序，加强劳动纪律，反对官僚主义，惩治腐败行为，打击犯罪活动

随着运动的深入，经济管理中的大量问题被揭发出来，违法者受到惩处。如前民航局局长因以权谋私于 1987 年 9 月被判处 20 年徒刑。1987 年，国家对现行《古巴刑法典》进行了修改，对犯罪活动的类型和量刑做了更具体的规定，并增加了对“危害行政管理与司法权力罪”和“危害国民经济罪”等的惩处办法。[①] 在企业中普遍建立了新的规章制度，对违反劳动纪律的职工给予严肃处理。

古共三大认为，经济领导和计划体制的错误在于照搬别国的经验，不适合本国的情况。80 年代后期，古巴领导人多次指出，苏联和其他社会主义国家的改革不适合古巴国情，古巴要奉行独立的政策。1988 年 7 月，卡斯特罗说，“我们必须寻找我们的道路和运用我们的经验”，但是现在“我

---

① 《古巴刑法典》（*Penal Code of Cuba*，古巴全国人代会于 1987 年 12 月 29 日通过的第 62 号法案，从 1988 年 4 月 30 日起施行），陈志军译，北京：中国人民公安大学出版社，2010，第 76～98、121～136 页。

们仍处于探索的过程中”①。

这场纠偏运动基本上持续到80年代末。这一运动在政治上加强了党的领导和政治工作，统一了思想，保证了政局的稳定，明确了经济发展应服从于保卫革命这一国家的首要目标，顶住了随后发生的苏东剧变带来的冲击。然而，该运动在经济上并没有带来预期的效果。“三五”计划（1986～1990）的经济指标是年均增长5%，但没有达到。到1989年6月，古巴积欠苏联的债务估计为154.9亿卢布（约合258亿美元）；到1990年欠西方国家的硬通货债务为70亿美元。② 自70年代初以后，古巴经济政策的特点之一是靠负债来发展经济。随着时间的推移，负债越来越多，但经济没有得到相应的发展。不仅如此，主张利用市场的“经济领导与计划体制”被彻底否定，将市场定性为资本主义的产物，否定物质激励，这样就为苏东剧变后古巴陷入经济困难而长期难以走出低谷的状况埋下了隐患。

第五节 经济建设的成就和问题

古巴自1959年取得革命胜利和1961年宣布实行社会主义制度到1990年苏东剧变前的30年间，在风云变幻的国际条件下走过了一条崎岖不平的道路。30年前在美国控制下，古巴经济是典型的殖民地经济，不仅基础薄弱而且严重畸形。在这样的起点上古巴开始了社会主义的经济建设。在长期的建设过程中古巴又面临如下的不利条件：美国始终实行封锁禁运；一些西方国家的态度不友好；社会主义经济体制缺乏成功的先例可循。即使存在这些不利的条件，古巴经济仍然获得了一定的发展，这是难能可贵的。

① Fidel Castro. “Discurso pronunciado en el acto de inauguración del VI Congreso Nacional del Sindicato de los trabajadores de la construcción”, *Granma Internacional*, 8 de julio de 1988; “Discurso en el acto de clausura del mismo Congreso”, *Granma Internacional*, 17 de julio de 1988.

② The Economist Intelligence Unit. *Country Profile*: *Cuba* (*1992 - 1993*), pp. 10 - 12, 30 - 31, 35 - 36; *Country Report*: *Cuba*, *1993*, *No. 1*, p. 3.

一　成就主要如下

（一）建立了独立的国民经济体系

30 年中，古巴在美国实行封锁禁运的条件下，国民经济的年均增长率超过 4%，同其他拉美国家的平均增长率大体相同。① 在此过程中，古巴逐步建立起门类相对齐全的包括重工业、轻工业和农牧业在内的国民经济体系，钢铁、电力、建筑材料等行业都有较大发展。国家还建立起支农工业，促进了农业的平衡发展。制造业的产值在拉美国家中的地位有所上升，冶金和机器工业的产值占制造业总产值的比重在拉美国家中上升了 5 位。这就为古巴经济的现代化和经济结构的合理化打下了初步基础。

（二）实现了公平的分配原则

革命胜利后不久，古巴便在全社会实行了全民免费教育和全民免费医疗，并以很低的标准收取房租和公用事业的费用。为保证贫困人口的生活水平，国家自 1962 年起对城市居民的基本消费品实行平价定量供应制。30 年中，这一整套分配制度始终未变。

通过纵向和横向的比较，可以看出古巴在收入分配中的公平程度。在革命前的 1953 年，古巴收入分配的基尼系数为 0.55，属于“贫富悬殊”一类（0.50 以上），与贫富差距严重的墨西哥持平（0.55，1950 年），明显高于智利（0.48）和阿根廷（0.39）的首都地区。到 1986 年，古巴的基尼系数降为 0.22，大大低于拉美的平均水平（0.50，80 年代）。同具体国家不同组别的分配比重相比，古巴的公平性就更为突出了。以被誉为拉美分配最公平的市场经济国家哥斯达黎加为例，在 70 年代该国 20% 最贫穷的家庭在总收入中的参与比重为 3.3%，20% 最富有家庭的参与比重为 54.8%；而古巴的相应数字分别为 11% 和 36%（见表 5－1）。古巴各行业之间的收入差别也不大。1986 年整个经济部门职工的年平均工资为 2255 比索，其中工

---

① Fidel Castro. “Discurso pronunciado en el acto conmemorativo del 30 aniversario del tríunfo de la Revolución cubana”, *Granma Internacional*, 22 de enero de 1988；BID（Banco Interamericano de Desarrollo）. *Desarrollo Económico y Social*：*Informe de 1987*.

资最高的行业（文化活动）为2696比索，工资最低的行业（商业）为2017比索。值得注意的是，工业职工的年均工资为2280比索，农业职工为2180比索，都接近于整个经济部门的平均工资，而且工农之间的差别也不大。[①] 古巴政府在职工中实行均衡的工资制度和在全民中实行高福利政策的结果是，缩小了脑体、工农和城乡各利益群体在收入分配上的差距。古巴已成为拉美国家中分配最公平的国家。

表5－1 古巴收入分配状况的国际比较

（占总收入的比例） 单位：%

家庭** ＼ 国别 / 年份		拉美7国*		古巴			
		1960	1975	1953	1962	1978	1986
（最穷）	0～20%	2.8	2.3	2.1	6.2	11.0	11.3
↑	21%～40%	5.9	5.4	4.4	11.0	13.8	14.7
	41%～70%	18.6	18.1	21.7	28.3	26.4	28.1
↓	71%～90%	26.1	26.9	33.0	31.5	27.7	25.8
（最富）	91%～100%	46.6	47.3	38.8	23.0	21.1	20.1

* 拉丁美洲经济委员会根据在阿根廷、巴西、智利、哥伦比亚、墨西哥、秘鲁和委内瑞拉等7国所做的国情调查提出的估计数。

** 按收入高低划分的各组家庭。

资料来源：Enrique Iglesias：“El desarrollo y la justicia：desafíos de la década de los 80”，*Revista de CEPAL*，Santiago de Chile，diciembre de 1981；Andrew Zimbalist and Claes Brundenius：*Revolutionary Cuba：The Challenge of Growth with Equity*，Johns Hopkins University Press，Baltimore，1989，Table 10－1。

（三）构建了完善的社会保障制度

革命前，失业率高，社会保障的覆盖面只及职工的一半。革命胜利后，政府于1963年9月颁布了《社会保障法》（*Ley de Seguridad Social*）。在1976年开始实施的共和国宪法中，明确规定公民享有社会保障的权利。1979年8月，政府颁布了新的《社会保障法》。1984年12月，全国人代会通过了《劳

① Andrew Zimbalist and Claes Brundenius. *The Cuban Economy：Measurement and Analysis of Socialist Performance*，Johns Hopkins University Press，Baltimore，1989，pp. 162－163.

动法》(*Ley de Trabajo*)。在这些法律的框架下，古巴构建了社会保障体系。古巴社会主义的特点是一切为了人民，古巴的社会保障体系充分体现了这一特点。因此，这个体系有三个显著的特点，即全民性、全面性和国家负责。具体地说，古巴的社会保障体系覆盖全体国民；对国民进行全面保障，其范围不仅包括教育和医疗，而且还包括社会保险和社会救济；社会保障的费用全部由国家负担。到20世纪80年代中期，古巴的社会保障体系已十分完善，覆盖率达到100%。政府用于社会保障的支出（不包括教育和卫生的支出）达到9.652亿比索，占国家财政支出的7.7%。[①]

（四）达到了先进的社会指标

随着经济和社会的发展，国民的生活质量不断提高。在革命前的最后一年即1958年，古巴人的平均预期寿命为61.8岁，1岁以下的婴儿死亡率为40‰，全国的文盲率为23.6%，失业率为25%。到20世纪80年代前期，相应的数字分别为74岁，16.5‰，3.9%和3.4%。这几项指标不仅跻身拉美国家的前列，而且还可同发达国家媲美（见表5-2）。

二　存在的问题

毋庸讳言，古巴在前30年的社会主义经济建设中也存在若干问题，主要集中在以下四个方面。

（一）关于社会主义经济体制问题

古巴在30年的经济建设中主要是先仿效苏联的模式，后转入创新的探索。苏联模式的特点是：社会主义公有制加计划指令与有限市场的结合，再加上高度集中的国家机构。由于这种发展模式是在资本主义发生危机的年代里形成的，具有反资本主义、追求社会公正的国际取向，把改变阶级结构作为模式创新的决定性要素，用社会理性代替个人理性。然而，随着生产的发展，以政治为主导的过分集中的经济运作机制不能适应新

① Comité Estatal de Estadísticas. *Anuario Estadístico de Cuba* (*1985*), Combinado Poligráfico "Alfredo López" del Ministerio de Cultura, Ciudad de La Habana, 1986, p. 200; The Economist Intelligence Unit. *Country Profile*: *Cuba* (*1990 - 1991*), p. 27. 关于古巴的社会保障体系，详见本书第十章。

表 5－2　古巴若干社会发展指标的国际比较

指标项目	单位	阿根廷	巴西	智利	哥斯达黎加	古巴	墨西哥	委内瑞拉	美国
预期寿命	岁 男/女	65.4/72.1 （1975）	57.6/61.1 （1960～1970）	61.3/67.6 （1975～1980）	66.3/70.5 （1972～1974）	72.7/76.1 （1983～1984）	62.1/66.0 （1979）	64.9/70.7 （1975～1980）	71.0/78.3 （1983）
婴儿死亡率	‰	39.3 （1981）	71.0 （1980～1985）	21.1 （1983）	18.6 （1983）	16.5 （1985）	53.0 （1980～1985）	39.0 （1980～1985）	10.6 （1984）
文盲率 （1985 年前后）	%	4.5	25.5	8.9	6.4	3.9	17.4	15.3	0.5*
城市失业率 （1985 年前后）	%	6.1	5.3	17.2	6.6	3.4	11.8	14.3	7.2
年均人口增长率 （1975～1984）	%	1.62	2.63	1.71	2.31	0.80	2.75	3.22	1.02
出生率	‰	23.7 （1981）	30.6 （1980～1985）	23.2 （1983）	30.0 （1983）	18.0 （1985）	33.9 （1980～1985）	35.2 （1980～1985）	15.7 （1984）
人口与医生的比例	人	521 （1975）	1700 （1980）	1924 （1979）	1441 （1979）	526 （1983）	1251 （1974）	888 （1978）	549 （1980）
人口与病床的比例	人	176 （1971）	245 （1976）	292（1980）	297 （1980）	216 （1983）	863 （1974）	317 （1978）	171 （1980）

*1982 年数字。

资料来源：根据 *Statistical Yearbook of Latin America and the Caribbean*（1987），*Anuario Estadístico de Cuba*（1986），（USA）*World Yearbook*（1985）等资料编制。

的形势，这就需要进行相应的模式转换与自我革新。[①] 古巴在这段时期中存在三个问题：第一，经济高度集中，没有处理好中央与地方的关系；第二，有盲目照搬的倾向，特别是管理机制不健全；第三，在经济政策的推行和福利的分配上有超前的现象。遗憾的是，在这一时期，古巴领导层对高度集中的计划经济体制的弊端缺乏认识，以致这一体制此后日益成为经济发展的障碍。

（二）关于加入苏联东欧经济体系问题

古巴革命胜利后不久，美国便对古巴采取敌视态度，开始实行经济封锁，并一直持续下来。因此，古巴的对外经济关系重点自然转向了苏联、东欧等社会主义国家。1972 年古巴加入经互会，此后确定了依靠苏东国家的支援建设社会主义的战略方针。到 20 世纪 80 年代末，古巴积欠苏联的债务数额很大；古巴同经互会的贸易约占古巴外贸总额的 85%，其中同苏联的贸易占 70% 以上；古巴同这些国家的贸易享受优惠待遇，每年从苏联获得的援助和贷款相当于古巴社会总产值的 20% ~30%。[②] 同经互会国家的经济关系已成为古巴“经济持续发展的一个决定性因素”。[③] 古巴同苏东国家如此密切的经济关系，制约了古巴经济结构合理化和对外经贸关系多样化的发展。更为严重的是，古巴经济过分依靠苏联援助的支持，以致苏东剧变后外援中断，古巴经济失去依托，便大难临头。舆论界有人甚至把这种教训称为“古巴化陷阱”。[④]

（三）关于社会发展与经济发展的顺序问题

古巴长期将社会发展放在优先位置上。在古巴革命胜利后的头 30 年里，古巴经济是“负债发展”，甚至借来的债款也未能全部用于经济发展，而是

---

① 罗荣渠：《现代化新论——世界与中国的现代化进程》，北京：北京大学出版社，1993，第 154 ~157 页。

② The Economist Intelligence Unit. *Country Profile*: *Cuba* (*1992 - 1993*), pp. 10 - 12, 30 - 31, 35 - 36.

③ Fidel Castro. *Informe Central al Tercer Congreso del Partido Comunista de Cuba*, Editoria Política, La Habana, 1986, p. 20.

④ 参见《别掉入“古巴化陷阱”》，《参考消息》2016 年 10 月 7 日。

用于维持其高福利的社会需求，以致经济发展滞后。现在古巴已认识到社会发展应与经济发展同步进行，“更新”经济模式的目的就是要使社会发展具有可持续性。

（四）关于历史遗留下来的问题

第一，经济结构不合理。革命前古巴经济是畸形的单一经济——蔗糖经济。革命后不久，政府曾试图在短期内改变这种状况，但不成功。随后便转而大力发展糖业，旨在将其收入用于国家的工业化，使经济结构逐渐趋于合理。30 年来基本上执行的就是这一战略，但这是一个漫长的过程，到 20 世纪 80 年代末还未实现明显的结构性变化。第二，农业相对滞后。虽为热带国家，古巴的农业产品却不能自给自足，从而增强了其经济对外部市场的依赖性。例如适合热带生长的稻谷，产量还不能完全满足国内消费的需要。看来要彻底解决粮食问题尚须做出更大的努力。

三　古巴经济发展指标

见表 5－3～表 5－9。

表 5－3　第一个五年计划前的社会总产值 *

单位：百万比索

年份	1963 **	1964	1965	1966	1967	1968	1969
社会总产值	6013.2	5454.7	6770.9	6709.3	7211.6	7330.9	7236.1
年份	1970	1971	1972	1973	1974	1975	
社会总产值	8355.6	8936.4	10349.2	11910.3	13423.5	14063.4	

* 社会总产值（Producto Social Global，PSG）即制造业、矿业、建筑业、农业、渔业等经济部门和生产性服务事业（如运输业、商业）的总产值，但不包括非生产性服务事业（如教育、公共卫生等）的产值。社会总产值减去生产性服务业的产值即为物质总产值（Producto Material Global，PMG）。

** 1963 年产值，按 1965 年产值的不变价格计算；从 1967 年起，各年的产值按当年价格计算。

资料来源：Junta Central de Planeamiento（JUCEPLAN）：*Anuario Estadístico de Cuba*。

表 5-4 第一个五年计划至 1989 年社会总产值的部门构成及比例

（当年价格） 单位：百万比索

部门 \ 年份 / 产值	1976		1977		1978		1979		1980		1981		1982	
		%		%		%		%		%		%		%
总计	14458.3	100.0	14772.7	100.0	16457.6	100.0	16986.8	100.0	17605.6	100.0	22172.5	100.0	23112.8	100.0
工业	7137.5	49.4	7122.6	48.2	8203.0	49.8	8710.4	51.3	8922.4	50.7	11202.6	50.5	12368.5	53.5
建筑业	1320.1	9.1	1450.2	9.8	1557.1	9.5	1569.1	9.2	1569.0	8.9	1787.8	8.1	1801.4	7.8
农牧业	1690.9	11.7	1764.1	11.9	1871.6	11.4	1938.2	11.4	2163.6	12.3	3503.0	15.8	3381.1	14.6
林业	70.1	0.5	70.3	0.5	76.8	0.5	70.8	0.4	77.8	0.4	79.8	0.4	83.7	0.4
运输业	1035.9	7.2	1095.7	7.4	1169.4	7.1	1225.3	7.2	1425.4	8.1	1620.4	7.3	1611.8	7.0
电信业	82.2	0.6	90.0	0.6	107.8	0.7	126.0	0.7	142.6	0.8	166.9	0.8	184.9	0.8
商业	3090.5	21.4	3145.8	21.3	3418.3	20.8	3277.0	19.3	3225.7	18.3	3711.8	16.7	3570.7	15.4
其他生产性活动	31.1	0.2	34.0	0.2	53.6	0.3	70.0	0.4	79.1	0.4	100.2	0.5	110.7	0.5

续表

部门 \ 产值 \ 年份	1983		1984		1985		1986		1987		1988		1989	
		%		%		%		%		%		%		%
总计	24336.9	100.0	26052.7	100.0	26956.7	100.0	26515.7	100.0	25576.1	100.0	26334.3	100.0	26653.2	100.0
工业	13060.4	53.7	14137.6	54.3	14850.4	55.1	14933.1	56.3	14187.3	55.5	14557.4	55.3	14742.1	55.3
建筑业	1988.3	8.2	2307.2	8.9	2371.3	8.8	2329.9	8.8	2077.8	8.1	2237.3	8.5	2417.6	9.1
农牧业	3334.0	13.7	3539.2	13.6	3658.8	13.6	3852.2	14.5	3893.4	15.2	4068.0	15.4	4103.7	15.4
林业	107.6	0.4	117.9	0.5	130.4	0.5	134.0	0.5	132.9	0.5	112.9	0.4	123.6	0.5
运输业	1670.0	6.9	1756.6	6.7	1792.0	6.6	1763.6	6.7	1744.7	6.8	1794.2	6.8	1788.7	6.7
电信业	204.9	0.8	225.4	0.9	237.4	0.9	255.5	1.0	264.0	1.0	275.2	1.0	274.0	1.0
商业	3842.8	15.8	3824.8	14.7	3780.7	14.0	3017.2	11.4	3056.1	11.9	3099.4	11.8	3017.1	11.3
其他生产性活动	128.9	0.5	144.0	0.6	135.7	0.5	230.2	0.9	219.9	0.9	189.9	0.7	186.4	0.7

资料来源：Comité Estatal de Estadísticas（CEE）：*Anuario Estadístico de Cuba*（1989）。

表 5－5　20 世纪 80 年代后期国家财政收支情况

（1）政府财政（百万比索）　　　　（当年价格）

项目＼年份	1984	1985	1986	1987	1988	1989
收入	11854	12294	11699	11272	11386	11904
支出	11930	12547	11887	11881	12532	13528
差额	－76	－253	－188	－609	－1146	－1624

资料来源：Banco Nacional de Cuba。

（2）预算支出构成（百万比索）

项目＼年份／费用	1988*		1989**	
		%		%
生产	4713	37.6	4978	36.8
教育和卫生	2857	22.8	2895	21.4
住房	787	6.3	852	6.3
国防和公共秩序	2060	16.4	2300	17.0
其他文化和科学活动	1274	10.2	1380	10.2
本地政府国家机构、司法部门	561	4.5	528	3.9
总额（包括其他项目）	12532	100.0	13528	100.0

* 初步数字。

** 计划数。

资料来源：Banco Nacional de Cuba（1988）；*Granma*（1989），in The Economist Intelligence Unit（EIU）：*Country Profile*：*Cuba*（1988－1993）。

表 5－6　1958～1989 年对外贸易发展情况

（当年价格）　　　　单位：百万比索

项目＼年份	1958	1959	1965	1970	1975	1980	1981	1982
出口（离岸价格）	733.5	636.0	690.6	1049.5	2952.2	3966.7	4223.8	4933.2
进口（到岸价格）	777.1	674.8	866.2	1311.0	3113.3	4627.0	5114.0	5530.6
差额	－43.6	－38.8	－175.6	－261.5	－161.1	－660.3	－890.2	－597.4

项目＼年份	1983	1984	1985	1986	1987	1988	1989	
出口（离岸价格）	5534.9	5476.5	5991.5	5321.5	5402.1	5518.3	5392.0	
进口（到岸价格）	6222.1	7227.5	8035.0	7596.1	7583.6	7579.8	8124.2	
差额	－687.2	－1751.0	－2043.5	－2274.6	－2181.5	－2061.5	－2732.2	

资料来源：Comité Estatal de Estadísticas（CEE）：*Anuario Estadístico de Cuba*（1989）。

表 5－7　1958～1989 年出口商品结构变化情况

（离岸价格）　　　　单位：百万比索

名称　产值　年份	1958		1965		1970		1975		1980		1958～1980 年平均增长率（%）
		%		%		%		%		%	
总额	733.5	100.0	690.6	100.0	1049.5	100.0	2952.2	100.0	3966.7	100.0	7.97
糖	591.1	80.6	592.6	85.8	807.0	76.9	2651.8	89.8	3320.2	83.7	8.16
矿产品	28.1	3.8	50.8	7.4	175.2	16.7	139.9	4.7	192.9	4.9	9.15
烟草产品	49.5	6.7	32.6	4.7	33.2	3.2	52.8	1.8	36.5	0.9	－1.38
渔产品	5.7	0.8	6.3	0.9	19.0	1.8	52.2	1.8	90.4	2.3	13.39
农牧产品	14.3	1.9	1.6	0.2	0.8	0.1	28.4	1.0	78.4	2.0	8.04
其他	44.8	6.1	6.7	1.0	14.3	1.4	27.1	0.9	248.3	6.3	8.09

名称　产值　年份	1984		1986		1987		1988		1989		1984～1989 平均增长率（%）
		%		%		%		%		%	
总额	5476.5	100.0	5321.5	100.0	5402.1	100.0	5518.3	100.0	5392.0	100.0	－0.31
糖	4123.2	75.3	4098.8	77.0	4012.6	74.3	4116.5	74.6	3948.5	73.2	－0.86
矿产品	300.9	5.5	313.5	5.9	332.2	6.1	455.0	8.2	497.7	9.2	8.75
烟草产品	56.6	1.0	78.0	1.5	90.5	1.7	98.4	1.8	83.6	1.6	－0.90
渔产品	91.8	1.7	124.5	2.3	144.3	2.7	149.0	2.7	128.8	2.4	6.90
农牧产品	156.9	2.9	219.9	4.1	250.9	4.6	248.2	4.5	211.3	3.9	5.05
其他	747.1	13.6	486.8	9.2	571.6	10.6	451.2	8.2	522.1	9.7	－9.55

资料来源：Comité Estatal de Estadísticas（CEE）：*Anuario Estadístico de Cuba*（1989）。

表 5－8　1958～1989 年进口商品结构变化情况

（到岸价格）　　　　单位：千比索

名称 \ 产值 \ 年份	1958		1970		1975		1980	
		%		%		%		%
总额	777094	100.0	1310968	100.0	3113089	100.0	4626964	100.0
食品和活畜	158931	20.5	262184	20.0	594828	19.1	746078	16.1
饮料和烟草	9584	1.2	3072	0.2	1096	0.0	16108	0.4
原料（非食用物）	50187	6.5	71451	5.5	184692	5.9	188033	4.1
燃料和润滑剂	88050	11.3	115516	8.8	320615	10.3	911507	19.7
动植物油和脂肪	5739	0.7	20699	1.6	41076	1.3	57449	1.2
化工产品	47053	6.1	120475	9.2	247489	8.0	289075	6.2
工业制造品	102574	13.2	206219	15.7	574017	18.4	678631	14.7
机器和交通设备	239255	30.8	477429	36.4	969519	31.1	1638702	35.4
其他制造品	75721	9.7	33923	2.6	179757	5.8	101381	2.2
名称 \ 产值 \ 年份	1985		1987		1989			
		%		%		%		
总额	8034976	100.0	7583677	100.0	8124224	100.0		
食品和活畜	889239	11.1	716235	9.4	925349	11.4		
饮料和烟草	7769	0.1	10876	0.1	8054	0.1		
原料（非食用物）	324266	4.0	301542	4.0	307228	3.8		
燃料和润滑剂*	2655641	33.1	2620950	34.6	—			
动植物油和脂肪	81637	1.0	67275	0.9	78333	1.0		
化工产品	409790	5.1	447193	5.9	530249	6.5		
工业制造品	989249	12.3	821149	10.8	838025	10.3		
机器和交通设备	2419267	30.1	2353714	31.0	2530675	31.1		
其他制造品	258118	3.2	244743	3.2	276481	3.4		

* “—”表示因资料不全而无法统计。

资料来源：Comité Estatal de Estadísticas（CEE）：*Anuario Estadístico de Cuba*（1989）。

表5－9　1958～1989年对外贸易地区分布变化情况

（当年价格）　　　　单位：百万比索

国别 \ 产值 \ 年份	1958		1965		1970		1975	
		%		%		%		%
进出口总额	1510.6	100.0	1556.8	100.0	2360.4	100.0	6065.3	100.0
社会主义国家	23.3	1.5	1195.8	76.8	1693.9	71.8	3607.4	59.5
经互会成员国*	18.1	1.2	956.8	61.5	1510.4	64.0	3395.0	56.0
其中：苏联	14.1	0.9	750.9	48.2	1219.6	51.7	2912.2	48.0
其他社会主义国家**	5.2	0.3	239.0	15.4	183.5	7.8	212.4	3.5
非社会主义国家	1487.3	98.5	361.0	23.3	666.5	28.2	2457.9	40.5
国别 \ 产值 \ 年份	1980		1985		1987		1989	
		%		%		%		%
进出口总额	8593.7	100.0	14026.5	100.0	12985.7	100.0	13516.2	100.0
社会主义国家	6399.7	74.5	12101.7	86.3	11459.0	88.2	11238.6	83.2
经互会成员国*	6156.3	71.6	11656.1	83.1	11224.3	86.4	10666.4	78.9
其中：苏联	5157.2	60.0	9900.6	70.6	9314.7	71.7	8753.6	64.8
其他社会主义国家**	243.4	2.8	445.6	3.2	234.7	1.8	572.2	4.2
非社会主义国家	2194.0	25.5	1924.8	13.7	1526.7	11.8	2277.6	16.9

*按古巴的统计方法，同它进行贸易的经互会成员国是阿尔巴尼亚、保加利亚、匈牙利、德意志民主共和国、蒙古国、波兰、罗马尼亚、苏联、捷克斯洛伐克、越南。

**其他社会主义国家包括南斯拉夫、中华人民共和国、朝鲜人民民主共和国。

资料来源：根据 Comité Estatal de Estadísticas（CEE）：*Anuario Estadístico de Cuba*，*Cuba en cifras* 等资料编制。

第六章　特殊时期中的经济改革政策和成效

第一节　“双重经济封锁”和初步对策（第一阶段：1990～1993）

一　20世纪八九十年代之交的古巴经济

20世纪80年代末，正当古巴在社会主义道路上稳步前进时世界局势发生了急剧而重大的变化，在短短的一年内所有的东欧社会主义国家都先后改变了颜色，1991年底又发生了震惊世界的苏联解体。这一剧变，对全世界的冲击是巨大的，而其中受冲击最大的国家之一便是古巴，特别是在其经济方面。与此同时，美国又乘机加紧了对古巴的经济封锁，古巴遭受到其领导人所说的“双重经济封锁”①，因此国内经济形势急剧恶化，古巴陷入了自1959年革命以来最困难的境地。

（一）苏东剧变的严重影响

其一，东欧国家的剧变导致经互会的解体，古巴同经互会国家的经贸关系突然消失，特别是两德的统一撤销了过去民主德国签订的一切经贸协

① 意即苏东国家中断同古巴的经贸关系不啻一种经济封锁，“Entrevista a Fidel Castro”，（Méx.）*El Nacional*，13 de noviembre de 1991。

议，使古巴失去了经互会中仅次于苏联的重要的经贸伙伴。

其二，苏联从1990年起大幅度减少对古巴的经济援助，两国的贸易额迅速下降。1991年古巴同苏联结束了易货贸易方式，开始以硬通货为支付手段和按国际市场价格作价。苏联解体后俄罗斯宣布停止对古巴的一切援助，两国贸易额下降到最低点。

（二）美国加紧在经济上封锁古巴

东欧剧变以后，美国对古巴的敌视活动明显加剧，它妄图借东欧的冲击波一举搞垮古巴社会主义政权。从1990年下半年到1991年，美国要求苏联停止对古巴的援助。苏联解体后，美国乘古巴陷入经济困境之机掀起了第二轮反古浪潮，企图一举搞垮古巴现政权。1992年，美国积极策划加强经济封锁的议案，并于同年10月出台了对古巴的新禁运法——“托里切利法”（Torricelli Act）[①]。该法的基本内容包括：禁止美国的海外子公司同古巴进行贸易，禁止美国公民前往古巴，禁止向古巴寄送侨汇；区分卡斯特罗政权和古巴人民，呼吁通过出口药品和向非政府组织捐献食品等方式支持古巴人民；禁止任何驶入古巴的船只在6个月内进入美国港口；对任何向古巴提供经援和开展贸易的国家进行制裁；等等。该法的实施使古巴蒙受了巨大的经济损失。

（三）古巴经济陷入危机

其主要表现是：能源严重短缺，当时古巴能源的90%以上靠从苏联进口，1992年俄罗斯向古巴提供的石油还不到1989年的50%；蔗糖产量急剧下降，收入锐减，1992年古巴的进口能力只有1989年的40%；原材料不足，许多工厂停工待料，农牧业缺少进口化肥和饲料；食品匮乏，城市居民的食品定量标准一再降低，食品供应紧张。1989~1993年，进口下降了75%，国内生产总值下降了近35%，从196亿比索（不变价格）下降到127.8亿比索；各年的下降率为：1990年为-2.9%，1991年为-10.7%，1992年为-11.6%，1993年为-14.9%。[②] 古巴经济陷入了深刻的危机。

---

① 正式名称为《古巴民主法》（*Cuban Democracy Act*），又称“托里切利—格雷厄姆法案”（*Torricelli - Graham Bill*）。http://wpedia.goo.ne.jp/enwiki/Cuban_Democracy_Act#Key_Points_of_the_Act（2015-08-18）

② Oficina Nacional de Estadísticas. *Cuba en cifras 1998*, p. 30. The Economist Intelligence Unit. *Country Profile: Cuba (1995-1996)*, p. 12.

二 古巴党和政府提出的初步对策

80年代后期，古巴对苏东的变化虽有所警觉，但1989年的苏东剧变仍使古巴人感到震惊和突然。古巴在一夜之间完全丧失了同它们的密切联系，形势要求古巴及时提出新的对策，以应付这突如其来的困难局面。1990年初，古巴宣布准备进入“和平年代的特殊时期”（período especial en tiempos de paz，简称特殊时期）[①]，正式提出了新的战略方针。其基本思路是改变过去依靠外援实现国家工业化的发展战略，代之以依靠自力更生来保证生存和发展的新战略。从同年第四季度起，古巴开始进入特殊时期的第一阶段。[②] 自那时以后，根据形势的发展和政策的变化，特殊时期大致可分为四个阶段，即1990年至1993年6月为第一阶段，1993年7月至1996年2月为第二阶段，1996年3月至2001年8月为第三阶段，2001年9月至2006年6月为第四阶段。

特殊时期第一阶段的战略和政策重点是：一方面动员群众坚持社会主义制度，抵制苏东剧变的影响；另一方面采取相应的调整措施，完善现行体制。其目的是力求稳住局势，保证生存。为了贯彻这一战略和政策意图，古巴领导人在此期间采取了三项措施。一是1989年12月卡斯特罗在为国际主义战士送葬仪式上发表长篇政策性讲话，为迎接特殊时期做全国性的动员，这一讲话被国外传媒称为“第三个哈瓦那宣言”。二是1990年2月古共中央召开特别全会，初步提出了特殊时期的战略方针和政策思想。三是1991年10月古共召开四大，向全党全国提出“拯救祖国、革命和社会主义”的目标，调整了先前所强调的求稳治乱的政策，为启动改革开放准备条件。这一阶段的基本政策分政治和经济两个方面，政治方面主要是坚持马列主义原则和社会主义制度；高举爱国主义旗帜，抵制和平演变；加强和改善党的领导，突出特殊时期的特点；推进政治变革，完善政治体制。

---

① “Communique of the Special Plenum of Central Committee of CPC”, *Granma Weekly Review*, 25 February, 1990, p. 9.

② *IV Congreso del Partido Comunista de Cuba: Discursos y documentos*, Editora Política, La Habana, 1992, p. 247.

有关政治情况在本书的第二章和第三章中已有详细介绍，这里着重讨论经济方面的基本政策。现将这些政策概括如下。

1. 改变国民经济的发展重点，由过去的全面实现工业化转向优先解决食品问题和加速发展创汇行业

1989 年底，古共中央提出了“食品计划”，1990 年底全国人代会批准了这一计划，动员整个社会全力支持食品生产。与此同时，古巴大力发展国际旅游业和生物医药及医疗器械等行业，以扩大外汇来源。

2. 采取紧缩措施，但注意维护社会福利

为应付能源、食品等短缺的局面，国家一方面压缩消费，限制用油，扩大居民的定量供应日用品的范围；另一方面用薯类和饭蕉（plátano）代替面粉和大米，用畜力代替拖拉机，用自行车代替汽车。在此过程中，国家始终注意维护广大群众的社会福利，严格实行定量供应制度，保证每人的基本生活需要。古巴领导人多次申明，“绝不会遗弃一个人，绝不让一个人流落街头，无衣无食，没有工作”，不关闭学校和医院，不提高物价。

3. 放宽经济政策，改革经济体制

其一，发挥物质鼓励作用，恢复奖金制度；其二，允许私人养猪和建立家庭菜园（即自留地），鼓励单位和个人生产供自身消费的粮食、蔬菜等；其三，肯定个体经济的作用，古共四大首次认可私人服务提供者对国营服务业的“补充作用”，允许他们为社会提供其劳动；其四，扩大企业自主权，取消国家对外贸行业的垄断。①

4. 创造投资环境，积极吸引外资

早在 1982 年，古巴政府就颁布了《古外合资法》，提出了向外资开放的政策。1990 年进入特殊时期后，政府采取了积极吸引外资的方针。古共四大提出，“应鼓励外国资本向能为资金、技术和市场带来效益的行业和地区投资”，外资可与古巴的企业“采取不同的合伙方式”。② 1992 年，古巴部长会议对原有的外资法做了补充规定，放宽了对外资的限制，扩大了给

① *IV Congreso del Partido Comunista de Cuba*: *Discursos y documentos*, Editora Política, La Habana, 1992, pp. 252, 255 -256.

② Op. cit. , p. 250.

予外资的优惠待遇。同年 7 月颁布的新宪法肯定了古外合资是古巴经济中的一种所有制形式，从而为外资提供了法律保护。

第二节　经济改革措施的出台（第二阶段：1993～1996）

到 1993 年中，古巴的国内外形势有了新的发展。90 年代初，古巴初步顶住了苏东剧变的冲击，稳住了局势。在此基础上古巴共产党于 1991 年底召开了四大，提出了改革开放的初步构想，开始摸索以改革求生存之路。在此期间，国内的形势相对稳定。1993 年 2 月全国人大代表的直接选举获得成功，表明了古巴共产党对国民的凝聚力。古巴的国外处境也有所改善。然而，古巴的经济情况仍在不断恶化。随着苏联的解体和美国新禁运法的实施，古巴的经济危机日益深重。加之古巴国内又连续遭受灾害（风灾、水灾和流行性眼疾），古巴经济空前困难。到 1993 年年中，古巴形势发展到了既面临严峻的挑战又有难得的改革机遇的关键时刻。在此情况下，古巴步入了体制改革和加速开放的新阶段。

这一阶段的改革重点在经济方面，但政治改革也在同步进行。在政治方面主要采取了三项措施。第一，宣传改革的必要性，以求得国民的共识。在 1993 年，古巴领导人多次强调形势要求改革，并在全国开展讨论。第二，改革现行管理体制，改善政府对经济工作的领导。1994 年，政府机构进行了大规模的改组，使之能更好地为经济工作服务。对从事经济工作的国家干部，加大了反腐败教育和监督检查的力度。第三，改善政治气候，调动各方面力量，为经济改革创造良好条件。首先，调整与侨民的关系。历史的原因，古巴当局与侨民的关系在当时比较紧张。1994～1995 年，政府先后两次召开“民族与移民”会议（La Conferencia “La Nación y la Emigración”），邀请海外侨民代表回国共商国是，推动了双方关系的正常化。其次，放宽对宗教活动的限制，改善同教会的关系。

经济体制的改革是这一阶段改革的主要重点。1993 年 7 月 26 日，卡斯特罗在纪念攻打蒙卡达兵营40周年大会上的讲话中首次宣布公民持有美元合法化等重大改革措施，标志了古巴以改革开放为主的新阶段的开始。此后，古巴政府陆续提出了其他改革措施。现按时间顺序将这一阶段的主要经济改革措施分述于后。

一　私人持有美元合法化，缓解外汇紧张的局面

1993年8月，政府以法令的形式规定，允许美元自由流通。采取这一措施的目的是要将一部分私人手中和市场上非法流通的美元收回到国家手中，并刺激美元流入国内。据此，政府将只收美元的“外交商店”和“购物中心”向公众开放。作为配套措施，政府放宽了古侨回国的限制，并取消了所携美元限量的规定；通过与外资合作，扩大外汇商店的网络；允许私人在银行储蓄外汇等。1994年和1995年，先后实行了外汇券制度和允许自由兑换外币的规定。

二　扩大个体经济，发挥多种经济成分的作用

1993年9月，政府宣布允许在部分行业中实行个体经营和建立个体私营企业。到同年10月，所许可的范围从原来的少数行业扩大到135种，其中主要是小型服务性行业。1995年中，政府再次扩大个体经济的范围，允许私人经营的行业增加到149种。据政府统计，到1995年底个体劳动者已达20万人。扩大个体经济有利于活跃市场、缓解失业和改善群众的生活。允许从事个体经营的人包括失业工人、退休职工和家庭妇女等，但在职人员和领导干部不得从事个体经营。退休职工和失去进行系统劳动能力者还有权申请获得半公顷以下的土地，以便从事农业自给性个体劳动。

三　国营农场合作化，以调动农民的积极性

1993年9月，政府宣布允许把国营农场改建为规模较小和具有合作性质的“合作生产基本单位”（unidades basicas de producción cooperativa, UBPCs），也可将零散小块的国有土地出租给农民耕种。这种合作单位实行自主经营，但其产品必须全部卖给国家。1989年国营农场的土地约占全国

可耕地面积的78.0%，农牧业生产合作社占10.2%，信贷服务合作社占8.5%和个体小农占3.3%。[①] 新成立的这种合作单位同原有合作社的区别在于，前者的土地是国家提供的，而原有合作社的土地是社员自己的。实施这一措施的目的是将国有土地的经营权从国家转移到集体手中，从而旨在调动近100万农业劳动者的生产积极性。1993年底，古巴全国人代会通过了扩大个体经营和国有土地合作化的法令，将这两项改革措施用法律形式确定下来。到1999年，国营农场占全国耕地面积的百分比降至23.7%，合作生产基本单位占45.6%，农牧业生产合作社占10.0%，信贷服务合作社占13.6%，分散农户占6.6%，其他私有者占0.5%。[②]

四　实行财税改革和物价改革，整顿财经秩序

1993年在经济全面恶化的情况下，财政赤字占国家的预算高达33.5%，而1994年货币流通量增至118.96亿比索。[③] 货币贬值，财经秩序混乱，黑市猖獗。为了扭转这一局面，古巴政府从1994年初起建立统一的税收制度，扩大增税范围和提高部分税率；强化国家预算体制，要求地方一级即市（县）的预算以收抵支，实现财政平衡；改革社会保险制度，由国家和企业分担社会保险费用；调整物价，改变价格严重背离价值的状况，减少免费服务和低价配给项目，逐步减少国家的物价补贴，提高某些非生活必需品和奢侈品的价格等。

五　重新开放自由市场，活跃城乡经济

20世纪80年代初，古巴在推行“经济领导和计划体制”中开放了农产品自由市场。1986年2月古共召开三大后，在全国开展的纠偏运动中关闭

---

① Comité Estatal de Estadísticas. *Anuario Estadístico de Cuba 1989*. Editorial Estadística, Centro Habana, 1991, p. 186.

② Oficina Nacional de Estadísticas. *Anuario Estadístico de Cuba 2001*. Edición 2002, Ciudad de La Habana, p. 199.

③ 〔古〕何塞·阿．格拉·门切罗（古巴驻华大使）：《改革开放中的古巴》，《拉丁美洲研究》1997年第4期，第3页；José Luis Rodríguez, “Signs of Financial and Monetary Recovery in Cuba”, *Granma International*, December 7, 1994, p. 14。

了自由市场。1994 年 10 月，古巴当局决定在全国重新开放农牧业产品市场，不久又开放了工业和手工业品市场。政府规定，在自由市场上，个人、集体农民、国营企业和军队的生产单位在完成上交任务后均可出售自己的多余产品，也可通过代理商出售。但政府控制的少数产品如牛肉、牛奶、咖啡、烟草和大米等不得自由买卖。

六　调整社会保障标准，以适应新形势的特点

特殊时期开始后，为保持社会的稳定，在经济十分困难的情况下对过去所有的社会保障待遇一律维持不变。但为了贯彻开源节流方针，并调动社保人群的积极性，对某些社保标准做了一些调整，对企业增设有关税收。如从 1994 年 9 月起，政府不再实行对失业者无限期发放 60% 的原工资的政策，改为在一定时期后逐步递减失业救济金的新方法。又如，从同年 10 月起，对企业增收社会保障税。

七　加快开放步伐，促进经济好转

自 1993 年中以后，古巴在加速改革的同时也加大了对外开放的力度。1995 年 9 月，全国人代会通过了新的外资法。① 该法规定除防务、卫生保健和教育外，所有经济部门都向外资开放；外国人可在古巴兴办独资企业和购买房地产；古巴侨民可回国投资。该法特别指出，外国人可在武装部队经营的企业中投资；并重申保障外国投资者的合法权益，对简化外资审批程序也做了具体规定。

第三节　改革进程的继续（第三阶段：1996～2001）

在自 1993 年开始的第二阶段中，古巴大力开展多元外交，取得了国际社会的广泛同情和支持。然而，古美关系并未改善。美国鉴于使用经济和政治

① 即第 77 号法令，名为《外国投资法》（*Ley de la Inversión Extranjera*）。

手段未能搞垮古巴政权，遂自 1994 年起加紧实施思想渗透策略，以达到和平演变古巴的目的。1996 年 2 月发生击机事件[①]后，美国实行了进一步强化对古巴制裁的“赫尔姆斯—伯顿法”（Helms - Burton Law）。该法要求古巴赔偿 1959 年革命后征用的、移居美国后加入美国籍的古巴人留在古巴的企业和财产；允许美国人起诉涉嫌交易被征用美国财产的外国实体，但授权总统可以推迟 6 个月实施该条款；禁止对向古巴提供军事和情报支持的国家提供援助。该法还包括美国封锁的目标、解除封锁的条件以及古巴未来和平转型的蓝图等。[②]

面对美国加紧和平演变和经济封锁的两手策略，古巴也在这两条战线上展开了针锋相对的斗争。首先，古巴加强了意识形态工作。古共于 1996 年 3 月 23 日召开的四届五中全会分析了当时古巴的政治社会形势，卡斯特罗在会上宣布从那时起要在全体人民中“开展一场强大的意识形态战役”，以打击敌人的嚣张气焰。其次，古巴在加强意识形态斗争的同时加紧推进改革开放进程。在美国的“赫—伯法”实施后，古巴明确表示要努力推进改革开放进程，以打破美国的封锁。

1997 年 10 月古共召开第五次代表大会，提出了指导当前阶段改革开放的新方针。其要点是：坚持共产党的领导和坚持社会主义制度；反击美国发动的经济制裁和政治及意识形态攻势；继续根据本国国情稳步进行经济改革，尽可能减少由此带来的社会代价等。

古共五大把经济问题作为会议讨论的重点。五大的文件指出：“古巴的经济政策开始了一个新阶段，它应包括如多样化的经济结构、振兴出口、发展食品基地、提高能源、物资和财政等部门的经济效益等。”“提高效益是古巴经济政策的中心目标。”[③] 古巴在这一阶段中改革开放的新举措主要如下。

一 实行国有企业的改革

古巴的国有企业有 3000 多家，产值占国民经济的 90% 以上，其中大企

---

① 详见本书第十三章第三节第二条第二款。

② 简称“赫—伯法”，正式名称为《古巴自由与民主声援法》（*Cuban Liberty and Democratic Solidarity* { *Libertad* } *Act of 1996*）。

③ “Resolución Económica del V Congreso del Partido Comunista de Cuba”, *Granma*, 7 de noviembre de 1997.

业约1000家。种种原因，多数企业在特殊时期中都处于亏损状态。多年来虽然国有企业的经营体制有所变革，但没有进行过系统的改革。早在20世纪80年代，军队所属的企业就开始了改革的探索，90年代中期军队企业的改革全面进行。古共五大有关经济的决议提出，将军队企业的改革经验向全国推广。1998年8月，政府颁布了第187号法令，正式开始实行对国有企业管理体制的改革。这一改革的基本原则是：第一，政府减少对企业的直接干预；第二，企业在制订人员编制和生产计划等方面有更多的自主权；第三，实行按劳取酬、多劳多得的分配原则；第四，加强企业内部管理，建立能准确反映企业经济运行情况的财务机制。① 改革的主要步骤是：企业自我评估——提出改革方案——实行新管理体制。这次改革的特点是：发动全体职工参加，强调从各企业的实际情况出发，严格审批达标的企业。到1999年底。全国被批准进入准备阶段的企业已有892家，占国企总数的27.4%，涉及70多万名职工。2000年，多数企业已进入自我评估阶段。由于这一改革未能触及根本的模式问题，因此效果并不明显。

二　进行税制改革

20世纪90年代以前，古巴的税收长期仅限于向企业征收，个人的经济活动是不用上税的。进入特殊时期以后，多数国营企业出现亏损，上缴的税收大幅度减少，国家财政十分拮据。同时，政府在审视财政政策中发现，国家的税制不健全，影响了经济的运行。于是，政府于1994年8月颁布第73号法令，建立起古巴税制的法律框架。该法规定的征税范围包括公司所得、个人所得、商品销售、消费、公共事业服务、车辆使用、财产继承和赠与、印花、工薪、广告、机场、市场等15个税种。同时，政府还建立起国家税务管理办公室（ONAT），专门负责领导税务工作。然而在此后的两三年中，税收情况并不理想。1998年初，政府根据古共五大的经济决议精神，采取具体措施，加大实施征税的力度，明确优惠项目，增加税收种类，加强税收管理，取得了成效。

---

① "General Principles of Business Improvement", *Granma International*, 30 August 1998, p. 11.

三　实行银行体制的改革

过去，古巴国家银行具有经营全国财政金融业务并兼有投资、外贸及储蓄银行的职能，还负有制定和颁布国家金融政策和法规的任务。20 世纪 80 年代该行在国内有 259 个分支机构，同国外 450 多家银行有业务联系。国内的其他银行如国际金融银行和人民储蓄银行等均受其控制和领导。从 1994 年起，古巴开始金融改革，同年成立了国际商业银行和古巴第一家合资银行。1997 年 6 月，政府决定建立古巴中央银行，将原有的古巴国家银行一分为二，即中央银行和国家银行。后者仅行使商业银行的职能，将监督和调控银行体系的运作，发行货币，制定和执行货币、借贷和汇率政策，谈判外债等职能交由中央银行承担。这一改革是银行体系现代化计划的一部分，对整顿金融秩序具有重要的推动作用。

四　继续推进开放政策

这一阶段中的较大举措是建立免税区（Zonas Francas）。1996 年 6 月，政府颁布第 165 号法令，正式宣布建立免税区和工业园区。经过一年的紧张施工，于 1997 年 5 月开放了第一个免税区。到 1998 年底，共开放了四个免税区：贝罗阿，面积 244 公顷，仓储区 41616 平方米；瓦哈伊，面积 21 公顷，仓储区 13000 平方米，系航空港；西恩富戈斯，面积 432 公顷，仓储区 11800 平方米，系海港；马里埃尔，面积 553 公顷，仓储区 7000 平方米，系海港兼航空港。除西恩富戈斯外，其余三个免税区均在首都哈瓦那附近。

第四节　新形势下的经济改革（第四阶段：2001～2006）[①]

20 世纪 90 年代后期，古巴的经济改革明显地放慢了步伐。英国学者把

① 本章所述的特殊时期是到 2006 年为止。虽然劳尔在 2007 年 7 月 26 日说特殊时期没有结束，但他于 2006 年中期主政后古巴的形势和古巴的政策与此前已大不相同。因此，特殊时期的时段实际上在上述年份便已告一段落。

这一阶段的改革称为“演化式的改革”（evolutionary reform）。[①] 到 90 年代末，古巴的政治经济形势并不好，只能勉强维持现状。更有甚者，2001 年“9·11”事件突发后，世界的政治经济形势发生了变化。古巴受到较大的不利影响，使古巴经济雪上加霜。旅游业下降，外汇收入减少，比索的非官方汇率贬值，古巴经济再一次面临困难。在此情况下，古巴加大了改革的力度，争取平稳地渡过难关。在这一阶段中，对经济结构等方面采取了以下改革举措。

一　进行糖业改革

2002 年中，政府宣布了一项全面调整制糖工业的计划，决定关闭现有的 156 家糖厂中的 75 家，其中约 50 家被封存，在停产的糖厂中有 14 家转入其他工业用途，7 家留作旅游景点；将 200 万公顷的甘蔗田（占古巴种植面积的 67%）中的一半，即 100 万公顷土地转为其他农业用途，包括种树、放牧和种植粮食作物，大约 10 万名糖业工人下岗。这一改革计划到 2004 年完成，政府承诺在改革期间，保证每个下岗工人领到全额工资。政府还举办了各种培训班，为下岗工人再就业创造条件。按计划，改革后的年度糖产量保持在 400 万吨左右，而每吨糖的生产成本将下降一半。糖业的发展方向是优先生产蔗糖的副产品和提取物，包括用于增加出口的酒精。作为古巴糖业这一新战略的组成部分，政府于改革计划正式公布前在糖业部成立了两个新的公司；糖业金融公司（ARCAZ）和国际糖业公司（CAISA）。前者是糖业部新的筹资体系的主要机构，后者是一家合资公司，负责对外销售业务，使蔗糖产品更好地进入世界市场。

这一改革已经酝酿了数年之久，并做了周密的计划。为了使工人群众充分理解改革的意义、要求和步骤，并就有关问题交换意见，先后在基层召开了近 3000 次会议，有 91% 的糖业工人参加了这些会议。虽然这一改革的领域是具有 400 年传统的产业，涉及的人数有 200 万（约 50 万生产者和 150 万有关的人员），其改革的力度被传媒称为“180 度的大转弯”，但改革

---

① The Economist Intelligence Unit. *Country Profile*: *Cuba* (*2002*), p. 21.

的进展还比较顺利，获得了国内外人士的良好反应。国际糖业组织秘书长彼德·巴龙称此举是“迈出了勇敢的一步”[①]。

二　调整小农政策

2002 年 11 月 2 日，古巴全国人代会第九次例会通过了新的《农牧业生产与信贷和服务合作社法案》，以取代 1982 年颁布的第 36 号法令《农牧业生产合作社法》。新法案的基本精神是扩大合作社的自主经营权，进一步激发小农的生产积极性，使个体农业为国民经济做出更大的贡献。其具体内容包括：提高合作社自留利润的比例（从 50% 上升到 75%）；允许合作社雇佣外来劳工；合作社可以向小农收购农产品到市场上出售；社长有权不经过多数社员同意宣布破产等。[②] 同其他重要法案出台时的情况一样，该法的提出也经过了充分的酝酿。该法的内容事先在 20 多万农民中进行了讨论，全国的合作社为此召开了 3351 次会议，有 2 万多人发言，提出的修改意见约有 120 条。该法颁布后，为制定具体的实施条例，在社员中进行了进一步讨论。主要议题集中在产品销售、价格确定、改善收购体系以及对两种合作社分别制定落实措施等问题。

小农经济历来在古巴国民经济中占有重要位置。在 20 世纪 60 年代的土改后，小农（包括两种合作社）的土地曾占全国可耕地面积的 30%。[③] 政策的原因，到 1989 年下降到 11.8%（包括信贷和服务合作社，但不包括农牧业生产合作社）。[④] 特殊时期开始后，古巴重新肯定了小农的作用，古共四大指出小农经济是国营经济的“宝贵补充”[⑤]。1994 年，政府鼓励农民利

---

① Joaquin Oramas. “Alternatives in the Sugar Industry”, *Granma International*, 7 July 2002, p. 5; The Economist Intelligence Unit, *Country Report*: *Cuba* (*August 2002*), p. 18.

② Mireya Castaeda. “New Agricultural Cooperatives' Law”, *Granma International*, 10 November 2002, p. 4; The Economist Intelligence Unit, *Country Report*: *Cuba* (*May 2002*), p. 21; (August 2002), p. 22.

③ 毛相麟、邱醒国、宋晓平主编《中美洲加勒比国家经济》，北京：社会科学文献出版社，1987，第 195 ~ 197 页。

④ Comité Estatal de Estadísticas. *Anuario Estadístico de Cuba 1989*. p. 186. 按古巴当年的统计，全国可耕地面积的占有状况分两部分：社会主义部分和私有部分，前者包括国营农场和农牧业生产合作社，后者包括信贷和服务合作社和分散农户。

⑤ *IV Congreso del Partido Comunista de Cuba*: *Discursos y documentos*, p. 251.

用国有的闲置土地种植农作物。从那时起到2003年中为止，国家将总共31.6万公顷土地交给了小农使用，新成立了约500个信贷和服务合作社（CCS），有57000多人加入了小农协会，使会员总数超过了30万人。2003年信贷和服务合作社有2800个，农牧业生产合作社（CPA）1108个，个体小农拥有的土地约100万公顷，占全国可耕地的25%。小农的产品占全国产量的比重是：占根茎作物的53%，新鲜蔬菜的56%，烟草的90%，玉米的75%，豆类的76%，水果的73%，椰子的73%，咖啡的58%，可可的63%，蜂蜜的61%，甘蔗的18%，牛奶的36%，猪肉的57%，绵羊肉的68%，山羊肉的86%和马肉的77%。[①]

三　中止美元的流通

2004年10月25日，卡斯特罗主席宣布，从11月8日起中止美元在古巴市场上流通。根据古巴中央银行的决定，从上述日期起，古巴境内的所有商业网点和服务机构都将禁止美元流通，取而代之的是可兑换比索（与美元等值）。同时，政府将对美元与可兑换比索的交易征收10%的税，但其他外汇的买卖则不征税。这项规定对所有古巴公民和在古巴的外国人都有效，但合理拥有的美元现金和存款仍将受到保护。不过，从中止美元流通之日起，银行将拒绝美元现金存入账户。

自1993年以后，美元在古巴合法流通。但是，自2004年中以后，美国政府不断加强对古巴的封锁和制裁，并向外国银行施压，阻止古巴将收入的美元存在国外。为了反击美国的封锁，恢复国家对美元的控制，政府采取了这一应急对策，从而结束了实行11年之久的双币制的局面。据报道，古巴民众理解和支持政府的措施，以平常心态对待这一禁令。[②]

总的来说，特殊时期开始后，长期的经济困难一直困扰着古巴。到2006年，古巴面临的问题是：第一，社会不平等现象加剧，居民收入差距

① Raisa Pages. "Campesinos hold 25% of Cultivated Land", *Granma International*, 1 June 2003, p. 6.

② Efe, *Mensaje*, 8 de noviembre de 2004.

达到4∶1，哈瓦那有20%的人生活在贫困线下，全国有56%的人住房条件不好；第二，政治和经济管理过度集中，从而抑制了民众的参与度和社会管理的积极性；第三，经济发展缓慢，基本消费需求长期不足，机构管理效率低下；第四，腐败问题抬头，人们对未来日益缺乏信心。[①]

第五节　经济改革的成效和问题

在特殊时期，古巴的改革开放政策取得了成效。古巴从深重的灾难中走了出来，继续前行。古巴实现了“拯救祖国、革命和社会主义”的目标，保卫了社会主义成果，创造出当代世界史上的奇迹。

一　改革开放带来的具体变化

（一）宏观经济的变化：从危机到逐步恢复

古巴的国内生产总值实际增长率从1990年至1993年连续4年大幅度下降后停止了滑坡，此后逐年增长，但仍未恢复到1989年水平。2002年，古巴经济受到美国“9·11”事件的影响，增长率低至1.1%，2003年也只增长了2.6%，2004年回升至5%，2005年和2006年分别增长了11.2%和12.1%。但是，到2005年，只有少数工农业产品的产量得到恢复和发展，而多数主要工农业产品的产量均未达到1989年的水平（详见第七章表7－3和表7－4）。需要说明的是，古巴于20世纪90年代中期在经济统计方法上做了调整。从1996年起，实行多年的以1981年不变价格计算的标准改为以1997年不变价格计算。从2004年起，在国内生产总值中计入了社会服务的产值，而在过去的传统算法中则往往忽视了这部分产值具体数值（见表6－1～表6－11）。

（二）所有制的变化：从公有制到混合经济

特殊时期前，公有制在古巴经济领域中占绝对优势。到2000年，古

① Rafael Hernández. “Reform/Revolution in Cuba: The Current Transition”, *Seminar on Discussions of Socialism in an International Comparison*, Beijing, September 16－17, 2010.

巴经济除公有制外还存在一定规模的个体所有制和外资所有制。然而，自1997年古共五大后个体经济受到限制，从业人员有减无增。在农业中非国有经济（包括合作社经济）和小农经济从1989年的占22%增至2003年的占66%，但由于相关的政策没有跟上，对调动农民积极性的效果不明显。

（三）经济结构和外贸结构的变化：从单一到多元化

古巴历史上遗留下来的单一经济结构虽在革命后的前30年中经过努力有所改变，但受经互会经贸关系的制约，其改变不大。只是在特殊时期中对单一经济的改造才有实质性的变化。一些新兴的行业如旅游业、生物医药业、石油开采等相继崛起。旅游业的毛收入从1994年起就超过了原为第一外汇来源的蔗糖收入；同年药品的出口收入达1亿美元；本国生产的石油从80年代后期的七八十万吨提高到2003年的369万吨。在外贸方面，不仅扩大了非传统出口产品品种，而且外贸对象也开始多元化，2006年主要贸易对象按贸易额排名的前4位依次为委内瑞拉、中国、西班牙、荷兰[①]。

（四）外国投资的变化：从无到有，逐步增加

特殊时期前，古巴几乎没有外国投资。1991年时只有5家外资企业。截至2006年底，已有400多家外资独资或合资企业，涉及矿业、石油勘探和开发、旅游、建筑和轻工等领域。外资项目达362个，其中包括国际经济联合体项目237个、合作生产合同57个、饭店管理合同60个、生产服务管理合同8个。国际经济联合体项目中，西班牙、加拿大和意大利投资的占总数的60%，并且71%的国际经济联合体项目为合资企业形式，外资总额的45%集中在基础工业、旅游和轻工业等三个部门。在古巴拥有的57家合作生产的企业中有67%的企业集中在冶金机械工业、渔业和建筑业等部门，主要投资国分别为西班牙、意大利和巴拿马。[②] 然而，在特殊时期，主客观

① http://www.one.cu/aec2010/esp/20080618.tabla.cuadro.htm（Sector externo，tabla 8.4）（2017-07-24）

② 中国商务部：《对外投资国别（地区）指南——古巴》2015年版。http://www.fdi.gov.cn/1800000121_25_460_0_7.html（2017-08-24）

原因使然，外国直接投资总额增长缓慢，始终只有数亿美元。

二　对古巴特殊时期经济改革的几点结论

（一）古巴的经济改革政策取得了成效

主要标志是古巴在险恶的条件下顽强地生存下来，保住了“祖国、革命和社会主义”，但尚未摸索出一条在世界新形势下建设有古巴特色的社会主义道路。这在充分展示了古巴民族的坚强性和社会主义制度生命力的同时，也有力地证明了改革的必要性和迫切性。改革是推进古巴社会主义的必由之路，古巴沿着这一方向所进行的改革是不可逆转的，它将继续为改善社会主义制度，使古巴更好地同世界经济接轨发挥重要的作用。

（二）古巴的经济改革任重而道远

古巴历史上遗留的畸形经济结构和革命后长期实行苏联式高度集中计划经济的模式还远未发生根本性的转变。特别是古巴改革的步伐是谨慎而渐进的，对一些领域触动不大；在已进行改革的领域内，一些深层次问题尚待解决。随着改革的进一步深化，必然会出现更多更难的问题有待从实践上和理论上加以解决。因此，古巴的经济改革将是一个长期、复杂而艰巨的任务。

（三）深化改革的关键是进一步解放思想

目前古巴正处于经济模式转换和体制自我更新的重要阶段，面对在社会主义原则下非公有制经济可以发展到何等规模、市场因素可以利用到何等程度等新问题，必须从实际出发，进一步解放思想。在社会主义原则下能否最大限度地调动人的积极性、取得最快的发展速度，这是判断社会主义改革措施是否正确和有效的主要标准。从古巴的实践看，在这方面还有很大的潜力有待开发。当今世界的发展突飞猛进，只有在思想上与时俱进，力争有新的突破，并且加大改革的力度，才能摆脱困境，迎头赶上和超过其他国家的发展速度，促使社会主义古巴迅速前进，永远屹立在日新月异的世界上。

表 6－1 特殊时期国内生产总值变化情况 *

项目 \ 年份	1989	1990	1991	1992	1993	1994	1995	1996
总数（百万比索）								
按当年价格计算	—	—	—	—	15095	191.98	21737	23124.6
按 1981 年不变价格计算	19586	19008	16976	15010	12777	12868	13184	22819 **
实际变化（%）	1.2	-3	-10.7	-11.6	-14.9	0.7	2.4	—
人均数（比索）								
按当年价格计算					1384	1753	1980	2099
按 1981 年不变价格计算	1852	1777	1572	1387	1172	1175	1201	2071 **
实际变化（%）	0.2	-0.4	-11.5	-12.6	-15.4	0.3	2.2	—
项目 \ 年份	1997	1998	1999	2000	2001	2002	2003	
总数（百万比索）								
按当年价格计算	23438.6	23777.4	26146.7	26146.7	29401.8	29401.8	29401.8	
按 1997 年不变价格计算	23438.6	23475.5	24956.4	26482.1	27273.7	27686.2	28406.0	
实际变化（%）	2.7	0.2	6.3	6.1	3.0	1.1	2.6	
人均数（比索）								
按当年价格计算	2118	2139	2343	2519	2618	2743	2817	
按 1997 年不变价格计算	2118	2112	2236	2365	2429	2475	2532	
实际变化（%）	2.3	-0.3	5.9	5.8	2.7	—	2.3	

* 表中因资料不全而无法统计，用“—”表示。

** 按 1997 年不变价格计算。

资料来源：Comité Estatal de Estadísticas（CEE），Oficina Nacional de Estadísticas；Banco Central de Cuba；The Economist Intelligence Unit（EIU）。

表 6－2　特殊时期国内生产总值的部门构成及比例*

单位：亿比索

年份 / 产值 / 部门	1990		1991		1992		1993		1994		1995		1996	
		%		%		%		%		%		%		%
总计	190. 083	100. 0	169. 758	100. 0	150. 099	100. 0	127. 767	100. 0	128. 683	100. 0	131. 845	100. 0	228. 190	100. 0
农业	17. 563	9. 2	13. 349	7. 9	11. 971	8. 0	9. 249	7. 3	8. 794	6. 8	9. 155	6. 8	17. 814	7. 8
矿业	0. 916	0. 5	0. 816	0. 5	1. 057	0. 7	0. 964	0. 8	0. 975	0. 8	1. 521	1. 2	34. 46	1. 5
制造业	46. 402	24. 4	41. 997	24. 7	35. 065	23. 4	310. 036	24. 3	33. 406	26. 0	35. 552	26. 9	43. 745	19. 1
电、气和供水业	4. 546	2. 4	4. 265	2. 5	3. 782	2. 5	3. 352	2. 6	3. 5	2. 7	3. 842	2. 9	42. 260	1. 9
建筑业	15. 081	7. 9	10. 852	6. 4	6. 037	4. 0	3. 857	3. 0	3. 839	3. 0	4. 121	3. 1	15. 000	6. 6
商业、餐饮业和旅馆业	49. 363	26. 0	43. 964	25. 9	40. 502	27. 0	29. 364	23	29. 352	22. 8	29. 848	22. 6	63. 907	28. 0
运输、仓储和交通	12. 023	6. 3	10. 589	6. 2	9. 116	6. 1	7. 333	5. 7	7. 087	5. 5	7. 484	6. 0	17. 015	7. 5
金融、不动产和企业服务	6. 032	3. 2	6. 392	3. 8	5. 439	3. 6	5. 134	4. 0	4. 924	3. 8	4. 838	3. 7	16. 207	7. 1
社会团体和个人服务	38. 157	20. 1	37. 534	22. 1	37. 130	24. 7	37. 478	29. 3	36. 805	28. 6	35. 484	26. 8	43. 432	19. 0
进口权													3. 398	1. 5

续表

年份 / 产值 / 部门	1997		1998		1999		2000		2001		2002		
		%		%		%		%		%		%	
总计	234.386	100.0	234.775	100.0	249.564	100.0	264.821	100.0	272.737	100.0	275.736	100.0	
农业	18.230	7.8	15.657	6.7	17.477	7.0	19.071	7.2	17.680	6.5	17.286	6.3	
矿业	3.514	1.5	3.125	1.3	3.209	1.3	4.274	1.6	4.177	1.5	4.195	1.5	
制造业	46.447	19.8	42.672	18.2	45.741	18.3	48.095	18.2	47.516	17.4	46.974	17.0	
电、气和供水业	4.520	1.9	4.687	2.0	5.067	2.0	5.718	2.2	5.763	2.1	5.825	2.1	
建筑业	15.449	6.6	15.040	6.4	16.161	6.5	17.517	6.6	17.795	6.5	16.674	6.0	
商业、餐饮业和旅馆业	63.803	27.2	67.498	28.8	67.970	27.2	73.105	27.6	76.084	27.9	78.071	28.3	
商业、餐饮业和旅馆业	17.546	7.5	20.291	8.6	23.856	9.6	25.047	9.5	28.749	10.5	28.847	10.5	
金融、不动产和企业服务	16.482	7.0	17.328	7.4	19.525	7.8	19.693	7.4	20.390	7.5	20.709	7.5	
社会团体和个人服务	45.004	19.2	45.085	19.2	47.220	18.9	48.855	18.4	51.230	18.8	54.080	19.6	
进口权	3.364	1.4	3.372	1.4	3.338	1.3	3.446	1.3	3.353	1.2	3.075	1.1	

* 1996 年以前按 1981 年不变价格计算，从 1996 年起按 1997 年不变价格计算。

资料来源：Banco Central de Cuba；Oficina Nacional de Estadísticas。

表 6－3　特殊时期主要工业产品产量

单位：万吨

名称＼年份	1993	1994	1995	1996	1997	1998	1999	2000	2001	2002
发电（亿度）	110.0	119.6	124.6	132.4	141.5	141.5	144.9	150.3	153.0	157.0
石油	110.8	129.9	147.1	147.6	143.8	165.8	210.4	262.1	277.3	353.3
钢	9.8	14.8	20.3	22.9	33.5	28.3	30.3	32.7	27.0	26.4
镍和钴	3.0	2.7	4.3	5.4	6.2	6.8	6.7	7.1	7.7	7.5
水泥	104.9	108.5	145.6	143.8	170.1	171.3	178.5	163.3	132.4	132.7
糖	424.6	401.7	325.9	452.9	431.8	329.1	387.5	405.7	374.8	361.0

资料来源：Oficina Nacional de Estadísticas；The Economist Intelligence Unit。

表 6－4　特殊时期前的蔗糖产量

单位：千吨

年份	产量
1954	4959. 1
1971	5924. 8
1973	5252. 7
1974	5924. 9
1975	6314. 3
1976	6155. 9
1977	6485. 0
1978	7350. 5
1979	7991. 8
1980	6665. 2
1981	7258. 9
1982	8210. 1
1983	7108. 6
1984	8206. 6
1985	8003. 9
1986	7254. 6
1987	7116. 8
1988	7415. 4
1989	8121. 1

资料来源：Comité Estatal de Estadísticas：*Anuario Estadístico de Cuba*。

表 6－5　特殊时期主要农产品产量

单位：万吨

年份 名称	1993	1994	1995	1996	1997	1998	1999	2000	2001
大米	17.7	22.6	22.3	36.9	41.9	28.0	36.9	30.6	32.6
烟草	1.7	2.7	2.5	3.2	3.1	3.8	3.1	3.2	3.2
酸性水果	64.45	50.50	56.35	66.22	80.84	71.33	71.00	89.85	87.3
咖啡	1.9	1.8	1.9	1.8	—	—	—	—	—
块茎作物	56.9	48.5	62.4	74.3	67.9	59.5	87.9	99.3	110.0
蔬菜	39.3	32.2	40.2	49.4	47.2	64.3	101.5	140.0	152.9
牛奶	30.0	63.6	63.9	64.0	65.1	65.5	61.8	61.4	62.1
牛肉	10.1	12.1	12.9	13.7	13.5	13.9	14.5	14.6	14.2
猪肉	6.60	8.56	8.95	9.30	9.79	12.23	15.05	14.29	11.49
禽肉	5.1	5.6	7.3	7.5	7.9	7.3	7.4	7.3	7.0
鸡蛋（百万个）	1512.2	1561.1	1414.9	1282.4	1336.8	1318.5	1753.0	1721.6	1524.5
鱼类	9.4	9.4	10.2	12.1	10.8	9.3	9.8	7.9	9.0

资料来源：Oficina Nacional de Estadísticas；The Economist Intelligence Unit（EIU）；Comisión Económica de las Naciones Unidas para América Latina（CEPAL）。

表 6-6　特殊时期旅游业发展情况

年份	1989	1991	1992	1993	1994	1995	1996	1997
游客人数（万人次）	32.6	41.8	48.0	56.0	61.9	74.5	100.4	117.0
毛收入（亿美元）	1.68	3.87	5.67	7.20	8.50	11.00	13.50	15.15
年份	1998	1999	2000	2001	2002	2003	2004	
游客人数（万人次）	141.6	160.3	177.4	177.5	168.6	190.6	204.9	
毛收入（亿美元）	17.59	19.01	19.48	18.56	17.69	20.34	23.29	

资料来源：Ministerio de Turismo（MINTUR）；Oficina Nacional de Estadísticas；The Economist Intelligence Unit；Banco Central de Cuba。

表 6－7 特殊时期国家财政收支情况

（当年价格）

单位：百万比索

项目 \ 年份	1992	1993	1994	1995	1996	1997	1998	1999	2000	2001	2002
收入	10179	9516	12757	13043	12124	12204	12502	13419	14915	15034	16197
直接税	1684	1400	1865	1608	1800	2719	3138	3555	3966	5011	5038
间接税，其中：	5110	5833	7605	7908	5584	5330	5543	6336	6732	6386	7259
流通税	3736	3310	5097	5684	5164	4876	5076	5786	6131	5722	—
服务税	0	301	498	481	420	454	467	550	602	665	—
其他收入，其中：	3386	2293	3287	3527	4740	4115	3821	3528	4217	3637	3900
企业和预算单位的其他税收	1535	1516	2332	1190	1355	2015	1908	1515	1554	1661	—
额外收入	0	0	844	1450	1000	2140	1914	2014	2664	1976	—
支出	15048	14567	14178	13807	12692	12663	13062	14031	15587	15771	17193
经常开支	11810	12529	11495	12064	10709	10824	11481	12568	13838	13781	14755
教育	1489	1385	1334	1410	1438	1464	1510	1830	2095	2369	2752
公共卫生	977	1077	1061	1088	1110	1275	1345	1553	1684	1797	1923
国防和公共秩序	842	713	651	727	727	630	537	752	880	1274	1262
住房和社区服务	322	260	316	291	297	488	566	684	763	827	—
文化艺术	173	173	164	158	161	165	169	191	234	311	—
科学技术	121	125	126	133	136	109	104	128	154	164	—

续表

项目 \ 年份	1992	1993	1994	1995	1996	1997	1998	1999	2000	2001	2002
体育	115	104	104	103	105	122	126	141	158	163	—
行政	373	413	354	375	383	432	438	457	509	565	—
社会保险转账	1348	1452	1532	1573	1604	1679	1705	1786	1786	1870	1985
补贴（企业活动）	5300	6168	4234	4937	2886	1350	1139	770	586	393	—
其他	751	659	1618	1269	1862	3989	4807	5400	6244	5121	6833
资本支出	3239	2038	2683	1745	1984	1839	1581	1463	1749	1990	1949
公有部分差额	-4867	-5051	-1421	-766	-568	-459	-560	-612	-672	-738	-997

资料来源：Banco Central de Cuba；Comité Estatal de Estadísticas；The Economist Intelligence Unit。

表 6－8　特殊时期主要出口商品构成

（离岸价格）　　单位：百万比索

名称＼年份	1992	1993	1994	1995	1996	1997	1998	1999	2000	2001	2002
糖	1243	758	600	714	976	853	599	463	453	545	447
渔产品	105	69	100	123	126	128	104	97	91	79	93
矿产品	235	160	201	331	423	416	345	410	599	465	427
烟草产品	94	71	71	102	109	161	192	205	166	263	142
农牧产品	—	31	41	45	39	39	59	43	41	31	—
其他产品	107*	67	158	177	192	222	214	278	326	278	293*

* 包括农牧产品。

资料来源：Banco Nacional de Cuba；Oficina Nacional de Estadísticas；The Economist Intelligence Unit。

表 6-9　特殊时期主要进口商品构成

（到岸价格）　　单位：百万比索

名称＼年份	1992	1993	1994	1995	1996	1997	1998	1999	2000	2001	2002
燃料	833	721	773	873	976	990	687	731	1158	973	954
食品	579	474	467	611	718	725	704	722	672	755	832
机器和设备	440	244	196	427	562	856	1130	1144	1202	1234	1058
化工产品	208	162	167	308	296	399	420	429	419	477	479
原料	46	130	80	114	85	95	95	91	95	91	91

资料来源：Banco Nacional de Cuba；Oficina Nacional de Estadísticas；The Economist Intelligence Unit。

表 6－10　特殊时期主要贸易对象

单位：百万比索

国别＼年份	1992	1993	1994	1995	1996	1997	1998	1999	2000	2001
出口总额：	1779	1157	1331	1492	1866	1819	1512	1496	1676	—
俄罗斯	632	397	279	195	457	303	355	303	325	403
加拿大	212	132	146	231	250	250	230	229	278	228
荷兰	66	53	29	53	80	39	53	93	117	339
中国	158	67	113	189	121	97	82	50	81	71
西班牙	76	59	69	93	112	170	141	159	150	187
日本	104	46	45	83	73	92	20	50	28	29
法国	40	34	42	53	54	35	43	51	42	60
保加利亚	21	25	19	37	25	17	0. 2	9	0. 2	0. 1
意大利	46	30	46	61	39	41	28	39	34	95
英国	21	11	12	22	30	30	25	30	38	20
德国	23	19	39	54	85	71	68	73	121	20
其他国家	380	284	492	421	540	674	466. 8	410	461. 8	208. 9

续表

国别＼年份	1992	1993	1994	1995	1996	1997	1998	1999	2000	2001
进口总额：	2315	1984	2353	2992	3610	3987	4181	4349	4796	4788
墨西哥	121	307	250	397	342	366	343	322	299	289
西班牙	219	184	226	353	458	497	608	722	744	694
俄罗斯	191	86	42	57	508	112	135	125	111	82
加拿大	103	76	83	220	206	265	321	340	311	362
法国	99	177	215	211	199	270	318	276	290	270
比利时、卢森堡	25	89	5	11	32	28	40	34	37	22
德国	61	48	37	52	52	86	78	76	78	98
意大利	112	112	111	104	140	232	253	264	297	298
荷兰	49	32	42	111	106	94	79	72	86	67
英国	63	70	94	59	42	31	54	41	57	25
中国	220	202	135	171	155	248	337	432	444	548
其他国家	1044	649	1113	1246	1370	1978	1872	1909	2042	2033

资料来源：United Nations：*Statistical Yearbook for Trade Direction*；Oficina Nacional de Estadísticas：*Anuario Estadístico de Cuba*。

表 6-11 特殊时期国际收支

单位：百万比索

项目 \ 年份	1994	1995	1996	1997	1998	1999	2000	2001	2002
经常项目	-206.2	-517.7	-166.8	-436.7	-392.4	-461.8	-687.1	-552.7	-296
商品和劳务	-307.6	-639.1	-417.9	-745.5	-756.7	-746.6	-836.5	-863.4	-516
商品*	-971.4	-1484.3	-1790.3	-2264.5	-2688.8	-2909.3	-3173.0	-3076.2	-2727
出口	1381.4	1507.3	1866.2	1823.1	1540.2	1456.1	1691.8	1661.5	1402
进口	2352.8	2991.6	3656.5	4087.6	4229.0	4365.4	4864.8	4838.3	4129
劳务	663.8	845.2	1372.4	1519.0	1932.1	2162.7	2336.5	2212.2	2211
租金	-422.8	-524.8	-492.6	-482.9	-448.7	-514.1	-693.0	-502.2	-600
经常性转移	470.2	646.2	743.7	791.7	813.0	798.9	842.4	812.9	820
资本项目	262.4	596.2	174.4	457.4	409.4	484.9	716.5	594.5	—
长期资本	817.4	24.2	307.9	786.9	632.7	209.9	347.3	367.2	—
直接投资	563.4	4.7	82.1	442.0	206.6	178.2	399.9	38.9	—
其他	254.0	19.5	225.8	344.9	426.1	31.7	-52.6	328.3	—
其他资本	-555.0	572.0	-133.5	-329.5	-223.3	275.0	369.2	227.3	—
储备金变动额	-2.2	-78.5	-7.6	-20.7	-17.0	-23.1	-29.4	-41.8	—
备查项目（正负重估数）	-617.0	-533.7	-847.5	-1114.2	-630.5	-346.5	—	—	—

* 进出口包括赠款。

资料来源：Oficina Nacional de Estadísticas；The Economist Intelligence Unit。

第七章　劳尔·卡斯特罗“更新”社会主义模式的改革

劳尔·卡斯特罗（以下简称劳尔）自2006年7月底主政后，在采取措施缓解经济困难的同时，也在政治上和思想上为改革准备条件。2011年4月，古共召开六大，出台了《党和革命的经济社会政策纲要》，标志着古巴“更新”社会主义模式进程的全面展开。古共六大以后，党和政府采取了诸多的改革措施，例如发展个体经济，将闲置土地承包给农民和合作社，改革国有企业，建立发展特区，在税收、外国投资、移民、劳工等方面制定新的法律，以及完善党的工作等。国家的经济困难有所缓解，并为未来的经济发展准备了条件。但是，随着改革的深入，市场发育缓慢，国内投资严重不足等瓶颈问题也逐渐显现。

对于改革，古巴官方不使用 reforma（“改革”）一词，一般使用 cambio（“变化”“变革”）。2011年古共六大的文件使用 actualizar（“更新”，官方的英译为 update）一词，强调“更新”社会主义模式。因此，目前古巴的改革被称为“更新”。

第一节　劳尔主政初期为改革创造条件

劳尔主政后，面对苏东剧变以来国家长期的经济困难和国内僵化低效的政治经济体制，开始在思想上和政治上为改革创造条件。

一 劳尔改革的主要背景

（一）苏东剧变后，美国变本加厉地以压促变，企图乘机颠覆古巴社会主义政权

正如本书第六章所述，苏东剧变使古巴失去了政治经济依托，古巴宣布进入“特殊时期”。这时，美国认为颠覆古巴社会主义政权的时机已经到来。古共于1991年召开的四大把对外开放定为国策，美国针对古巴的这一方针，采取扼杀古巴对外开放及吸引外资的政策，迫使古巴搞所谓的“民主改革”和“市场经济”向资本主义转变。美国政府先后于1992年和1996年出台了“托里切利法”和“赫尔姆斯—伯顿法”，前者禁止在国外的美国子公司同古巴进行贸易，对任何向古巴提供经济援助和开展贸易的国家进行制裁等；[①] 后者则进一步强化了对古巴的制裁。[②]

（二）高度集中的计划经济体制与长期的经济困难

在特殊时期，古巴进行过一些经济改革，但对计划经济这一模式触动不大。劳尔主政以后，在公开的讲话中多次检讨古巴现行的模式，直到古共六大正式提出“更新”社会主义模式问题。劳尔表示要承认并纠正错误，吸取经验教训。劳尔清楚地认识到不及时“更新”的严重性，他说：“要么我们纠正错误，我们在悬崖边徘徊的时间已告结束，要么我们就会沉没下去，并且会葬送几代人的努力。”[③]

如前章所述，特殊时期开始后，长期的经济困难一直困扰着古巴。到2006年，古巴面临的问题是：社会不平等现象加剧；政治和经济管理过度集中；经济发展缓慢，基本消费需求长期不足；腐败问题抬头，人们对未来日益缺乏信心。[④] 在此情况下，重大的改革势在必行。

---

① 详见本书第六章第一节第一条第二款。

② 详见本书第六章第三节的第一段。

③ http://www.cubadebate.cu/autor/-castro-ruz/page/6（2017-07-10）

④ 详见第六章第四节所引古巴学者 Rafael Hernández 于2010年9月16~17日在北京举行的学术讨论会上的发言。

二　劳尔主政初期为改革创造条件

为了应对古巴面临的经济困难，劳尔于2006年7月临时接管国家最高权力后就开始探索经济发展之路。他一方面进行大规模的调研工作，为重大的改革做准备；另一方面积极出台一些具体的改革措施，放宽政策，以缓解经济困难。

通过古巴全国人代会的选举，劳尔自2008年2月起接替菲德尔·卡斯特罗担任古巴国务委员会主席和部长会议主席的职务。自那时到2011年在古共六大正式提出“更新”社会主义模式为止，劳尔为改革创造条件主要做了以下三方面的工作。

其一，在经济上采取了一系列新的变革措施，其中主要有：改革工资制度，增加职工工资，取消最高工资额的限制，允许职工和大学生兼职；放宽对商品流通和外汇交易的限制，允许向持有“可兑换比索”的古巴普通民众销售手机、电脑、DVD播放机、彩电等商品，允许古巴本国公民凭“可兑换比索”入住涉外旅游酒店；通过第259号法令和第282号法令，将闲置的土地承包给合作社或个体农民，大力发展市郊农业；削减不必要的公共事业补贴，逐步关闭免费的职工食堂，取消凭本低价供应的芸豆、土豆、香烟等商品，其目标是最终取消凭本供应制度；将投资建设高尔夫球场的外国投资者土地租用期限从50年延长到99年等。此外，新的变革措施还包括大力精简政府机构，发挥各部门的职能，监督各部门正确履行职责等。

其二，在思想上积极倡导“思想和观念”的转变，为改革进行思想准备。劳尔首先提出要进行“结构变革”和“观念变革”，强调经济建设是当前古巴面临的主要任务，只有搞好经济，才能坚持和发展社会主义。他在2008年的“七·二六”讲话中指出：“最早我们说芸豆与大炮同样重要，形势恶化后[①]我们说芸豆比大炮更重要。现在国家面临的问题也是如此。”古巴向来优先发展社会福利和公共服务部门，经济工作常常受到种种客观和

---

① 指20世纪90年代初的经济困难时期。

主观因素的影响和干扰。劳尔努力把政府工作的重点转移到经济建设上来。在2007年“七·二六”讲话中，劳尔大力提倡发扬批评精神和创新精神，反对僵化和教条主义。2007年9～10月，在全国开展全民大讨论，就古巴当前问题及解决办法广泛征求意见。劳尔还提出“必须回到土地”的口号，鼓励农民承包闲置的土地，使农村一半以上闲置的可耕地投入生产。鉴于不少人长期以来把平均主义“大锅饭”曲解为社会公正和平等这一重要的社会主义原则，劳尔在2008年4月第七届全国人代会第一次会议闭幕式上的讲话中，将社会公正和平等的概念与平均主义相区别。他指出：“社会主义意味着社会公正和平等，但这是指权利的平等，机会的平等，而不是收入的平等。平等不是平均主义。归根结底，平均主义也是一种剥削形式，是勤劳的劳动者受到不勤劳的劳动者甚至懒汉的剥削。”[①]

其三，在政治上，劳尔对国家最高权力机构进行重大改组，于2009年3月解除了2位国务委员会副主席的职务，替换了11名部长。其中，最为引人注目的是罢免了负责经济事务的国务委员会副主席、执行秘书卡洛斯·拉赫和外交部部长菲利佩·佩雷斯·罗克的职务。2009年12月20日，古巴全国人民政权代表大会增选2名国务委员会副主席和5名委员。2010年3月9日，革命“老兵”、民航局局长罗赫略·阿塞韦多·冈萨雷斯被免职，由拉蒙·马丁内斯·埃切维里亚担任这一职务。2011年，古共六大劳尔当选古共中央第一书记，古巴正式进入“劳尔时代”。他全面掌管党政军大权，为“更新”模式提供了保障。

2010年，古巴政府出台一系列“更新”社会主义经济模式的新举措，主要是裁减国有部门的职工和扩大个体经济。8月1日，劳尔宣布将开始分阶段逐步减少国有部门的职工，扩大个体劳动者的数量，并称这项举措是“结构和概念的变革”。9月13日，古巴政府决定，到2011年3月底，国有部门要完成精简50万人的计划，其中约25万人将从事个体劳动；3年内裁

---

① Raúl Castro. *Discurso pronunciado en las conclusiones de la primera sesión ordinaria de la VII Legislatura de la Asamblea Nacional del Poder Popular*. Palacio de las Convenciones, La Habana, 11 de julio de 2008. http://www.cuba.cu/gobierno/discursos/2008/esp/r110708e.html (2017-02-22)

员100万，占全部国有部门职工的1/5。这项计划显示了劳尔进行改革的决心。自2011年1月4日起，国有部门正式开始裁员，先从糖业部、农业部、建设部、公共卫生部4个部和旅游业开始，然后再向其他部门扩展。

2010年9月24日，古巴公布了向个体户开放的178项经济活动，放宽了对个体工商户的限制。根据新的规定，在178项允许个体户从事的经济活动中，有29项是新开放的，有83项允许雇用劳动力。10月初，古巴政府开始启动个体户注册登记。10月25日，古巴正式公布了有关个体户纳税的具体规定。

第二节 “更新”社会主义模式的主要内容

古巴“更新”社会主义模式不仅出台了一系列经济改革举措，而且还涉及思想、政治和党的建设等诸多方面。

一 “更新”社会主义模式的顶层设计

2010年12月1日，党报《格拉玛报》刊登了一篇名为《由群众决定》的社论，呼吁古巴公民踊跃参加为期3个月（2010年12月1日至2011年2月28日）的全民大辩论，自由表达对经济改革和对《经济与社会政策纲要（草案）》的意见。这场辩论的中心议题是古巴近期展开的经济改革，包括在国营领域内的大规模裁员和政府鼓励发展私营企业的问题。这场辩论是为古巴共产党第六次全国代表大会做准备。大会集中讨论古巴经济中存在的问题以及如何使古巴经济模式更加现代化。在该草案中第一次正式提出了模式更新的概念。

2011年4月召开的古共六大选举出新一届中央委员会和书记处，劳尔接替菲德尔·卡斯特罗出任古共中央第一书记。大会通过的《党和革命的经济社会政策纲要》（以下简称《纲要》）标志着古巴“更新”进程的正式启动。

《纲要》明确了改革要坚持的基本原则和目标。《纲要》规定，古巴经济模式的目标是保证社会主义制度的持续和巩固，以及国家经济的发展和人民生活水平的提高。

《纲要》提出，在不放弃社会主义制度的前提下，古巴经济模式将继续以发展生产资料社会主义公有制为主，同时也发展个体经济；在分配上，实行“按能力和劳动”进行分配的原则；在市场与计划的关系方面，以发展计划经济为主，同时注意市场因素的作用；在社会保障方面，古巴不会放弃任何一个人。《纲要》还列举了古巴即将采取的经济改革措施，其中包括开放私营部门、完善税收制度、加强企业自主性、取消不必要的补贴等。

党代会还提出了首先要改革的部分内容，即减少公共部门的开支。这将是改革的突破口，以后将逐渐转向解决取消凭本供应制度、取消两种货币和几种价格并存制度等难点问题。[①]

二　“更新”的主要措施

古巴政府除了在2011年以前采取了扩大个体经济和将闲置土地承包给农民等放宽经济管制的措施以外，从2011年起还采取了如下改革措施。

（一）继续扩大个体经济

2011年5月，政府宣布对个体户减免一些税收。10月，实行个人买卖汽车合法化。11月，银行可向个人发放小额贷款；外国人可以以居住为目的购买房产，限购两套。12月，将部分小型国营企业（如理发店等）承包给原店职工；政府允许农民把产品直接卖给酒店和餐馆；国营商店开始向居民出售建房所需的原材料。2012年2月，政府开始向建房和修房的困难户发放补贴款。3月，财政和价格部发布第85/2013号部令，规定凡符合有关要求的境内法人均可向该部申请享受海关税收优惠，即临时进口免税和出口退税。5月底，政府宣布将向公众提供网络服务。6月4日，政府开放118家公共网吧，提供国际网络、内部网络加国际电子邮件、内部网络三种服务。同月5日，政府发布第242号决议，宣布将重组批发行业，包括金属类商品、建材商品等，以更好地服务消费者。同年7月，全国人大制定新的

① Vilma Hidalgo de los Santos. “Economic Policy and Growth in Updating the Cuba Model: Advances and Challenges” . Paper Presented at the China-Cuba's Fifith Seminar, December, 3 -6, 2012.

税收法（于2013年1月1日起生效），该法体现了对农业生产者和个体户的优惠政策。

（二）实行党的组织生活正常化、干部任期制度化和高层领导年轻化

古共五大于1997年召开，14年后才再度召开党的全国代表大会，说明党内组织生活不正常。在古共六大上，劳尔建议，为了适应国家正在进行的经济模式更新，党和国家主要领导人任期最多为两届，每届任期5年，旨在取消党和国家最高领导职务的终身制。在2012年古共第一次全国代表会议①通过的《党的工作目标》中，采纳了劳尔的建议，明确规定了党政领导人任职的期限。②

2013年2月24日，劳尔在全国人代会上提议修改宪法，将古巴国家高层领导人的任期制度化。他宣布，他本人任期届满5年后将不再连任国务委员会主席等国家最高职务。在此次会上，时年52岁的米格尔·迪亚斯－卡内尔（Miguel Mario Día－Canel Bermúdez）当选为古巴国务委员会第一副主席兼部长会议第一副主席，这是第一次由未参加过古巴革命的领导人担任这一职务。

（三）精简政府机构，裁撤冗员，实行政企分开

劳尔主政后对政府进行了大规模改组，包括合并外贸部与外国投资部，合并食品工业部和渔业部，剥离通信部的企业职能，成立古巴邮政公司和古巴信息通信公司等。2011年8月，全国人大决定在两个省进行将省政府同省人大分开的试点工作。从9月起，先后将糖业部、旅游部、国家邮电总局等几个政府机构改制为企业集团。

2013年，政府改组工作继续进行。2月5日，将民用航空委员会并入交通部。7月，古巴外资外贸部剥离企业职能，整合了外贸领域的多家公司，成立外贸集团公司。9月，建设部将政企分开，剥离出的企业系统由以下3家企业所组成：建筑及工业装配集团公司、建材集团公司、建筑设计及工

---

① 根据《古巴共产党党章》的规定，党的代表大会（Congreso）每5年举行一次，在两次代表大会之间，可就某一方面的工作召开党的全国代表会议（Conferencia）。但此前，古共从未召开过党的全国代表会议。http://www.pcc.cu/（2015－12－06）

② Partido Comunista de Cuba. *Objetivos de Trabajo del Partido Comunista de Cuba*, aprovados por la primera conferencia nacional, 2012.

程集团公司。

如前所述，政府曾于2011年提出在3年内裁减国有部门冗员100万人的计划。虽然这个计划的目标定得太高，未能按时实现，但政府一直在努力推行这个计划。到2014年2月，国有部门已减少冗员约59.7万人。[①]

2013年1月，政府启动更新国营企业管理体制的试点工作。

（四）出台和修订一系列法律法规

为了适应改革的需要，当局相继出台和修订了一系列法律法规。如2013年1月开始实施的新税法主要是针对个体经济的发展而制定的。同月生效的新《移民法》规定，公民只需要出示有效护照及相关目的国的签证即可出境，而不必再到内政部办理手续烦琐的“白色出境许可”证件。同年出台的《劳动法（草案）》也是为了适应由落实纲要、更新经济模式给生产关系带来的深刻变化而制定的。该法的实质性目标是恢复劳动纪律，加强机构领导的管理作用，处理雇工与雇主间产生的不公正行为，巩固劳动者和工会在提高生产和服务效益方面的作用。[②]

2014年6月生效的新《外国投资法》，一方面给予外资减免税的优惠待遇，另一方面规定除教育、医疗和军事等领域外，外资可以在古巴各个行业进行投资，均受到古巴法律的保护。新法还对外国投资者提供免于征用（即不实行国有化）的法律保障，鼓励外商投资农业、基础设施、制糖和镍矿开发等行业。

（五）正式开启废除货币双轨制的改革

政府宣布自2004年起停止美元的自由流通，实行比索（又称土比索）和可兑换比索（又称红比索）两种货币的制度。比索是古巴正常流通的官方货币，古巴人的工资收入和日常消费均以比索结算，涉外酒店及其他服务中只能使用可兑换比索。[③] 近年来，比索（土比索）流通范围越来越小，越来越局限于农贸市场，而绝大部分消费场所如商店、超市、饭店、酒吧

---

① Juan O. Tamayo. “Cuba disminuye 596500 puestos de trabajo en el sector public”. http://www.elnuevoherald.com/ultimas-noticias/article2031180.html（2015-12-06）

② CEPAL. “Cuba”, *Balance Preliminar de las Economías de América Latina y el Caribe 2013*, Santiago de Chile, Diciembre de 2013, p. 1.

③ 2016年美元与比索的比价为1∶24；美元与可兑换比索的比价为1∶0.96。

和咖啡厅等使用的都是可兑换比索。

2013年10月22日，古巴政府正式宣布两种货币并轨的政策，目标是建立统一的汇率，为经济模式更新扫清障碍。此后，在使用可兑换比索消费的商店也可使用比索，而在以前仅使用比索的市场、商店也可接受可兑换比索。汇率参照市场价24比索兑换1可兑换比索（2015年平均数）。货币改革对古巴经济和民生的影响是巨大的，涉及工资、养老金、商品价格以及税收等领域。

（六）推进批发贸易领域的结构转型，以培育市场

2013年8月，古巴政府出台新法规，即凡本国自然人和法人都可从事批发贸易。这意味着国有和非国有生产单位都可根据市场需求开展经济活动。政府针对不同行业的从业者设计了具体操作方法，如对零配件和其他设备采取低于零售价的无补贴差异化价格等，这些措施可为零售业和个体行业提供更多的新产品。这些措施还可能引发进口企业的重新洗牌，从而提升有关企业的海外购买力。因此，一批既有进口实力又在国内有产品销售网络且有能力提供售后服务的企业获得了更快发展。①

2013年12月19日，古巴第一家农产品批发市场在哈瓦那开业。该市场由10家单位合作组成，属于合作社性质的企业，是为完成了国家任务的农业生产者销售剩余农产品而开设的。此后，古巴以渐进的方式开设了更多的类似市场，以建立健全农产品批发业务，减少中间环节，降低农产品零售价格。②

（七）建立“马列尔发展特区”

2013年4月，古巴政府决定在距离首都哈瓦那以西45公里的马列尔港区内建立“发展特区”，对入驻特区的企业和机构在进口、生产、贸易方面提供关税优惠，加工后再出口的“特定货物”进口时享受免税待遇，“对国家经济有利”的出口商品还享有出口退税的优惠政策，目的是增加出口，

① 《古巴推进批发贸易领域结构转型》，中华人民共和国商务部网站，http://www.mofcom.gov.cn/article/i/jyjl/l/201308/20130800226518.shtml（2015-12-06）

② Fidel Rendón y Lissett Izquierdo. *Abre el Primer Mercado Mayorista de Productos Agropecuarios.* http://www.granma.cubaweb.cu/2013/12/19/nacional/artic18.html（2015-12-06）

替代进口，吸引外资和先进的技术，促进古巴经济的发展，增加外汇收入和创造就业机会。

三　按照“更新”要求，全面部署党的工作

如前所述，古共中央于2012年1月28~29日召开的第一次全国党代表会议，专门讨论党的工作问题，通过了《古巴共产党工作目标》等文件。代表会议的任务是以客观和批评的眼光来评估党组织的工作，并以革新的意志决定实施必要的变革，使党的工作能与时俱进。为了筹备此次会议，早在2011年10月古巴就公布了基础文件草案供讨论。党和共青盟的各级组织召开了6.5万次会议，提出了100多万条意见，从而对原草案96条中的78条做了修改，并新增补了5条。会议通过了在原草案基础上修改补充而成的《古巴共产党工作目标》[①] 和《第一次全国代表会议关于党的工作目标的决议》[②] 两份主要文件。

《古巴共产党工作目标》（简称《工作目标》）指出，古巴共产党是古巴社会和国家的最高领导力量，是有组织的先锋队，是马列主义和马蒂思想的党，是古巴唯一的政党，其主要使命是团结所有的爱国者建设社会主义、保卫革命的成果。文件还从党的工作方法和作风、政治思想工作、干部政策和党团关系等方面提出了具体的目标。

在党的工作方法和作风方面，《工作目标》提出党要领导和监督《纲要》的实施，使党的各级组织把落实六大通过的《纲要》、完成经济计划和政府预算作为工作的重点；实行党政分开，要消除党对政府和行政机构的干预；党要加强与违法乱纪、腐败等罪行的斗争。

在党的政治思想工作方面，《工作目标》提出要加强全民族的团结，密切党群关系；加强对非国有部门工作者的政治思想工作，及与个体户的偏见做斗争；要应对敌人鼓吹自私自利等各种破坏活动；继续发展和运用马列主义学说，使马列主义与时俱进；要求各种传媒以多种形式反映古巴的

---

① http://www. cubadebate. cu/especiales/2012/02/01/objetivos-de-trabajo-del-pcc（2015 -12 -06）

② 全文见《格拉玛报》。http://www. granma. cubaweb. cu/2012/01/30/nacional/artic08. html（2015 -12 -06）

现实，客观地宣传党的政策。

在党的干部政策方面，《工作目标》要求确保干部具有牢固的专业基础、个人的模范表现、优秀的道德和政治品质；要从基层选拔与群众有密切联系的、具有实际工作经验的干部。文件明确党政主要职务的任期为两届，每届5年；要制定干部轮换战略。

在党团关系和党与群众组织关系方面，《工作目标》提出要加强对教育和科研部门的政治思想工作，特别是要在大学、文化、卫生和体育等部门中加强青年的政治思想工作，发掘这些部门的人才，使他们更好地发挥才干。

劳尔在古共第一次全国代表会议上还阐述了坚持一党制、反对腐败、党政分开和在对外政策中防止“第五纵队”等问题。[①]

古共六大是古巴社会主义建设进程中的里程碑和分水岭，它标志着古巴党和人民在探索社会主义发展道路上迈出了关键的一步，进入了一个新的时期。古共召开第一次全国代表会议的目的是落实六大《纲要》在党的工作方面提出的各项任务与目标。此外，为配合《纲要》的落实，解决“更新”中面临的各种问题，从2011年4月六大以后到2012年底，古共还先后召开了五次中央全会；同时，部长会议和第七届人代会也分别召开会议，就“更新”社会主义模式的新举措、反对腐败等问题进行了部署和讨论。

第三节　古共七大对“更新”进程的理论探索与阶段性总结

2016年4月16日至19日，古共召开了七大，与会代表995人，特邀代表280人，代表全国67万党员。

---

① Raúl Castro Ruz. *Discurso en la clausura de la Primera Conferencia Nacional del Partido Comunista de Cuba*, en el Palacio de Convenciones, el 29 de enero de 2012. http://www.cuba.cu/gobierno/discursos/2012/esp/r290112e.html（2017－11－26）

一　大会的主要内容

大会的主要内容有四个方面：一是讨论古巴社会主义经济社会模式的理论化问题；二是讨论2016～2030年发展规划，该规划是由落实《纲要》常设委员会组织专家学者编制而成的；三是讨论2011年以来实施六大《纲要》的执行情况以及未来五年实施“更新”改革的主要措施；四是讨论党的工作，即2012年古共第一次全国代表会议通过的《工作目标》落实情况。大会听取了劳尔的中心报告，选举了新的中央委员会、政治局和书记处。新的中央委员会由142人组成，其中新进中央委员55人；政治局新进5名委员，增至17人；劳尔当选古共中央第一书记，本图拉·马查多当选第二书记。

古巴经济社会模式的理论化问题一直是“更新”进程启动以来最重要的理论问题。它将为古巴革命、古共的建设和繁荣的、可持续的社会主义建设指明方向。虽然该问题是首次提交大会讨论，但提供讨论的文本已经是第八稿了。所谓经济社会模式“更新”的理论化，就是要总结“更新”进程的基础理论和基本特点。实际上，自六大起，古共中央政治局、中央全会和部长会议已多次讨论过理论化问题。

六大《纲要》的实施情况不是很理想。七大通报了《纲要》在2011～2015年的完成情况，即过去5年中仅落实了21%，77%处于落实过程中，尚未启动的仍占2%。劳尔在中心报告中解释了完成不好的原因。他指出，“更新”之路并不容易，也不可能没有障碍甚至冲突，转型不可能在一个5年时段中就完成。古巴面临的基本障碍仍然是过时的观念、缺乏对未来的信心等。他说，目前党内有两种极端错误的认识：一是有些认识还停留在苏联和社会主义阵营存在的时代；二是认为用资本主义手段就可以解决古巴所有的问题。

在大会结束3个月后，古共中央才正式公布在大会上未能通过的《古巴社会主义发展的经济社会模式的理论化》和《2030年国民经济社会发展规划》这两份文件。

二 大会的重要意义

首先，大会提出建设繁荣的、可持续的社会主义目标，指出“更新”进程不可逆转，这为今后党和政府的工作指明了方向。古共七大是在承接六大启动的“更新”进程的既定路线基础上召开的，是一次承前启后的大会。这说明古巴将继续在经济社会模式“更新”路线的指引下前进，继续按照“不急躁，也不停滞”的渐进方针，稳步推进经济社会“更新”进程。

其次，大会再一次重申，古巴坚持社会主义制度。古巴将继续实行免费的医疗、教育、社会保障等政策。古巴将继续在社会主义的旗帜下，把工作重点转向经济建设。大会重申古巴不会走新自由主义道路，不会实行“休克疗法”。

再次，党的组织生活规范化，干部任期进一步制度化。古共七大在六大闭幕后 5 年如期召开，而没有像六大那样拖了 14 年之久，这说明党的组织生活已恢复正常。在古共六大提出干部每届任期 5 年之后，七大提出新进的中央委员年龄不超过 60 岁，干部任职的年龄不超过 70 岁。

最后，劳尔在会上强调，私营的中小微型企业是社会主义的补充，肯定大多数个体户是拥护革命的。这表明古巴共产党将继续解放思想，推进“更新”进程。

三 会后古巴仍然面临的挑战

首先，最高领导层的新老更替进程仍须加紧进行。在党的方面，除劳尔继续担任第一书记外，第二书记仍然由 85 岁的本图拉·马查多担任，受人瞩目的迪亚斯－卡内尔未能出任第二书记；而主持落实《纲要》和改革的马里诺·穆里略在政治局只排名第九位，排在外交部部长布鲁诺·罗德里格斯之后。此外，进入中央政治局的 5 位年轻委员多为科学界人士，不可能成为下一代最高领导层的主要成员，此举唯一重要的意义仍然是从代表性方面来考虑的。当然，古共七大也推进了新老交替进程，如迪亚斯－卡内尔在政治局的排名提前到了第三位，他已于 2018 年 4 月接任国务委员会主席兼部长会议主席。但是，鉴于劳尔在 2021 年不再担任古共中央第一书记，要全面完成最高领导层的新老更替，时间还是很紧迫的。

其次，未能解决发展、改革和稳定的关系，以及公平与效率、计划与市场的矛盾关系问题。古共中央仍然将稳定作为头等大事来抓，发展和改革处于次要地位；仍然将公平和计划放在首位，而把对效率的追求和对市场的运用放在次要位置。这对古巴摆脱长期的经济困难和“更新”模式的深入发展是十分不利的。

第四节　“更新”模式的成效、问题与发展前景

在“更新”模式的成效方面，宏观经济层面尚无明显的数据表现。这主要是市场发育缓慢和投资不足等瓶颈问题尚未得到解决所致。“更新”进程要求非公有制经济形式占更大比重。实际上一些改革措施已经开始使国有部门作为雇佣者的地位有所减弱。1989 年在国有部门的就业率占全部就业人口的 95%，而到 2009 年这一比例下降为 84%。①

在非公经济的发展方面，根据古巴全国统计办公室 2012 年 8 月发布的数字，个体经营者人数从 2010 年 11 月的 14.4 万人增至 2011 年底的 39.10 万人。非国有部门工作的人员占全部劳动力人口的比重从 2010 年的 16% 增至 2011 年的 22%。② 2016 年，个体可以经营的职业达到 200 多个，而且个体经营者可以雇用工人。个体户从 2010 年 10 月的 15.7 万户增加到 2014 年 9 月底的 47.6 万多户。截至 2014 年 2 月，政府已将 150 万公顷土地承包给 17.2 万户农民。③ 个体户和承包土地的农户生产效率大大提高，来自个体农户的农产品不断增加，农贸市场和旅游市场呈现繁荣景象。这些情况反映

① Oscar Fernández Estrada. "Changes in the Performance of Cuban Economy Based on the 6th Congress of the Communist Party". Paper presented at the China-Cuba's fifth seminar, December 3 - 6, 2012.

② Maria Isabel Dominguez. "Updating the Cuban Economic and Social Model and Its Impact on the Social Structure and Social Policy". Paper presented at the China-Cuba's fifth seminar, December 3 - 6, 2012.

③ CEPAL. "Cuba", *Balance Preliminar de las Economías de América Latina y el Caribe 2014*, Santiago, Chile, diciembre de 2014, pp. 1 - 3.

了改革措施取得成效。[①] 此外，从2009年到2014年2月，国有部门已减少冗员近60万人。[②] 具体情况见表7－1～表7－11。

国有部门效率低下是古巴现有模式最突出的问题，也是模式“更新”的核心。古巴采用市场方式和承认其他所有制形式的合法性都是为了提高效率，但这是不可能一蹴而就的。具体而言，古巴现有模式还面临如下问题与挑战。

一 人口老龄化等人力资源状况的影响

目前，古巴的人口老龄化趋势非常严重。2012年，60岁以上的人口占古巴总人口的18%，到2030年将达到30%，而30岁以下的人口在21世纪第二个10年中将减少5%，同期内60岁以上人口将增长5%。[③] 在过去几十年的建设中，高技能的劳动力一直在古巴经济发展中起着积极作用。1971～1985年的年均经济增长率为6%，部分原因就是加入了经互会与大量的年轻劳动力的供给促进了经济的外延式增长。然而与1975～1989年相比，在1990～2003年，这样的劳动力在减少，只是到2011年才略有恢复，主要原因是人口自然增长率低，科技人才的培养工作也未跟上。在这种情况下，古巴经济的发展只能来自生产效率的提高以及高技能人口的创新能力，而不能实行外延式的增长方式了。

二 投资严重不足

自从20世纪90年代以来，资金不足一直困扰着古巴工农业生产的发展。除旅游和交通可以获得一定的投资外，多数行业投资不足，尤其是涉

① Carmelo Mesa－Lago. “Las Reformas de Raúl Castro y el Congreso del Partido Comunista de Cuba: Avances, obstáculos y resultados”. *Documentos CIDOB América Latina*, No 35 http://www.cidob.org/es/content/download/29990/356988/file/DOCUMENTOS_AMERICA＋LATINA_35 pdf（2015－12－06）

② Juan O. Tamayo. “Cuba Disminuye 596500 Puestos de Trabajo en el Sector Public,” http://www.elnuevoherald.com/ultimas-noticias/article2031180.html（2015－12－06）

③ Vilma Hidalgo de los Santos. “Economic Policy and Growth in Updating the Cuban Economic Model: Advance and Challenges”. Paper presented at the China-Cuba's fifth seminar December 3－6, 2012.

及信息技术、电话、移动电话、电脑以及网络方面的基础设施投资严重不足。上述资源的可获性限制扩大了古巴与发达国家之间的“数字鸿沟”，直接或间接地影响了人力资源素质的提高，并最终阻碍着古巴经济的发展。

国内储蓄不足也抑制了投资。古巴在医疗和教育等方面的社会成就离不开大量的社会支出。由于经济增长缓慢，投资方面的开支受到抑制。事实上，1989～1999年，投资率从24%下降为6.8%，2010年在10%左右。[①]目前，古巴要提高投资率非常困难，因为那势必将大幅度削减对社会部门的开支，从而严重影响教育和医疗等社会目标。因此，能够采取的策略只能是有选择性地增加投资。

古巴主要的外部融资渠道是政府的融资担保、双边的官方贷款、商业信贷、侨汇和外国直接投资。政府贷款虽然有很多有利条件，但贷款方也会考虑建设过程中缺乏效率以及工程质量低的记录。尽管侨汇在私营部门的投资中发挥着重要作用，但很难参与国家级项目的投资，因此，吸引外国直接投资就显得更加重要。

三 “更新”中的矛盾与问题

模式“更新”虽然可以提高生产效率和增加就业机会，但是也不可避免地带来各种矛盾与问题。

首先，要处理收入差距扩大与社会稳定问题。据考察，私营部门比国有部门的工资增长要快得多，甚至私营部门一天的工资，就相当于在国有部门工作一个月的薪水。一些有知识和技能的劳动力正在向对知识技能要求不高但待遇很好的部门转移，而且这种趋势还可能加速发展，这势必会影响社会稳定。在“更新”模式的第一阶段要解决收入差距问题是很难的。许多研究报告建议，考虑到劳动力的特点，应继续放宽政策。旅游业的发展无疑将为缩小差距提供机会。此外，还有专家建议，国家应该采取措施

① Vilma Hidalgo de los Santos. “Economic Policy and Growth in Updating the Cuban Economic Model: Advance and Challenges”. Paper presented at the China-Cuba's fifth seminar December 3 - 6, 2012.

建立激励机制，稳住国有部门中战略部门的高技能劳动者，因为他们很难被取代，只有通过更好的薪金待遇、更优越的工作条件才能留住他们。

除上述情况外，国家放松对侨汇和公民出入境的限制也将进一步加剧扩大收入差距的趋势。近年来，古巴每年的侨汇收入约 20 亿美元，大多是由古巴人在美国等其他国家的亲属寄往国内的。侨汇不仅直接拉开了居民的消费差距，而且还成为国内私人投资的主要来源。古巴在模式“更新”中需要扩大投资来源，逐步放开对侨汇的限制，但也不得不考虑收入差距扩大所带来的问题，因此政府采取了渐进的策略。

其次，由于实行两种货币和两种汇率，黑市和投机倒把现象严重。在不完全实行市场规律的情况下，私营部门和合作社对产品的需求是个瓶颈，这就会鼓励黑市的产生和投机行为。如果任其发展，不仅可能产生通货膨胀，而且会由于进口需求的增长而引发外汇紧张。目前，物流的发展程度是不够的。这主要有两方面原因：一是法律方面的问题限制了交易；二是人们把非公经济看作“必要的魔鬼”的思想仍然存在，或者说仍然认为改革只是对资本主义的“让步”。

当然，古巴还面临“更新”进程的阻力与动力问题，也就是要平衡各方的利益和诉求，处理好改革、发展与稳定的关系。阻力主要来自领导层，对改革的认识还不够，或者担心改革会造成社会不稳定以及外国势力趁机颠覆社会主义政权。从目前来看，改革的动力不仅仅来自领导层的改革派，更有广大下层民众的支持，尤其是私有部门工作者的支持。古共中央制定了渐进的改革战略，但改革能否按照这个路子走下去，还要看能否处理好改革、发展与稳定这三者的关系。

四　古巴“更新”社会主义模式的发展前景

古巴将一如既往地坚持和发展社会主义。正如劳尔在古共六大中心报告中所指出的，“更新”社会主义模式是为了完善和巩固社会主义。如前所述，当前的古巴社会主义既面临改革和发展的重大机遇和有利条件，又不能忽视古巴在改革中和国际上面对的各种挑战。如果古巴人民能够排除国内外的干扰，解决好各方面的矛盾，为改革创造良好的国内和国际条件，通过思想和体制的变革，发挥社会主义制度的优越性和活力，那么，古巴人民不仅能够解决本国的经济困难和发展问题，还会为世界社会主义建设提供经验和范例。

关于改革的前景可分为近期、中期和远期三个阶段，这三个阶段的情况各不相同。然而，以下两个因素将贯穿前后三个阶段：一个是美国的和平演变政策和西方国家要求古巴放弃社会主义的压力；另一个是自然灾害频发的客观困难。对于前者，古巴将始终坚持和发展社会主义。劳尔曾坚定地表示：大家选我当主席不是为了在古巴复辟资本主义，而是为了捍卫、维护和继续完善社会主义。[①] 古巴一切变革的社会主义性质和方向已取得全国上下的高度认同，这一点是任何政治势力都动摇不了的。关于第二个因素即自然灾害频发问题，的确是一个长期存在的不利条件。据古巴官方的统计，1988~2008 年古巴遭受了 16 次飓风，经济损失达 205.64 亿美元，旱灾损失达 13.5 亿美元。[②] 因此，古巴决策者在领导变革进程和制定规划时要充分考虑到这一因素，留有余地，未雨绸缪。

（一）近期前景

所谓近期，一般指 5 年左右。“更新”模式问题虽然是在古共六大召开前夕才提出的，但这一变革实际上从 2006 年劳尔主政后就开始酝酿，并开始进行一些前期工作了。十几年来变革的成果已初步显现，人们已开始从变革中得到实惠，看到了希望。待国有部门裁员 100 万的最终目标实现后，将有数十万劳动力转入个体经营者行列，势必会形成一个相当规模的市场，届时市场效率释放出来，经济将逐步好转。这一发展进程估计至少需要 5 年时间，到那时个体经济仍有大的发展空间。

从宏观经济的历史走向看，古巴革命后的前 30 年中，GDP 的年均增长率超过 4%。1989~1993 年受苏东剧变的冲击，GDP 下降了 35%。从 1994 年开始缓慢回升，在计划体制下经过 15 年即在 2004 年 GDP 增长率

---

① http://www.cuba.cu/gobierno/discursos/2009/esp/r010809e.html（2015-12-06）

② 〔古〕白诗德（古巴驻华大使）：《对目前经济状况的评估及需要解决的问题》，在中国社会科学院拉丁美洲研究所的讲演，2011 年 11 月 15 日。

才开始同 1989 年持平。近年来计划体制的弊端日益凸显，2009～2012 年 GDP 平均增长率仅为 2.3%，远远低于 1994～2010 年平均增长 4.6% 的水平。古巴的 GDP 年均增长率至少要超过 4.6% 的水平才能够说进入正常的发展轨道。古巴领导人已清楚地意识到要达到这一目标，就必须“更新”模式，特别是要发挥个体经济的作用，因此，在这一阶段中变革的趋势是不可能逆转的。

（二）中期前景

这一时段为 5～10 年，其主要挑战是最高领导层的交接班问题。到 2018 年中期，已按古共六大通过的主要领导干部任期制的规定，劳尔将部分职务交给了迪亚斯－卡内尔。2021 年，劳尔和其他第一代革命领导人都将退下来。所面临的问题有二：一是全面交接能否顺利进行；二是除迪亚斯－卡内尔外，其他核心成员是否足够优秀。此事在近期是要认真准备的。古巴领导人曾在几年前肯定地说对接班人问题有充分准备，但事实证明准备不足。劳尔在古共六大的中心报告中坦诚地谈到了这一点，并将引以为戒。

（三）远期前景

主要挑战将是在正确的理论指导下将古巴现代化进程沿着社会主义道路不断地推向前进。目前，古巴领导人强调古巴坚持计划经济，不搞市场经济，但同时又要求人们排除偏见，大力发展个体经济，表示不走回头路。这样的理念和政策在近期甚至中期还基本可行，但是当个体经济发展到相当规模、经济情况全面好转后要不要继续前进、如何继续前进的问题将不可避免地摆在国人面前。按照目前的理念和政策，古巴是无法应对这一挑战的。如果领导者不能随着变革进程在理论上与时俱进，取得新的突破，那么很难避免在现代化的进程中出现停顿和倒退的现象。直言之，就是社会主义究竟应不应该搞市场经济的问题。对古巴来说，这是一个涉及理论和实践的大问题。我们相信，在深入总结古巴近 60 年来社会主义建设的经验教训和认真分析现有的其他社会主义国家经验教训的基础上，古巴共产党人是能够最终做出自己的正确结论的。

表 7－1　2005 年以来国内生产总值变化情况

项目＼年份	2005	2006	2007	2008	2009	2010	2011	2012	2013	2014	2015
总数（百万比索）											
按当年价格计算	42643.8	52742.8	58603.9	60806.3	62078.6	64328.2	68990	73141	77148	80656	87133
按 1997 年不变价格计算	36507.3	40912.2	43883.3	45689.9	46352.0	47461.0	48791	50262	51643	80656	54500
实际变化（%）	11.1	12.1	7.3	4.1	1.4	2.4	2.8	3.0	2.7	1.0	4.4
人均数（比索）											
按当年价格计算	3793	4692	5215	5412	5523	5722	6135	6548	6893	7186	7753
按 1997 年不变价格计算	3247	3639	3904	4066	4124	4222	4339	4500	4614	4649	4849
实际变化（%）	11.1	12.1	7.3	4.2	1.4	2.4	2.8	3.7	2.5	0.8	4.3

资料来源：Oficina Nacional de Estadísticas：*Anuario Estadístico de Cuba 2010*（*AEC* tablas 5.1，5.7，5.8，5.11）；*AEC 2015*（tablas 5.1，5.7，5.8，5.12）。http://www. one. cu/aec2010/esp/20080618_tabla_cuadro. htm；http://www. one. cu/aec2015/00%20Anuario%20Estadistico%202015 pdf（2016－12－25）。

表 7－2　2005 年以来国内生产总值的部门构成

（当年价格）

单位：百万比索

年份 / 产值 / 部门	2005		2006		2007		2008		2009		2010	
		%		%		%		%		%		%
总计	42643	100.0	52743	100.0	58604	100.0	60806	100.0	62079	100.0	64328	100.0
农业、畜牧业和林业	1779	4.2	1700	3.2	2181	3.7	2211	3.6	2322	3.7	2230	3.5
渔业	82	0.2	96	0.2	109	0.2	110	0.2	118	0.2	95	0.1
矿藏和石料开采业	299	0.7	326	0.6	344	0.6	364	0.6	356	0.6	429	0.7
制糖业	212	0.5	196	0.4	196	0.3	233	0.4	239	0.4	432	0.7
制造业（制糖业除外）	5711	13.4	6883	13.1	8308	14.2	8683	14.3	9061	14.6	9623	15.0
建筑业	2398	5.6	3321	6.3	3217	5.5	3303	5.4	3377	5.4	3211	5.0
电、气和供水业	559	1.3	985	1.9	1137	1.9	1030	1.7	1000	1.6	1032	1.6
运输、仓储和交通	3753	8.8	4121	7.8	4563	7.8	4927	8.1	5151	8.3	5314	8.3
商业、个人物品修理业	7891	18.5	12217	23.2	12626	21.5	11813	19.4	11609	18.7	12058	18.7
旅馆业和餐饮业	2171	5.1	2190	4.2	2364	4.0	2645	4.3	2824	4.5	3098	4.8
金融媒介业	901	2.1	965	1.8	1086	1.9	1145	1.9	965	1.6	1028	1.6
企业服务、不动产和租赁业	1299	3.0	1446	2.7	1574	2.7	1619	2.7	1633	2.6	1775	2.8
公共行政、国防、社会保障	1400	3.3	1917	3.6	1778	3.0	1863	3.1	2139	3.4	2080	3.2
科学和技术革新	204	0.5	246	0.5	203	0.3	255	0.4	274	0.4	284	0.4
教育	4246	10.0	4674	8.9	4995	8.5	5640	9.3	5956	9.6	6010	9.3

续表

部门＼年份/产值	2005		2006		2007		2008		2009		2010	
		%		%		%		%		%		%
公共卫生和社会救助	6423	15.1	7661	14.5	9202	15.7	9915	16.3	9862	15.9	10016	15.6
文化和体育运动	1356	3.2	1824	3.5	2304	3.9	2374	3.9	2700	4.3	3030	4.7
社会团体和个人的其他活动	1465	3.4	1384	2.6	1758	3.0	1780	2.9	1866	3.0	1925	3.0
进口权	494	1.2	590	1.1	660	1.1	896	1.5	628	1.0	658	1.0

部门＼年份/产值	2011		2012		2013		2014		2015	
		%		%		%		%		%
总计	68990	100.0	73141	100.0	77148	100.0	80656	100.0	87133	100.0
农业、畜牧业和林业	2400	3.5	2716	3.7	2920	3.8	3063	3.8	3222	3.7
渔业	87	0.1	100	0.1	108	0.1	113	0.1	120	0.1
矿藏和石料开采业	441	0.6	453	0.6	458	0.6	465	0.6	461	0.5
制糖业	454	0.7	503	0.7	545	0.7	567	0.7	621	0.7
制造业（制糖业除外）	10129	14.7	11275	15.4	11593	15.0	11602	14.4	12369	14.2
建筑业	3265	4.7	3718	5.1	4055	5.3	3978	4.9	4698	5.4
电、气和供水业	1067	1.5	1142	1.6	1209	1.6	1255	1.6	1328	1.5
运输、仓储和交通	5595	8.1	6041	8.3	6352	8.2	6878	8.5	7476	8.6
商业、个人物品修理业	12971	18.8	13808	18.9	14727	19.1	15588	19.3	16851	19.3

续表

年份 / 产值 / 部门	2011		2012		2013		2014		2015		
		%		%		%		%		%	
旅馆业和餐饮业	3200	4.6	3202	4.4	3328	4.3	3456	4.3	3843	4.4	
金融媒介业	1044	1.5	1066	1.5	1100	1.4	1157	1.4	1209	1.4	
企业服务、不动产和租赁业	1811	2.6	2015	2.8	2088	2.7	2173	2.7	2286	2.6	
公共行政、国防、社会保障	3119	4.5	3221	4.4	3350	4.3	3169	3.9	3226	3.7	
科学和技术革新	271	0.4	340	0.5	368	0.5	319	0.4	313	0.4	
教育	6485	9.4	6453	8.8	6422	8.3	5934	7.4	5981	6.9	
公共卫生和社会救助	11419	16.6	11949	16.3	13167	17.1	15732	19.5	17377	19.9	
文化和体育运动	2953	4.3	2617	3.6	2634	3.4	2498	3.1	2700	3.1	
社会团体和个人的其他活动	1499	2.2	1699	2.3	1833	2.4	1882	2.3	2135	2.5	
进口权	780	1.1	823	1.1	891	1.2	827	1.0	917	1.1	

资料来源：Oficina Nacional de Estadísticas：*Anuario Estadístico de Cuba 2010*（tablas 5.1，5.7，5.8，5.11）；*AEC 2015*（tablas 5.1，5.7，5.8，5.12）。http://www.one.cu/aec2010/esp/20080618_tabla_cuadro.htm；http://www.one.cu/aec2015/00%20Anuario%20Estadistico%202015 pdf（2016－12－25）

表 7-3　1989 年和 2005 年以来主要工业产品产量

单位：千公吨

项目＼年份	1989	2005	2006	2007	2008	2009	2010	2011	2012	2013	2014	2015	1989 年与 2014~2015 年的变化（%）
石油	718	2935	2900	2905	3003	2731	3025	3025	3012	2999	2897	2905	304
天燃气（百万立米）	34	743	1091	1218	1161	1155	1072	1012	1035	1066	1200	1245	3496
镍和钴	47	76	72	73	70	70	68	73	68	56	52	—	11
糖	8121	1348	1239	1193	1445	1350	1100	1242	1454	1569	1634	—	-80
钢	314	245	257	262	274	266	278	282	277	267	258	222	-24
水泥	3759	1567	1705	1805	1707	1625	1641	1731	1825	1659	1580	1518	-59
发电（亿度）	154	153	164	176	177	177	174	178	184	192	194	203	29
纺织品（百万平米）	220	25	27	24	29	28	26	25	28	35	45	55	-77
化肥	898	43	41	22	40	9	22	40	30	22	32	44	-96
雪茄（百万支）	308	404	418	412	386	375	375	392	392	411	423	412	36
鞋（百万双）	12	5	3	2	4	3	2	3	4	3	3	6	-63
肥皂（百万块）	37	13	14	15	17	13	14	12	19	19	19	21	-46

资料来源：Comité Estatal de Estadísticas：*Anuario Estadístico de Cuba 1989*，pp. 156-160；Oficina Nacional de Estadísticas：*AEC 2010*（tablas 10.1，10.5，11.4），*AEC 2015*（tablas 10.1，10.5，11.4）；Carmelo Mesa-Lago. *Cuba en la era de Raúl Castro*：*Reformas económico-sociales y sus efectos*，Editorial Calibri，Madrid，2012，Cuadro 3。http://www.one.cu/aec2010/esp/20080618_tabla_cuadro.htm；http://www.one.cu/aec2015/00%20Anuario%20Estadistico%202015pdf（2016-12-29）

表 7－4　1989 年和 2005 年以来主要农业产品产量

单位：千公吨

项目＼年份	1989	2005	2006	2007	2008	2009	2010	2011	2012	2013	2014	2015	1989 年与 2014～2015 年的变化（%）
酸性水果	826	555	469	392	418	345	237	265	204	167	968	115	－35
大米	536	434	440	436	563	454	566	566	642	673	585	418	－6
牛奶	1131	415	485	545	600	629	600	600	604	589	588	494	－52
蛋类（百万个）	2673	2341	2352	2328	2426	2430	2038	2620	2513	2656	2572	2321	－9
烟草	42.0	30.0	26.0	22.0	25.0	20.5	19.9	19.9	19.5	24.0	19.8	24.5	－47
块茎作物	681	1801	1378	1392	1565	1515	1122	1445	1452	1581	1671	1743	151
蔬菜	610	3206	2603	2439	2548	2141	2200	2200	2112	2407	2499	2424	304
咖啡	29	2	1	1	1	2	2	2	2	2	2	2	－93
牲畜（千头）	4920	3737	3787	3821	3893	3992	4059	4059	4084	4092	4134	4045	－17
鱼类及贝类	192	55	61	61	65	55	49	49	48	52	56	58	－70

资料来源：Comité Estatal de Estadísticas：*Anuario Estadístico de Cuba 1989*，p. 197；Oficina Nacional de Estadísticas：*AEC 2010*（tablas 9.9，9.16，11.4），*AEC 2015*（tablas 9.10，9.16，11.4）；Carmelo Mesa－Lago. *Cuba en la era de Raúl Castro*：*Reformas económico-sociales y sus efectos*，Editorial Calibri，Madrid，2012，Cuadro 3。http://www.one.cu/aec2010/esp/20080618_tabla_cuadro.htm；http://www.one.cu/aec2015/00%20Anuario%20Estadistico%202015 pdf（2016－12－29）

表 7－5　2005～2015 年旅游业发展情况

项目＼年份	2005	2006	2007	2008	2009	2010
游客人数（千人次）	2319	2221	2152	2348	2430	2538
毛收入（百万可兑换比索）	2398.9	2234.9	2236.4	2346.9	2082.4	2218.4
项目＼年份	2011	2012	2013	2014	2015	
游客人数（千人次）	2716	2839	2853	3003	3525	
毛收入（百万可兑换比索）	2503.1	2613.3	2607.8	2546.1	2818.6	

资料来源：Oficina Nacional de Estadísticas：*Anuario Estadístico de Cuba 2010*（tablas 15.1，15.11）；*AEC 2015*（tablas 15.1，15.12）。http://www.one.cu/aec2010/esp/20080618_tabla_cuadro.htm；http://www.one.cu/aec2015/00%20Anuario%20Estadistico%202015 pdf（2017－01－06）

表 7－6.1　2005～2010 年国家预算执行情况*

（当年价格）

单位：百万比索

项目＼年份	2005	2006	2007	2008	2009	2010
净收入总额	25211.4	31633.0	38，095.0	43，293.1	43892.1	42722.9
本期收入	24898.5	31265.1	37085.1	42472.0	43080.5	41746.6
税收收入	17840.0	24021.0	26121.6	25333.3	25493.0	24201.1
间接税	9843.5	15341.9	15875.3	14105.7	14331.1	12283.2
直接税	7996.5	8679.1	10246.3	11227.6	11161.9	11917.9
非税收收入	7058.5	7244.1	10963.5	17138.7	17587.5	17545.5
资本收入	625.4	794.1	1344.8	1220.9	1105.4	1228.3
折旧款	611.4	756.5	1270.5	1069.9	1064.2	1122.2
固定资产销售款	14.0	37.6	74.3	51.0	41.2	106.1
返还款	312.5	426.2	334.9	299.8	293.8	252.0
总支出	27156.4	33326.5	39992.6	47493.1	46907.6	45013.4
本期支出	24092.9	28505.3	35120.5	42543.8	41793.7	41118.0
预算活动	18759.3	21524.9	27420.9	31764.3	32492.7	31510.9
教育	4819.4	5310.0	7109.6	8620.0	8166.7	8282.2
卫生	3168.8	3734.8	5791.9	6259.0	7004.9	6242.3
国防与国内秩序	1649.7	1707.9	1892.4	2021.6	2098.9	2140.1
社会保险	2917.4	3526.0	3727.0	4342.3	4746.8	4885.8
行政	816.1	970.5	1111.4	1191.1	1517.4	1446.0

续表

项目 \ 年份	2005	2006	2007	2008	2009	2010
住房与社区服务	1345.8	1468.7	1626.2	1740.1	1714.2	1718.1
生产部门	443.0	554.9	958.0	2109.7	2118.2	790.7
文化与艺术	780.6	921.6	1200.5	1351.1	1481.1	1384.4
科学与技术	247.5	292.2	473.3	568.7	600.7	613.1
体育	367.1	455.0	516.1	545.2	624.5	732.1
福利（社会救助）	995.5	1188.3	1190.2	1297.4	924.5	687.9
其他活动	1208.4	1395.0	1824.3	1718.1	1494.8	2588.2
向企业与合作社部门的转账	4287.8	5044.1	6178.8	9107.0	7603.6	7709.8
亏损补助	1380.6	1039.2	784.3	1008.0	665.6	678.1
差价与向产品的补助	1346.3	1374.1	1664.3	2721.3	3526.7	3025.1
其他	1416.9	2495.2	3730.2	5377.7	3411.3	4006.6
对 UBPC 的经济补贴**	144.0	135.6	—	—	—	—
财务经营	1045.8	1936.3	1520.8	1672.5	1697.4	1897.3
资本支出	3063.5	4821.2	4872.1	4949.3	5113.9	3895.4
财政差额	-1945.0	-1693.5	-1897.6	-4200.0	-3015.5	-2290.5

* 因古巴统计年鉴2010年卷中“国家预算执行情况表”列出的项目与2015年卷的对应项目有所不同，无法衔接，故按原样以前后时间段为题分成两个分表，即表7-6.1和表7-6.2。

** UBPC是合作生产基本单位。

资料来源：Oficina Nacional de Estadísticas：*Anuario Estadístico de Cuba 2010*（tabla 6.4）。http://www.one.cu/aec2010/esp/20080618_tabla_cuadro.htm（2017-01-03）

表 7－6.2　2011～2015 年国家预算执行情况

（当年价格）

单位：百万比索

项目＼年份	2011	2012	2013	2014	2015
本期财政资源总额	43672	47539	47676	46443	49498
毛收入总额	45249	49031	46970	47269	50147
税收收入	26508	29068	28804	30236	33590
非税收收入	18741	19964	18166	17033	16557
净收入总额	44861	48635	46339	46973	49739
返还款	388	396	630	296	408
资本收入	1189	1097	1164	778	724
本期净收入	43672	47539	45175	46195	49015
额外款与捐赠款收入	—	—	2501	248	483
支出总额	46015	51305	49857	49033	55277
本期支出	42048	44876	44179	46173	51903
预算活动	30728	29899	32374	33364	35274
生产性活动	393	330	513	592	563
企业、房地产经营与租赁业服务	246	220	225	224	322
公共行政	3020	2685	4388	3874	4213
国防	2128	2880	2710	2852	2687
社会保险	5074	5346	5557	5589	5635

续表

项目 \ 年份	2011	2012	2013	2014	2015
科学与技术革新	212	188	159	100	99
教育	8817	8776	8697	8203	8268
公共卫生与社会救助	7314	6236	7423	9350	10650
文化与体育	1970	1664	1647	1633	1765
社区、团体与个人服务的其他活动	1554	1573	1055	946	1073
非预算活动	9679	10827	10902	12148	15225
财务经营	1641	4150	903	661	1404
资本支出和转让	3966	6430	5678	2860	3374
预算活动	2153	2168	2116	1733	2088
非预算活动	1814	4262	3562	1127	1285
本期盈余或亏损	1623	2663	3497	270	-2405
资本亏损	-2777	-5333	-4514	-2083	-2649
财政差额	-1154	-2670	-1017	-1813	-5054

资料来源：Oficina Nacional de Estadísticas：*Anuario Estadistico de Cuba 2015*（tabla 6.3）。http://www.one.cu/aec2015/00% 20Anuario% 20Estadistico% 202015 pdf（2017-01-04）

表 7-7　2005 年以来主要出口商品构成*

（离岸价格）　　单位：千比索

项目＼年份	2005	2006	2007	2008	2009	2010	2011	2012	2013	2014	2015
总额	2159453	2924558	3685665	3664157	2863004	4597711	5870090	5577268	5283142	4857468	3349640
其中：											
食品与活牲畜	273739	323010	325794	340067	305925	355928	482568	570329	549367	507848	522911
饮料与烟制品	250381	272234	288671	318000	281785	284994	315703	316992	398524	321861	285851
非食品原料（燃料除外）	1038646	1408901	2143823	1483700	877182	1246254	1479788	1082279	795655	827653	596245
动植物油脂和蜡	1332	1052	848	642	14	105	353	729	188	55	2
化学品与 n. e. p. 的有关产品	258762	328098	332286	347929	554139	540322	582706	620141	680960	678679	678533
主要按材料分类的制造品	110524	94884	117162	137886	98983	130780	145148	144599	111903	93856	50194
运输机器和设备	94685	229288	171714	164454	171625	111389	136110	104699	101044	83848	46320
各种制造品	112595	136528	139433	58417	60462	45376	46131	40131	32511	16719	19896

* 本表所列的商品是按国际贸易划分标准（*Standard International Trade Classification*，*SITC*）进行分类的。古巴全国统计办公室出版的古巴统计年鉴 2010 年卷的表 8.9 和 2015 年卷的表 8.9 的原有题目均为《按国际贸易划分标准进行分类的出口商品》。

资料来源：Oficina Nacional de Estadísticas：*Anuario Estadístico de Cuba 2010*（tabla 8.9）；*AEC 2015*（tabla 8.9）。http://www.one.cu/aec2010/esp/20080618_tabla_cuadro.htm；http://www.one.cu/aec2015/00%20Anuario%20Estadistico%202015 pdf（2017-01-08）

表 7-8 2005 年以来主要进口商品构成*

（到岸价格） 单位：千比索

项目 \ 年份	2005	2006	2007	2008	2009	2010	2011	2012	2013	2014	2015
总额	7604259	9497890	10079210	14234094	8906010	10646831	13952403	13800851	14706619	13036844	11702367
其中：											
食品与活牲畜	1316928	1259277	1548923	2205342	1495900	1467159	1863194	1644877	1848051	1917741	1800910
饮料与烟制品	23346	25261	26881	61256	26798	42780	37122	27861	50436	54786	89666
非食品原料（燃料除外）	162803	172235	222237	367047	262794	148785	196882	239378	237865	210423	182429
燃料、润滑剂、矿产品及有关产品	1945513	2286572	2382884	4561798	2650384	4527340	6369886	6475033	6343008	5617084	…
动植物油脂和蜡	94827	44819	71096	154044	85997	124306	146505	164653	119995	147456	148549
化学品与 n. e. p. 的有关产品	621268	668517	825901	1179997	817191	969647	1254433	1225362	1300015	1233839	1303784
主要按材料分类的制造品	893712	1060460	1101795	1548650	1047915	1100824	1396452	1415344	1502995	1134266	1499972
运输机器和设备	1818717	3097397	3005681	3154618	1781022	1669417	1954198	1939893	2524865	1978073	2741841
各种制造品	725567	881389	891085	1000357	735619	595417	732055	666543	775899	741301	873537

* 本表所列的商品是按国际贸易划分标准（*Standard International Trade Classification*，*SITC*）进行分类的。古巴全国统计办公室出版的古巴统计年鉴 2010 年卷的表 8.10 和 2015 年卷的表 8.10 的原有题目均为《按国际贸易划分标准进行分类的进口商品》。

资料来源：Oficina Nacional de Estadísticas：*Anuario Estadístico de Cuba 2010*（tabla 8.10）；*AEC 2015*（tabla 8.10）。http://www.one.cu/aec2010/esp/20080618_tabla_cuadro.htm；http://www.one.cu/aec2015/00%20Anuario%20Estadistico%202015 pdf（2017-01-11）

表 7－9　2005 年以来主要贸易对象国

单位：千比索

项目　　年份	2005	2006	2007	2008	2009	2010	2011	2012	2013	2014	2015
总额	9763702	12422448	13764875	17898251	11769014	15193871	19822493	19378119	19989761	17894312	15052007
其中：											
西班牙	828459	1016533	1154838	1427275	906336	946122	1184428	1156086	1397761	1165673	1334063
荷兰	647139	855977	526599	386208	306104	414416	727987	791811	543902	575514	359227
中华人民共和国	996289	1815101	2446404	2157898	1687508	1903809	2059611	1695900	1877289	1635920	2599164
巴西	352202	453011	446380	641820	570964	502197	725932	756230	694820	650736	690831
加拿大	777796	896985	1399689	1412400	741328	935422	1197429	938295	912986	933223	726755
美国	476311	483591	581657	962767	598212	406203	434383	509046	401971	314767	180806
委内瑞拉	2265191	2641210	2693639	4887004	3135490	6018601	8175184	8562849	7067299	7258308	4231993

资料来源：Oficina Nacional de Estadísticas：*Anuario Estadístico de Cuba 2010*（tabla 8.4），*AEC 2015*（tabla 8.4）。http://www.one.cu/aec2010/esp/20080618_tabla_cuadro.htm；http://www.one.cu/aec2015/00%20Anuario%20Estadistico%202015 pdf（2017－01－12）

表 7－10　2006 年以来古巴的外债

单位：百万比索

类别＼年份*	2006	2007	2008	2009	2010	2011	2012	2013
总额	2477.3	8908.2	11591.2	12310.2	13575	13916	12532	11915
短期	896.4	1981.9	2950.0	3133.0	2592	2411	2113	2012
占比（%）	36.2	22.2	25.5	25.5	19.1	17.3	16.9	16.9
中长期	1580.9	6926.3	8641.2	9172.2	10983	11505	10419	9903
占比（%）	63.8	77.8	74.5	74.5	80.9	82.7	83.1	83.1

＊在下述年鉴的表 8.2 中，无 2005 年和 2013 年以后的统计数字。

资料来源：Oficina Nacional de Estadísticas：*Anuario Estadístico de Cuba 2010*（tabla 8.2）；*AEC 2011*（tabla 8.2）；*AEC 2015*（tabla 8.2）。http://www. one. cu/aec2010/esp/20080618_tabla_cuadro htm（2017－01－13）

表 7-11　2006 年以来的国际收支*

单位：百万比索

名称 \ 年份*	2006	2007	2008	2009	2010	2011	2012	2013
商品与劳务平衡	125.7	1559.3	-1735.5	1245.6	3119	2240	3771	2991
商品平衡	-6330.3	-6265.0	-10372.7	-5917.4	-5935	-7850	-7970	-9207
一般商品	-6573.3	-6393.5	-10569.9	-6043.0	-6095	-8082	-8224	-9424
港口和航空港获得的货物	243.0	128.5	197.2	125.6	160	232	254	217
劳务平衡	6456.0	7824.3	8637.2	7163.0	9054	10090	11741	12198
租金	-618.0	-959.7	-1055.2	-1643.0	-1432	-1064	-995	-922
本期转让金（净额）	277.7	-199.0	481.9	235.0	-196	261	-394	-220
经常项目	-214.6	400.6	-2308.8	-162.4	1491	1437	2382	1850

* 古巴全国统计办公室出版的古巴统计年鉴 2010 年卷、2011 年卷和 2015 年卷的表 8.1 “国际收支” 中没有提供资本项目的统计数字；在下述年鉴的表 8.1 中，无 2005 年和 2013 年以后的统计数字。

资料来源：Oficina Nacional de Estadísticas：*Anuario Estadístico de Cuba 2010*（tabla 8.1）；*AEC 2011*（tabla 8.1）；*AEC 2015*（tabla 8.1）。http://www.one.cu/aec2010/esp/20080618_tabla_cuadro.htm；http://www.one.cu/aec2011/esp/20080618_tabla_cuadro.htm；http://www.one.cu/aec2015/00%20Anuario%20Estadistico%202015 pdf（2017-01-14）

第八章　古巴教育发展模式的形成和特点

2003 年 9 月 8 日，卡斯特罗主席在古巴全国 2003/2004 新学年开学典礼上向全世界自豪地宣告："在所有国家中，无论是大国还是小国、富国还是穷国，古巴在教育领域名列第一。"① 他的话是有充分根据的。他在一年前的一次讲演中列举的古巴与发达国家教育状况的几个基本对比数字，证实了他的评价。现将有关对比数详述如下。

小学入学率：古巴 100%；西班牙等 9 个发达国家（其他国名从略，下同）100%；英国 99%；芬兰 98%；加拿大、美国 95%；爱尔兰 92%（资料来源：UNESCO 和 Euridice）。

小学达到 5 年级水平的学生百分比：古巴 100%；德国等 5 个发达国家 100%；加拿大、美国、法国、意大利均为 99%；西班牙、瑞典 98%；爱尔兰、葡萄牙 97%（资料来源：UNICEF 和 UNESCO）。

以下为小学生的数学成绩（100 分为满分，平均数）：

三年级学生：古巴 78.2 分，日本 77.4 分，荷兰 59.6 分，美国 54.6 分，加拿大 54.4 分，爱尔兰 53.7 分，葡萄牙 45.5 分。

---

① Fidel Castro. "Discurso pronunciado por el Presidente de la República de Cuba, en el acto de inauguraciónes del curso escolar 2003/2004," Plaza de la Revolución, 8 de septiembre de 2003. http://www.cuba.cu/gobierno/discursos_del_Comantante_en_Jefe_Fidel_Castro_Ruz/Discursos_e_Intervencion（2016－05－24）

四年级学生：日本 86.7 分，荷兰 83.4 分，古巴 81.6 分，爱尔兰 71.3 分，加拿大 70.4 分，美国 70.3 分，挪威 63.7 分（以上资料来源：OECD 和 UNESCO）。

电视教育频道：加拿大和日本设有，其他发达国家均无，而古巴除设有两个教育频道外，还在其他两个全国性频道中每天分别播放 10 个小时和 12 个小时的教育节目。

在各个教室配备电视机的情况：除古巴配置外，其他发达国家均未配置。

居民人数同教师的比例：古巴 42.23∶1；丹麦 53.6∶1；葡萄牙 54.7∶1；瑞典 55.4∶1；法国 62.7∶1；爱尔兰 64.6∶1；加拿大 66∶1；美国 67.7∶1 等（资料来源：UNESCO）。

每个小学教室中的最多学生人数：古巴 20 人，加拿大、西班牙、挪威、英国均为 25 人，丹麦 28 人，芬兰、法国、日本、葡萄牙均为 30 人（德国和美国没有全国的统一数字）。①

在一个国内生产总值不足发达国家 1/10 的小国古巴，教育竟然取得超过所有发达国家的可喜成绩，这不能不说是世界教育史上的一个奇迹。出现这一奇迹的原因就在于古巴已经形成了一种卓有成效的、切合国情的、独特的教育发展模式。现将这一模式的形成过程做一历史回顾。

第一节　古巴教育模式形成的历史渊源和理论基础

从历史上说，古巴的教育事业起步并不晚，在社会上也较早出现了一个颇具规模的知识阶层，其中还产生过一些对古巴民族有卓越贡献的人物。然而就整体而言，革命前的古巴教育事业还是相当落后的，特别是在 20 世纪 20 年代以后。古巴教育的发展处于停滞和萎缩状态。

① Fidel Castro. "Speech at the Inauguration of the School Year 2002/2003, September 16, 2002". *Granma International*, September 22, 2002. pp. 8 - 9.

早在19世纪后期，古巴的革命先驱何塞·马蒂就指出了教育对民族解放和强国富民的重要意义。他说："有教养的人民永远是强大的和自由的……最幸福的人民就是使自己的儿女在思想上和情感上能得到最好教育的人民。"他还进一步指出，拉丁美洲教育的症结是脱离了农村。他说，"在几乎完全依靠农产品生存的人民中，教育却专门只为城市生活而不为农村生活培养人才"，这是拉美国家所犯的"一个严重的错误"[①]。卡斯特罗继承和发展了马蒂的教育思想。在1953年10月发表的《历史将宣判我无罪》的著名辩护词中，他在深刻揭露巴蒂斯塔独裁政权剥夺人民的受教育权致使国家贫困落后的同时，提出全面改革教育是革命政府将"立即采取措施着手解决"的6个具体问题之一。1955年8月，他在墨西哥发表的《七·二六运动致古巴人民的第一号宣言》中提出了该运动的15条革命纲领，其中的第7条就是关于教育问题。他写道，要"改革教育方式"，使教育"扩展到我国最边远的角落"，"使每一个古巴人都能在适宜的生活环境中发展其聪明才智和培养出健壮的体魄"。1958年2月，他在题为《我们为什么战斗》的文献中提出临时政府的7点行动纲领之一就是要开展大规模的扫盲运动。同月，他在接见美国记者安德鲁·圣乔治时重申革命后要"进行扫除文盲的战争"[②]。应该提及的是，1957年至1958年卡斯特罗在马埃斯特腊山区指挥革命战争期间，由于有大量的农民参加起义军，他在组织新战士进行军事训练的同时还开设了文化学习课，把两者结合起来。此为古巴革命领导人把新的教育思想付诸实践的最初尝试。

综上所述，可以看出作为古巴革命的领导人卡斯特罗早在革命胜利前就已形成明确的教育思想。他不仅把振兴教育提高到强国富民的战略高度来对待，而且提出了教育改革和发展的途径和步骤。这为革命后古巴教育的改革和发展做好了充分的理论准备，同时也说明了今天古巴教育取得巨大成就的历史渊源。

---

① 〔古〕菲德尔·卡斯特罗：《卡斯特罗言论集》第一册，北京：人民出版社，1963，第41页。

② Rolando E. Bonachea and Nelson P. Valdes, eds. *Revolutionary Struggle* (*1947 – 1958*): *Volume 1 of the Selected Works of Fidel Castro*, The MIT Press, Cambridge, Massachusetts, 1972, pp. 270, 365, 370.

第二节　革命后古巴教育的几个发展阶段

一　第一阶段：建立新的教育制度和普及初等教育（1959～1969）

革命胜利后，在百废待兴的情况下古巴政府把发展教育作为一项重要的革命任务和优先考虑的目标，可见革命的领导人对教育是极为重视的。为了提高全民的知识文化水平，古巴政府在20世纪60年代初着重进行了三项工作：彻底改革旧教育体制，开展扫盲运动和普及初等教育。现分述如下。

（一）改革旧教育体制，建立新体制

在新成立的革命政府内设立了教育部，直接主管教育改革事宜。随后，在全国和各省、市（县）都设立了教育委员会，由群众组织的代表组成，参与教育改革的领导工作。在革命胜利初期，政府首先下令清除教师中的反革命分子，撤换旧政府所任命的学校领导人等骨干分子。1959年9月，政府颁布《教育改革法》，宣布古巴将实行小学义务教育。然而，教育改革却受到当时社会上残存的反动势力的多方阻挠。一些教会学校成为散布反革命言论的场所，甚至是反革命分子活动的据点。为了排除改革的阻力，并从根本上解决教育公平问题，古巴政府于1961年6月颁布《教育国有化法》，宣布古巴的教育是公共的和免费的，教育工作应由国家负责，规定受教育是全体古巴人民平等享有的权利。根据这项法律，政府接管了所有私立学校，将教育同教会分离，对全体国民实行免费教育，从而为普及初等教育，特别是为广大工农群众的子女上学提供了保障。同年12月开始实行奖学金制度，4万名工农子女和扫盲大队的成员成为首批享有奖学金的学生。1962年2月，政府颁布《大学改革法》，以进行高等教育体制改革和提高高等教育水平。该法规定，更改行政管理体制，调整大学结构，开展科研活动，设立更多的专业和教育学院，实行学习与劳动相结合等。[①] 至此，

---

① Fidel Castro. *Informe Central al Primer Congreso del Partido Comunista de Cuba*, Editora Política, La Habana, 1982, pp. 118－119.

古巴改革旧教育制度的任务基本完成。

（二）开展扫盲运动

在革命前的1958年，古巴有文盲100万人，其中50%的人在农村；还有半文盲100多万人。在一个不到700万人口[①]的国度里，有如此多的文盲显然是社会发展的一个严重障碍。革命政府在成立初期就十分重视扫盲问题。1959年4月，古巴教育部成立的识字委员会开始组建识字中心和开办大量的识字班。到1960年底，已有10万成年人接受了识字教育。这些活动为大规模开展扫盲运动做了良好的前期准备。1960年9月26日，卡斯特罗在联合国大会上向全世界庄严宣告，古巴在1961年将使所有的文盲都学会阅读和书写。[②] 他的讲话标志着扫盲运动的开始。1961年被定为"教育年"，扫盲成为这一年的中心工作。古巴政府继承了游击战争时期的成功做法，即实行"每个识字的人都教课，每个不识字的人都学习"的方针。1960年10月，新的全国识字委员会成立，省和市（县）两级识字委员会也相继成立。在全国各机关团体的广泛参与和积极支持下立即着手编写教材、培训教师和进行全国性的文盲调查工作。脱盲的标准定为至少掌握500个单词。为了在一年内完成扫盲任务，政府组织了27.1万人的扫盲大军，其中有由社会各界组成的人民扫盲员12.1万人；由青年学生组成的"孔拉多·贝尼特斯"突击队员10万人；教师突击队员3.5万人；"誓死保卫祖国"工人突击队员1.5万人，甚至还有一个由拉美其他国家的志愿者组成的拉美扫盲队。[③] 这些扫盲队员的年龄跨度上至七八十岁的老人，下至七八岁的小学生。他们奔赴基层社区和边远农村，同广大的工农群众同吃、同住、同劳动，包教包学，轰轰烈烈，声势浩大。位于古巴中南部的萨帕塔沼泽地区，1961年4月17日至19日是美国雇佣军入侵的地点。那里的扫盲队员

---

① 古巴革命前最后一次人口普查（1953年）的人数是5829029人，古巴的统计机构估计，1955年古巴人口有6445944人，年增长率为20.3‰。作者照此类推，1958年人口应为6846525人。Comité Estatal de Estadísticas. *Anuario Estadístico de Cuba*（*1985*），Combinado Poligráfico "Alfredo López" del Ministerio de Cultura，Ciudad de La Habana，1986，p. 57.

② UN document. In Richard R. Fagen. *The Transformation of Political Culture in Cuba*，Stanford University Press，Stanford，1969，pp. 33 – 34.

③ Op. cit.，p. 47；庞炳庵：《亲历古巴》，北京：新华出版社，2000，第332页。

在入侵发生后迅速拿起武器投入战斗，同军队一起抗击侵略者，在战斗的间隙仍坚持扫盲工作。有的扫盲队员在边远山区甚至被发动叛乱的反革命匪徒和美国特务所杀害。由于全国上下的共同努力，绝大部分文盲接受了脱盲教育。在边远山区有一位名为玛丽亚·德拉克鲁斯·森特曼纳特的106岁的老妪，年轻时曾是一个奴隶，也参加了识字班，并成为第一批脱盲结业的学生，她受到了卡斯特罗的亲切接见。

1961年12月21日，扫盲运动胜利结束。次日在首都哈瓦那举行的庆祝大会上，全国扫盲委员会宣布一年来的扫盲运动使70.7万人脱盲，古巴的文盲率从革命前的23.6%下降到3.9%，古巴成为拉美国家中国民识字率最高的国家。[①] 会上确定每年的12月22日为“教育工作者日”（Día del Educador）。扫盲运动的创举不仅在古巴是史无前例的，而且在世界教育史上也绝无仅有。它对古巴革命的意义远远超出了教育的范畴，它是在革命政府领导下的一次民族大融合、社会大支援，无论对当时还是后来革命的发展，它的影响都是深刻而巨大的。

（三）普及初等教育

革命胜利之初，古巴领导人从提高全体国民文化素质和知识水平的根本目标出发，把实现普及初等教育作为发展规划的优先任务。为了完成这一任务，古巴领导人抓了两件事：开展扫盲运动和大力发展小学教育（一至六年级）。扫盲运动是针对10岁以上的人群，消除文盲问题可以通过突击性运动在短期内取得决定性的胜利，然而要使学龄儿童都能受到基础教育，则需要持续的多方面物质条件的支持。古巴政府在20世纪60年代初采取的几项重要措施，为保证对学龄儿童的良好教育创造了条件。

其一，实行全民义务教育。根据免费教育的原则，在全国实现了教育机会均等，使社会上所有家庭的子女都能平等地接受教育，不受经济条件的限制。

其二，大力增加教学设施。古巴政府提出“把兵营变成学校”的口号，先后把巴蒂斯塔时期的69座兵营改建成学校，同时把许多最好的建筑划归

---

① Fidel Castro. *Informe Central al Primer Congreso del Partido Comunista de Cuba*, pp. 116, 118.

学校用房，特别是在农村山区建立了若干教育中心。

其三，加紧培养师资。古巴革命胜利初期曾有大批知识分子移居国外，其中有不少是教师。在初等教育迅速发展的形势下师资紧缺的矛盾十分突出。因此，古巴政府先后在城乡建立起一批师范学校，以培养师资力量。通过数年的努力，中小学校师资紧缺问题得到缓解。

在20世纪60年代，古巴的教育事业特别是初等教育获得了很大的发展。学校总数从1958/1959学年的7679所增加到1970/1971学年的35582所，其中新建小学15190所，主要在农村；教学人员从22798人增加到116787人；注册学生（matricula inicial）总数从811345人增加到2345188人，其中小学生1530376人；毕业学生人数从26693人增加到135774人，其中小学毕业生82332人。[①] 从以上数字可以看出，小学教育的发展尤为迅速。到20世纪60年代末，6~12岁儿童的入学率达到96%，古巴的初等教育已基本普及。

二　第二阶段：普及初中教育和发展成人教育（1970~1979）

20世纪70年代初，古巴政府在教育方面面临两项任务：一是总结60年代的发展情况；二是提出70年代的规划。古巴的教育在60年代取得的成就，主要表现在数量上获得了大的发展，但在质量上并不理想。小学的入学率很高，但毕业率不高，有不少学生中途辍学，或因成绩不佳而留级，这种现象在农村尤为明显。教师的教学水平不高，教学方法单一，培养方向不对路，毕业的学生不能满足经济和社会发展的需要。中等教育滞后，成人教育也亟待加强。鉴于以上情况，卡斯特罗在1972年3月29日至4月4日召开的古巴共产主义青年联盟二大上发出了“教育革命”的号召，为70年代的教育改革和发展指明了方向。此后，古巴政府着重抓了三件事：以改革的精神发展中等教育、提高教育质量和建立成人教育体系。

（一）积极发展中等教育

针对60年代出现的问题，古巴政府在发展中等教育过程中主要采取了

---

① Comité Estatal de Estadísticas. *Anuario Estadístico de Cuba*（*1985*），pp. 483 -491.

两项措施。

一是调整中等教育的布局，大量兴建农村基础中学（escuelas basicas en el campo），实行寄宿制。由于城乡的差别，农村成为发展教育的薄弱环节。在农民居住分散的情况下，为了保证每一个学生都有良好的学习条件，必须建立大量实行寄宿制的学校。为此，政府提供足够的资金，兴建了大批设备齐全的农村寄宿中学，保证了学生的入学率、巩固率和毕业率。这种学校的教学方针不同于一般普通中学，主要是为当地的农业发展培养实用的人才，实行半日学习、半日劳动的教学制度，教学内容既有知识课也有农业技术课，其校办农场的产品价值用作学校的发展经费。这一举措取得良好的效果。到 1979/1980 学年，已建成农村初中 420 所，农村高中 113 所，分别占全国初高中的 32% 和 63%；注册学生初中 223364 人，高中 61716 人，分别占全国初高中注册生的 61% 和 46% 。[①]

二是改革中等教育结构，扩大职业教育。职业教育薄弱是困扰发展中国家的一个普遍存在的问题，革命前的古巴也不例外。在 20 世纪 60 年代，古巴政府采取了许多措施促进职业教育的发展，但社会上仍然存在对职业技术教育重视不够的现象，以及学生不愿上职业学校、毕业生不适合工作需要等问题。针对这些情况，古巴政府在 1975 年 4 月提出的《1976 ~ 1981 年完善全国教育体系计划》中强调要“使教育同我们正在建设的社会相一致”。卡斯特罗在不久以后举行的古共一大上重申了这一点。[②] 根据上述计划，古巴政府一方面增建由教育部主办的职业技术学校，另一方面鼓励企事业单位兴办自己的技术学校，后者实行边生产、边学习的教学制度，经费由企业自理，主要是利用师生的劳动成果以校养校。全国 150 个糖厂都先后开办了这样的技术学校。70 年代以后古巴的职业教育获得了迅速的发展。技术和职业学校在 1958/1959 学年为 40 所，1970/1971 学年增至 91 所，1979/1980 学年猛增至 357 所，1985/1986 学年继续增至 639 所；注册学生 1958/1959 学年为 15586 人，1970/1971 学年增至 27566 人，1979/1980 学年

① Comité Estatal de Estadísticas. *Anuario Estadístico de Cuba*（*1985*）, pp. 483，487.

② Fidel Castro. *Informe Central al Primer Congreso del Partido Comunista de Cuba*, pp. 121 – 122.

猛增至214615人，1985/1986学年继续增至307129人。[①]

到20世纪70年代末，古巴已基本普及初中教育。

（二）着重提高教育质量

古巴政府根据上面所提到的完善教育体系的计划，从多方面提高教育质量。该计划将全国教育系统分为6个子系统，即学前教育，普通科学技术与劳动教育（包括初等教育、中等教育和高等教育），特殊教育，技术与职业教育，成人教育，师资培训与进修。对每个子系统都制订了完善的计划，其主要内容有：

（1）加强学前教育，保证所有儿童都能受到至少为期1年的幼儿教育；

（2）缩短学制年限，普通学校教育由13年改为12年；

（3）提高初等教育质量，将小学分为两个阶段：1～4年级为第一阶段，实行教师包班制，所包班级4年不变，5～6年级为第二阶段，实行分科教学；

（4）在课程设置上，加强国语和理科的教学，后者包括数学、物理、化学和生物，实行综合理科教学，使学生掌握数学等理科的基本知识；

（5）增加课堂教学时间，除普通高中外一律不设选修课；

（6）成立高等教育部（1976年便已实现），负责除师范院校外的所有大专院校的领导工作。[②]

经过数年的努力，教育质量大为改观。卡斯特罗在1980年底高兴地说："教育水平在继续提高……我国教育工作成果喜人。"[③] 美国学者豪尔赫·多明格斯称赞道，古巴教育在"70年代质的进步可与60年代继续下来的量的巨大成就相媲美"[④]。

（三）建立成人教育体系

扫盲运动于1961年胜利结束后，广大脱盲群众面临巩固学习成果和继

---

① Comité Estatal de Estadísticas. *Anuario Estadístico de Cuba* (*1985*), pp. 484, 487.

② Sandor Halebsky and John M. Kirk, eds. *Cuba*: *Twenty-Five Years of Revolution*, *1959 - 1984*, Praeger Publishers, New York, 1985, pp. 32 - 33.

③ Fidel Castro. *Informe Central al II Congreso del Partido Comunista de Cuba*, Editora Política, La Habana, 1980, pp. 25, 27.

④ 〔英〕莱斯利·贝瑟尔主编《剑桥拉丁美洲史》第七卷，江时学等译，北京：经济管理出版社，1996，第506页。

续提高文化水平的问题。1962年，政府成立了全国工农教育委员会负责工农成年教育的领导工作。在60年代中后期，成人教育的组织系统逐渐形成，教育部成立了成人教育局，各省、市（县）也成立了相应的机构。然而由于缺乏具体规划，在60年代末70年代初出现了发展不平衡的倾向：一部分人提高到6年级以上的水平，但大多数人仍停留在1～2年级的水平上；学习内容大多限于一般文化知识，缺乏职业技术训练。针对上述情况，古巴政府于1973年决定发起“6年级战役”，要求在“一五”期间（1976～1980）使大约100万劳动者至少达到小学毕业的水平。政府将这一任务委托给工会承办。提高职工的政治思想和文化技术素质是古巴工会的重要职能。根据古巴政府颁布的《专业培训法》，职工的技术培训由工会负责。于同年召开的古巴中央工会十三大为此向全国职工发出号召，从而正式打响了“6年级战役”。[①] 数以万计的工人、农民、家庭妇女投入学习。到1980年，全国6年级的成人毕业生超过90万人，基本上普及了成人初等教育，“6年级战役”宣告胜利结束。

在“6年级战役”尚在进行的1979年，古巴中央工会在十四大上及时地提出了成人教育的新目标，即在“二五”期间（1981～1985）开展“9年级战役”，争取普及成人初中教育。经过努力，在5年中9年级毕业生达到67万多人，“9年级战役”也取得了胜利。[②] 全国成人初中教育的普及，为古巴社会主义建设所需要的大量人才准备了充足的资源。

在两次“战役”期间，古巴逐步形成了一个较为完整的从小学到大学的成人教育体系。具体名称和学习期限如下：工农教育学校（educación obrera campesina，EOC），小学水平，学制为4学期；工农中学（secundaria obrera campesina，SOC），学制为4学期；工农专科学校（facultad obrera campesina，FOC），高中水平，学制为6学期；语言教育中心（centros para la enseanza de idiomas），高中水平，学制为4学期；此外还有夜校、技校等。成人高等教育一般由高等教育部负责。大学中设有2年制短期大学，晚间授课的夜大

① 周克明、王玉先、周通、程清林主编《当代世界工人和工会运动》，沈阳：辽宁大学出版社，1990，第228～229页。

② Fidel Castro. *Informe Central al II Congreso del Partido Comunista de Cuba*, p. 63.

学、函授大学等均以成人为教学对象。1985/1986 学年，全国共有成人学校 883 所，教师 14019 人，注册学生 185485 人。[①]

三　第三阶段：进一步提高教育质量，完善全国教育体制（1980～1989）

经过 20 多年的努力，古巴的教育已基本上达到了同经济和社会发展相适应的规模，取得了举世公认的成就，受到国际教育界的赞誉。然而，在大发展中教育的数量同质量之间的矛盾也再次显现出来，引起了主管部门的关注。针对这一情况，卡斯特罗于 1987 年 2 月提出，应该开展“提高教育质量的革命”[②]。同年，古巴教育部制订了 1988～1992 年的《继续完善全国教育制度》计划，对完善教育领导体制、改进教学内容和教学方法、完善师资培训工作等方面都提出了具体要求，并开始实施。到 80 年代末，提高教育质量的努力取得成效。

20 世纪 80 年代，古巴已建成了完整的全国性教育体系，教育规模和质量居于第三世界国家前列，并可与发达国家相媲美。古巴的教育体系由正规教育和成人教育两个系统组成。关于成人教育情况，上文已有叙述，现将正规教育系统的各级教育情况分述如下。

（一）学前教育

古巴一贯重视学前教育和儿童的家庭教育，将儿童的最早期教育置于对青少年教育同等重要的地位。对于接受学前教育，家长可将从出生 45 天到 6 岁的儿童送到幼儿园（circulo infantile），也可将孩子留在家里。因此，古巴形成了两套幼教机构系统。进入幼儿园系统的儿童长到 4～6 岁时接受学前教育，其中部分 5 岁以上的儿童将升入小学办的学前班。对于留在家里的儿童，学前教育主要是通过“教育你的孩子计划”（Enseñando a tu hijo）来实施。古巴全国妇女联合会的基层组织负责领导幼儿园的工作，并在政

① Comité Estatal de Estadísticas. *Anuario Estadístico de Cuba*（*1985*），pp. 484－485，487.

② Fidel Castro. “Discurso pronunciado en la clausura del XI Seminario Nacional de Educación Media, en el Teatro ‘Carlos Marx’”，el 5 de Febrero de 1987. http://www.cuba.cu/gobierno/discursos/（2016－05－20）

府的支持和指导下组织社会力量，招募志愿者，对留在家里的孩子每周数次到他们的家中，按上述计划向幼儿施教。这两套系统几乎涵盖了全国所有0~6岁的儿童。[①] 1989年，有幼儿园1072个，教务人员100236人，注册儿童144710人。

（二）初等教育

即小学，学制6年，分初小和高小。初小1至4年级，学生一般为6~9岁儿童；高小5~6年级，学生为10~11岁儿童。1989年有小学9417所，教师71887人，注册学生885576人。

（三）中等教育

即中学，学制6年，分初中和高中，各为3年。中学阶段包括不同类型的学校，其中有基础中学（secundaria basica）、大学预备学校（preuniversitario）、专业学校（vocacional）、师范学校（formación de personal pedagógico）、技术与职业学校（tecnica y profesional）等。此外，还有一种相当于初中水平的、学制2~3年的职业学校（escuelas de oficio），主要是招收13岁至16岁因延误而超龄的学生。[②] 1989年有各类中等学校2175所，教师108560人，注册学生1073119人。

（四）高等教育

设大学、大学中心和学院（包括师范学院）三类学校，学制一般为5年，医科6年。此外还有研究生教育，分两种：一种是攻读学位，设硕士和博士学位；另一种是专业进修，不授学位。1989年高等院校有35所，教师24499人，注册学生242366人。

（五）特殊教育

古巴政府十分重视对残疾儿童和残疾青少年的教育，为这一弱势群体的教育提供了充分的人力和物力支持。在20世纪80年代初，政府对残疾儿

---

① Howard I. Blutstein, et al. *Area Handbook for Cuba*, U. S. Government Printing Office, Washington, D. C., 1971, p. 144；周兢：《从国际学前教育政策比较解读我国学前教育发展走向》，http://www.wenku.baidu.com（2016-05-20）；王承就：《古巴的教育公平论析》，《理论月刊》2015年第7期，第185页。

② Comité Estatal de Estadísticas. *Anuario Estadístico de Cuba 1989*, Editorial Estadística, Centro Habana, 1991, p. 306.

童进行了一次普查，政府采取的有效措施是“上门教育”。即由学校派出教师登门授课，使这些学生在家中就能受到正规教育。到 1985 年，在全国范围内建立起了特殊教育体系。古巴在革命前的 1956/1957 学年只有 4 所特殊教育学校，1989/1990 学年发展到 487 所，教师 15141 人，注册学生 54402 人。

1988/1989 学年全国各类学校（包括成人学校）的毕业生有 557488 人；1989/1990 学年全国享受奖学金的学生有 574500 人，半住宿生 514303 人。[①]

四　第四阶段：特殊时期教育的发展和向普及大学教育迈进（1990～2006）

从 1989 年开始的苏东剧变给古巴带来严重的困难，古巴陷入了经济危机。然而，在十分困难的条件下，古巴政府仍千方百计地保证教育体系的正常运转。卡斯特罗提出，“一所学校也不能关闭”。政府对教育的投入仍维持特殊时期前的水平，教育经费约占财政支出的 10%。20 世纪 90 年代中期以后，随着经济形势的好转，政府对教育的拨款逐年增加。到 2001 年，教育支出占全国财政支出的比重达到 15.1%；2002 年，继续加大投入，其支出比上年再增加 7.5%。为了改善教师待遇，政府于 1999 年决定将教师工资提高 30%。由于政府的重视，在特殊时期中教育事业虽然遇到种种困难但仍能保持先进的水平。2000 年初，联合国教科文组织在一份报告中赞扬古巴小学生的语言课和数学课成绩在被调查的 13 个拉丁美洲国家中得分最高；报告再一次肯定了古巴在发展教育方面走在拉美国家的前列。[②]

2002 年初，古巴政府提出新的改革教育体制的计划。卡斯特罗指出，这项雄心勃勃的计划是“一场意义深远和史无前例的教育革命”，它的实现将使古巴人民的文化水平达到一个新的高度。[③] 这次教育改革被称为“第三次教育革命”，其酝酿时间已有数年之久，并在 2002 年以前做了部分前期的

① Comité Estatal de Estadísticas. *Anuario Estadistico de Cuba 1989*, Editorial Estadística, Centro Habana, pp. 307－308, 310－311, 313, 317－318. 享受奖学金的学生（becarios）免交学费、食宿费和服装费；半住宿生（seminternos）免交学费、伙食费，有时免交服装费。

② *Granma*, 9 de mayo de 2000.

③ Fidel Castro. “Speech at the Inauguration of the School Year 2002/2003, September 16, 2002”. *Granma International*, September 22, 2002, p. 8.

试点工作。2001 年初大规模维修、扩建和新建校舍的工程正式启动。这次改革的基本内容如下。

（一）缩小中小学班级人数，提高教学质量

原来小学和初中每个班平均有 30～35 名学生，有些地方甚至达到 40 多名学生，管理难于到位，教学质量受到影响。教改计划要求每个班缩减为 15～20 名。多年来在小学中行之有效的教师包班制，计划扩大到初中，要求初中教师具有教授各个学科的能力，包干一个班从 7 年级到 9 年级的学习过程，直接负责这 15～20 名学生的全面成长。

（二）增设职业学校和扩大大学预备学校的规模

为适应形势发展的需要，建立社会工作、艺术教师等专业学校，培养急需的中等专业人才。例如，自 2000 年开办第一所社会工作专科学校到 2003 年 7 月为止，全国共培养出 14570 名社会工作者，充实到基层，从事社区工作。为了更好地针对学生的特点因材施教，教育部决定将一部分中等学校改为大学预备学校，加强教师对每一个学生的指导。

（三）提出普及高等教育的宏伟目标

经过 40 多年的发展，古巴政府认为提出这一目标的条件已经成熟。为了促进其早日实现，政府采取了以下新的措施。

一是扩大大学招生人数，增加专业，提高大学教师水平。

二是建立大量的教育中心，将大学带入社区。到 2002 年 9 月，这样的中心共发展到 13343 个。[①] 具体做法是，吸收在职人员和中学毕业生先进行短期的培训，然后开始一面学习大学课程，一面工作。例如，于 2003 年 1 月开学的赫苏斯·加拉伊教育中心便开设了 8 门学科，吸收了 1.2 万名青年人。

三是在全国教育电视台中播出“人人上大学”节目，教授大学的各种课程，这个节目面向全社会。

（四）大力培养师资，以适应教育发展的需要

由于各个层次的教育都有大的发展，而且教育质量的要求也提高了，所以师资短缺问题就更为突出。政府采取的措施主要是，除扩大师范院校

---

① Fidel Castro. “Speech at the Inauguration of the School Year 2002/2003, September 16, 2002”. *Granma International*, September 22, 2002, p. 9.

的招生人数外，组织各种短期师资培训班，结业后及时输送到所需要的学校去。经过努力，全国教师总数从 2000/2001 学年的 178522 人增加到 2002/2003 学年的 222286 人。[①]

（五）发展计算机教育和电化教育，促进教育现代化

从 2001/2002 学年开始，在各级学校中（包括幼儿园）均开设了计算机课程，使所有学生都能学习计算机技术。在这一学年中，共向全国的学校增拨了 44790 台计算机，培训计算机教师 1.2 万人。与此同时，加强全国的电化教育。教育电视台设两个演播室，其中一个教授大学课程；另一个教授小学至高中课程。此外，在两个全国性频道中还每天分别播出 10 个小时和 12 个小时的教育节目。在 2003 年，已经实现在全国各类学校的每一个教室中配备电视机。

在实施普及高等教育计划后的数年中，各地建立起一大批大专院校（Superior）和市立大学中心（Centro Universitario Municipal）。大专院校从 1998/1999 学年的 37 所增加到 2005/2006 学年的 65 所；市立大学中心从无到有，在全国如雨后春笋般建立起来，到 2005/2006 学年已有 3150 个。在此期间，大专院校增聘了 44000 名教师。高校学生注册人数从 1998/1999 学年的 102598 人猛增至 2005/2006 学年的 487539 人，其中包括市立大学中心的 365412 人。高校毕业生同期从 16707 人增至 32354 人，到 2010/2011 学年高达 91902 人。[②]

五　第五阶段：新时期中教育改革的任务和面临的挑战（2007～　）

到 21 世纪第一个 10 年代中期，古巴已具有完善的教育体制并保持了先进的教育水平，教育的成就为国家的安全和发展发挥了积极的作用。然而，在发展过程中也出现了不少问题和不足。劳尔·卡斯特罗主政后，对古巴

---

① Oficina Nacional de Estadísticas. *Anuario Estadístico de Cuba (2000)*, Artes Gráficas, Ciudad de La Habana, 2001, p. 296.

② Oficina Nacional de Estadísticas. *Anuario Estadístico de Cuba (2001)*, Artes Gráficas, Ciudad de La Habana, 2002, pp. 298, 301 - 302; http://www.one.cu/aec2010/esp/20080618/tabla_cuadro.htm (2016 - 05 - 24); Carmelo Mesa - Lago and Jorge Pérez - López. *Cuba under Castro: Assessing the Reforms*, Lynne Rienner Publishers, Inc., Boulder and London, 2013, p. 141.

社会经济模式进行了全面的审视，其中也包括教育。在21世纪的第一个10年中，古巴教育出现了两个主要问题：第一，如上所述，高等教育获得了井喷式的发展，从而带来了不少新的问题，这些问题必须加以解决；第二，2008年的世界金融危机使本已困难的古巴经济雪上加霜，一直以高投入支撑的教育面临难以为继的处境。在此情况下，教育改革已势在必行。政府采取的改革措施如下。

（一）为过速扩张的高校机构“瘦身”

在高等教育的大发展中，出现了学校、教师和学生数量猛增而质量却不断下降的趋势，财力、物力也无法满足需要。2008年，政府开始对高等教育进行全面整顿。首先是缩减机构，关停部分不合格的院校和大学中心。到2014年，将大专院校从65所减至51所，市立大学中心从3150个猛减至123个。其次，将部分不合格的教师进行培训。为了弥补因工资低而使部分教师跳槽后留下的空缺，政府于2008年7月颁布第260号法令，鼓励退休教师重返校园任教，他们除退休金外还可领取教学工资。到2010年，已有约9900名退休教师重新执教。最后，削减入学人数和提高毕业考试标准。高校学生注册人数从2005/2006学年的487539人降至2013/2014学年的173298人。毕业生人数从2010/2011学年的91902人降至2013/2014学年的54373人。[①]

（二）调整高校各学科的学生人数比例

在发展高等教育过程中出现的另一个问题是，对学生数量在各学科中的分配比例不合理，没有紧扣社会的需要来培养人才。因此，从2008年起，除了全面削减入学人数外还开始调整各学科的入学人数比例，把有限的宝贵资金用于培养社会急需的人才上。

（三）提高教师工资，稳住教师队伍

从2009年起逐年增加教师的工资，到2012年教师的平均月工资已提高到409比索，2013年为519比索，2014年增至527比索。[②] 尽管每年的增幅不大，但都保持了增长的势头，使教师看到希望，增强了信心。

---

① http://www.one.cu/aec2014/18Educacion pdf（2016－05－24）；Carmelo Mesa－Lago and Jorge Pérez－López. Op. cit.，p. 144.

② http://www.one.cu/aec2014/07%20Empleo%20y%20Salarios pdf（2016－05－24）

（四）削减教育经费

在2008年世界金融危机的冲击下，古巴经济再次面临困难。政府采取紧缩政策，以渡过难关。由于教育部门已实现全面精简，减少经费后并不影响其工作的正常运行。在危机前的2007年，教育支出占国家预算的20.2％，占国内生产总值的12.1％。到2014年，教育支出降至占国家预算的17.8％，占国内生产总值的10.2％。①

几年来的改革使古巴的教育发展重新回到健康的轨道上来。改革不仅使古巴的教育保持了先进的水平，而且也为今后教育的持续发展积累了经验，指明了方向。

21世纪开始以来的10余年间，古巴教育发展的成就可从联合国教科文组织的一份报告中得到证实。该报告称赞说，古巴是世界上完成了2000～2015年“人人受教育计划”（Education for All，EFA）全部目标的三个国家之一，它也是拉丁美洲唯一全部达标的国家。②

第三节　古巴教育发展模式的主要特点和基本经验

古巴教育取得如此骄人的成绩，其原因在于古巴已形成了自己的教育发展模式。现将这一模式的主要特点和基本经验概括如下。

一　领导高度重视，投入大量资金，实行免费教育

古巴领导人把发展教育事业作为革命的主要目标之一，教育成为政府一项最重要的工作，教育始终是经济和社会发展的优先考虑。不管经济情况如何，政府都保持对教育的充分投入，这为教育事业的发展提供了物质保障。即使在内有经济困难、外有军事威胁的1990年，古巴的教育经费也比军事开支多1倍。在革命后的60年中，教育经费不断增长，从1959年的

---

① http://www.one.cu/aec2010.htm；http://www.one.cu/aec2014.htm（2016－05－24）

② Redacción Digital，internet@granma.cu，April 9，2015；*Granma*，April 28，2016.

人均 12 比索增加到 2016 年的人均 736.27 比索；2016 年教育经费为 82.75 亿比索，占国家预算总支出的 14.40%，占 GDP 的 9.23%。[①] 如果没有对教育的持续大量投入，要取得今天这样的成绩是不可能的。

在古巴，教育是国家的事，一切教育费用都由国家包下来，60 年来始终不变。回顾革命胜利后，古巴政府为了尽快提高全民的教育水平，采取了两项重要措施：一是开展扫盲运动，消灭文盲；二是大办学校教育，使所有适龄儿童和青少年都能上学。要做到这一点，关键在于要使他们都能上得起学。革命前，广大贫苦的工农群众由于经济困难无法送子女上学，革命后在短期内还不能改变他们的经济状况。因此，古巴领导人在国家财政还很紧张的革命胜利初期便毅然决定对各级教育都实行免费，从而使全体公民在享有受教育权方面处于完全平等的地位。这一政策是古巴教育事业迅速发展的前提条件。

二 全社会都在办教育

古巴政府动员全社会参与办教育的形式主要有两种：一为突击性运动，二为经常性工作。关于突击性运动，如 20 世纪 60 年代初期的大规模扫盲运动，参加者多达 27 万多人，来自社会各个阶层。又如 2001～2002 年大建校舍的运动，参加者数千人，教职员、学生、保革会成员中均有志愿者参加，历时 1 年零 8 个月，仅哈瓦那一地就改扩建了 779 所中小学校舍。[②] 经常性工作则是政府将某一方面的教育任务委托给有关的群众组织来承办。如将职工教育委托给中央工会来办；将幼儿教育委托给妇联来办。一些组织还有自己的学校教育。如古巴共产党有各级党校，军队有各级军校。此外，许多行业中的企事业单位都有自己的培训机构，培训自己需要的专业人才。为鼓励广大职工通过学习提高自己，政府的政策是将学历同工资挂钩。由

① Sandor Halebsky and John M. Kirk, eds. *Cuba: Twenty-Five Years of Revolution, 1959 - 1984*, p. 30; http://www.onei.cu/publicaciones/08informacion/panorama2016/Panorama2016 (tablas 2, 13, 15) pdf (2017 - 10 - 28)

② Fidel Castro. "Speech at the Ceremony to Celebrate the Completion of the Repair, Expansion and Building of 779 Primary and Secondary Schools in the Capital". *Granma International*, September 8, 2002, p. 3.

于各群众组织和机关团体广泛参与办教育，各类各级学校数量很大，全国每2.83个人就有1个人在上学，[①] 古巴是一个名副其实的学习型社会。

三　拥有一流的教师队伍

古巴教育取得巨大成绩是与拥有一支高素质的教师队伍分不开的，而拥有这样的教师队伍又应归功于领导人的重视。正如卡斯特罗所说："对培养教育人才的工作一直是特别重视的。"[②] 在革命胜利后的十几年中，随着学校的迅速增加，教师队伍也迅速扩大：从1958/1959学年的22798人增加到1975/1976学年的167006人，[③] 基本上满足了教学的需要。然而，在教育大发展的形势下，教师水平的提高却跟不上。因此，自20世纪70年代中期起，师资发展计划的重点便从数量的增加转向质量的提高。其措施主要有二：一是大量兴建师范院校，以正规师范毕业生补充教师队伍；二是以多种形式培训在职教师，帮助他们提高水平，使他们早日成为合格的教师。实施这些措施的结果使古巴从20世纪80年代起便已拥有一支数量和质量均堪称一流的教师队伍。到90年代，古巴的各级各类学校的大多数教师已具有大学水平，其中有数以万计的小学教员拥有硕士学位，数以千计的大学教师拥有博士学位。还须指出的是，古巴的教师具有高度的政治觉悟，广大教师的敬业和奉献精神是古巴教育获得成功的主要原因之一。

四　学习与劳动相结合

这是古巴教育的一个特点和突出的成就之一。古巴领导人认为，实行学习与劳动相结合的原则是为了将马克思关于人的全面发展的思想和马蒂关于教育古巴后代的理论付诸实践。[④] 这一原则从革命胜利后的初期起就开始试行，到20世纪70年代已在所有学校中普遍推广。

---

① Fidel Castro. *Informe Central al II Congreso del Partido Comunista de Cuba*, p. 26.

② Fidel Castro. "Informe Central al Tercer Congreso del Partido Comunista de Cuba". *Bohemia*, Ano 78. No. 7, 14 de Febrero de 1986, p. 17.

③ Comité Estatal de Estadísticas. *Anuario Estadístico de Cuba 1989*, p. 309.

④ Fidel Castro. *Informe Central al Primer Congreso del Partido Comunista de Cuba*, p. 123.

（一）安排劳动课时

在城区的各类各级学校中专门拿出一定的时间让学生参加生产劳动，连幼儿园的儿童和神学院的学生也不例外。幼儿园和小学一般都建有专供学生劳动的小菜园；各类中高级学校则建有校办工厂和校办农场。城区的中学生每年有 30 天至 7 周到农村劳动，参加收获甘蔗、咖啡、烟草等农作物的田间作业。

（二）建立半工半读学校

如前文所述，从 20 世纪 70 年初起在农村中建立了大批农村基础中学，这种中学实行半日学习半日劳动制。学生参加劳动除为了从小培养他们进行创造性劳动的习惯外，还可用他们的劳动成果来补充教育经费。农村中学基本上都能自给自足，有些学校还能自给有余。卡斯特罗认为，这种做法是不发达国家解决农村教育经费的唯一途径。[①]

五　目标远大，勇于创新

回顾古巴教育 60 年的发展历程，从打基础开始，稳步推进，经历四次重大改革，每一个时期都有一个新目标，这使古巴的教育不仅形成了一个完整的运作体系，而且还具有十分坚实的发展基础。古巴在发展教育过程中，努力探索切合本国国情和社会需要的特点，勇于走出一条新路。如针对旧时代遗留下来的不合理的教育结构，即人才培养的倒金字塔和重文轻理等，古巴政府首先发展基础教育和着重发展理工学科，使教育结构逐步合理化。又如，为满足经济建设的迫切需要，大力发展各种类型的中等职业学校；为提高全社会的整体文化水平，特别重视发展成年教育等。古巴在发展教育过程中还注意吸收外国的先进经验。如在 20 世纪 70 年代从民主德国引进全套的中小学数学教学大纲；在特殊教育中试行特殊儿童和正常儿童同班共学的“混合教学法”等。在 70 年代和 80 年代，每年都派出数以千计的留学生到苏东国家学习。古巴还拥有实力强大的教育研究机构。几十年来，古巴同国际和地区性教育组织保持密切的联系，交流经验，完

---

① Fidel Castro. *Informe Central al Primer Congreso del Partido Comunista de Cuba*, p. 123.

善自己，使古巴的教育与国际先进水平保持同步发展。

六　强调政治思想教育，造就社会主义新人

国家教育政策的原则是加强对新一代人的爱国主义教育和共产主义教育，并培养其进入社会生活的能力。古共党纲在教育方面提出，要“全面造就高质量的人、社会主义的人”[①]。古巴作为社会主义国家，将下一代培养成具有社会主义觉悟的人对国家的命运和社会的发展至关重要。古巴政府和教育部门采取了多方面的措施加强对学生的政治思想教育，特别是充分发挥了共产主义青年联盟、少先队员联盟、大学生联合会和中学生联合会等组织的作用，使政治思想教育进行得生动活泼、丰富多彩。特殊时期开始时，卡斯特罗亲自建议，把马列主义学习纳入高等教育课程中，以提高大学生的理论水平。在整个特殊时期，政治思想教育比过去更强了。

综上所述，古巴的教育发展模式就是一种由国家主办、全社会参与、同劳动相结合、不断改革和创新的模式，正是这种模式使古巴的教育保持在世界前列的地位。需要指出的是，这种模式的核心和本质就是社会公正原则，也就是保证所有人都有平等接受教育的机会。为此，政府的一贯政策是向农村、向低层、向困难和弱势群体倾斜。例如，为了保证小学年龄段的儿童入学率达到100%，居住在极其偏僻山区中的少数农户子女仍能接受正常的小学教育，即使那里只有一个学生也是如此。这种“一个学生的学校”在全国有93个。又如，为了使所有学生都能接受计算机教育，对无法通电的2368个边远山区的学校，政府给他们配备太阳能发电设备来为计算机提供电力，对其中的93个“一个学生的学校”也不例外。[②] 种种事例表明，古巴的教育发展模式充分体现了社会公正的原则，而这一原则同古巴本土的、可行的社会主义总原则是一致的。

---

① *Programa del Partido Comunista de Cuba*, Editora Política, La Habana, 1987, p. 45.

② Fidel Castro. “Discurso pronunciado por el Presidente de la República de Cuba, en el acto de inauguración del curso escolar 2003/2004”, p. 4.

第九章　医疗卫生保健体系的运作和实绩

“让人人享有健康”是每一个国家在实现现代化进程中所追求的目标之一。古巴经过60年的努力在这方面取得了丰硕的成果。在古巴，现在已经做到使所有社会成员都能“病有所医”。有关医疗卫生保健的基本指标达到了世界先进水平，多年来一直受到世界卫生组织等国际机构和有关人士的高度赞誉。在美国彭博新闻社于2019年2月24日发布的世界健康国家排行榜中，古巴是非“高收入”类别中唯一排名如此靠前的国家，比美国靠前5个位次。[①] 古巴在卫生方面的成就是古巴社会主义的又一个闪光点，古巴人民为此而感到自豪。

不少外国学者认为，古巴的成功范例表明发展中国家也完全可以达到先进的医疗水平。[②] 因此，研究和总结古巴的经验不仅可以了解古巴本土化社会主义的一个重要侧面，而且还具有国际意义，特别是可供第三世界国家借鉴。

古巴于1959年革命胜利后不久便开始了卫生部门的改革。在坚持不懈的探索中，古巴的党和政府及时地提出了指导这场改革的方针、政策，为建立和健全适合本国国情的医疗卫生保健体系指明了方向。根据宪法和有

---

① 《这些是世界上最健康的地方》，美国彭博新闻社网站。http://news.cri.cn/gb/3821/2007/02/06/1329@1440820.htm（2019-02-26）

② Andrew Zimbalist, ed. *Cuba's Socialist Economy Toward the 1990s*, Lynne Rienner Publishers, Boulder and London, 1987, p. 115.

关法律、法令的规定，这些方针、政策可概括为以下几项基本原则。

第一，享有医疗卫生保健服务是全体公民的权利，保障这一权利是国家的责任。

第二，全体居民都参与医疗卫生保健体系的运作和发展。

第三，将医疗卫生保健工作同全国的经济和社会发展计划结合起来，协调发展。

其中最重要的原则是上述的第一条。根据这一条的精神派生出两项基本政策：一是医疗待遇，人人平等；二是全部免费，一切费用由国家负担。60 年来，政府始终坚持这些原则。在这些原则的指导下，古巴的医疗保健事业经历了从困难重重到体制完善的几个阶段。到 20 世纪 80 年代后期，古巴建成了覆盖全国的三级医疗网络，其医疗水平已跻身世界先进国家的行列。20 世纪 90 年代初的经济困难给医疗事业以沉重的打击，使其再次陷入困境。然而，经过艰苦的努力，到 90 年代中期，医疗事业重新获得恢复和发展，医疗网络进一步完善，基本指标有了新的提高，古巴成为世界上为数不多的“医疗强国”。以下几节将详细介绍古巴达到这一高度的奋斗历程和基本经验。

第一节 从医疗困境到三级医疗卫生保健网络的建成

革命前医疗卫生资源的分布是不平衡的。根据历史的统计资料，1959 年以前古巴的预期寿命、人口死亡率、婴儿死亡率、医生与人口的比例、病床与人口的比例等基本指标都处于拉丁美洲国家的前列。然而，除了这些统计数字存在不全面、不准确的因素外，主要问题是这些统计数字是全国的平均数，完全掩盖了卫生资源分配不公的状况，广大农村缺医少药，劳动群众看不起病的情形十分严重。例如，只占全国人口 22% 的哈瓦那集中了全国 60% 的医生、62% 的口腔科医生和 80% 的病床，而农村地区只有一所医院。政府的医疗照顾面仅覆盖农村人口的 8%。绝大多数农村儿童患有肠道寄生虫病，全国约有一半的人口患有程度不同地营养不良。农业工人每日的摄入量低于标准的1000卡路里，14%的农工患肺病，13%的农工患伤寒。4/5的农工看病要自费，大多数人因无钱看病而得不到治疗。①

革命后医疗卫生保健事业的发展可分三个阶段。

一 第一阶段：在困境中的改革（1959~1974）

革命前医疗卫生事业集中在大城市，只为少数富人服务，但毕竟已发展到一定的水平，革命后如能在这一基础上继续发展，将会减少许多困难，然而事与愿违。革命前夕，全国有医生6000多人，在革命后的数年内出走了约一半，还走了大批的其他医务人员。1960年美国对古巴的禁运和其后的断交，中断了原有医药和医疗设备的供应，药品生产和医院建设都受到严重影响。医疗卫生事业陷入前所未有的困境。在20世纪60年代，古巴一些重要的卫生和健康指标下降了，一些主要的传染病出现反弹。这10年人口的快速增长更加重了解决这些问题的难度。面临这样严峻的形势，政府采取了如下措施。

第一，提出紧急的培训计划，尽快培养大量医生，以缓解紧缺状况。医学院从1个增加到3个，学年相应缩短。到60年代末，全国每年能培养500名医学毕业生。

第二，把重点放在防治突发性的急性传染病上，特别是搞好妇幼和老年人等易感染人群的卫生保健工作。在医学院校中扩大流行病学和卫生学专业人数，力争把日益上升的发病率和死亡率降下来。

第三，面向农村和基层。革命前存在三种医疗服务机制，即公办的、私人的和互济会机构（mutualismo），而公办的又有不同的服务计划。革命政府的任务是将这些遗留下来的机制融合为由卫生部领导的统一的医疗卫生体系。

经过15年的努力，到1974年国家摆脱了医疗领域中的困境，初步建立起新型的医疗体系，面向农村、深入基层。医生人数增至1万多名，已能基本满

---

① Marifeli Pérez - Stable. *The Cuban Revolution: Origins, Course, and Legacy*. Second Edition, Oxford University Press, Oxford, 1999, p. 29; Andrew Zimbalist, ed. Op. cit., p. 33.

足民众的需要；人口发病率和死亡率重新降了下来；三种重要传染病——小儿麻痹、疟疾、白喉分别于1963年、1968年和1971年根绝了；预期寿命和婴儿死亡率都有大幅度改善。取得上述成绩的一个重要原因是政府的大量投入，从1958年到1968年，公共卫生预算支出增长了10倍。[①]

二 第二阶段：以社区为重点的三级体系的建立（1975～1983）

在第一阶段中医疗卫生保健事业克服了不少困难而步入正轨，但医疗改革远未完成。整个体系仍以医院为中心，预防和治疗服务还不能较好地结合。地区间的发展也不平衡，覆盖面有待进一步扩大。为了解决这些问题，把医疗改革推向前进，国家卫生部于20世纪70年代中期推广“社区医疗模式”（modelo de medicina en la comunidad）[②]，标志着改革步入一个新阶段。采取这一举措的根本原因，主要是适应当时形势发展的要求。具体地说，有以下几点。

第一，到20世纪70年代中期，医疗卫生保健的三级体系初见端倪，一般市（县）以下的小医院和综合诊所（policlinico）为初级医疗网，省会和重要城市的中心医院为二级医疗网，中央级全国性医院属三级医疗网。这时初级医疗网是建设的重点，因为初级医疗网是三级网的基础，与居民的关系最为密切；同时，初级医疗网要达到覆盖全国的目标仍须付出很大的努力，特别是在农村地区。

第二，随着主要流行性传染病发病率的下降和慢性退行性疾病发病率的上升，应对手段的重点也相应改变，从以治疗为主变为以预防为主。在预防工作中从以医药为主变为以综合防治为主，包括通过宣传教育改变居民的不良生活方式、增加卫生保健知识和改善环境等。

第三，形势的变化和重点的转移要求医疗卫生保健事业有更多的社会参与，而只有面向社区才能充分发挥社会参与的作用。革命后10余年的实

---

① Fidel Castro. *Informe Central al Primer Congreso del Partido Comunista de Cuba*, Editora Política, La Habana, 1982, pp. 135 - 137.

② Sandor Halebsky and John M. Kirk, eds. *Cuba: Twenty-Five Years of Revolution, 1959 - 1984*, Praeger Publishers, New York, 1985, pp. 48 - 49.

践表明，卫生部门取得的成就是与群众组织的积极参与分不开的。

社区医疗模式的主要组织形式是综合诊所。政府把每一个市（县）所辖的范围划分为若干个卫生区，每个区都要求成立一家综合诊所，负担起初级医疗网的主要职责。这种综合诊所最初是在 1964 年开始建立的，到 1974 年全国已发展到 326 个。[①] 自提出推广社区医疗模式后，初级医疗卫生保健工作的指导原则和综合诊所的工作任务便被确定了下来。

第一，综合诊所负责全区人口的一切卫生事宜，每个区平均有 2.5 万人（从城区中多达 6 万人到某些农村地区的少至 7500 人）。综合诊所还负有同二级医疗网和三级医疗网协调、同本社区中群众组织等社会力量合作的任务。综合诊所的工作对当地政府负责。

第二，综合诊所的医务人员被编成若干卫生队（equipo de salud），每个队均由四个方面的专科医生（内科、小儿科、妇产科和口腔科），护士，心理医生和其他业务人员组成，负责全区每个居民的医疗保健工作。这种服务是由固定的医务人员经管，具有连续性。对高风险病人和慢性病人要进行严格的跟踪服务。

第三，为了将预防和治疗更好地结合起来，以预防为主，综合诊所负责在社区内开展以下 9 项计划：妇女卫生、儿童卫生、成人医疗、口腔疾病防治、传染病控制、环境服务、食品控制、学校卫生服务、职业病和劳工医疗等。综合诊所还负责组织卫生教育工作，开展业务培训和科研活动。[②]

由于不仅有正确的方针、政策，而且逐步摸索出比较能体现这种方针政策的组织形式，加上政府的大量投入，在这一阶段中主要的卫生指标继续优化。预期寿命从 70.93 岁（1970～1975 年）提高到 73.59 岁（1980～1985 年），婴儿死亡率从 27.3‰（1975 年）下降到 17.7‰（1982 年）。免疫接种已覆盖全国的儿童。到 20 世纪 70 年代初三种主要传染病已被根绝，急性传染性脑炎（encelaltis intecciosa aguda）也在 1981 年被根绝了。[③]

---

① Comité Estatal de Estadísticas. *Anuario Estadístico de Cuba*（*1986*），Combinado Poligráfico "Alfredo López" del Ministerio de Cultura，Ciudad de La Habana，1987，p. 563.

② Andrew Zimbalist，ed. Op. cit.，pp. 116－117.

③ Comité Estatal de Estadísticas. *Anuario Estadístico de Cuba*（*1985*），p. 544.

三 第三阶段：医疗卫生保健体系的完善和家庭医生制的实施（1984～1989）

1. 初级医疗网的载体：家庭医生诊所和综合诊所

三级体系的建立和社区医疗模式的推广是在探索适合古巴国情的医疗体制努力中迈出的一大步。发展综合诊所的方向是正确的，这些诊所的工作也取得一定成效，然而，它们并未完成所赋予的任务，其成绩同先前的设想仍有差距。这主要表现在预防工作做得不够和未能广泛深入居民中。而根本原因还在于综合诊所的服务区域太大，任务过重，影响了工作的质量。如前所述，一个综合诊所平均要为 2.5 万名居民服务（在城区中往往超过此数），诊所内一般只有 4 个医疗队，每个队至少要为 5000 人服务。这样的状况很难把工作做好，群众也不很满意。因此，继续探索初级医疗网更好的组织形式便成为 20 世纪 80 年代初医疗改革的一个重点了。

医疗改革不单是政府的事，更为人民群众所关注。在民众的积极建议下，政府于 1984 年在社区开始实行一种名为“家庭医生”（medico de familia）的制度。这种制度一经实行便显示出极大的优越性和强大的生命力，成为初级医疗网更好的组织形式。两年后，卡斯特罗赞扬道：“在最近几年卫生领域采纳的众多建议中，也许没有哪一项像家庭医生这种制度更能得到这样大的社会成就和医疗界的反响了。”①

家庭医生制是世界上一种先进的医疗制度，在发达国家中已被日益推广。这一制度的目标是使居民得到最早期的、基本的和普遍的医疗服务；家庭医生应掌握病人的全面情况，包括其家庭和周围环境的情况。然而，古巴在采用家庭医生制时，则是根据本国的国情创造性地发展了这一制度，不仅吸收了其他国家的成功做法，而且还赋予它新的作用和职能，大大地扩展了家庭医生制的内涵。古巴家庭医生制的不同之处主要在于它是全国医疗网中的重要组成部分，是初级医疗服务网的主要载体。家庭医生不只

---

① Fidel Castro. *Main Report of the Third Congress of the Communist Party of Cuba*, Editoria Política, La Habana, 1986, p. 16.

对病人负责，而且对所分管的区域内的所有人的健康负责。[①]

（二）家庭医生制的实施情况

家庭医生制实行后，居民可以享有直接、全面、方便、快捷的医疗卫生保健服务。每一个社区配备若干家庭医生，在20世纪80年代，每个家庭医生平均负责社区中120户家庭或600～700名居民的医疗保健工作。通常每个家庭医生有一个诊所，称家庭医生诊所（consultorio medico de la familia)，所内配备一名护士，协助医生的工作。家庭医生的职责除了要对上述居民进行一般病症的诊治外，还要负责这些居民的卫生保健和卫生知识的宣传教育，同时协助解决居民的环境卫生和饮水卫生等问题。家庭医生为管区内所负责的每一个家庭建立一份家庭卫生档案，包括家庭经济、住房状况、饲养何种宠物、有无传染病源、住址周围的卫生情况等；为所负责的每一位居民建立健康卡和为每一个儿童建立卫生卡。家庭医生诊所一般由医生办公室兼就诊室、候诊室、检查室、小厨房和卫生间组成，配备有基本的医疗设备和药品。医生就住在诊所的楼上或附近的地方，诊所24小时对外开放。医生的工作时间一般是每日上午接待前来看病的患者，下午则外出巡诊。如患者不能前来诊所，医生便到病人家里诊治。家庭医生还要轮流到社区中的综合诊所值班。家庭医生诊所和综合诊所医治不了的病症患者，家庭医生负责送至省级医院以至中央级医院诊治，但仍要跟踪和掌握患者的病情发展，配合其治疗。所分管居民的有关健康方面的一切变化都是家庭医生应予关注的分内之事。他要为居民定期进行体检，充分掌握每个居民的健康情况。家庭医生制不仅在城市的街区和农村的村庄中大力推广，而且在学校、工厂、船舶、合作社和其他工作单位中也建立起来。家庭医生制建立后，综合诊所仍然存在和发展，但其作用和任务有所改变，减少了直接的医疗保健活动，加强了支持职能，主要是提供专科诊治、医生培训、医疗化验和其他辅助服务。总之，综合诊所成了家庭医生重要的支持机构。[②]

对家庭医生政治思想和业务水平的要求是严格的。从事家庭医生职业

---

① Andrew Zimbalist, ed. Op. cit., p. 124.

② Op. cit., pp. 119－121.

的人在医科大学毕业后还要再学习两年的综合性医学（medicina general integral）科目。一些家庭医生在任职前便已有数年的从医经验。古巴对医生的职业道德历来很重视。早在1960年，切·格瓦拉在其著名的《医务工作者的职责》演说中就提出，医生必须“为人民的幸福而奉献”。凡是在业务技能和政治思想上不合格者都是不能从医的。由于有许多高素质家庭医生的辛勤工作，广大居民对实行这一制度十分满意。他们同家庭医生建立了密切的合作关系，大大地提高了古巴的医疗卫生保健水平。在有些地方，群众甚至自发地组织起来，为家庭医生和护士义务地建造诊所和住房，而有些义务建筑队是由退休老人所组成。群众关爱家庭医生的程度和拥护这一制度的热情，由此可见一斑。[①] 政府对家庭医生的生活是关注的，工资较高，其住房和家具都由国家提供，这样可使他们安心工作，把更多的精力投入医疗服务事业中。

（三）对第三级医疗网的建设

政府在大力改善初级医疗网的同时，并未放松第三级医疗网的建设，这同样也是形势发展的需要。由于心脑血管病、恶性肿瘤等已成为主要的致死病症，对医疗技术水平提出了更高的要求。当重症病、疑难病患者从初级网转至第二级和第三级医疗机构时，如治疗不力，会影响整个体系的运行。为了从根本上增强国民的体质，使古巴成为“医疗强国”，也必须具备在国际上堪称先进的医疗水平。政府为此进行了长期的努力，拨出足够的资金、培养高级医学人才、购置先进的医疗设备、建立一流的医院和科研机构是采取的主要措施。例如，于1982年底建成启用的“阿梅赫拉斯兄弟医院”（Hospital Hermanos Ameijeiras）是全国的医疗中心，建设总投资1.2亿比索，主体建筑为24层大楼，拥有40个科室、25个手术室、950张病床、1900多名医务人员和技术人员，每天接待病人1500多名。该院拥有世界上先进的医疗器械和医疗技术，可进行多种脏器移植和微型外科等高难度手术，护理工作由电脑系统控制。该院还是医疗、科研和教学三位一体的综合性医院，它是展示古巴先进医学水平的一个窗口。

① Andrew Zimbalist, ed. Op. cit., p. 121.

（四）加速发展制药业和医疗器械制造业

全国医疗水平的不断提高是与药品研制和医疗器械制造业的迅速发展分不开的。革命后美国对古巴进行的经济封锁严重影响了药品和医疗器械的进口。为此，政府对制药工业进行了整顿和企业的现代化改造。到20世纪70年代中期，药品生产已经可以满足古巴国内需要的80%。在第一个五年计划期间，又建成了半合成抗菌制药厂和光学仪器联合企业等。与此同时，加强了医学研究工作，研究范围多达30多个门类。特别是于1986年6月创办了“遗传工程和生物技术中心”（CIGB），从事现代生物技术的研究和试验，指导生物制品的生产。到80年代末，古巴已能生产许多具有国际先进水平的药品和医疗器械，如干扰素、乙脑疫苗、美尼核尼素（治白癜风药）、脑电图工作站、超微量分析仪等，其中有些产品已向国外出口。[①]

综上所述，在1984～1989年的第三阶段中，三级医疗体系日臻完善和定型，全社会已能做到“哪里有人民，哪里便有医生”[②]。古巴在争取实现人人享有健康的目标中取得了丰硕的成果。古巴的医疗卫生保健水平已跻身世界先进国家的行列。

第二节　新的考验和发展：特殊时期中的医疗卫生保健事业

一　第二个困难时期

20世纪90年代初开始的特殊时期使医疗卫生保健事业再一次面临困境。由于整个经济在90年代初严重下降，国家的公共卫生预算支出也相应减少了，1989～1996年减少了2.5%，其中1993～1996年减少了6.3%。[③]

① 古巴驻华大使馆：《前景与挑战：古巴的医药工业及生物制药工业》，单行本，1994，第3～5页。

② Fidel Castro. *Main Report of the Third Congress of the Communist Party of Cuba*, p. 16.

③ Comisión Económica para América Latina y el Caribe（CEPAL）. *La econimía Cubana Reformas estructurales y desempeo en los noventa*, Fondo de Cultura Económica, México, 1997, p. 91.

药品、制药原料和医疗器械的进口被压缩了。更为严重的是，美国的经济封锁升级使医疗卫生工作雪上加霜。在1992年美国的“托里切利法”实施前，古巴还能用有限的资金从美国的海外子公司购得一部分药品和医疗器材，“托里切利法”实施后连这一渠道也被堵塞了。美国世界卫生联合会认为，美国加剧对古巴的经济制裁“尤其影响了古巴的妇女、儿童、老年人和慢性病患者”[①]。例如，在哈瓦那有17台检查乳房的X光机，由于不能从美国进口必要的配件和胶片，1990年后只能限制在高危人群范围内使用，而到90年代中期则由于胶片断档而完全停用了。

另一个困难问题是食品匮乏导致居民的营养不良。根据古巴经济与计划部社会发展指导司的统计，1993年古巴居民人日均热能摄入量降至1863卡路里，仅为1989年2845卡路里的65%；人日均蛋白质摄入量也从77克降至46克。[②] 居民的体质下降，患病的可能性就相应增加。1993年春夏之交在哈瓦那和东部一些省份爆发了流行性视神经炎（epidemic of optic neuritis）。此病蔓延迅速，到同年6月患者多达4万人。发病后患者逐渐丧失视力，其中部分人还迸发肢体肌肉的疾病。发病原因与患者营养不良特别是维生素摄入量不足有关。政府采取紧急行动，加紧生产和进口有关药品，迅速向全国居民免费发放维生素丸，采取治疗与预防双管齐下的措施。在政府的正确领导和民众的积极参与下，猖獗一时的流行性眼疾很快得到控制，到同年秋天已无新的病例报告。这场医疗战役就像80年代初战胜出血性登革热流行病一样，在数月内便以获胜而告终。

20世纪90年代中期以后，随着全国经济形势的好转，医疗卫生保健事业最困难的时期已过去。当然，美国的经济封锁对古巴医疗事业的严重影响是长期存在的，但古巴人民已找到一定的应对之策。这次所经历的困难时期不同于革命胜利初期的那一次，其主要的不同点在于这次虽遭受空前的困难，但已经建立起来的全国性医疗网络照常运转和继续完善，古巴已摸索出了在新形势下继续发展医疗事业的策略和途径，这为90年代后期开

---

① 邬烈兴（英国行动援助中国办公室）：《古巴：最穷的国家之一有着最好的公共医疗体系》，《中国改革》（农村版）2003年8月号，第41~45页。

② CEPAL. Op. cit. , pp. 212 – 213.

创医疗事业的新局面打下了基础。

二　应对药品短缺的两手政策

面对困难，古巴政府的对策是一方面大力提倡使用草药、针灸等传统疗法，以减少对化学药品的依赖；另一方面积极发展医药工业，特别是生物技术和医疗器械制造业以及开展保健旅游等。到 90 年代末，古巴在这两方面都取得了可喜的收获。古巴老百姓在历史上受到中国侨民的影响，对中医药的疗效有良好的印象。特殊时期开始后政府对中医药的提倡是容易被民众接受的。政府大力开展对天然植物药用价值的研究和临床实验，并及时地用于治疗普通的病症，在群众中宣传使用草药的知识。本书第一作者（以下简称作者）曾于 20 世纪 90 年代后期在古巴马坦萨斯市考察过一个小医院，看见在大厅内显眼的地方竖着一块宣传牌，以实物向就诊者介绍每种草药的性能和用法。作为中医药另一个重要方面的针灸疗法也同时在古巴开展起来。这一疗法最初是从军队开始的。在劳尔亲自督办下，同中国达成协议，由中方派出针灸专家对古巴军队的医务人员进行培训，首先在军队里实行这种疗法，取得良好效果后逐步扩展到社会上。[①] 作者在马坦萨斯省级医院考察时亲眼看见该院门诊部针灸科的一位古巴医生正在为患者进行针灸治疗。据院方介绍，针灸疗法很受患者的欢迎。古巴卫生部副部长阿拉多尔·拉米雷斯曾说："中国的传统中医在古巴医疗事业中已经成为一个主要支柱。"[②]

积极发展医药工业也具有同样重要的意义，这可谓一举多得。一是弥补进口药品的不足，增大国产药品的比重；二是创制新药和新医疗器械产品，进入国际市场，赚取外汇，补贴进口药品所需的费用；三是为了向医疗强国的目标迈进，需要有先进的医药工业作为支撑，否则这一目标是难以实现的。由于多年坚持不懈的努力，古巴不断增加具有国际先进水平的医药产品的品种和数量，对 80 年代生产的产品不断进行优化。到 90 年代末，古巴具有国际竞争力的医药产品和医疗器械主要有：天然干扰素和重

---

① 陈久长：《卡斯特罗与古巴——出使岛国见闻》，长沙：湖南人民出版社，2002，第 188 页。
② 同上。

组干扰素、重组乙肝疫苗、乙脑疫苗、表皮生长因子、重组红细胞生长素、重组链激酶、单克隆抗体、人转移因子（Hebertrans）、PPG（降胆固醇药）、egf/r3（治皮肤病药）、脑电地形图工作站、生理参数监视仪、诱发电位和肌电图仪、艾滋病诊断试剂盒等。[①] 古巴已能生产1100种药品，其中200多种可供出口。包括上述药品、器材和试剂在内的10余种产品颇受国外客户的欢迎。这些产品在南美市场上占有重要的地位，在欧洲和亚洲也有一定的市场份额。降胆固醇药PPG受到许多国家的青睐，乙肝疫苗出口到拉美、独联体国家和印度，特别是通过同国际著名的药业集团史克必成公司的合作，乙脑疫苗已成功地进入美国市场。药品的出口额从1992年的308.6万美元猛增到1994年的7628.7万美元，但由于美国的阻挠，在此后的年份中出口额一直不稳定。[②] 尽管如此，药品已经成为古巴特殊时期新的创汇品种。

还须提及的是保健旅游的开展。由于古巴在脑外科、眼科和器官移植等方面拥有先进的技术，医疗费用低廉，许多外国患者都来古巴就医。他们主要来自拉美国家，但也有不少患者来自西欧、大洋洲和日本。1995年，古巴医疗服务公司接待这样的外国旅游者达7600多人，收入达2100万美元，其中大部分收入用于对卫生部门的投资。在90年代后期，保健旅游进一步发展。1999年，仅在古巴接受眼科专家治疗的外国旅客就达1万多人，其中大部分来自德国。

三　特殊时期医疗卫生保健事业的发展

总的来说，20世纪90年代医疗事业的发展呈现两个特点：一是虽然遭受巨大的困难，特别是在90年代初期，医疗事业仍继续向前发展，基本健康指标继续优化；二是医药工业，主要是生物制药工业异军突起，有力地支持了医疗事业的发展。

在20世纪90年代后期，医疗事业重新步入正轨。国家对公共卫生项目的预算支出逐年增加，从1996年的11.10亿比索上升到2001年的17.97亿

---

① 古巴驻华大使馆：《古巴概况》，1993年1月；《前景与挑战：古巴的医药工业及生物制药工业》，第2~4页；古巴维尔生物技术公司：《医药产品目录》，1995年发行。

② CEPAL. Op. cit.，anexo estadístico，cuadro A. 17.

比索。1999 年 4 月，政府宣布增加医务人员的工资，专科医生上调 30%，其他医务人员的工资均有不同程度的增加。[①] 进入 21 世纪，医疗事业继续发展。家庭医生已超过 3 万人，孕妇之家、老人之家普遍建立起来，医药的生产和出口逐年扩大。医疗事业经历了特殊时期的困难而保持先进水平，获得了国内外的好评。

然而，政府和民众不满足于现有的成就，提出了新的奋斗目标，使医疗体系进一步完善，医疗水平继续提高。当时所发现的主要问题是，虽然初级网的家庭医生和综合诊所发挥了大的作用，体系也比较完善，但是由于条件和水平的限制，不少病症仍不得不转到二级网去治疗。这样，不仅给患者带来了不便和负担，而且还往往会贻误病情，影响治疗结果，二级网的作用也不能正常发挥。针对这种情况，政府从 2002 年开始实行一个为期数年的非常卫生计划（Extraordinary Health Program）。这一计划的基本目的是进一步改善各种年龄段人群的生命质量，其基本思路是要使初级医疗保健服务更广泛地被公众所享用。主要措施有以下几项，已从 2002 年先后开始实施。

1. 加强综合诊所的作用

首先是恢复和补齐各区的综合诊所，进行充实和改建；其次是增加和配齐医疗设备，如心电图仪、超声波设备、急救冠心病设备、胆汁抽排设备、消化系统内窥镜设备、眼科设备等；最后，是增加综合诊所的职能，开设康复服务、急诊服务等。总之，要使综合诊所能诊断和治疗大部分病症，使多数患者能在初级网范围内得到诊治。

2. 提高综合诊所医务人员的医疗水平

开展大规模的培训工作，包括对医生、护士和其他医务人员的业务教育。延请具有丰富经验的享誉国内外的知名专家、教授到综合诊所就地开办提高班。在这一学习过程中学员也可攻读学位，包括硕士学位和博士学位。

---

① Oficina Nacional de Estadísticas. *Anuario Estadístico de Cuba*（*2001*），Artes Gráficas，Ciudad de La Habana，2002，p. 107；The Economist Intelligence Unit. *Country Report*，*Cuba*，Third quarter 1999，p. 14.

3. 改善药品服务的质量

针对药品短缺、药品分配中存在缺乏效率和不规范等问题进行改革，并使药品制造业的结构更加合理。这一措施在实行上述计划之初就已经开始了，到 2003 年已取得明显成效。

4. 提高口腔科服务的效率和质量

新建和改建一批口腔科诊所，在一些口腔科诊所开设 24 小时急诊服务。在所有的医疗单位和医务人员中建立计算机互联网，以便及时交换医疗信息、医学知识和医药数据等。①

对公众来说，实施这一计划的直接效果是能在就近的地方享用高质量的医疗服务。例如，在首都，过去一个病人看病，虽有家庭医生的及时照顾，但有时无法确诊和治疗，还必须送至 20 公里外的较大医院去诊治。现在实施这一计划后，综合诊所的医疗水平提高了，已具有同较大医院一样的医疗能力，病人只需要到平均 6 公里以内的地方就能得到治疗。随着综合诊所的进一步增加，这一距离还将继续缩短。

第三节 医疗体系存在的问题

21 世纪第一个 10 年的后期，劳尔开始主政，对医疗体制进行了全面的反思。革命胜利后公共医疗事业取得巨大成就，已造福于全体国民。与此同时，也出现一些问题，在特殊时期这些问题尤为突出。现分述如下。

第一，国家的经济负担过重，只能艰难前行。免费医疗当然是应该肯定的，但全部包揽，产生了一些不合理的开支，浪费了有限的资源。自 1990 年起，政府开始向个人收取少量的医疗费用，但病人住院的食宿甚至陪床亲属的食宿一律免费提供的惯例仍沿袭下来。② 从国力看免费范围过

① Fidel Castro. "Speech at the Ceremony to Inaugurate the Works of the Extraordinary Health Program Already Underway and Being Implemented in Cuba" . *Granma International*, April 13, 2003, pp. 6 – 7.

② 徐贻聪、徐丽丽：《加勒比绿鳄：古巴》，上海：上海锦绣文章出版社，2011，第 15 页。

广，国家不堪重负。近年来已有所改变。

第二，公共资源的配置不很合理。多年来公共卫生的主要指标均已达到拉美国家中的先进水平，无须刻意追求同发达国家，特别是同美国相比。将宝贵的资源适当地向更加需要的相关部门倾斜是更好的选择。例如，城市的自来水系统、污水处理系统和下水道系统因年久失修，近年来经常出现问题，影响了民众的生活。政府有必要调整经费分配比例，加大对这些部门的投入。

第三，基本指标发展不平衡，产妇死亡率相对偏高。婴儿死亡率降低并保持不断下降的势头是令人称道的。所有的孕妇都要接受每月一次的超声扫描和其他检查，如发现胎儿有先天性缺陷，则建议妊妇堕胎，这是婴儿死亡率保持低水平的好办法，[①] 但古巴的堕胎率在拉美国家中最高。如在妊娠早期发现问题，还可采用卵泡穿刺引产，这样便不计入堕胎数。与此同时，产妇的死亡率相对偏高，部分是堕胎所引发的综合征所致。2008 年，产妇的死亡率为 10 万分之 46.5，在拉美地区高于智利和哥斯达黎加（18.2）、阿根廷（43.7）而居低死亡率的第四位。[②] 2001 年，古巴人的预期寿命和婴儿死亡率均与美国持平，前一项为 77 岁，后一项为 7‰；但美国的产妇死亡率只有 10 万分之 8，而古巴则是 10 万分之 33，比美国高好几倍。[③] 2009 年，古巴的产妇死亡率达到 10 万分之 46.9；2015 年仍有 10 万分之 41.6。[④]

第四，不正之风难于遏制，监管机制有待加强。医疗工作由各级人代会和群众组织进行监督。但在卫生资源紧缺的情况下，某些患者为了优先治疗或获得更好的治疗，或对医方进行贿赂，或利用自己的影响和搞关系主义（sociolismo）来达到上述目的，这种现象并不少见。医务人员盗窃医药物资拿到黑市上去卖、医生利用公家的设备私下非法行医以收取外汇的

---

① Katherine Hirschfeld. "Reexamining the Cuban Health Care System: Towards a Qualitative Critique". *Cuban Affairs*, 2: 3 (July), 2007, pp. 1 – 7.

② ECLAC. *Social Panorama of Latin America 2010*. In Carmelo Mesa-Lago and Jorge Pérez-López. *Cuba Under Raúl Castro: Assessing the Reforms*, Lynne Rienner Publishers, Boulder, London, 2013, pp. 145 – 146.

③ UN Development Program. *Human Development Report*, *2003*. In EIU. *Country Profile: Cuba (2003)*, p. 18.

④ http://www.one.cu/aec2015.htm (tabla 19.20) (2017 – 10 – 22)

事件也时有发生。[1]

第五，医生待遇偏低，人才流失国外。由于全国的医院都是公立的，医务人员的工资标准由国家统一规定。一个医生的月工资仅比全国各行业平均月工资多0.19倍。例如，2015年，全国各行业的平均月工资为687比索，而公立医院的医生平均月工资仅为850比索，相当于土比索价的35.4美元。因收入太少，一些医生改行从事其他职业，更有高级医学人才移居国外。[2]

第六，药品短缺，医疗设备陈旧。由于多年来美国的经济封锁、近几年国际金融危机和国内自然灾害的影响，经济困难，外汇短缺，难以进口国内无法生产的药品和先进的医疗器械。在800多种基本药物中约有30%的药品需要从国外进口。2015年上半年，由于原料供应不足，约60种药品出现短缺现象。[3]

政府对存在的上述主要问题已有所考虑，并开始采取一些措施。在21世纪第一个10年的末期和第二个10年的初期，政府对医疗部门进行了全面整顿和适当“瘦身”。劳尔在2009年12月举行的人代会上强调，要根据国家经济的实际状况来调整卫生和教育方面的开支，要在保证医疗和教育质量的前提下，尽可能地削减或取消不合理的开支。近年来，政府的医疗经费是先减后增。2009年国家在卫生（Salud）项下的支出为70.05亿比索，2012年减为59.24亿比索，2016年增至106.67亿比索。[4] 从表9-1可以看出，医疗部门总的形势是好的，医生人数、诊病次数、预期寿命都在增加，婴儿死亡率继续下降；但医疗机构（包括医院、综合诊所、口腔科诊所）和病床数量均有所减少，特别是2015年家庭医生的人数比2009年减少了62.4%。家庭医生的紧缺严重地影响了这一制度的施行，成为政府亟待解决的问题之一。多年来，由于政府的重视，公共卫生支出的比例在拉美地区

---

① Hilda Molina. “Algunas consideraciones sobre el sistema de salud en Cuba”. In Carmelo Mesa-Lago and Jorge Pérez-López. Op. cit., p. 151.

② http://www.one.cu/aec2015.htm（tabla 7.4）（2017-01-22）

③ 范蕾：《古巴：内外环境改善带来新契机》，《拉丁美洲和加勒比发展报告（2015~2016）》，北京：社会科学文献出版社，2016，第171页。

④ 2016年支出包括社会援助费用，但数额很小。http://www.one.cu/aec2012/esp/20080618_tabla_cuadro.htm（2017-10-28）；http://www.onei.cu/publicaciones/08informacion/panorama2016/Panorama2016（tabla 15）pdf（2017-10-28）

是最高的，但仍不能满足维持其先进水平的需要。其原因在于国家的经济增长速度太慢，经济总量少，医疗卫生事业能分得的资金也就少了。因此，关键的问题还在于大力发展经济，把“蛋糕”做大。国家富了，许多问题都能迎刃而解。

表 9－1 2009～2015 年医疗卫生保健基本指标的变化情况

项目	单位 \ 年份	2009	2012	2015
医生人数	人	74880	82065	87982
其中：家庭医生人数	人	34261	13419	12883
口腔科医生人数	人	11572	13998	17542
医疗服务机构	个	14237	13112	12400
其中：医院	家	219	152	151
综合诊所	个	498	452	451
口腔科诊所	个	158	118	110
病床总数	张	66375	57383	60060
医生诊病次数*	百万人次	78.7	81.2	89.2
人口与医生的比例	人	150	137	127
人口与口腔科医生的比例	人	971	802	640
婴儿死亡率	‰	4.8	4.6	4.3
预期寿命	岁	77.97		78.46

*包括口腔科医生。

资料来源：作者根据 Oficina Nacional de Estadísticas. *Anuario Estadístico de Cuba 2010*, *2014*, *2015* 等资料编制。

第四节 医疗卫生保健事业的主要特点和基本经验

表 9－2 说明了 1959 年革命胜利以来医疗事业的成就。在一个国内生产总值不及世界上最发达国家 1/10 的小国里，其卫生指标竟然能同这些国家相媲美，其主要原因在于建立了一个完整的、行之有效的医疗卫生保健体系和具有指导建立这一体系的正确的战略思想。在本章各节中已叙述了这一体

系的有关情况，这里着重总结一下其主要特点和取得成功的基本经验。

表 9－2　医疗卫生保健基本指标的今昔比较

项目 \ 单位 \ 年份	单位	1958	2015
公共卫生预算支出	百万比索	22.6	10650.0*
医生人数	人	6286	87982
其中：家庭医生人数	人	0	12883
口腔科医生人数	人	250	17542
医疗服务机构	个	393	12400
其中：农村医院	个	1	451**
公立医院病床数	张	9000	60060
人口与医生的比例	人	1076	127
人口与口腔科医生的比例	人	27052	640
婴儿死亡率	‰	40.0	4.3
预期寿命	岁	62.10 （1955～1959）	78.46 （2011～2014）

* 包括社会援助支出。

** 系 2011 年数字，此后不单独立项，将此项并入综合诊所项内。

资料来源：作者根据 Oficina Nacional de Estadísticas. *Anuario Estadístico de Cuba 2010，2014，2015*，*Cuadro 1. Cuba. 1900－2003. Evolución de indicadores sobre el nivel de la mortalidad* 编制。http://www.sld.cu/galerias/pdf/sitios/gericuba/incremento_de_la_ev_en_cuba pdf（2017－10－24）

一　把提高全体国民的健康水平作为革命的一项重要的战略任务，提出“让人人享有健康”的奋斗目标

宪法规定，保障全体公民享有医疗卫生保健的权利是国家的责任。因此，看病就医对全民都是免费的。政府对公共卫生的投入一直保持高的水平。2016 年，公共卫生与社会援助的费用①为 106.6 亿比索，占国家预算总

① 自 2013 年起“福利”（社会援助）（Bienestar｛asistencia social｝）一项并入“卫生”（Salud）项内，统称“公共卫生与社会援助”（Salud Pública y Asistencia Social）。21 世纪 10 年代，社会援助的支出占国家预算总支出的比重一般为 2%～3%。近年来，该项支出不断减少，2012 年仅为 0.7%。http://www.one.cu/aec2012 htm（2016－06－29）

支出的18.57%，占国内生产总值的11.89%。①

二 在指导思想明确后，提出了一系列正确的政策和措施

在医疗上标本兼治，以治本为主，即防治并举，以防为主。着眼于长远利益和全局的普遍发展。因此，从薄弱的环节抓起，把重点放在基层、农村和山区。其效果是既为不断提高国民的健康水平打下了坚实的基础，又体现了社会的公平性，使医疗体制成为社会主义建设的重要成果之一。由于基层的医疗工作得到充分的发展，医疗资源得到合理的利用，去大医院就诊的病人减少了，医疗费用也就节省了。

三 坚持探索精神，努力寻求适合本国国情的医疗体系，不断进行改革创新

医疗事业在20世纪60年代经历了困难时期后，逐步建成三级医疗体系。政府采取抓两头（初级网和三级网）、带中间（二级网）的策略，既解决了群众的实际问题，又达到了先进的医疗水平。在基层社区的初级医疗网中，几十年来经历了从综合诊所到家庭医生，直至这两者并重的探索过程。由于始终坚持探索精神，医疗服务水平得以不断提高。

四 动员社会力量广泛参与医疗卫生保健工作

无论是社区的日常医疗工作还是消灭流行性疾病的紧急行动，都得到了群众组织和民众的积极参与和支持。这些群众组织主要是保革会、妇联、小农协会和工会。卡斯特罗赞扬道："如果没有他们（指群众组织）的努力和他们开展的教育工作，在资金有限的情况下是不可能取得如此巨大的成就的。"②

五 造就了一支医德高尚和医术精湛的医务大军

现有的绝大部分医务人员是革命胜利后培养出来的，少数来自旧社会的医生也大都"对革命忠心耿耿"（卡斯特罗语）。党和国家对医科学生的

---

① http://www.onei.cu/publicaciones/08informacion/panorama2016/Panorama2016（tablas 2，13，15）pdf（2017-10-28）

② Fidel Castro. *Informe Central al Primer Congreso del Partido Comunista de Cuba*，p. 137.

思想教育历来很重视，要求做一名医生应具有最高尚的人类感情，提倡和发扬为人民福祉而奉献的精神。早在1960年，政府就颁布法令，规定医学院校的毕业生必须到农村从医1～2年，使他们获得锻炼。同时，又要求公共卫生部门保证所有的医生都走向专业化，并为护士和技术人员制定进修制度，以便系统地提高他们的专业水平。拥有一支高素质的医务大军是古巴能够取得医疗强国地位的主要原因之一。

六　医疗卫生体系是一个系统工程

这个系统工程包含了四个子系统，即融资体系、服务体系、管理与监督体系、人力资源输送体系。古巴的成功经验在于，在政府的统一协调下不仅这四个子体系能各司其职，充分发挥作用，而且彼此配合，相得益彰。[①] 与此同时，在抓根本、抓源头的方针指导下，医疗事业还形成了业内外的良性互动，为促进整个国家的经济和社会发展做出了贡献。在业内，由于着眼于提高国民的健康水平，医疗同制药、环境卫生、妇幼和老年保健等形成了相互促进的局面。在行业之外，医疗事业的发展首先是促进了妇女的解放。有大量的妇女在医疗服务机构中就业，在家庭医生中女性占有很高的比例。其次，医疗事业的进步、国民体质的改善，为体育事业的发展提供了良好的基础。再次，丰富了旅游业的内容。自20世纪90年代以来，先后开办了保健旅游的若干医疗和康复项目，增加了外汇收入。最后，扩大了国际合作，促进了对外关系的发展。总之，医疗事业支持了上述这些行业，反之，这些行业的发展也为医疗事业注入了活力。

回顾过去，60年来古巴克服种种困难，终于建成了一个成熟的、完整的医疗卫生体系，这一体系还在不断地进行自我完善和革新。面对取得的巨大成就和国内外的普遍赞誉，古巴政府以冷静的思维审视存在的问题和不足，以理性务实的精神大刀阔斧地进行改革，使该国的这一强项更加惠及全体国民。人们有理由相信，随着对外环境的改善和国内经济的好转，古巴的医疗卫生事业将会发展得更好。

---

① 刘潇、仇雨临：《古巴医疗卫生体系再审视：运行机制与经验借鉴》，《拉丁美洲研究》2010年第6期，第51～56页。

第十章　古巴的社会保障制度

第一节　1959 年革命前的社会保障状况

古巴建立社会保险制度起步较早，迄今已逾百年。在马里奥·加西亚·梅诺卡尔就任总统[①]伊始的 1913 年，就开始为社会保险立法，即建立军人养老金制度。这是古巴历史上第一部社会保险法。从那年起至 1920 年，先后在交通、司法、公务等部门和教师、警察中建立起社会保险制度。在当年高涨的劳工运动压力下，1916 年当局颁布了《工伤法》，1921 年在铁路工人中、1929 年在海运和运输工人中先后建立了退休制度。1933 年革命期间，格劳政府[②]制定了若干有利于劳工的法规，其中包括将职业病纳入工伤范围、实行生育保险等。[③] 到 1958 年，古巴已有 52 个公、私社会保险养老金机构，为 63% 的劳动者提供养老金，为所有从事具有职业性危害工种的劳工提供保障金，为女职工普遍提供生育保险。在当时的拉丁美洲，古巴的社会保障制度已跻身先进行列。然而，这一时期的社会保障制度存在严重的缺陷，主要问题是没有全国统一的领导和协调机制。上述的 50 多家保险机构按行业可分三类，其中 20 家覆盖私营部门中的工人，另有 20 家覆盖专

---

① Marío García Menocal，于 1913 ~ 1921 年任古巴总统。

② Ramón Grau San Martín 于 1933 年、1933 ~ 1934 年、1944 ~ 1948 年任古巴总统。

③ José Cantón Navarro. *Historia de Cuba*：*El desafío del yugo y la estrella*，Editorial S1 – MAR S. A.，La Habana，1996，pp. 118 – 119.

业人员，其余10多家覆盖公共部门中的文职人员和工人。这些基金机构大都管理不善，各行其是。每个基金机构都有自己的受保群体、法规、资金来源和赔付标准。最强势的群体如政府官员享有最高额的保险费，而弱势群体如理发员、汽车司机等所得到的保险金额就很低，两者的待遇差别巨大。例如，按月发放的养老金从60比索到400比索不等；一些参保人在45岁和工龄达到15年后即可退休享受养老金，而另一些人则被要求年龄达到55岁和工龄30年才能退休。职业性危害保障金由25家商业保险公司经管，而不是由雇主直接负责。这些公司收取高额的手续费，坑骗参保人的现象时有发生。由政府经管的机构中官僚主义严重，贪污成风。再者，保险资金主要来自劳动者的缴费，雇主和国家的缴费比例都很低。①

20世纪50年代中期，全国失业和半失业人口将近70万，超过了经济自立人口的1/3，失业者既没有补偿金，也没有家庭赡养费。1958年，大部分社会保险基金会的养老金已被巴蒂斯塔政权的官员贪污了，许多退休工人特别是农业工人每月只能领到6比索的退休金。②

第二节　新社会保障制度的建立和完善进程（1959~2008）

1959年革命的胜利为古巴历史翻开了新的一页，以卡斯特罗为首的“七·二六运动”代表了人民的利益，其中大多数人员是工农劳动者。早在1953年10月，卡斯特罗在《历史将宣判我无罪》的著名文献中列举了“革命政府”应立即采取的六项措施，其中就包括解决严重的失业问题。1955年8月，他发表的《“七·二六运动”致古巴人民的第一号宣言》提出了该

① Carmelo Mesa - Lago, ed. *The Crisis of Social Security and Health Care: Latin American Experiences and Lessons*, University of Pittsburgh Press, Pittsburgh, 1985, pp. 320 - 321；袁东振：《古巴的社会保障制度：发展、挑战和改革》，《拉丁美洲研究》第31卷第2期，第25页。

② Marifeli Pérez - Stable. *The Cuban Revolution: Origins, Course, and Legacy*. Second Edition, Oxford University Press, Oxford, 1999, pp. 27, 217; José Cantón Navarro. Op. cit., pp. 212 - 213.

运动的15条革命纲领，其中第13条便是要建立社会保障制度和设立国家失业补偿金。[①] 革命组织及其领导人的上述主张为日后古巴创建先进的社会保障制度奠定了思想基础。

一 统一社会保障制度的建立

1959年革命政权建立后，对旧的社会制度进行了全面改造，其中包括社会保险体制。在这方面，政府面临的首要问题是尽快建立统一的社会保障制度，同时要不断创造就业机会，减少失业人数，并及时解决一些突出的不公平、不合理待遇问题。政府制定了短、长期目标以完成上述任务。1959年9月，政府将原有的21个退休金基金会合并，成立了自治性质的机构——古巴社会保障银行，统一负责社会保险工作。同年年末，政府发布新的政策，规定将社会保险面覆盖所有劳动者，将原有的最低退休金每月6比索提高到40比索。1960年修改了1959年的根本法，规定由国家负责社会保险制度的管理和实施。为此，政府撤销了古巴社会保障银行，将其职能划归政府下属的劳动部，生育保险则划归卫生部。1961年，公共部门的社会保障事业划归了劳动部。1962年，政府颁布第1010号法令，将工伤、职业病保险事业划归劳动部；同年颁布的第1024号法规定，由劳动部管理18个专业部门的社会保险机构。1963年4月，古巴革命后第一部《社会保障法》（第1100号法）的颁布表明，古巴不仅已经建立起全国统一的社会保险机构，而且实现了从社会保险向社会保障的转变。[②] 这部法律一直实施到1979年。

二 社会保障制度的逐步完善

1963年的《社会保障法》（1964年进行了修改）的基本内容如下：[③] 在

---

① 〔古〕菲德尔·卡斯特罗：《卡斯特罗言论集》第一册，北京：人民出版社，1963，第36页；Rolando E. Bonachea and Nelson P. Valdes, eds. *Revolutionary Struggle* (*1947 – 1958*): *Volume 1 of the Selected Works of Fidel Castro*, the MIT Press, Cambridge, Massachusetts, 1972, p. 270.

② 袁东振：前引文，第25～26页；José Cantón Navarro. Op. cit., pp. 212 – 213。

③ Howard I. Blutstein, et al. *Area Handbook for Cuba*, U. S. Government Printing Office, Washington, D. C., 1971, pp. 128 – 129.

总的原则方面，该法规定全国实行统一的社保制度，明确了国家对实现普遍就业和所有劳动者及其家庭给予保护的责任。具体措施包括取消工资劳动者缴费的义务，规定由雇主承担所有费用；将社保的覆盖面扩展到所有工资劳动者，其中包括25万农业工人；将工人的疾病和非工伤事故也纳入社保体系，工人患病或遭遇非工伤事故仍可享受半年的工资，如有望康复，则将享受期再延长半年；如患病超过一年，则按永久性病残待遇享受退休金，其金额如无须住院，则为原工资的50%，需要住院者为40%；如为工伤或因公致病，则在上述金额基础上增加原工资的10%；先进工人在所有现金福利方面均享受100%的工资待遇。1963年的《社会保障法》实施后政府曾陆续颁布一些有关的法规，充实了古巴的社会保障制度。如1974年制定《生育照顾法》，1976年制定《军人社会保障法》，1977年制定的有关劳工卫生和预防职业性危害的法规等。1963年国家的社保支出为1.743亿比索，占当年社会总产值的2.9%；1979年社保支出增至6.750亿比索，占社会总产值的比重增至4%。[①] 在《社会保障法》实施数年后，国际劳工组织赞扬说，古巴是拉丁美洲四个拥有最先进社会保障制度的国家之一。[②]

三 社保制度向全民扩展

20世纪70年代是古巴的制度化时期，各个部门纷纷建立起相应的制度，而最重要的制度建设便是于1976年2月经全民公决通过的古巴第一部社会主义宪法。这部宪法详细规定了国家应保证每个公民享有劳动、教育、医疗、住房、社会保障和社会援助的权利。到1979年，《社会保障法》已实施了16年，虽然取得不小成绩，但也存在不足。主要问题是按该法的规定，社会保障并未覆盖所有公民，一些边缘群体和弱势群体并未得到保障。为了贯彻宪法的规定，同时也为了将几年来陆续公布的有关法规纳入统一的社会保障法中，古巴人民政权代表大会于1979年8月颁布了新的《社会保障法》，即第24号法，从1980年1月1日起生效。

这部新的《社会保障法》在劳工方面有以下主要规定。

---

① 根据 Comité Estatal de Estadísticas，Banco Nacional de Cuba 等机构公布的数据算出。

② Howard I. Blutstein，et al. Op. cit.，p. 129.

其一，关于退休金和抚恤金。

工龄在25年以内的职工，退休金按年平均工资的50%计算；超过25年者，每超过1年加平均工资的1%，特殊工种加1.5%。职工因年迈或因病死亡，家属可领取抚恤金。

其二，对产妇的保障待遇。

女职工产妇享有18周带薪产假；二胎以上的产妇，产假为20周。

其三，对劳动者患病、工伤及致残者的社会保障。

一般患病、受伤者可得本人平均日工资60%的补贴；患职业病或因工受伤者可得80%。完全残废、不能工作的职工，工龄不满15年者，每年领取本人平均工资40%的残疾金；工龄超过25年者，领取50%。半残疾、只能从事轻微劳动或半天劳动的职工，可根据工龄长短，领取补贴。

除了以上内容外，还新增加了对非劳工困难家庭社会保障的规定，表明政府对低收入和无收入家庭主动提供经济保障。这是新的《社会保障法》的主要特点。换言之，该法除了更广泛地保障劳动者及其家庭的福利外，还将保障的覆盖面扩大到所有社会群体，接济他们的基本生活需求。这些人包括孤寡老人和不援助便无法渡过难关的人。为此，该法规定在社会保障制度的总体框架下建立两种体系，即社会保障体系和社会援助体系。前者将原有的保障对象全部纳入其中，通过一般性计划保障他们的养老、医疗和工伤等需求。后者的援助对象则主要包括无退休金的老年人、残疾人和所有失去劳动能力而无人照顾的人。其目的是将国家社会保障制度的覆盖面扩大到全社会的每一个成员，无论其境况如何都能得到社会的照顾，至少使其能维持基本生活需求。总之，1979年的《社会保障法》基本上实现了社会保障对国民的全覆盖。[①] 该法一直实施到2008年。在此期间，古巴全国人民政权代表大会于1984年12月通过了第一部《劳动法》[②]，对劳动者的社会保障做了具体的规定；人代会于1992年7月修改了宪法，在修改后的宪法中重申了公民享有社会保障的权利。这些法规的出台强化了古巴社会保障制度的法理依据。

---

① Carmelo Mesa - Lago, ed. Op. cit., pp. 317 - 318, 320 - 321；袁东振：前引文，第26页。

② *Ley No. 49 Código de Trabajo.* http://www.parlamentocubano.cu/index.htm（2016 - 03 - 13）

第三节　对社会保障制度的改革

2008 年 12 月 27 日，古巴人民政权代表大会通过了第三个《社会保障法》即第 105 号法，该法于次年 1 月 22 日开始实行，取代已实行近 30 年的 1979 年的《社会保障法》。现将新法的有关情况详述于后。

一　改革社保制度和出台第三个《社会保障法》的原因

（一）原有社保法的缺陷

原有社保法的实施体现了社会主义的优越性，使国民普遍受惠，特别是在"和平年代的特殊时期"起到了稳定社会的作用，在国际上也受到广泛的赞誉。然而，该法却存在严重的缺陷。主要是过度保障，有明显的平均主义倾向，不符合社会主义原则，而且也浪费资源。例如，在相当长的时间内，对失业人员无限期地发放 60% 的原工资；国民因病住院用餐、家属陪床和探视者的餐费均由公家负担；妇女的美容费也纳入社保范围等。劳尔·卡斯特罗主席曾两次尖锐地指出："应该永远去除古巴是世界上唯一一个不劳动也可生活下去的国家的概念。"他强调："平均主义实际上是一种剥削形式，是不好好劳动的人，特别是懒汉剥削好好劳动的人。"[①]

（二）社保支出不断增加，超出国家承受能力

如前所述，1979 年社保支出为 6.750 亿比索，占社会总产值的 4.0%。到 2008 年，此项支出已增至 43.423 亿比索，占当年 GDP 的 7.1%，占国家预算总支出的 9.1%。[②] 如此高额的支出，使国家不堪重负，不得不减少用于生产的投入，影响了经济发展。

（三）人口结构发生大的变化，老龄化问题日益严重

1981 年古巴的总人口为 974.69 万，其中 65 岁以上的人口为 75.290 万，占总人口的 7.7%。到 2005 年，总人口增加到 1124.3836 万，其中 65 岁以

---

① http://www. cubadebate. cu/autor/ - castro-ruz/psge/8 y 7/(2016 - 03 - 11)

② http://www. one. cu/aec2013/esp/20080618 - tabla-cuadro. htm/(2016 - 03 - 13)

上的人口上升到占总人口的11.2%。[①] 老龄人口的增加加大了对养老金的需求，国家的社保基金面临僧多粥少的局面，古巴社保制度的全面改革便势在必行了。

二 2008年社保制度改革的主要内容

新《社会保障法》[②] 对原有社保制度的规定进行了多方面的修改。现将修改的主要内容列后。

（一）扩大资金来源，开始向劳动者收费

如前所述，革命胜利后，古巴政府曾规定，从1962年起，所有劳动者都不用缴纳社保费。除国家的拨款外，社保费由工作单位即雇主缴纳。这项规定一直实行了30多年。从20世纪90年代中期起，小部分劳动者，包括合作企业的职工、渔业工人和自雇者开始缴纳一定数量的社保金。但是这部分人只有约10万人，金额的数量不大，对改善资金匮乏的状况无太大裨益。现在的新法改变了过去劳动者无须缴纳社保费的一贯政策。新法规定，社保资金将来自三个方面，即国家拨款、企业和劳动者按规定的数量和比例缴纳的费用。

（二）调整养老金的计算方法，使之更加公平、合理

按旧的规定，对劳动者的月收入超过250比索的部分，计算金额时要减半。新法的规定取消了这一限制，无论收入多少，都按统一的标准计算，即一律按过去10年中收入最高5年的平均工资计算。旧的规定是，退休金数额为工资的50%。新的规定则是，工龄满30年者，退休金按本人工资的60%计算；如超过30年工龄，每多1年就增发原工资的2%。实行新法有7年的过渡期，在此期间仍按旧法执行。2009年女性满60岁、男性满65岁且工龄满30年者，则按新法计算。

（三）延长退休年龄，允许退休后继续工作

新法规定，将男女退休年龄各延长5年，即男性从60岁延长到65岁，

---

① Comité Estatal de Estadísticas. *Cuba en cifras 1982*, p. 17; http://www.one.cu/publicaciones/cepde/anuariodem2005 p. 33. pdf（2016－03－13）

② *Ley No. 105 de Seguridad Social.* http://www.parlamentocubano.cu/index（2016－03－13）

女性从55岁延长到60岁。退休者必需的工龄从25年提高到30年。这项改革也是从2009年起的7年内逐步完成，以减轻改革对即将退休者的负面影响。具体做法是：对2009年达到原退休年龄的男女劳动者，将其退休年龄推迟6个月，即男性60.5岁、女性55.5岁退休，其工龄要求也增加6个月，即25.5年；对2010年退休者，退休年龄再延长6个月，即男女分别为61岁和56岁，工龄要求则为26年；其后各年照此类推，到2015年7月过渡期结束后则按新法执行。新法生效时已达退休条件者可随时申请退休。从事危险职业、重体力劳动者等人的退休年龄也相应延长。新法还规定，允许退休者继续工作，并获得收入，以改善其福利。如从事与退休前不同的工作，在劳动和社会保障部门授权后可同时领取退休金和新工作岗位的工资。如从事与退休前同样的工作，则养老金加工资的总额一般不得超过退休时的工资水平。

（四）进一步扩大社会保障范围，完善社会援济体系

新法规定，除保持原有的所有社会保障特殊计划外，再新建两个特殊计划：一个是从事种植咖啡、烟草、可可的农业生产者计划；另一个是自我就业者计划。至此，社会保障的范围已覆盖所有劳动者。新法还强调，社会援助具有临时性的特点。当需要援助的原因消失后，应减少或取消援助。援助时限为一年，如有必要可延长。要鼓励和推动长期接受援助的人和部分残疾者就业。

第四节 现行社会保障制度的主要特点

纵观数十年来古巴社会保障制度的发展变化，可以概括地说，为了体现社会主义的优越性和贯彻古共“关心人”（卡斯特罗语）的政治理念，古巴共产党和政府一贯重视对全体劳动者的社会保障。自1963年政府颁布第一部《社会保障法》以来，曾多次修改补充有关社会保障的法规。到20世纪80年代，古巴已基本建立起全覆盖的社会保障制度。2008年的改革和新《社会保障法》的出台使古巴的社会保障制度更加符合国情和更具持续性。

这一制度的主要特点如下。

一 国家的主导性

古巴的宪法规定，凡古巴公民均享有社会保障和社会援助的权利。社保资金由国家、企业和劳动者三方负担，国家是主要的资金来源。1984 年 12 月颁布的古巴《劳动法》规定，即使职工所在的企业应交而未交社保费，职工及其家属所享受的社会保障权利也不会受影响。2016 年，国家支出社会保障费用占财政预算总额的 9.40%，占该年国内生产总值的 6.69%。①

由于以国家为主导，古巴自 1963 年公布第一个社保法起就实现了社保制度的全国统一，这也是不同于其他国家的一个特点。在统一的管理下实行统一的原则和标准体现了社会主义制度的公平性。

二 保障的全民性

国民除享受免费教育和免费医疗外，还可得到各种社会保障和社会援助。古巴的社保制度不仅覆盖了所有劳动者及其家属，而且直接或间接地覆盖了包括需要援助者在内的所有古巴人。为体现全民性，古巴的社会保障制度涵盖了两个方面：社会保障和社会援助。社会保障包括所有劳工、孕妇、产妇、儿童、退休者、患病者、伤残者、低收入者等；社会援助的对象包括无劳动能力的孤寡老人、无依靠的病人、残疾人、孤儿等。值得提及的是，全民均可享受免费医疗。其覆盖面不仅包括在职职工和退休职工及家属、城市个体劳动者，而且还包括全体农民，即农业工人、合作社社员和个体小农。这一政策使古巴消除了许多国家存在的城乡居民待遇不平等的现象。

社会保障的覆盖面还因国情的变化而进一步扩大。例如，古巴原来没有失业保障。因为政府的政策是力求充分就业，失业率很低。20 世纪 90 年代初进入特殊时期后失业问题突出，失业率曾一度高达 7.9%。政府便出台

---

① http://www.onei.cu/publicaciones/08informacion/panorama2016/Panorama2016（tablas 13，15）pdf（2017-10-27）按古巴国家统计办公室的分类，国家支出的“社会保障费用”不包括“社会援助费用”，该项费用被并入“公共卫生与社会援助”项内。

失业保障政策。具体措施是，对因关闭、改组企业而失去工作的工人照发工资，第一个月发全额，以后11个月按60%计发，通过这种方式保障劳动者及家属的基本生活，所需资金由国家预算支出。同时，进行技术培训，安排他们去做其他工作。超过一年还没有找到新工作的人才转为失业。[①] 国家对少数特殊群体失去社保的状况，同样给予关注。例如，在关塔那摩美军基地工作过的古巴工人由于美国停发退休金和养老金，古巴政府便向他们发放；又如，政府向1920年前后从安的列斯群岛其他国家来古巴农村打短工的7000多名幸存者发退休金等。[②]

三　保障的全面性

按社保法的规定，古巴人一生中的生、老、病、死，即对婴幼儿的抚养、青少年的教育、患病时的医疗、劳动中的伤残、退休后的养老，直至死亡后的丧葬等所有费用均能得到直接或间接的社会保障或援助。社会保障的待遇形式也是多样化的。概括地说可分货币、实物和服务三种。第一种货币待遇是指劳动者患病期间所领取的收入，其中又分短期和长期两种：患病、一般事故、工伤事故、职业病、生育补助等属于短期货币待遇；养老金、残疾、遗属抚恤等属于长期货币待遇。第二种实物待遇是指患病取药不花钱，住院期间提供膳食，治疗工伤和职业病所需的矫形器具和假肢等免费提供。第三种服务待遇是指免费提供医疗，疾病的预防，住院的全科或专科服务，身体、精神和劳动的康复以及丧葬服务等。[③]

结束语

回顾过去，古巴从1963年实行第一个《社会保障法》算起，迄今已有

---

① 中国劳动保障部考察团：《古巴的就业政策和社会保障制度》，《中国劳动保障》2005年第5期，第53页。

② 徐世澄：《古巴的社会保障制度及其改革》，《拉丁美洲研究》1995年第5期，第16页。

③ 袁东振：前引文，第27页。

56年历史了。应该说，以社保法为载体所实行的古巴党和政府的社保政策是成功的。最显著的成就在于，古巴的老百姓深切地感受到社会主义大家庭的关怀。无论哪个阶层、部门和群体成员，无论遭遇何种处境，其基本生存条件都能得到保障，都能获得社会的援助。古巴的全民社会保障同免费教育和免费医疗一起形成了强有力的社会稳定剂，成为古巴社会主义制度的三大民生亮点，使古巴的人文指标达到了世界先进水平，古巴人的幸福指数也比较高。

古巴是个小国，资源并不丰富，长期受到美国的经济封锁，经济发展缓慢，特别是苏联解体后失去了主要的外部援助，曾一度处境极其困难。即使在这样的情况下，社会主义制度仍能顽强地生存下来，根本原因在于长期实行了包括全民社会保障在内的一整套惠民、安民政策，从而获得了大多数人的支持和拥护。古巴社保制度中存在的主要问题是国家负担的经费过多。经过2008年的改革，已缓解了长期以来未能解决的难题。古巴政府如能保持改革精神，随着经济的发展，这一问题将进一步得到缓解，古巴的社保制度也将长期稳定地造福于古巴国民。

第十一章　政教关系和宗教政策

第一节　1959 年革命前的宗教状况

宗教在古巴的国民中影响较大，但古巴不是宗教国家，因为笃信宗教的人在人口中的比例并不高。据罗马天主教会估计，2010 年古巴全国人口中有 60% 的居民信奉天主教，但其中只有 5% 的人经常去教堂做弥撒；基督教新教和基督教其他教派的信徒占人口的 5%；非洲教（其中包括桑特里亚教等 4 个教派）、古巴教、唯灵论和犹太教等教派的信徒共占 11%；在全国的人口中不信教的人占 24%。[①] 革命前，古巴只有 19% 的人声称自己不信教。[②] 上述估计表明，古巴的教派比较多，但主要宗教是天主教。

一　宗教在古巴的发展历史

宗教在古巴历史上曾发挥过重要作用，对古巴社会的发展，甚至对古巴民族性的塑造和形成都产生过影响。在各种宗教中，天主教传入的时间最早，势力最强，对古巴社会的影响也最大，其他宗教的势力和影响要小得多。关于天主教在古巴的发展历史，下面将专门论述，这里仅就其他宗教的历史沿革做简要的介绍。基督教主要是美国于 1898 年派兵进入古巴后

---

① http://www.en.wikipedia.org/wiki/Religion-in-Cuba（2016 - 10 - 25）

② Magaret Crahan. "Religion and Revolution: Cuba and Nicaragua", *Working paper* No. 174, The Wilson Center, Washington, D. C., 1987, Note 2.

发展起来的。当时由于受到势力强大的天主教的抵制，基督教基本上未能进入古巴的上层社会，因此主要在城市的中下层以及农村中发展，曾做过不少济世救人的工作。革命前，基督教徒占人口的比例是6%（1940年数字）。非洲教是于1524年伴随黑人奴隶来到而传入古巴的。[①] 这些黑奴因祖籍不同而分成不同的教派。桑特里亚教派（Santeria），即拜物教，又称奥里萨斯教，源于现今尼日利亚的约鲁巴族人。阿巴库亚教派（Abakua）源于尼日利亚的阿巴库亚族人，以互助救济的组织形式活动，仅限于男子入教，在历史上曾积极参加反抗西班牙殖民统治的独立战争。马约姆贝里亚教派（Mayomberia），即刚果教，又称山岳木棍教，源于刚果、扎伊尔和安哥拉的班图族人。阿拉拉教派（Arara），源于现今的贝宁共和国。古巴教则是由天主教、基督教和非洲教综合而成，教徒包括不同肤色的人，按其肤色供奉不同的神灵。古巴的非洲教几百年来吸收了大量天主教的特点，将非洲文化和西班牙文化融为一体，对今天的古巴民族文化的形成（包括价值观念和生活方式）产生了重要的影响，在社会下层具有广泛的群众性。[②] 唯灵论（Espiritismo）是19世纪下半叶从欧洲和美国传入古巴的，主要流行于关塔那摩、圣地亚哥、格拉玛等地。犹太教（Judaismo）的信奉者则是犹太人。该教有5个会众区（congregación），均在首都哈瓦那，其中3个位于该市沿海的贝达多区，2个位于哈瓦那老城区。此外，古巴还有一些人信奉神灵，以本地的先人为崇拜对象，属于非正规的自发性教派。

二　天主教的发展历史

天主教多明我会（la Orden de Santo Domingo）于1512年传入古巴。1518年，天主教在古巴建立主教区，统管全岛。从西班牙人来到古巴后，天主教便一直是古巴的主要宗教。前文所说的宗教在古巴历史上的重要作用和对古巴社会的影响，主要是指天主教的作用和影响。同其他拉美国家

---

① Philip S. Foner. *A History of Cuba and its Relations with the United States*, *Vol. I* (*1492 - 1895*), International Publishers, New York, 1962, p. 33.

② 古巴驻华使馆旅游代表处、中国旅游出版社编《古巴旅游指南》，北京：中国旅游出版社，2000，第20～21页；Howard I. Blutstein, et al. *Area Handbook for Cuba*, U. S. Government Printing Office, Washington, D. C., 1971, pp. 192 - 195.

一样，天主教随西班牙殖民者来到古巴，其社会职能就是使殖民统治合法化。它的一切宗教活动都是围绕这一目的而展开。在初期，西班牙殖民者在天主教的支持下对印第安人进行了疯狂的屠杀、掠夺和奴役；后来天主教对黑人的传教则旨在缓解奴隶劳动者的反抗，在殖民时期印第安人和黑人的原始宗教则被统治者当作异端邪说加以排斥。由于天主教会处于这样的社会地位，当19世纪下半叶古巴的独立运动兴起时，它站在对立面而极力加以反对便不足为奇了。[①] 在20世纪上半叶美国控制的共和国时期，天主教会总的来说是代表了资本家和庄园主的利益。然而，在教会内部，上层统治集团同下层僧侣在政治态度上是不同的。上层同巴蒂斯塔独裁政权关系密切，明确支持其独裁统治；下层僧侣则比较同情和支持劳动人民的诉求。

天主教在古巴历史上也发挥过积极的作用。它在传教的同时也把欧洲的先进文化传入了古巴。在古巴早期的文化教育事业中教会的作用尤为突出。古巴历史上的第一所大学“哈瓦那圣赫罗尼莫皇家与教皇大学”（Real y Pontificia Universidad de San Jerónimo de la Habana，即现今哈瓦那大学的前身）就是由天主教多明我会于1728年创办的。在殖民地时期和共和国时期，天主教在古巴教育事业中一直占有重要地位。直到20世纪50年代古巴革命胜利前夕，全国13所大学中有5所是教会办的，其中4所由天主教会所办。[②] 历史上在天主教上层人士中也出现过先进人物，其中最为著名的首推费利克斯·巴雷拉神父（Padre Felix Varela y Morales，1787～1853）。他是哲学家和教育家，被后人誉为“古巴杰出的思想家和智力巨人”。他抨击经院哲学，倡导教育革命；主张废除奴隶制，宣传古巴独立的思想。他因此而被殖民当局判为死刑，被迫流亡国外。[③] 他的思想和活动对日后古巴争取独立的斗争起了推动的作用。同其他拉美国家一样，古巴天主教会的内部结构也反映了世俗社会等级结构的特点。主教和高级教士属于社会的上层人物，而众多

---

① 〔英〕莱斯利·贝瑟尔主编《剑桥拉丁美洲史》（第五卷），胡毓鼎等译，北京：社会科学文献出版社，1992，第242页；Howard I. Blutstein, et al. Op. cit., p. 191.

② Howard I. Blutstein, et al. Op. cit., p. 143.

③ Robert Freeman Smith. *Background to Revolution*: *The Development of Modern Cuba*, Alfred A. Knopf, Inc., New York, 1966, pp. 30－31.

的下层教士则无权无势，收入低微。因此，当20世纪上半叶教会更多地关注社会问题时，下层教士自然而然地同情和支持劳苦大众反对统治者的斗争。巴蒂斯塔于1952年3月政变上台后，天主教青年组织（la Organización de Jóvenes Católicos）发表声明，公开批评其发动的政变。1955年，工人天主教徒行动组织（la Organización de Acciones de los Católicos Obreros）参加了反政府的罢工。在此期间，许多教徒受到政府的迫害。1957年，第一个天主教僧侣吉列尔莫·萨迪尼亚斯神父（Padre Guillermo Sardinas）进入马埃斯特腊山，参加了卡斯特罗领导的起义军。到1959年革命胜利时，在起义部队中有6名天主教神父和1名基督教牧师。[①] 古巴的天主教就是带着上述的历史传统和现实表现迎接1959年革命胜利的。

第二节 革命后的政教关系和党的宗教政策

古巴革命胜利后，新政府参照苏联和东欧国家的做法，在宗教方面实行"国家控制型"的政教关系模式，在意识形态领域中推行无神论，消除和削弱宗教的社会影响。[②] 但古巴领导人也深知，根据古巴的国情，宗教群体始终是古巴社会中一支不可忽视的力量。因此从革命胜利初期起，执政当局根据起宪法作用的1959年根本法的规定，在保证公民享有信仰自由的基础上，争取团结各种宗教的信教者为革命和建设服务。革命胜利时，古巴不同的教派人士对革命的态度并不一致。古巴的基督教原本根植于社会的中下层，并致力于慈善事业，这样的传统使他们对革命的反对不很强烈。政府同非洲教、古巴教等教派的关系是和谐的。国家对这些教派采取了尊重和保护的政策，这些教派的存在后来成为当局展示古巴民族文化多样性和包容性的一个窗口。然而，作为古巴的主要教派天主教的情况则要复杂得多。一般讲古巴的政教关系和党对宗教的政策也主要是指同天主教的关系和对它的政策，因此下面着重介绍革命胜利后有关这一教派的情况。

---

① Howard I. Blutstein, et al. Op. cit., p. 183.

② 刘澎：《古巴宗教政策的变迁》，《炎黄春秋》2015年第2期，第90页。

一　冲突阶段（1959～1962）

古巴革命胜利之初，新政府的上述宗教政策激起了天主教教会的强烈不满，一些天主教教徒参与了反革命暴乱，后被政府镇压。接着，古巴主教团发布了一份题为《面对枪杀》的重要通报，反对革命政权。[①] 随着革命的进展，政府从1959年中起颁布了包括《土地改革法》（1959年5月）、《教育改革法》（1959年11月）和《城市改革法》（1960年10月）等在内的一系列革命法律，天主教会同革命政权的冲突便日益公开化。1959年11月，全国天主教大会在哈瓦那召开会议，抗议革命的激进化。[②] 1960年，一些天主教的头面人物先后发表文章或发布致教友的公开信，甚至组织示威游行，反对政府的革命政策，声称"共产主义和基督教义互不相容"[③]。1960年底，天主教会向教友散发了一封由全体主教签名的秘密信，谴责"卡斯特罗实行共产主义"，从而使整个教会站到了革命的对立面。1961年4月17日，美国组织1000多名雇佣军在古巴拉斯维利亚斯省的吉隆滩登陆，对古巴进行武装侵略。在雇佣军中有3名古巴的天主教神父。1961年9月，教会组织的一次列队行进的宗教仪式发展成为反革命示威游行。教会上层人士的行为表明他们同反革命势力沆瀣一气。为此，革命政府采取了强硬的反击措施，其中主要有：1961年5月，政府宣布对教会学校（共400多所）和私立学校实行国有化，禁止在教堂外举行任何宗教活动；1961年9月，政府勒令133名从事反革命活动的西班牙籍天主教教士和一名主教回归本国，即西班牙。[④] 此后，有大批的教士和修女移居海外。在这段时间中，政府在处理宗教问题上虽也留有余地，但在宗教政策上推行上述的政教关系模式，

① 〔英〕莱斯利·贝瑟尔主编《剑桥拉丁美洲史》（第六卷·下），林无畏等译，北京：当代世界出版社，2001，第607页。

② Max Azicri. *Cuba*: *Politics*, *Economics and Society*, Pinter Publishers, London and New York, 1988, p. 189; Sandor Halebsky and John M. Kirk, eds. *Transformation and Struggle*: *Cuba faces the 1990s*, Praeger Publishers, New York, 1990, p. 221.

③ 〔英〕莱斯利·贝瑟尔主编，前引书，第607页；Howard I. Blutstein, et al. Op. cit., pp. 184－185.

④ Frei Betto. *Fidel y la Religión*: *Conversaciones con Fidel Castro*, Siglo XXI Editores, México, 1986, p. 212.

因此在国内国际上都引起宗教界的强烈不满。

二　协调阶段（1963～1979）

1962 年，罗马教廷为表示不满，撤回了驻古巴的大使，降低了对古巴的外交规格。与此同时，教廷将时任使馆一等秘书的塞萨雷·萨奇（Monsignor Cesare Zacchi）提升为临时代办，主管馆务。以他为首的教会上层在内部对古巴革命胜利后的政教关系进行了反思，开始重新定位教会在新社会中的地位和作用。与此同时，罗马教皇召开的第二届梵蒂冈会议，强调教会要进行改革，其社会职责是面向穷人。这一精神也推动了古巴教会的反思。这时，古巴领导人也意识到推行原有的宗教政策对革命并不有利，应该积极探索适合古巴情况的新政策。于是，政府根据教会的这一新动向，主动地对教会做了工作。在此期间，卡斯特罗亲自同萨奇联系，并逐步建立了个人间的友好关系。[①] 1966 年，萨奇首次宣称教会已经理解了在古巴所发生的变化。他说教会同政府的关系是诚挚而友好的，他是卡斯特罗的朋友。接着，卡斯特罗公开肯定了萨奇的表态，称教会和政府的关系是正常的，赞扬萨奇对教会在新制度下的地位有清楚的理解。萨奇的新认识还包括：古巴现行制度是实现教皇通谕所支持的发展目标的途径之一；天主教徒可以成为革命者；教徒接受马克思主义经济理论是没有坏处的。[②] 此后，政府同教会的关系继续松动。1968 年，古巴天主教会派团参加了在哥伦比亚麦德林召开的具有进步倾向的第二届拉丁美洲主教理事会会议（Consejo Episcopal Ladinoamericano，CELAM）。同年，一些拉丁美洲的天主教神学家发动了“解放神学”（teología de liberación）的运动。在这些内外因素的影响下，古巴主教团于 1969 年 4 月发表教会通报，第一次谴责美国对古巴的经济封锁；同年 9 月发表的另一份教会通报，要求教徒“必须怀着尊重和兄弟之爱去接近无神论者”[③]。这两份通报的发表标志着古巴天主教会的政治态度发生了重大变化。然而，政府对宗教政策的探索仍停留在改善关系

① Max Azicri. Op. cit.，p. 190.

② Howard I. Blutstein，et al. Op. cit.，pp. 188，189.

③ 〔英〕莱斯利·贝瑟尔主编，前引书，第 598～599、607～608 页。

的层次上，并未改变原有模式的核心思维。例如，1969 年 12 月，政府下令自该年起取消圣诞节作为官方节日，并宣布古巴为信仰无神论的国家。

政府对于天主教会的上述变化也做出了一定的正面反应：对需要维修的教堂，政府提供了建筑物资和运输工具；政府允许教会继续开办两所天主教神学院；在一份官方的出版物上开辟版面刊登礼拜日的宗教活动情况。古巴政府同梵蒂冈的关系也有所改善。在梵蒂冈于 1962 年撤回其大使后，古巴并未采取对等行动，其大使始终坚持在岗位上。这种不对等的状况一直持续了 13 年。1974 年，梵蒂冈终于恢复了同古巴的大使级外交关系，将其代表萨奇提升为"教皇使节"。显然，罗马教廷对萨奇主教十几年来的工作是肯定的，而古巴政府对他在教会革新中的作用也给予了高度评价。卡斯特罗公开称赞他"是一位非常聪明、非常有才能的人"，他为改善教会同政府的关系"做出了很大的贡献"①。

1976 年，以全民投票方式认可的古巴第一部社会主义宪法规定，国家承认和保护信仰自由，公民有权信仰任何宗教。但宪法同时也规定，古巴是社会主义国家，要以科学的唯物世界观为指导行动的基础并以此教育人民，宗教团体的活动由法律规定，以信仰或宗教信仰反对革命是非法的，将受到惩罚（宪法第 54 条）。这一宪法规定表明，政府仍强调无神论在意识形态领域中的指导地位，国家对宗教活动是有所限制的。同年，天主教领导机构发布文件，号召在教会中进行改革，要求教徒更广泛地参与有益的社会事务。古巴政府根据这一形势对政教关系提出了更高的要求。1977 年 10 月，卡斯特罗在同牙买加教会代表的谈话中再次重申，"我们仅仅互相尊重还是不够的"，为了实现共同的目标，国家同教会之间应当建立"战略性的联盟"②。

三　对话阶段（1980～1990）

在政教双方的努力下，天主教会加快了适应社会主义制度的转变，而 1980 年前古巴宗教界的几件大事预示着一个新阶段的开始。1978 年 7 月，

① "Conversación de Fidel Castro con la delegación religiosa de Jamaica". *Granma*, 3 de noviembre de 1977.

② Ibid.

激进的尼加拉瓜桑地诺民族解放阵线上台执政。该国的天主教会曾积极支持和参与桑解阵的斗争，因而成为新政权中一支重要的政治力量，在新政府中有4位神父担任包括外交部部长在内的部长级职务。此事对古巴宗教界震动很大。1979年，在古巴政府的支持下，天主教会在马坦萨斯省召开了“一次具有历史意义的”国际会议，有来自世界各大洲（包括社会主义国家）的77名神学家与会，“讨论了在各自活动范围内解放神学的前景”[①]。同年，政府同意在比那尔德里奥省新主教就任时在市内举行宗教列队行进仪式。1980年7月，古巴大主教奥韦斯（el arzobispo Francisco Ricardo Oves Fernánez）在哈瓦那举行的第十一届世界青年联欢节上发表演说，赞扬古巴革命在卫生和教育领域、在建立不以利润为基础的经济模式和没有社会对抗的社会方面所取得的成就，并声称这正是基督信仰者所追求的理想；教会同国家的关系是相互信任、日益发展的关系。他表示，教会愿意真诚而负责任地参加社会主义社会的建设事业。[②] 他的讲话被视为到那时为止天主教会上层人士最进步的一次表态。在随后的年份中，当全国基督教理事会举行年会时古共负责宗教事务的官员都到会到场并发表讲话。在官方的报刊上，报道宗教活动的消息也增多了。

1985年5月，卡斯特罗主席接见了著名的巴西天主教多明我会修士弗雷·贝托（Frei Betto），在多次的会晤中同他进行了总共长达23小时的谈话，全面、系统地阐述了自己对宗教问题的看法。在这一历史性的谈话中，卡斯特罗从不同的层面上论证了基督教徒同共产主义者完全可以团结起来，为共同的目标而奋斗。[③] 由弗雷·贝托整理的记载这一谈话的《菲德尔与宗教》一书出版后在古巴、巴西以及整个拉丁美洲的宗教界都引起了强烈的反响。该书成为一部畅销书，仅在古巴就售出了80万册。古巴天主教教会表示对政府的宗教政策持积极态度。被称为“古巴教会现代化的决定性力量”的古巴主教常设理事会秘书卡洛斯·曼努埃尔·德塞斯佩德斯（Carlos López Manual De Céspedes）在1986年访问华盛顿时发表演说，客观地介绍

① 〔英〕莱斯科·贝瑟尔主编，前引书，第608页。

② Sandor Halebsky and John M. Kirk, eds. Op. cit., p. 226.

③ Frei Betto. Op. cit., pp. 9 – 12.

了古巴的政教关系情况。1986 年 2 月，天主教会召开了“古巴全国教会会议”（Encuentro Nacional Eclesial Cubano，ENEC），这是古巴天主教自 1959 年召开全国天主教大会以来最重要的一次集会。会议的最后文件明确地肯定，“我们的社会在促进社会权利方面做出了认真的努力”，“我们认为这是一项最重要的成就”；“社会主义社会”在提高人的价值等方面“帮助了教徒”。这份文件同时也为革命初期教会的反政府活动辩解，把它归咎于“某些教徒”的个人行为，并说在当前的社会工作面前，教徒处于“边缘化”的地位。[①] 总之，这次会议表明了古巴天主教会改革多年来所取得的进步及其局限性。到 80 年代后期，古巴有天主教堂 500 个，基督教堂约 700 个，还有小礼拜堂、牧师之家和传教点约 600 个。[②] 古巴政府同梵蒂冈的关系也继续得到改善。

需要指出的是，在天主教会上层人士的内部一直存在开明与保守两种势力的矛盾，天主教会的改革始终受到保守势力的抵制。前面所提到的那位大主教奥韦斯的进步言论，曾遭到保守势力的反对，连时任副教皇使节塔格利亚费里主教（Bishop Tagliaferri）也因感到奥韦斯的言论过于激进而没有表示支持。不久，奥韦斯被召回罗马，并于 1981 年 4 月“因健康原因”而退休。[③] 80 年代中期，进步思想才在教会上层占据了稳定的主流地位。还需要指出的是，古巴领导人对革命胜利以来政教关系的发展也做了反思。卡斯特罗曾公开批评说，在社会上还存在歧视宗教的思想，应该予以根除。他认为，政府同教会的关系还没有达到“合作”的水平，这是因为“我们双方”“多年来都没有向这个方向十分努力地工作”，“我们彼此”都应该做“自我批评”。[④]

从 80 年代初开始，古巴党和政府在组织结构上加强了对宗教的研究和宗教事务的管理。1982 年，古巴政府下设的科技和环境部的心理学与社会学研究中心成立了社会宗教研究部（Departamento de Estudios Socioreligio-

---

① Sandor Halebsky and John M. Kirk, eds. Op. cit., pp. 230 - 231.

② *Granma Weekly Review*, February 14, 1988, p. 12.

③ Sandor Halebsky and John M. Kirk, eds. Op. cit., p. 206.

④ Frei Betto. Op. cit., p. 249.

sos)，开展对宗教的研究、教学和对外学术交流的工作。1985 年，古共中央成立宗教事务办公室（Office of Attention to Religious Affairs)，负责制定和贯彻党的宗教政策，并同外国的宗教事务管理机构进行交往。这两个机构的建立和运作有力地促进了政教关系的改善，为落实卡斯特罗提出的同宗教界建立“战略性同盟”关系的目标和日后古共允许教徒入党做了理论和实践上的准备。

四　合作阶段（1991～　）

下文将详述这一阶段的情况。

第三节　特殊时期政教关系和党对宗教政策的调整

一　党的宗教政策的一项重大调整：古共允许教徒入党

20 世纪八九十年代之交的苏东剧变，给古巴带来了沉重的打击，美国乘机加紧进行封锁，古巴陷入前所未有的危机之中。为应对新的形势，古巴领导层对发展战略做出了重大调整。他们认为，当务之急是使在古巴行之有效的社会主义制度生存下来，这就要求全体人民进一步团结起来为共同的目标而奋斗；同时还要争取国际社会特别是拉丁美洲国家的同情和支持，以打破美国的经济封锁。因此，执政党古共通过于 1991 年 10 月召开的四大做出了两项重要的决定：一是将马蒂思想作为党的指导思想的组成部分；二是允许教徒入党。关于后者，在本书第二章第二节第二条中已从党的角度进行了论述，这里再从国家的角度简要地谈一谈。

关于教徒入党问题是 20 世纪八九十年代之交在古巴国内的热门话题之一，这一问题引起了国外宗教界的关注。1990 年 3 月 17 日，在卡斯特罗访问巴西时，曾在圣保罗同 1000 多名宗教界基层代表进行了会晤。席间一位与会者向卡斯特罗提出，既然基督徒同革命者之间没有矛盾，那么为什么没有基督徒加入共产党呢？卡斯特罗就此问题做了明确而详尽的回答。他在回顾了革命胜利后国家同各宗教教派关系的历史后指出，主要的障碍在于天主教方面，特别是天主教的上层。他说："如果我们有像你们（指在座的宗教界基层人士）这样的人，那么你们早就入党了。"他还针对古巴宗教界表示，希望他们同革命的种种矛盾能够成为过去，以利于解决"这一尚未解决的问题"[①]。

卡斯特罗在巴西的讲话在古巴国内宗教界引起强烈的反响。就在讲话后的第十天，基督教新教的跨教派组织古巴普世教理事会（Ecumenical Council of Cuba）发表了一封致卡斯特罗的公开信，赞扬古巴革命是为了穷人的福祉，比过去资本主义时期优越得多，尽管存在一些错误；表示在当前古巴面临困难的形势下，新教徒应该响应古共为召开四大而发出的呼吁，加强团结，迎接挑战，并提出希望同卡斯特罗会晤，以讨论具体的落实问题。[②] 古巴领导人对此做出了迅速的反应。数日后卡斯特罗同普世教会的64名代表举行了会晤，教会方面表示基督原则与革命理想具有同一性，教会支持党维护国家主权和民族尊严的立场，并愿意为革命工作做出贡献。双方在热情和诚挚的气氛中讨论了团结问题；教会提出目前还存在对宗教的歧视，特别是存在于国家机构和企业等单位中。卡斯特罗赞扬普世教会在会谈中表现出的成熟性、革命精神和爱国热情，指出党的领导层认识到马克思主义者同各教派革命人士之间加强团结的必要性，重申了党对消除社会上残存的任何歧视宗教表现的坚定决心。[③]

在上述形势下，古共党内就教徒入党问题展开了认真的研究和讨论，终于在古共四大上通过了关于古共"党章"的新决议。该决议指出，宗教信仰不影响革命者的入党要求，从而改变了过去党章中的有关规定。在1992年7月召开的全国人民政权代表大会会议通过的新宪法将原来的第五十四条删去。该条是："以科学的唯物世界观为指导行动的基础并以此教育人民的社会主义国家，承认和保护信仰自由。公民有权信仰任何宗教，有权在尊重法律的情况下开展宗教信仰活动。宗教团体的活动由法律规定。

① *Granma Weekly Review*, March 25, 1990, p. 11.

② *Granma Weekly Review*, April 15, 1990, p. 5.

③ Ibid.

以信仰或宗教信仰反对革命，反对教育，反对履行劳动，反对武力保卫国家，反对尊重国家标志和宪法规定的其他义务是非法的，应受到惩罚。”新宪法增加了一条。该条是：“国家承认、尊重和保障思想和信教自由，同时承认、尊重和保障每位公民有改变宗教信仰，或不信教和在尊重法律的范围内信奉其喜欢的宗教信仰的自由。国家与宗教团体的关系由法律规定。”[①]这一删一增的目的在于，表明国家的世俗性，而不再强调无神论。到此为止，古巴党和政府完成了宗教政策的调整，彻底改变了最初实行的国家对宗教的控制型模式，建立起新型的政教合作关系，进入相互合作的新阶段。1993 年 2 月，在直接选举全国人大代表过程中，宗教人士第一次被推举为候选人并当选为代表。宗教界代表进入人代会扩大了古巴参与制民主的内涵，有的外国传媒称古共“确实对有关机构实行了宗教开放”[②]。

在 20 世纪 90 年代初期古巴最困难的时候，该国的政教关系中还有一件应该提及的事，即古巴天主教会的主要领导人（11 名主教）于 1993 年 9 月 14 日联名发表了致政府的一封公开信，在长达 17 页的信中他们提出了对当时形势的看法和建议。该信首先简述了当时国家所处各种的严峻形势，之后提出，政府应同各阶层进行对话，团结一致，反对美国的经济封锁，对内则要进行经济、政治和社会的改革。该信要求在政治改革方面根除“官方思想意识渗透各个领域”的做法，取消对自由的限制、对国家安全部门的过分控制、关押犯人过多，以及对其他政治思想及宗教信仰进行歧视等现象。[③] 这封信虽然基调是建设性的，但其认识显然有谬误。同年 10 月 13 日，卡斯特罗代表政府给主教们写了一封公开的回信。他在信中充分肯定了教会对国家现状的关心，赞扬他们表现了团结自救的积极精神。对于他们一些不正确的认识和提法，他以完全平等的态度和热情友好的口吻，进行了充分的说理和善意的解释。他特别指出，古共四大决议允许教徒入党，是使这部分群体走向充分参与社会政治生活的重要步骤，宪法的修改和选

---

① *Constitución de la República de Cuba* (aprobada el 15 de febrero de 1976), Editora Política, La Habana, 1981, p. 26; *Constitución de la República de Cuba* (aprobada el 12 de julio de 1992), Editora Política, La Habana, 1992, p. 26.

② Efe, *Mensaje*, 13 de marzo de 1993.

③ *Miami Herald*, September 19, 1993.

举制度的改革保证了各级国家评议机构的组成具有更广泛的多元性。卡斯特罗在信的末尾表示欢迎继续交换意见，寻求共同点，以便为民族的生存团结奋斗。[①] 古巴领导人对宗教人士友好和宽容的态度在社会上产生了良好的影响。

由于古巴党和政府宗教政策的转变，在20世纪90年代的中后期，古巴的各个教派均获得较大的发展，信教人数明显增加。全国接受天主教洗礼的人数从1986年的26534人上升到1994年的70081人。天主教会的一项重要进展是新创办了几份刊物，主教管区和教区的新闻通讯数量也有所扩大，其中有著名的哈瓦那大主教管区创办的《生态园》（Vivarium）和比那尔德里奥主教管区创办的《彩色玻璃窗》（Vitral）。1996年，天主教、基督教和古共三方领导人一起评估了教堂的建筑状况，并对500多座教堂进行了维修或改建；通过争取，大部分修缮资金来自国外的资助。同年，全国教会共发行了162277本《圣经》。1998年，政府科技和环境部的心理学与社会学研究中心在哈瓦那举办了宗教问题研讨会，有200多位来自宗教和世俗机构的专家与会。[②] 到2013年，古巴共产党已吸收了5000多名先进的教徒入党，其中包括数名神职人员。[③]

二　罗马教皇首次访问古巴的意义和影响

（一）访问背景

古巴革命胜利后，与东欧社会主义国家不同，政府一直保持着同罗马教廷的外交关系，古巴的天主教大主教也继续由教廷任命。古巴进入特殊时期后，国内的政教关系明显改善。然而，直到20世纪90年代后期，教皇还从来没有访问过古巴，这是拉美地区教皇唯一没有访问过的国家。80年代初罗马教皇曾致信卡斯特罗，邀请他访问梵蒂冈；卡斯特罗虽接受了这

① *Granma International*, October 27, 1993, p. 3.

② Margaret E. Crahan. "The Church of the Past and the Church of the Future". In Max Azicri and Elsie Deal, eds. *Cuban Socialism in a New Century: adversity, Survival, and Renewal*, University Press of Florida, Gainesville, 2004, pp. 132 – 133.

③ 高放、李景治、蒲国良主编《科学社会主义的理论与实践》（第六版），北京：中国人民大学出版社，2014，第Ⅷ页。国家宗教事务局网站 http://www.sara.gov.cn（2017 – 12 – 04）

一邀请，但一直未能成行。1996 年 11 月，卡斯特罗终于访问了梵蒂冈，并同教皇约翰·保罗二世（Pope John Paul Ⅱ）会晤。他邀请教皇回访古巴，意在借此机会对内加强团结，对外展示民主与宽容的形象。但是，人们担心教皇访古会像他当年访问波兰那样，起到鼓动群众反对社会主义制度的作用。① 这一担心大多来自国内外的一些好心人，而某些西方人士则纷纷预言：教皇访问古巴所掀起的政治浪潮将最终导致卡斯特罗的下台；在柏林墙和波兰发生的事也将在古巴发生。② 面对这一巨大的风险，卡斯特罗以非凡的胆识，基于对人民的充分信任，依然坚持对教皇的邀请，并于 1998 年 1 月促成教皇如期成行。

（二）访问过程

教皇在古巴的访问从 1998 年 1 月 21 日至 25 日，在 4 个不同的城市各举行一次露天弥撒，全部由电视台向国内外现场直播。除抵离时的群众性迎送外，卡斯特罗还单独会见教皇并互赠礼物。教皇的其他活动包括会见哈瓦那大学师生、接见宗教界人士、拜谒古巴的先哲费利克斯·巴列拉神父的陵墓和参观哈瓦那大教堂等。古巴对教皇的接待极其热情友好，卡斯特罗及古共政治局委员到机场迎接，群众向教皇欢呼“古巴人热爱你”。从机场到下榻处长达 25 公里的途中，道路两旁挤满了欢迎的人群，挥舞着梵蒂冈和古巴的国旗。参加弥撒的群众从第一天的 3 万人增至最后一天的 30 万人，卡斯特罗参加了最后一次弥撒，其他几次由劳尔等其他党政领导人参加。

教皇在古巴公开批评了资本主义的新自由主义，呼吁建立一个更公正的世界，特别是反对美国对古巴的经济封锁。他说：“愿古巴尽最大的可能向世界放开，愿世界向古巴开放……从国外强加的限制性经济措施是不公正的，从道义上说是不能接受的。”③ 但教皇对古巴的政策也提出了批评和异议。他指责说“意识形态而产生的不满”使许多人背井离乡；他要求实

---

① *Miami News*, February 1, 1998.

② Max Azicri. *Cuba Today and Tomorrow*: *Reinventing Socialism*, University Press of Florida, Gainesville, 2001, p. 256.

③ *Granma International*, January 25, 1998, p. 1; February 1, 1998, p. 7.

现更大的“言论自由”和“结社自由”；他敦促天主教会“在政治经济权力面前采取勇敢的立场”，声称对教会活动的限制必须取消。他要求释放“思想犯”，并向古巴政府递交了一份要求释放的数以百计的犯人名单。[①] 对于教皇的消极言论，古巴领导人采取了高度宽容的态度，但也坚持了必要的原则。例如卡斯特罗在送别仪式的致辞中，在感谢教皇发表的言论的同时，也说明其中包含了“我可能不同意的”部分。[②]

（三）主要成果

教皇访古获得巨大成功，产生了双赢的结果，各方都很满意，而古巴收获更大。就国内来说，教皇的访问改善了国内的政治气氛，振奋了民众的精神。首先，大大地改善了政教关系，促进了社会的稳定。其次，政府先后释放了300多名犯人，其中包括70名政治犯，缓和了一部分人的不满情绪。最后，政府进一步放松了对宗教活动的限制，为经济条件困难的民众扩大了精神寄托的空间。

这一访问最突出的成果还在于对外产生了深远的积极影响。教皇访问本身和他对美国的批评，再一次说明了美国孤立和封锁古巴的政策在政治上的失败。教皇的访问成为古巴向外界展示自己的最好机会。正如卡斯特罗事先所期望的那样，向世界上所有信教的人“展示一场社会主义和共产主义的革命是能够尊重一切信教者和非信教者”，并“向他们展示古巴革命是怎样一回事”[③]。教皇的访问还对古巴对外关系的改善产生了一系列积极的连锁反应。在教皇访问的同一个月，危地马拉宣布与古巴复交，两个多月后多米尼加共和国也与古巴复交；1998年3月，美国宣布松动封锁的4项措施，其中包括允许向古巴出售食品和药品；4月，在联合国人权委员会上7年来第一次否决了美国提出的反古提案；同月，加拿大总理访问古巴，他是20多年来访古的第一位西方发达国家的政府首脑；10月，联合国大会通过反对美国对古巴实行经济制裁的提案，赞成票之多前所未有；11月，拉美一体化协会决定吸收古巴为其正式成员。以上种种事例表明，古巴已

---

① Max Azicri. Op. cit. , pp. 261 – 265.

② *Granma International*, February 1, 1998, p. 7.

③ *Granma International*, January 25, 1998, p. 6.

经在国际上树立起新的形象。

（四）意义和影响

其一，事实证明，古巴领导人决定邀请教皇访古是完全正确的。古巴并没有发生西方国家某些人士所希望的那种动乱和政权倒台；相反，古巴社会较前更为稳定与和谐。随教皇来古巴采访的外国记者多达3000人，其中有一半是美国记者，加上数千为目睹盛况而来的外国旅游者，如此多的外国人突然云集岛国，而这里却是秩序井然，这是许多西方人士所未曾料到的。当美国三大主要电视网的节目主持人看到教皇的访问不会引起爆炸性的新闻后，立即兴味索然，很快就返回了美国，报道当时正在热播的克林顿绯闻去了。[①] 事后，卡斯特罗感谢人民对革命的支持，人民也成功地经受了一次重要的考验和锻炼。

其二，古巴政府为了适应特殊时期的形势发展，借教皇访古之机对宗教政策做了进一步调整。在教皇访古前后采取的调整措施主要有：自1997年起恢复被废止了28年的圣诞节，并从1998年起将其重新定为法定节日；政府同意引进55名外籍神父，以帮助古巴神职人员的工作；在允许传教进入媒体、举行露天弥撒和印行宗教材料等方面都有所放松。在此形势下，宗教界特别是天主教会的积极性被激发起来，表示要“同政府进行更广泛的讨论”，“加强教会对社会，特别是对那些最需要帮助的人的社会服务工作”[②]。教皇访问后，古巴的政教关系已在相互合作的阶段中收获了第一批全民共享的成果。

第四节　21世纪开始以来宗教工作的成绩

21世纪开始后，政教关系在相互合作的新阶段继续发展。在政教双方的努力下取得了以下新的成绩。

---

① Max Azicri. Op. cit. , p. 377.

② *Miami Herald*, February 21, 1998, p. 273.

一 发挥了教会的积极作用

如前所述，自1991年古共四大允许教徒入党后，教徒中的优秀分子不断地被吸收入党。到2013年，入党的教徒已有5000多人。虽然这一人数占党员总数的比例还很小，但其影响和意义不小。随着宗教政策的进一步放宽，宗教机构和宗教人士更多地参与国家的政治生活，对国家的发展做出了贡献。在2012年全国人大代表的选举中有5位宗教人士当选。在政府的支持下，教会召开过多次国际性会议，加强了同外国宗教机构和人士的联系，也传达了古巴官方维护世界和平的意愿。近年来，教会在配合政府的外交政策方面做了不少工作。例如，教会利用同国外宗教界的广泛联系，积极宣传美国的经济封锁给古巴人民造成的恶果。又如在争取释放"古巴五英雄"和争取"小男孩埃连"回国的事件中教会也做出了自己的努力。[①]

二 同梵蒂冈发展了良好的关系

21世纪开始后，教皇对古巴进行了第二次和第三次访问。2008年是教皇对古巴进行首次访问10周年。为纪念这一历史性事件，古巴政府和古巴天主教主教大会（Cuban Conference of Catholic Bishops）联合邀请梵蒂冈派代表参加纪念活动。于是，教廷应邀派国务卿塔西西奥·贝尔托内红衣主教（Cardinal Tarcisio Bertone）于同年2月20日开始对古巴进行为期4天的国事和布道访问。贝尔托内红衣主教在访问期间公开重申，美国对古巴的封锁"在道义上是不可接受的"，这种封锁是"对古巴人民的压迫"。古巴外交部部长费利佩·佩雷斯·罗克称这次访问表明两国关系是"极好的"。[②] 2012年3月26日至28日，在时隔14年后教皇本笃十六世（Pope Benedict XVI）访问了古巴。他的来访同样受到政府和天主教会隆重的接

---

① 5名古巴情报人员于1998年在美国被捕。古方强调，他们的活动不针对美国，也未违反美国的法律，古方要求释放他们。2003年6月，小男孩埃连在其母的带领下偷渡美国，中途落水，其母丧生；埃连被救起后被美方扣留，其父要求将其送回古巴。关于5名古巴情报人员案，详见本书第十三章第三节第二条第二款；关于小男孩埃连案，详见本书第十二章第三节第一条第四款。

② *Granma International*, February 24, 2008, p. 6; March 23, 2008, p. 2.

待。卡斯特罗前往教皇下榻处同他会见，进行了“温馨的”交谈。教皇在哈瓦那公开声称，经济封锁给古巴人民造成了“不公平的负担”[①]。

2013 年 3 月 13 日，阿根廷布宜诺斯艾利斯总主教被选为第 266 任梵蒂冈教皇，名为方济各（Papa Francisco）。他思想开放，被誉为贫苦者和弱者的代言人。他在 2013 ~ 2014 年古巴与美国为改善两国关系而举行的秘密谈判中发挥了重要的促进作用。2015 年 9 月 20 ~ 21 日，方济各作为梵蒂冈教皇应邀对古巴进行了第三次访问。他赞扬古美关系的缓和“是对整个世界做出了和解的表率，让我们充满希望”[②]。

三　政府实行的宗教外交政策取得成效

古巴宗教政策的包容性变化不仅表现在同国内宗教界的关系上，而且也表现在古巴的对外关系上。例如，古巴为了加强与俄罗斯的传统友谊和合作关系，在哈瓦那修建了一座俄罗斯东正教教堂，该教堂于 2008 年 10 月 19 日落成。国家元首劳尔出席落成仪式，卡斯特罗也为此撰文赞扬东正教。古巴的东正教教徒人数很少，这座教堂是西半球唯一一座新建的东正教教堂，此举赢得俄罗斯人的普遍好感。不久，俄罗斯舰队对古巴进行了自苏联解体以来的第一次访问。2014 年 7 月 12 日，俄罗斯总统普京访问古巴，宣布免除古巴欠苏联 352 亿美元债务的 90%，剩余部分将用于发展古巴的教育事业。[③]

古巴天主教在全国设有 3 个大主教管区，下分 11 个主教管区，管辖 523 个教区；有 1500 多个教堂和传教所，以及 92 个修道会，其中有 20 多个是革命后成立的。天主教有 3 所神学院，红衣主教 2 人，主教 26 人，神父等圣职人员约 1000 人。[④] 此外，基督教和各非洲教派共有教堂和寺庙约

① http://www.qnck.cyol.com/html/2012 - 04/05nw.D110000qnck_20120405_1 - 10.htm（2016 - 10 - 25）

② “Papa Francisco en Cuba：minuto a minuto”. 22 de septiembre de 2015，*Granma*. internet@granma.cu.；http://www.news.tncc/guoji/2015/0922/243865.shtml（2016 - 10 - 25）

③ 刘澎：前引刊，第 93 页。

④ “La Iglesia Católica en Cuba”. http://www.nacub.org.（2016 - 10 - 25）；*Granma International*，February 17，2008，p. 7.

1000个，传教所400多个，兄弟会1000个。政府对所有教派一视同仁，尽力保护和支持信众合法的宗教活动。[①]

实践证明，古巴现行的宗教政策是符合本国国情的，是将马克思主义基本原理同古巴革命实际相结合的一个成功的范例。

第五节 菲德尔·卡斯特罗的宗教观

纵观古巴建立社会主义制度近60年来，党和国家的宗教政策有一个变化的过程。政教关系从最初的冲突和对抗到后来的合作共处，在特殊时期及其以后继续深化了合作关系。党和国家的宗教政策在开始时借用别国的模式，之后根据古巴的革命实际不断地做出具有创意性的调整，而这一切都是源于卡斯特罗的宗教观。卡斯特罗出生于一个宗教家庭，在童年和少年时期受的是教会学校的教育。他对宗教特别是基督教义有深刻的了解。当他成为马克思主义者以后，他将马克思主义的宗教理论同古巴的宗教状况结合起来，形成了自己的宗教观，并在政策实践中取得成效。他在数十年的领导职位上曾多次详细阐述自己对宗教的看法，特别是他于1985年同巴西多明我会修士弗雷·贝托的长时间谈话，用他自己的话说，是“第一次由一个社会主义国家领导人讨论这些问题”[②]。现将他关于宗教的主要观点概括如下。

一 基督教义的目标同马克思主义者的目标是一致的

基督教的精神和实质同社会主义之间有许多共同之处。宗教的目的和社会主义的目的之间不存在矛盾。两者都是为了人类的幸福而奋斗。耶稣基督是一个伟大的革命者，他把他的整个学说都献给了受欺侮者和穷人，他献身反对不公正和反对人类的压迫。他严厉谴责富人、商人和伪善者。他关于未来社会的预期正是社会主义者奋斗的理想。

---

① *Granma International*, February 17, 2008, p. 7.

② *Granma Weekly Review*, March 25, 1990, p. 11.

二　基督教的伦理道德规范同对共产主义者的思想品德要求是相同的

圣经中对教徒规定的戒律同我们对革命者的要求是非常相似的。教会所提倡的牺牲自我、节俭、谦逊和人类团结友爱的精神，所反对的腐败、盗窃、淫乱和做伪证等邪恶行为，正是对社会主义者、共产主义者品德要求的标准。革命者几乎完全可以遵守“上帝的戒律”中的一切准则。在古巴的医院和其他机构中工作的修女，其高尚的品德和奉献精神堪称共产党人的榜样，她们就是模范的“共产党员”。

三　基督教教徒与共产党人具有同样的历史遭遇

在基督教创立之初，它是奴隶、穷人和被压迫者的宗教，奴隶主统治者对教徒进行了残酷的迫害。后来，罗马帝国的执政者视基督教教义为革命的学说，对其信奉者进行了疯狂的镇压。基督教被迫害的历史前后达数世纪之久，贯穿于基督教历史的整个早期阶段。而共产党人从巴黎公社到西班牙内战，再到德国纳粹统治期间以至20世纪50年代美国的麦卡锡时期，也遭到残酷的迫害，成千上万的共产党人被监禁、拷打和屠杀。压迫者对早期基督徒的迫害同对现代革命者的迫害是没有区别的。

四　当代拉丁美洲的基督教出现了进步思潮

当代拉美的基督教从过去为富人服务转变为现在为穷人服务。基督教经过早期为穷人服务和受迫害的阶段后，被统治者所控制，成为统治者手中的重要工具，并为富人服务。教会变成了征服者、压迫者和剥削者的教会。它不谴责对黑人和印第安人的奴役制度，不批评资本主义剥削制度，不反对帝国主义的侵略行径。到20世纪60年代，拉丁美洲天主教会的一部分人开始觉醒，他们越来越多地把基督教义同社会现实结合起来，为穷人服务，努力解决社会不公正问题。基督教又回归到最初的光荣历史阶段，这一转变即“解放神学”的出现是当代宗教界最重要的事件之一。

五　革命政权同宗教人士之间应该建立战略性联盟

古巴的宗教界特别是天主教会经历了革命胜利初期的对抗阶段后，逐渐适应了社会主义环境，革命政府也一直坚持探索正确的社会主义宗教政策，政教之间出现了和平共处和互相尊重的关系。但这还不够，应该进一步发展成为合作的关系，为社会改革的共同目标而建立战略性的同盟。教会不再代表地主、资本家和富人了，因此革命政权和教会应该为相互合作而共同努力。

六　宗教是不是“人民的鸦片”，要视情况而定

马克思在1843年底至1844年1月发表的《〈黑格尔法哲学批判〉导言》中说，“宗教是人民的鸦片”[①]。后来列宁在1909年5月发表的《论工人政党对宗教的态度》中肯定了马克思的话。他说：“宗教是麻醉人民的鸦片，——马克思的这一句名言是马克思主义在宗教问题上的全部世界观的基石。”[②] 卡斯特罗在1985年5月回答弗雷·贝托就这一论断提问时说：“我的意见是，从政治观点来说，宗教既不是鸦片，也不是灵丹妙药。它可以成为鸦片，也可以成为灵丹妙药，这要看在怎样的程度上是用它来保卫压迫者和剥削者，还是保卫被压迫者和被剥削者；取决于它对影响人类的政治、社会和物质问题采取何种处理办法……”[③]

在世界上著名的马克思主义理论家中，也有人对宗教问题提出过自己的独特见解，如秘鲁的何塞·卡洛斯·马里亚特吉和意大利的安东尼奥·葛兰西。但是，像卡斯特罗这样进行大量的分析研究，并且全面系统地提出自己理论观点的，是绝无仅有的。特别是他作为一个社会主义国家的领导人，在这个宗教影响十分广泛的国家里，将其理论贯彻于政策的实践中，

---

① 《马克思恩格斯选集》第1卷，北京：人民出版社，2012，第2页。

② 《列宁选集》第2卷，北京：人民出版社，1972，第375页。

③ 关于上述卡斯特罗对宗教的观点，是由以下主要论著中有关部分综合而成：Frei Betto. *Fidel y la Religión*：*Conversaciones con Fidel Castro*，1986；*Conversación de Fidel Castro con la delegación religiosa de Jamaica*，1977；*Encuentro de Fidel Castro con los representantes de círculos religiosos de San Paulo*，1990；Sheldon B. Liss. *Fidel! Castro's Political and Social Thought*，1994，etc。

使深刻的社会革命同宗教的冲突降至最低限度，并转而使宗教有效地为国家利益服务，这也是罕见的。

卡斯特罗的宗教观是对马克思主义宗教思想的新发展，是马克思主义宗教思想古巴本土化的创新成果。这对其他社会主义国家处理宗教问题具有重要的借鉴意义。

第十二章　古巴社会主义的文化政策*

本章打算着重谈谈古巴的社会主义文化政策及实施效果。虽然在本书有关政党、政治、经济和社会状况的章节中都不同程度地涉及这方面的问题，但语焉不详，而且论述很分散。然而，古巴在社会主义文化建设方面是很有特色的，如果不介绍这方面的经验或教训将不利于了解古巴社会主义的全貌。为此，在修订本书之际，我们决定在原书的基础上除了增写第七章劳尔·卡斯特罗“更新”社会主义模式的改革和第十章古巴的社会保障制度外还增写本章。

第一节　纲领性文献的发表及出台背景

一　纲领性文献的基本内容

1961 年 6 月 16 日、23 日和 30 日，在哈瓦那国家图书馆举行了由古巴知识界有代表性人士参加的为期三天的讨论会。在古巴总统多尔蒂科斯、总理卡斯特罗、教育部部长阿曼多·阿特·达瓦洛斯（Armando Hart Davalos）、全国文化委员会委员和政府部门的其他代表参与下，艺术家和作家们在会上就文化活动和有关创作的各种问题广泛地发表了各自的意见。卡斯特罗在最后一天的会上发表了长篇讲话，回答了与会者提出的各种问题，提出了建设社会主义文化的方针、政策和措施，为这次会议做了总结。

* 感谢中国社会科学院学部委员苏振兴教授对本章初稿提出的宝贵意见，文责自负。

后来，卡斯特罗以《对知识分子的讲话》为题发表了这一重要讲话，主要谈了以下四个问题。

（一）革命的目标之一是使人民有更好的文化生活，并把人民从实行者培育成创作者

卡斯特罗说："革命的目标之一和基本宗旨之一，是发展艺术和文化，使艺术和文化成为人民真正的财富。""我们愿意使人民有更好的文化生活……我们也要发展使人民的一切文化需要得到满足的条件。"与此同时，革命政府应向人民普及文化，"尤其是到人民中去发现天才，把人民从实行者培育成创作者，因为归根到底，人民才是伟大的创作者"，只是"（革命前）由于没有发展的条件和机会，在我们的农村和城市里埋没了成千上万的天才"①。

（二）当前古巴的知识分子可分三类：革命者、反动分子、尚不具备革命态度但是正派的人

革命政府对这三类人有不同的政策。卡斯特罗说，革命者"把革命放在其他一切之上，而最革命的艺术家就是那些为了革命甚至准备牺牲自己艺术才能的艺术家"。在这些革命者中，不存在是否有创作自由的问题。对反动分子，革命"应该抛弃那种不可救药的反动分子"，"革命的第一个权利，就是存在的权利，谁也不能反对革命存在的权利，因为革命包含着人民的利益，意味着整个国家的利益"。卡斯特罗在谈到对革命和反革命的政策时提出了一个著名的论断，即"参加革命，什么都有；反对革命，什么也没有"，或者说，"参加革命，就有一切权利；反对革命，就没有任何权利"。对尚不具备革命态度但是正派的人，卡斯特罗说他们是"能够懂得道理、懂得革命正义性但没有参加革命的正直的作家和艺术家"。他们提出艺术创作的自由问题是"无可厚非的"。"革命是维护自由的……每个人都可以用他认为合适的形式来表现，自由地表现他愿意表现的思想。我们将始终用革命的标准来估价他的创作。""革命不能拒绝所有正直的男女同它一起前进，不管是不是作家或艺术家；革命应该希望一切有怀疑的人都转变

① 〔古〕菲德尔·卡斯特罗：《卡斯特罗言论集》第二册，北京：人民出版社，1963，第173、185页。

成为革命者。革命应该努力为它的理想争取大部分人民。”①

（三）对作家和艺术家提出要求和希望

卡斯特罗说：“革命要求艺术家为人民贡献出最大的力量……我们要求艺术家最大限度地发挥自己的创造性；同时我们要为艺术家和知识分子创造他们进行创作的理想条件。”他说，古巴革命是“一个伟大的历史事件”：“你们，作家和艺术家们，有了亲身经历这次革命的优越条件，有担任这次革命的推动者的机会来描写这次革命，表现这次革命，将来的后代会要求你们些什么呢？如果你们没有参加革命，却去表现革命，这对他们是难以理解的。”卡斯特罗以一位106岁的老太太为例，说她过去是个奴隶、文盲，在这次扫盲运动后便不再是文盲了。卡斯特罗说：“我鼓励她脱盲后写本书，讲述过去的情况。”卡斯特罗动情地问道：“谁能把奴隶的生活写得比她更好呢？”② 卡斯特罗对作家和艺术家们的殷切希望，溢于言表。

（四）革命政府具有行使法律所规定的审查文艺作品的权力

卡斯特罗说：“有些东西是不能讨论的，那就是法律所规定要行使的职权。”“否认革命政府的这一职权就是否认革命政府的职能和责任”，这是“一个原则性的问题”。“我认为，这个权力是不容置疑的。”③

二　纲领性文献的出台背景

卡斯特罗的这一讲话是古巴革命历史上一份重要的纲领性文献，它成为其后数十年中古巴进行社会主义文化建设的政策依据。在这里，有必要介绍一下召开上述讨论会和卡斯特罗发表讲话的背景情况。

据古巴官方④称，古巴革命取得胜利后的初期，包括作家和艺术家在内的知识阶层对革命的态度如下。那些在革命前殖民地文化主导下享有特权

① 〔古〕菲德尔·卡斯特罗：《卡斯特罗言论集》第二册，北京：人民出版社，1963，第169、172、168、181、171～172页。

② 同上书，第181、190、191～192页。

③ 同上书，第177页。

④ Ministry of Foreign Relations, Republic of Cuba. *The Revolution and Cultural Problems in Cuba*, Emp. Cons. de Artes Gráficas (Min. de industrias), Habana, 1962, p. 5.

的知识分子开始时摇摆不定，继而后退躲避，最后明确否定革命；有些冒充博学的知识分子公然反对革命；与此同时，一些忠于革命的知识分子和出身工人阶级和中产阶级的革命知识分子，对革命的步伐迅速加快、革命的浪潮汹涌澎湃也感到吃惊甚至害怕。在这样的形势下，在准备召开第一届全国作家和艺术家代表大会之前，卡斯特罗召见了部分进步的作家和艺术家，研究革命的文化政策问题。他在谈到古巴文化问题的性质时指出："在1942年著名的延安座谈会上，在流血牺牲的战争尚难预料其结果的环境下，毛泽东就引导忠诚的知识分子同其他阶级的人员、工人和农民一道参加中国新社会的建设。在古巴，当革命已经开始时，却缺乏明确而坚定的导向。"① 于是，这些进步的作家和艺术家按卡斯特罗的谈话精神于1960年11月发表了以《走向为革命服务的民族文化》为题的宣言书，阐明了革命时期知识分子的历史责任，提出了近期的工作计划，号召全国的知识分子团结起来，在革命进程中发挥独特的作用。宣言书的发表为上述讨论会的召开做了必要的思想准备。卡斯特罗在讨论会最后一天发表的长篇讲话就是在这样的背景下做出的。这一讲话提出了革命政府的文化和知识分子政策，阐明了艺术自由的概念，消除了人们的担心和疑虑。同年8月18日②，第一届古巴全国作家和艺术家代表大会举行了开幕式，大会的主题是"保卫革命就是保卫文化"。多尔蒂科斯总统致开幕词，强调作家和艺术家必须到人民中去，以便寻求未来作品的思想源泉和创作灵感。次日上午，诗人尼古拉斯·纪廉（Nicolás Guillén，1902～1989）做了长篇发言。他回顾了古巴人民为争取自由而斗争的漫长的光荣历史，要求作家和艺术家继承革命的传统，"为普通百姓创造社会主义的和人道主义的文化"③。他的发言不啻对卡斯特罗讲话的一种解读。在会上，成立了古巴作家和艺术家联盟，纪廉当选为联盟主席。

① Ministry of Foreign Relations, Republic of Cuba. Op. cit., p. 5.

② 大会选择这一天开幕是为了纪念被誉为20世纪最伟大的西班牙诗人 Federico García Lorca（1898.6.5～1936.8.18）的忌辰。

③ Ministry of Foreign Relations, Republic of Cuba. Op. cit., pp. 6-8.

第二节　建设社会主义文化的历史进程（1959～1989）

在卡斯特罗《对知识分子的讲话》（以下简称《讲话》）这一重要文献的精神指引下，从1959年到1989年的30年间，古巴社会主义文化的发展进程可分以下三个阶段。

一　第一阶段（1959～1970）

在此期间，革命政府主要做了如下工作。需要说明的是，虽然卡斯特罗《讲话》的时间是在1961年6月，但有些工作从革命胜利后就开始做了，所以把这一阶段的时间起点定在1959年。

（一）普及国民教育，建立文化机构，为建设社会主义文化奠定基础

关于古巴的教育，本书第八章已有专门的论述，这里不再赘述，只是结合建设社会主义文化这一主题做一些补充。其一，古巴极其重视国民教育，实际上把它作为整个国家社会主义建设的基础，自然也包括文化建设。例如，在古巴革命后的第三年，在百废待兴的情况下，革命政府动员全国力量开展扫盲运动，在一年之内把古巴的文盲率从革命前的23.6%下降到3.9%，使古巴一跃成为拉美国家中国民识字率最高的国家。其二，《讲话》中谈到要建立艺术学校，培养文化“天才”。在这一阶段，在全国各地建立了数十所艺术学校。而且，不仅培养文化“天才”，为了满足整个社会主义建设的需要，与此同时还建立了数以百计门类广泛的各级学校，为各行各业培养“天才”。

在这一阶段建立起各种文化机构，以便加强中央的统一领导和促进文化事业的发展。据不完全统计，这一阶段所建立的文化机构有（以建立的时间先后为序）：1959年，古巴国家舞剧团，国家民间舞剧团，国家合唱团，古巴电影艺术和电影制片学会，美洲之家；1960年，国家交响乐团；1961年，全国文化委员会，古巴作家和艺术家联盟，全国体育、锻炼和娱

乐研究所；1962年，科学院，古巴国家出版社，古巴广播协会，录音和音乐出版公司；1963年，古巴记者联盟，全国博物馆和纪念碑委员会；1965年，革命出版社；1967年，古巴书籍协会等。[①] 这些机构多数是政府部门和国有企业，也有社会团体。

（二）实施“自新计划”（Rehabilitation Plan）和“对农民的特别计划”（The Special Plan for Campesinos），对犯人及其家属进行特殊的文化教育

卡斯特罗在1965年接见美国记者李·洛克伍德时对他关于古巴有多少在押政治犯的提问回答说，目前犯人有近2万人，这一数字不仅包括各种经济类罪犯，而且还包括巴蒂斯塔统治时期对人民犯下严重罪行而留在监狱里的犯人；从犯人的成分看，多数是农民，犯罪的原因虽然各不相同，但总的根源都是由于贫困落后和愚昧无知。[②] 1966年，政府提出了“自新计划”，旨在加强对犯人的教育，使之早日回归社会。具体做法是，将所有犯人（除杀人、叛国等要犯外）分成两类：一类是因参与埃斯坎布拉伊山区反革命匪帮活动而获罪的犯人，政府不将他们押到监狱服刑，而是把他们送至国营农场从事农业劳动1～2年，在此期间，政府负责解决其家属的一切生活需要；另一类是巴蒂斯塔专制时期反人民的罪犯和自1959年以来经审判定为犯有反革命罪的犯人，这些人的自新过程以参加劳动改造为主，同时采取允许探亲和给予假释等激励措施。[③]

关于“对农民的特别计划”，又称“第二号计划”，是指将拉斯比利亚斯省和比那尔德里奥省山区中匪患区里的农户集体迁入城市的一项工程。这些农户既是被迫成为匪帮生活物资的提供者，又是参与匪帮反革命活动的犯人（农户的男户主）。由于这些男人在自新中心接受教育，所以农户的搬迁实际上就是这些犯人家属的搬迁。为了铲除盘踞在上述两省山区的匪帮赖以生存的物质基础，同时也为了挽救这些违法的普通农民，政府决定由国家

① Fidel Castro. *Informe Central al Primer Congreso del Partido Comunista de Cuba*, Editora Política, La Habana, 1982, pp. 123－133, 140, 175.

② Lee Lockwood. *Castro's Cuba*, *Cuba's Fidel*, Vintage Books, A Division of Random House, New York, 1969. pp. 247, 230.

③ Op. cit., p. 231.

斥资，将匪患区中的农户集体迁入城市。政府为安置这些农户（约1500户），决定在比那尔德里奥省建造一座名为桑迪诺城（Sandino City）的新城。然而，建房需要时间，搬迁又必须尽快进行，所以政府便选择哈瓦那市西郊米拉马尔区（Miramar）中大量高档住宅作为短期的安置点。这些住宅原为富人所住，革命胜利后房屋所有者均移居海外，现已收归国有。政府为迁入的农民家属免费提供一切必要的生活用品，而这些来自山区的农村妇女则在这里学习文化、政治和一般的科技知识，开始过现代文明的生活。1~2年（时间长短根据各人表现而定）以后，待她们的丈夫完成自新时将同她们及孩子一起迁入桑迪诺城，免费分得政府建造的一套住房。丈夫可到附近的农场工作，妻子如有能力也可安排工作，一家人从此融入社会。[①] 这项工程是革命政府对违法农民进行特殊文化教育的一个创举，这一创举体现了国家对误入歧途的普通百姓的殷切关怀。

（三）60年代前期文化氛围相对宽松，1968年以后文化政策日益激进化

在20世纪60年代前期，一方面，外有美国咄咄逼人的侵略架势，内有山区匪徒的猖狂反攻；另一方面，世界上的进步力量大力声援古巴，特别是有数以千计的外国志愿者来到古巴，在首都形成了一个国际人士的社区。这些志愿者中不乏具有专业技术的人才，从而部分地填补了大量外逃的古巴技术人员（包括医生）留下的空白。那时，甚至有大批来自西欧的青年志愿者，下飞机后便打出巨大的横幅，上面写着“我们不是旅游者！”（NO SOMOS TURISTAS），示威性地游行在哈瓦那的大街上。[②] 如此热烈的场面，是在其他社会主义国家未曾见过的。在这样强烈反差的面前，古巴政府只能首先关注与国家安全有关的问题。所以，当时在监狱里关押的2万名犯人中主要是与匪徒有关的违法农民，而不是市民，更不是知识分子。60年代后期形势有所好转，政府在生产关系中追求进一步国有化，并于1968年发动了旨在消灭城市个体经济的“革命攻势”行动，接着又提出在1970年产糖1000万吨的计划。该计划的失败，促使古巴领导人认识到犯了理想主义

---

① Lee Lockwood. Op. cit，pp. 260 - 264.

② Howard I. Blutstein，，et al. Op. cit.，p. 5；〔意大利〕安格鲁·特兰托：《卡斯特罗与古巴》，杨晓霞译，北京：生活·读书·新知三联书店，2006，第94页。

的错误，并开始调整经济政策。然而，并未在文化领域进行相应的清算，这就为下一阶段文化政策出现偏差埋下了隐患。

二 第二阶段（1971～1980）

（一）过“左”政策的实施与纠正

关于这一阶段前期出现过“左”的文化政策情况，时任古共中央政治局委员兼文化部部长阿韦尔·普列托（Abel Prieto）于2007年2月26日有过一次详细的谈话。他认为，在1971～1976年，政府执行了过“左”的文化政策，对知识分子的“镇压”和对文艺作品的“审查”是错误的，这段时期被称为“灰色的五年”。[①] 70年代后期，错误政策逐步得到纠正，在1978年和1979年的两年中，释放了许多被错误关押的人。[②]

（二）造成不良国际影响的帕迪利亚案件始末真相

埃韦尔托·帕迪利亚（Heberto Padilla，1932～2000）生于比那尔德里奥省的农村。在少年时期便显露才华，16岁时已发表诗作，[③] 后移居国外，长期生活在西方国家。古巴革命胜利后回国，表示拥护新政权。1960～1962年，政府任命他以《拉丁美洲新闻报》记者身份到欧洲和苏联从事文化交流活动，曾广泛接触外国文化界各式人物。他还主办过文艺刊物《革命的星期一》（Lunes de revolución）。从1963年起，他逐渐对革命不满，陆续做出一些对革命不利的事，包括发表不好的诗作。[④]

1968年，古巴作家和艺术家联盟的评奖团将帕迪利亚的诗集《不参加游戏》（Fuera del Juego）[⑤] 评为获奖作品。评奖团成员包括联盟所邀请的一些西班牙和拉美国家的作家。《不参加游戏》收录了这样一首短诗：

诗人！把他一脚踢出去！/他在这儿什么活都不干/他不参加游戏/他从不

---

① “Abel Prieto，ministro de Cultura：La política cultural de Cuba，sin dogmas ni sectarismos”，http://www.cubadebate.cu/categoria/noticias/page/5496/（2018－09－05）；徐世澄：《古巴社会主义的文化理论和实践》，《拉丁美洲研究》2013年第3期，第9页。

② 〔秘鲁〕欧亨尼奥·陈－罗德里格斯：《拉丁美洲的文明与文化》，白凤森、杨衍永、刘德、齐海燕译，北京：商务印书馆，1990，第219页。

③ 郑树森编著《国际文坛十二家》，台北：联合文学出版社，1981，第155页。

④ 同上书，第172页。

⑤ 另译为《退出游戏》。

激动/从不清楚地表白自己的立场/他的眼睛看不到奇迹/时间都花在挑错上。

获奖名单公布后，国内舆论有不同意见。《橄榄绿》杂志首先发文，认为这部诗集非但不应得奖，反而应该受到批判。随后，文艺界人士纷纷发表批判文章，认为作者过去的一些诗作中，也有不少含沙射影攻击革命的内容。1969 年，一个名为凯斯勒的联邦德国教授来古巴访问，古巴安全部门以间谍罪将他逮捕。帕迪利亚与此案有关，按理这位受批判的诗人因此案也应予以逮捕。评奖和间谍案这两者凑巧叠合在一起，要不要逮捕他，古巴领导人曾长时间举棋不定。1971 年 3 月 20 日，终于决定逮捕帕迪利亚。他被捕的消息传出后，30 名欧洲和拉美左翼文化人士于 4 月 9 日通过法国《人道报》发表致卡斯特罗的联名公开信，声称对古巴“用镇压的手段对付行使批评权利的知识分子和作家表示关切”。签名者中有法国的萨特，拉美的略萨、马尔克斯等。[①] 10 天后，卡斯特罗在一次讲话中回答说：“有那么几位先生妄想施加思想影响，搞文化殖民主义……我们的人民必须对这种精神殖民化的企图毫不含糊地表示反对。”[②] 同年 4 月 25 日，帕迪利亚被释放。27 日，他在古巴作家和艺术家联盟召开的大会上做了自我批评。数日后，卡斯特罗在教育与文化代表大会上再次猛烈抨击这些“新殖民主义分子”，谴责他们是“欧洲的假左派”和“可耻的拉丁美洲人”，是“资产阶级知识分子、美国中央情报局的特务、帝国主义的间谍”[③]。5 月 22 日，法国《人道报》发表了 60 名文化人士致卡斯特罗的第二封联名公开信，声称以逼供方式迫使帕迪利亚认罪，使人想起“斯大林主义最肮脏的年代”，包括其“镇压制度”等。在这封信的签名中没有马尔克斯的名字，他表示上一封信他就不同意签名。这些签名者的态度发生了分化，有些人支持古巴政府的立场。[④] 帕迪利亚出狱后，政府根据他要求调换工作的想法，安排

---

① 萨特（Jean Paul Sartre，1905 ~ 1980），法国作家、哲学家和文学批评家；略萨（Mario Vargas Llosa，1936 ~ ），秘鲁作家、诗人；马尔克斯（Gabriel José de la Concordia García Márquez，1927 ~ 2014），哥伦比亚作家、诺贝尔文学奖获得者。

② 徐世澄：前引文，同前页。

③ 徐世澄：同上。

④ https://www.baidu.com/baidu? word = Obituary% 3A + Heberto + Padilla&tn = 56060048 _7 _pg&ch = 10&ie = utf - 8 （2018 - 09 - 12）

他到哈瓦那大学教授英国文学。1979 年，美国参议员爱德华·肯尼迪和作家伯纳德·马拉默德出面要求卡斯特罗允许帕迪利亚移居国外。1980 年 3 月 16 日，帕迪利亚被允许出国。后来，他在美国亚拉巴马州奥本大学任教。2000 年 9 月 25 日他因心脏病去世，终年 68 岁。[①] 关于此案，有必要说明几点。其一，帕迪利亚的被捕是因为他与一个德国人的间谍案有关，而不是因为他发表了反对革命的诗作。其二，他在监狱里只待了 1 个月零 5 天，出狱后的第二天便出席新闻发布会，第三天在作艺联盟大会上做检讨。从照片上看，他穿着整齐的西服坐在主席台上，并不像外国左派所说的受到"折磨""逼供"和"斯大林主义式的镇压"，至少在肉体上和身心上没有受到严重的伤害，否则他是不可能出席这些会议的。其三，事后，政府安排他到哈瓦那大学当教授，既发挥了他的特长又照顾了他的尊严。其四，当国外有人表示愿意安排他的工作时，便同意他移居国外。其五，诚然，当第一封外国左派的公开信发表后，卡斯特罗的反应有些过度，但也可以理解，因为公开信署名者中有法国人杜蒙、波兰人卡罗尔等。他们作为国际上著名的左派和古巴的友人，曾在古巴革命胜利后被古方邀请来古巴进行指导。他们回国后发表的论著严重歪曲了古巴的现实，卡斯特罗对此已十分不满。而这一次他们作为友人，完全可以先直接向古方了解情况后再做判断。可是，他们在不明真相的情况下急急忙忙地串联一些人，把言过其实的谴责公之于众，力图施加国际压力，这显然是极不友好的行为，难免使人愤怒。

（三）社会主义文化政策的正式表述第一次公之于世

到 70 年代中期，古巴政府根据卡斯特罗《讲话》的精神开展文化活动已有 10 余年，取得了宝贵的实践经验。然而，对古巴文化政策的基本内容并无官方的正式表述。1975 年 12 月，古共一大通过的《古巴共产党基本纲领》为党的文化政策的正式表述提供了必要的平台。其内容如下："在艺术和文学创作方面的文化政策鼓励以马列主义为原则、具有阶级精神的艺术和文学表现形式，包括以下方面：吸收本国文化的优秀传统；批判地赞同、

---

① http://articles. chicagotribune. com/2000 - 10 - 02/news/0010020139 _1 _heberto-padilla-cas-tro-revolution-mr-padilla（2018 - 09 - 12）

加工和发展世界文化；利用艺术表现多种多样的、创造性的形式；真实地反映我们所生活的世界，鼓励创造性地观察未来；将艺术和文学与群众及其最重要的利益相结合；反对资本主义腐朽的、反人类的艺术和文学表现形式；以声援所有进步和革命运动的感情培养人。”①

1976 年 2 月 15 日经全民投票通过的第一部社会主义宪法中主要有两条涉及文化政策的条款，即第 8 条和第 38 条。

第 8 条规定：“社会主义国家应该：第 1 款，实现劳动人民的意愿，保证国家教育、科学技术和文化的发展；第 2 款，作为为人民服务的人民政权，应该保障所有人都有学习及参加文化和体育活动的机会。”

第 38 条规定：“国家指导、促进和推动教育、文化和科学的全面发展。国家的教育、文化政策遵循下列原则（略去教育政策的原则。——本书作者注）：第 1 款，国家教育、文化政策的基础是马克思列宁主义确立和发展的科学世界观……第 5 款，有艺术创作的自由，但其内容不应危害革命，有艺术表现形式的自由；第 6 款，为提高人民文化水平，国家努力繁荣和发展艺术教育、创作才能、艺术研究和欣赏能力；……第 10 款，国家保护民族文化遗产、艺术和历史财富，保护国家文物，保护著名的自然风景区和具有公认艺术和历史价值的地区；第 11 款，国家鼓励公民通过各种社会组织和群众组织参与教育和文化政策的落实。”②

上述具有约束力的条文不仅是对 10 余年中践行《讲话》精神所取得经验的科学总结，而且是此后文化活动所必须遵循的行动指南。

三 第三阶段（1981～1989）

（一）文化领域的繁荣景象

20 世纪 80 年代是古巴革命胜利后跨入的第三个 10 年，各种文化机构和设施都日益完善，文化活动呈现一片繁荣景象。全国业余艺术爱好者小

---

① Departamento de Orientacián Revolucionaria del Comité Central del Partido Comunista de Cuba. *Plataforma Prográmatica del Partido Comunista de Cuba*, La Habana, Cuba, 1967, pp. 90 - 91.

② *Constitution of the Republic of Cuba*, Editora Política, La Habana, 1981, pp. 7 - 8, 19, 20 - 21, 22.

组和人数不断扩大，从 1975 年的 20 万人发展到 1985 年的 157.8 万人。这表明古巴民众已十分广泛地参与了文化生活。与此同时，古巴民众还积极参与国际上的文化活动。仅在 1981 年至 1985 年，古巴参加的国际文化活动就有 250 项之多，在艺术和文学方面共获得了约 300 个奖项。古巴有几千名艺术家和作家访问了世界各大洲，也有同等数量的外国文化人士访问了古巴。1980 年，古巴有各级艺术学校 38 所。在 1981 年至 1985 年的 5 年间，新建了 17 所初级艺术学校，使初级艺术学校达到 37 所，艺术学校总数共达 59 所。①

到 1985 年，全国有 319 家公共图书馆，3200 个中小学校图书馆，222 个专业图书馆和 70 个大学图书馆。书店有 311 家，平均每 3.3 万名居民中就有一家书店。1981～1985 年，出版了 5000 多种教科书，约 3300 种一般书籍，平均每年出版 4000 万册图书。② 到 1989 年，全国有报纸 29 种，其中日报 18 种，总发行量 4.5 亿份，日报发行量 4.01 亿份。《格拉玛报》日发行量 40 万份。主要杂志 28 种，其中西文版 25 种，英文版和葡文版各 1 种，西、英、法三文合刊版 1 种。《波希米亚》周刊发行量 31.2 万份。1989 年生产了 99 部电影，首次上映的电影 124 部，上映 43.4551 万场，观众达 2559.17 万人次。全国有广播电台 55 个，其中市级台 32 个，省级台 17 个，全国台 5 个，国际台 1 个，日总播放量为 33.5346 万小时（1988 年）。全国有电视台 5 个，日总播放量 11091 小时；全国有电视机近 200 万台，电视已成为较为普及的为古巴人提供娱乐和文化生活的手段。全国有博物馆 211 家；剧院 20 家，戏剧厅 29 家；文化之家 262 个，诗歌之家 27 个；画廊 136 个；杂技团 5 个。③

（二）党和国家全力发展文化事业，要求文艺工作者多出反映革命的产品，以满足国民日益增长的文化需求

1986 年 12 月，古共三大通过的《古巴共产党党纲》中关于党的文化政策部分，比古共一大所通过的《古巴共产党基本纲领》的相关部分有更详

---

① 〔古〕菲德尔·卡斯特罗：《在古巴共产党第一、二、三次全国代表大会上的中心报告》，王玫、张小强、韩晓雁、王志平译，北京：人民出版社，1990，第 240、374 页。

② 同上书，第 372 页。

③ 同上书，第 435 页；Comité Estatal de Estadísticas. *Anuario Estadístico de Cuba 1989*, Editorial Estadística, Centro Habana, 1991, pp. 330－333, 336－227, 340－341；滕藤主编《世界各国商务指南·拉丁美洲卷·古巴》，北京：中国社会科学出版社，1996，第 247～248 页。

细的阐述。

“党促进和主张根据马列主义的原则批判地研究古巴的和世界的文化遗产，吸收其精华和典型性的成就。党赞成文艺具有人道主义和革命的国际主义内容，以此来起鼓舞作用，激发起人和人之间以及人民之间的互助精神，这些内容也应当成为社会主义人的道德原则的根本组成部分。党关于文学艺术的政策是，巩固和不断发展革命带来的浓郁的创作气氛，鼓励和推动一切文艺的表现形式向广度和深度发展。这一政策的基本方针是要达到这样的目的：这一领域的创作要能全面地反映革命的力量和特点，作品所产生的吸引力要能推动社会主义所特有的社会和人的解放。”“宣传和普及是我国文化进一步发展的决定性因素。”①

（四）古巴的大众传媒充分发挥了社会功能，及时反映舆情，使政府了解全社会的情况，特别是下层的民情

1979 年 11 月古共第九次中央联系会议公布了题为《关于加强大众传媒的批评功能》的文件，肯定公民拥有批评党政工作的权利，同时也明确了行使这一权利的规则。同年，国内需求研究所（Institute of Internal Demand）创办了名为《意见》（*Opina*）的半月刊。该刊面向大众，专门讨论各种社会问题，发行量 25 万份。在 1980 年 3 月召开的古巴新闻工作者联盟第四届代表大会上，党的第一副主席劳尔·卡斯特罗发表讲话，强烈呼吁传媒应给政府的工作提出更多的批评。当他结束讲话并将离开讲台时，再次向全场的代表大声地说：“你们可以批评想要批评的一切！党支持你们！”②

（五）80 年代所开展的意识形态斗争

卡斯特罗在 1980 年 12 月举行的古共二大的中心报告中以专门一节的篇幅阐述意识形态斗争的重要性。他说，古巴是“在特殊环境下同帝国主义开展思想领域斗争的。世界上最富有的、具有侵略性的资本主义国家仅同我国海岸相距几十海里，那里又是个人主义、赌博、吸毒、卖淫以及其他

① 吴彬康等主编《八十年代世界共产党代表大会主要文件选编》（下卷），北京：中国广播电视出版社，1989，第 1015 页。

② John Spicer Nicholes. “Mass Media: Their Functions in Social Conflict.” In Jorge I. Dominguez, ed. *Cuba: Internal and International Affairs*, Sage Publications, Beverly Hills, CA, 1982, pp. 79, 103 - 104.

使人异化的恶习的天堂，因此，我们不得不勇敢地去接受这个公开的长期挑战”；“在帝国主义敌人和古巴革命之间，目前正进行着一场意识形态方面的残酷斗争”；“古巴开展了反对巨人美国佬的斗争，并且在斗争中长大”；“我们坚定不移地相信，我们的思想、尊严和道德是正义的，我们有能力拿起这些武器向帝国主义的所谓消费社会的一切腐败现象挑战”[①]。卡斯特罗的这段话是针对70年代后期一段时间中古巴“明显地受到一些恶习的侵蚀”情况而说的。他认为，在80年代前期，这些恶习的侵蚀并未受到遏制，相反，还在进一步泛滥。与此同时，古巴的外部环境出现了两个不利的因素：一个是于1980年上台的美国总统里根加紧了对古巴的颠覆活动；另一个是苏东社会主义国家的改革进程到80年代中期开始走向邪路。在此情况下，古共中央决定在全国范围内开展一次惩治腐败、重振革命精神的运动，即卡斯特罗于1986年4月所宣布的“纠正错误和消极倾向进程”。在这一进程中，虽然在经济方面采取了某些过激的措施，如取消农贸市场等，但在政治上增强了团结，为日后突发的大灾难储备了抗击的能量。值得注意的是，这一进程所涉及的对象主要是党政军部门的当权者，对文化界没有什么影响。在80年代，文化政策是宽松的。

1989年，在国家预算中文化和科学活动的支出为23亿比索，占总支出的17.0%。[②]

第三节　特殊时期以来的文化政策及实施绩效（1990～　）

一　特殊时期的文化政策和文化活动

（一）争取增产自救，渡过难关

苏东剧变给古巴经济以沉重的打击，卡斯特罗于1990年9月正式宣布

---

① 〔古〕菲德尔·卡斯特罗：《在古巴共产党第一、二、三次全国代表大会上的中心报告》，第308～311页。

② The Economist Intelligence Unit. *Country Profile*: *Cuba* (*1989－1990*), p. 24.

全国进入“和平年代的特殊时期”（简称特殊时期）。财政紧缩，报纸、杂志纷纷停刊或延长出版周期，只保留《格拉玛报》为全国性日报，文化经费也同时锐减。古巴领导人临危不惧，沉着应对，号召各单位挖掘潜力，想方设法创造财富，为国家分忧。时任文化部部长阿曼多·阿特说，1989年以前，文化所需的物质资源有85%是由苏联和东欧国家提供的，1990年中断了供应，“我们陷入了非常困难的境地，而且我们不能要求国家为我们提供这些物资。于是，我们提出了一个方案，并且得到政府的批准”。这一方案是，由文化单位争取外汇的创收，将其中的80%用于发展文化事业。这一方案行之有效。阿特说：“1995年，我们已为博物馆、图书馆和其他文化中心等不能自负盈亏的机构支付了4万美元。”与此同时，文化部同旅游机构合作，派出艺术团队到旅游景点和宾馆演出，收入分成，一年内就能赚得300多万美元。过去，办国际性节日活动和会议，政府要拨款200万～300万比索给文化部，这几年同旅游项目结合起来，这些活动都已能自给自足。1995年1～8月，已赚得1300万美元，估计全年将达到1600万美元。①

（二）修改宪法，有关文化政策的条款进一步完善

1992年7月，全国人民政权代表大会通过了新宪法，对1976年宪法中涉及文化政策的条款第8条和第38条进行了调整和修改。原第8条改为第9条，内容不变。原38条改为第39条，其中：第1款将“国家教育、文化政策的基础是马克思列宁主义确立和发展的科学世界观”修改为“（国家）将其教育、文化政策建立在科学和技术进步、马克思主义和马蒂思想、古巴和世界进步的教育传统上”。原第5款、第6款、第10款、第11款现分别为第4款、第5款、第9款、第10款，内容均不变。在第9款的一句之首增加了（国家）“维护古巴文化的特性”。

新宪法的重大变化之一是把何塞·马蒂思想同马克思、恩格斯、列宁的政治－社会思想并列，作为全体国民的指导思想，体现了马克思主义的古巴本土化。

① 记者豪尔赫·里瓦斯·罗德里格斯：《文化与经济：战略之路》，拉美社1995年8月16日电。

（三）在内外夹击的形势下，古巴领导人号召全国人民投入思想战役，进行反击

古巴国内80年代后期出现的“不同政见者”（dissidents，或称“异见者”）在特殊时期开始后日益活跃。到1992年，约有50个组织，共约1000人，主要集中在首都的知识界。到90年代中期，这股势力开始向工人、学生和妇女等阶层扩展，并同国外的反古组织建立了联系。在国外，美国加紧进行对古巴的颠覆活动。1992年10月，美国开始实施加强对古巴经济封锁的“托里切利法”。此后，又采取了侵犯古巴主权的行动。一方面增派特务潜入古巴搞破坏，另一方面支持在美国的反古分子多次驾驶轻型飞机，侵入古巴领空抛撒反政府传单，以制造混乱。古巴于1996年2月24日打下两架入侵的飞机。美国政府随后便开始实施进一步强化制裁的“赫尔姆斯—伯顿法”。在这样的内外形势下，古共中央于同年3月23日召开四届五中全会，卡斯特罗宣布：“不仅要在党内和干部中，而且要在全体人民中开展一场强大的意识形态战役。”他说：“我们正在为国家和革命的生存进行战斗，意识形态的力量对其生存是至关重要的。”①

（四）为了争取一名男孩回国，古巴当局再次发动全国性的思想战

1999年11月22日，6岁的小男孩埃连·冈萨雷斯跟随其母亲和继父搭乘小船从古巴北部海岸出发，企图偷渡去美国。途中这艘小船遭遇大风浪而翻船，埃连的母亲和继父及其他乘客大都落水身亡，只有埃连等3人被救起。美国移民局将埃连暂时交给他在美国居住的叔祖父拉萨罗照看。埃连的生父胡安·米格尔·冈萨雷斯得知后要求将埃连送回古巴同他一起生活。由于美国的右翼政客和流亡美国的反古组织的插手操纵，佛罗里达州法庭决定，待次年3月召开听证会来决定埃连的去留问题。古巴民众得知这一决定后一片哗然。卡斯特罗从一开始就十分关注此事，认为于理于法，埃连均应回古巴由生父供养。因此，他表示坚决支持胡安·米格尔·冈萨雷斯的正当要求，号召广大民众开展一场思想战，力争赢得这场战役。在古巴和美国一些主持正义的人士的强大压力下，美国亚特兰大上诉法院判决，

① “5th Plenary of the Central Committee”, *Granma International*, April 3, 1996, p. 6.

埃连应回古巴，美国移民局和司法部均表同意，但美国的右翼势力仍拒不交出埃连。经过长达 7 个月的斗争，2000 年 6 月 28 日埃连终于回到古巴。7 月 1 日，在曼萨尼略市举行了有 30 万人参加的公开论坛（Tribuna Abierta），卡斯特罗在致论坛的贺信中号召大家要“继续以 7 个月以来所进行的思想战和群众斗争来对付最强大的帝国”，“一切侵略和扼杀我们并使我们屈服的企图必将失败”。后来，他说，要回埃连是“古巴人民有史以来打得最漂亮的一仗”[①]。

（五）举行全民公决，粉碎异见者的图谋，确定古巴社会主义制度的不可更改性

早在 1991 年就有异见者组织企图动员 1 万人签名，通过全民公决修改宪法，以否定古巴的社会主义制度，但未能得逞。按古巴宪法第 88 条的规定，至少需要 1 万名具有选民资格的公民才能提出修改宪法的法律动议。2001 年 2 月，以奥斯瓦尔多·帕亚（Oswaldo Paya）为首的一批异见者提出了一个所谓的“巴雷拉计划”（Varela Project）。[②] 经过 1 年多的鼓噪，于 2002 年 5 月 10 日将凑满 1.1 万人签名的请愿书提交全国人代会审议。数日后，美国前总统吉米·卡特访问古巴。他在向古巴国内外现场直播的讲演中公开支持“巴雷拉计划”，要求古巴举行全民公决。与此同时，美国总统乔治·布什也隔海呼应，于 5 月 20 日发表讲话，大肆攻击古巴的社会主义制度。然而，在此内外施压的情况下，全国人代会已收到另一份请愿书，即由古巴工人中央工会等 8 个群众团体提出、载有 819 万多人（占全国选民的 98.97%）签名的请愿书。这份请愿书要求通过全民公决制定宪法修正案，重申古巴是“社会主义的、独立的主权国家”，宣布其经济、社会和政治制度是“不可侵犯的”。6 月 12 日，古巴全国各地爆发了大规模的游行示威，支持工会的请愿书，参加者多达 900 万人。于是，全国人代会决定从 6 月 24 日起举行特别会议，专门讨论宪法修改问题。会期 3 天，宣布全国放假，以便人人都

---

① 〔英〕理查德·戈特：《古巴史》，徐家岭译，北京：中国大百科全书出版社，2013，第 421～426 页；徐世澄，前引文，第 10 页。

② 费利克斯·巴雷拉（Felix Varela，1787～1853），古巴爱国者，哲学家，教育家，具有先进思想的古巴神父（卡斯特罗语）。异见者盗用了他的名义。

可收看电视现场直播的会上辩论情况。结果是人代会特别会议通过决议，申明古巴社会主义制度是“不可更改的”（irrevocable），并将此决议作为“特别条款”载入宪法。异见者鼓噪多年的通过全民公决改变古巴社会主义制度的图谋以彻底失败而告终。[①]

（六）古巴逮捕75名异见者的前因后果

美国总统乔治·布什于2001年1月上台后便宣布要以先发制人和突然袭击的方式来对付损害美国利益的国家。此前，美国政府把古巴说成支持恐怖主义的七个国家之一，甚至美国的官员还诬蔑古巴在研制生物武器。2002年11月，美国政府派来一位名为詹姆斯·卡森（James Cason）的人担任驻古巴的美国利益照管处的新主任。此人上任前就同美国迈阿密的反古分子开过会，并发表攻击古巴的讲话；上任后又频繁地往返于哈瓦那和迈阿密之间。他利用外交邮袋带进了许多收听反古电台的收音机、小册子、传单、行动指示等物品。2003年2月24日，他在一个异见者组织的头目家里纠集了数十人，发表演说，大肆攻击古巴现政权，包括对古巴领导人的人身攻击。3月初，他又在照管处开办所谓的新闻“伦理学座谈会”，纠集34名“记者”（实际上只有4人学过一点新闻学，其他人都是假冒的），密谋反对古巴政府的活动。3月12日和14日，他先后召集异见者的头目开会，讨论颠覆计划。他们的计划是鼓动群众性的移民风潮，然后美国以制止向美国移民为借口入侵古巴。战争的威胁已迫在眉睫。古巴政府为了国家的安全，断然下令逮捕75人。这些人已堕落为由美国人资助、按美国人旨意行事的反革命分子。政府采取的措施表明了严正的立场，古巴终于避免了一场后果难料的战争。[②] 关于此案，需要说明的是，逮捕这75人不是因为他们持有不同政见，而是因为他们的行动违法，触犯了古巴刑法第2卷

---

① Max Azicri and Elsie Deal, eds. *Cuban Socialism in a New Century: Adversity, Survival and Renewal*, University Press of Florida, Gainsville, FL, 2004, pp. 16 - 20. The Economist Intelligence Unit: *Country Report: Cuba, May, 2001*, p. 12; *August 2002*, pp. 10 - 11. 徐世澄、贺钦编著《列国志：古巴》（新版），北京：社会科学文献出版社，2018，第122～123页。

② Max Azicri and Elsie Deal, eds. Op. cit., pp. 21 - 26. The Economist Intelligence Unit: *Country Report: Cuba, May, 2003*, pp. 10 - 12; *August 2003*, pp. 10～11. 〔古〕菲德尔·卡斯特罗，〔法〕伊格纳西奥·拉莫内：《卡斯特罗访谈传记：我的一生》，中国社会科学院拉丁美洲研究所组织翻译，北京：中国社会科学出版社，2008，第388～407页。

第1编危害国家安全罪第1章第4节、第2章第1节、第5节等。[①] 他们的违法行为理所当然应受到惩处。

二　从劳尔·卡斯特罗主政到迪亚斯-卡内尔接班：文化政策和文化活动

（一）2011年4月，古共召开六大，通过了《党和革命的经济与社会政策纲要》

该纲要共313条，其中有2条涉及文化政策。一是第163条，其要点是"继续鼓励捍卫民族性，保护文化遗产，提高文学艺术创造和欣赏艺术的能力。促进阅读，丰富居民的文化生活"；二是第164条，其要点是"继续提高专业艺术教学的质量和活力"，根据需要"调整各种专业的入学人数"。[②] 古巴在"更新"经济与社会发展模式过程中，政府的各部门都进行了不同程度的改革。文化部的一项主要改革措施是将一部分由国家财政支持的文化机构改为自负盈亏的文化企业。

（二）为了适应"更新"模式以来的新形势，古巴决定修改现行的宪法

经过数年的酝酿和准备，2018年7月21～22日举行的全国人代会九届一次会议通过了新的《古巴共和国宪法草案》。草案第一次将"菲德尔"的思想作为国家的指导思想之一载入宪法。草案中有15处涉及文化问题，载于第5条第10款中。基本内容主要集中在第5篇（titulo）的第95条（article）的一些款内。[③]

"第5篇：教育、科学和文化政策的原则：第95条．国家指导、促进和推动各种形式的教育、科学和文化。国家在教育、科学和文化政策上遵循下列原则：第4款，国家推动公民参与教育和文化政策的落实；第8款，艺

---

① 《古巴刑法典》（*Penal Code of Cuba*，古巴全国人民政权代表大会批准的第62号法案），陈志军译，北京：中国人民公安大学出版社，2010，第61、62、64、66页。

② *LINEAMIENTOS DE LA POLÍTICA ECONÓMICA Y SOCIAL DEL PARTIDO Y LA REVOLUCIÓN*, p. 25. http://www.granma.cu/granmad/secciones/6to-congreso-pcc/Folleto%20Lineamientos%20VI%20Cong pdf（2018-11-02）

③ *Proyecto de Constitución de la República de Cuba*, pp. 7, 14-15. http://www.granma.cu/reforma-constitucional/2018-11-05/a-la-venta-tabloide-con-el-proyecto-de-constitucion-de-la-republica-de-cuba-30-07-2018-18-07-43（2018-11-05）

术创作是自由的，但其内容要遵守古巴社会主义社会的价值观念，艺术表现形式是自由的；第 9 款，为了提高人民的文化水平，国家促进和发展艺术教育、创作才能、艺术培养和欣赏能力；第 10 款，国家维护古巴文化的特性，守护和捍卫民族遗产、艺术和历史财富，符合民族文化遗产条件的财产是不可转让的、不可侵犯的和不可扣押的；第 11 款，国家保护民族的纪念碑，著名的自然风景区和具有公认的艺术和历史价值的地点……"

从以上条款可以看出，草案重申了古巴文化的社会主义性质，强调了古巴文化的特性和革命传统。

（三）古巴的文化政策为作家、艺术家的创作提供了良好的条件，使他们得以充分发挥自己的才华

在这里介绍两位最有代表性的文化人士，即尼古拉斯·纪廉和阿莉西娅·阿隆索（Alicia Alonso，1921～ ）。

纪廉是著名的先锋派诗人。他在 1959 年革命前便很有成就，他继承了爱国主义传统，其诗歌有力地体现了古巴人民民族自我意识的斗争精神，其代表作有诗集《音响的动机》《松戈罗·科松戈》《西印度有限公司》《给士兵的歌和给游客的歌》等。他长期流亡国外，1959 年革命后回到祖国，他以诗作热情歌颂社会主义革命和建设，并担任文化团体的领导工作，团结广大的文化人士一道为弘扬古巴文化的革命精神而奋斗。他的贡献还在于，身为黑白混血种人，他的诗作强调了各个种族之间的融合与团结；在艺术形式上，他将非洲黑人的语言融入西班牙语，使诗作读起来更为铿锵悦耳。他的作品被译成多种文字，曾获列宁国际和平奖。作为 20 世纪的大诗人，他在国际上具有广泛的影响。①

阿隆索是著名的芭蕾舞舞蹈家。她于 1948 年创建了阿莉西娅·阿隆索芭蕾舞团。在巴蒂斯塔独裁统治下，该团由于缺乏经费，只能勉强维持生存。她不得不到国外演出以资助团内的开销，并长期住在国外。1959 年革

---

① 北京拉丁美洲使团、外语教学与研究出版社：《拉丁美洲诗集》，北京：外语教学与研究出版社，1994，第 181 页；朱景冬：《黑人诗歌的杰出代表纪廉》，载所著《当代拉美文学研究》，北京：社会科学文献出版社，2012。http://www.cssn.cn/wx/wx_dnolmwx/201310/t20131026_599821.shtml（2018－11－13）

命后，卡斯特罗亲自写信请她回来领导舞蹈行业，她欣然返回古巴。她创建的芭蕾舞团也升格为古巴国家芭蕾舞团。她的表演具有古巴特色，其演技水平享誉世界。她在国外的多次巡回演出彰显了古巴的正面形象。她还在政府的支持下，创办了多所芭蕾舞蹈学校（每省一所），培养了大批优秀的芭蕾舞演员，她被誉为古巴芭蕾舞的“教母”。为表彰她的卓越贡献，古巴政府授予她“古巴共和国民族女杰”“古巴形象大使”等称号；在国际上，她曾获墨西哥、西班牙、法国及联合国所授予的奖项。[①]

（四）古巴领导人一贯重视体育工作，构建了古巴独特的体育文化

从古巴宪法、古共纲领和卡斯特罗历次言论的有关表述看，古巴的体育政策可概括为以下几点：一是参加体育运动是全体国民的义务和权利；二是发展体育运动的目的是增强全民的体质、提高其生活质量和培养良好的品德；三是加强在国际上的竞技能力，增进文化自信。1959 年革命前，从事体育运动只是少数人的事，而且是商业化的。革命后数十年来，国家通过建立专门的领导机构、兴办体育学校、培养专业人才等措施，使体育运动得以普及。古巴现已成为体育强国，按 2015 年的统计，全国共有 5134 个体育场所，33547 名专业体育教师；主要体育强项有棒球、拳击、摔跤、女子排球等。古巴体育运动的竞技水平不仅在拉美国家中名列前茅，而且在世界上也跻身先进行列。20 世纪，古巴向十几个国家派出体育专家。2003 年，向 90 个国家派出 1.1 万名体育专家，帮助这些国家的运动员提高竞技水平。此外，古巴还向国际体育组织派出了 100 多名国际裁判。这些体育上的成就，是古巴国民引以为自豪的。[②]

（五）传媒实现数字化，开放手机上网业务，为普通国民自由欣赏文化产品提供广阔的平台

从 21 世纪第二个 10 年开始，古巴的传媒便着手建设数字化工程。其后不久，主要媒体和重要机构纷纷建立起自己的网站。与此同时，商店出售

---

① http://blog. sina. com. cn/s/blog_72f779500100r3xp. html（2018 - 11 - 13）

② http://www. one. cu/aec2015/00% 20Anuario% 20Estadistico% 202015. pdf（*AEC* tablas 21. 1, 21. 2）（2018 - 11 - 20）. Julie Marie Bunk. *Fidel Castro and the Quest for a Revolutionary Culture in Cuba*, The Pennsylvania State University Press, Pennsylvania, 1994, pp. 208 - 213. 关于体育专家支援外国的情况，另见本书第十三章第三节第三条第二款。

手机。2012 年 5 月，政府宣布将向公众提供网络服务；随后政府开办了 100 多家公共网吧，提供国内和国际的网络服务。2018 年 12 月 6 日，古巴电信公司宣布，从即日起手机用户可以购买接入互联网的 3G 服务。这一措施受到广大民众的普遍欢迎，被外媒称为“古巴又向对外开放迈出了一步”[①]。此外，从 2013 年 1 月 20 日起，总部设在委内瑞拉、旨在推动拉美一体化的南方电视台（Telesur）每天晚上 8 点到第二天下午 4 点半的节目在古巴同步播出，古巴普通民众可以随时了解全球时事，[②] 这为古巴人优质的文化生活又增添了一个新的平台。

2016 年，在国家预算中文化、艺术和体育支出为 17.59 亿比索，占总支出的 3.1%。[③]

三 结论

（一）古巴文化政策实践的结果是成功的

60 年来，古巴已建立起社会主义的革命文化。古巴国民不仅能欣赏到优质的文化产品，而且通过各种文化活动提高了社会主义思想觉悟，树立起古巴本土化的社会主义文化自信。一位美国学者到古巴访问，在哈瓦那大街上遇到一个看门人（janitor），此人得知对方是美国人后便对这位学者说：“你们美国没有什么了不起，你们在亚洲打了两场战争，都输了；我们在非洲也打了两场战争，都赢了。”这位学者听后十分感慨。[④] 姑且不论这话是否妥当，但看到在美国长期封锁的重压下，古巴普通人还有如此自信的心态，这令美国学者极为惊叹。古巴人认为，从历史上说，古巴先受西班牙控制，后受美国控制；1959 年革命后，由于依靠苏联又要照顾苏联的利益，只有“现在我们是独立自由的”[⑤]。古巴人的这种自豪感是拥护社会主义制度的重要原因之一。

---

① 埃菲社哈瓦那 2018 年 12 月 6 日电。

② http://cu.mofcom.gov.cn/article/ztdy/201508/20150801072526.shtml（2018－11－20）

③ *PANORAMA ECONÓMICO Y SOCIAL: CUBA (2016)*. http://www.onei.cu/publicaciones/08informacion/panorama2016/15%20Presupuesto.pdf（2018－12－04）

④ 这位美国学者是哈佛大学教授 Jorge I. Dominguez，时间为 20 世纪 80 年代。

⑤ 参见〔英〕理查德·戈特：《古巴史》，第 439 页。

（二）古巴建设社会主义文化的成功经验

1. 党和国家高度重视社会主义文化的建设

古巴官方历来认为，文化问题对国家的命运和民族的前途至关重要。古巴文化部部长阿韦尔·普列托在1998年11月举行的古巴作家和艺术家联合会第五届代表大会上说："如果有一天我们打破了美国的封锁，摆脱了危机，取得了某种程度的'富足'，而同时却发现我们的灵魂已经被挖空，我们'发财'了的人民成为马蒂在美国佬的生活方式中所看到的那种在动物园的'喧嚣'声中变得粗俗的人民，那种失去了文化、失去了精神力量、失去了祖国和历史记忆的人民，那么，我们就等于一步也没有前进。"古巴一直在努力防止这种结局的发生。

2. 党和国家执行了正确的宽严相济的知识分子政策

（1）始终坚持党对作家和艺术家的积极引导和明确要求。古巴作为社会主义国家，在党的纲领和宪法中明确规定以马列主义为指导思想本是顺理成章、不足为奇的。然而，值得注意的是，在古巴革命胜利后的初期，面对文化界的混乱思想，作为党政领导人的卡斯特罗，借鉴了毛泽东《在延安文艺座谈会上的讲话》，根据古巴的实际情况，发表了《对知识分子的讲话》，果断地提出："参加革命，什么都有；反对革命，什么也没有。"或者说："参加革命，就有一切权利；反对革命，就没有任何权利。"并说："革命政府具有行使法律所规定的审查文艺作品的权力。"这些话旗帜鲜明地提出了古巴社会主义文化的性质和原则。如前所述，古共三大所通过的《古巴共产党纲领》进一步阐明，党"鼓励作家和艺术家系统学习马列主义"，"促进和主张根据马列主义原则批判地研究古巴和世界的文化遗产"，要求他们的作品"能全面反映革命的力量和特点"。[①] 由于古巴始终坚持党的这一政策，所以保证了文化事业沿着社会主义道路健康发展。

（2）党和国家为知识分子营造了宽松的社会氛围。中国的一位驻古巴大使曾说，古巴"政治严格，但社会氛围十分宽松"，"古巴执政党对社会主义的信仰坚定不移，历史上从来没有一个运动是折腾知识分子的"[②]。的

① 吴彬康等主编《八十年代世界共产党代表大会主要文件选编》（下卷），第1015页。

② 《陈久长先生的谈话》，http://bbs.tianya.cn/post-no01-384733-1.shtml（2018-06-29）

确，古巴为知识分子提供了良好的条件，使他们得以充分发挥自己的才能。如前所述，享誉世界的著名诗人尼古拉斯·纪廉和著名的芭蕾舞蹈家阿莉西娅·阿隆索在党和政府的关怀下都对古巴社会主义文化的发展做出了卓越贡献。

卡斯特罗是这样评价新老知识分子的，他说，“由于开展了社会主义革命”，新一代知识分子“培养了出来，加入了那些当年忠于祖国的知识分子行列。今天，我国知识分子的数量大大增加，他们能力更大，觉悟更高，革命性更强”[①]。诚然，古巴的知识分子政策也走过一段弯路。那是在20世纪60年代后期，古巴领导人的思想过于激进。到70年代前期，文化政策出现了过“左”的偏差。这段时期可称为“灰色的五年”。70年代后期，错误的政策逐步得到纠正，在1978年和1979年，释放了许多被错误关押的人。

在这里，需要澄清一个问题，即一些西方传媒多次提到古巴官方承认所关押的政治犯是2万人或者更多。然而，事实真相是：其一，所谓“官方承认”是卡斯特罗只讲过一次，时间是在20世纪60年代；其二，“政治犯”绝大部分是当时参加山区暴乱的违法农民，而不是知识分子；其三，2万人中还包括革命前的重案犯人。卡斯特罗在提供这一数字时说明了上述情况。但是，一些西方传媒不顾讲话的时间和有关情况，断章取义，不断重复“2万人”，甚至任意夸大人数，以讹传讹，旨在诬蔑古巴的社会主义制度。一位严肃的美国学者指出，在古巴最困难的特殊时期“所关押的政治犯人数有所增加，接近1000名犯人”[②]。这一数字比较靠谱。

（3）党和国家对异见者的政策是宽大的。在这里，有必要再提一下前面说过的、具有国际影响的两个案例，即政府对帕迪利亚案的处理是恰当的；对逮捕75人案的处理是依法行事。

20世纪90年代的特殊时期开始后，政府允许异见者移居国外，他们大多去了墨西哥或西班牙。他们离开后允许保留他们在国内的财产；他们

---

① 〔古〕菲德尔·卡斯特罗：《在古巴共产党第一、二、三次全国代表大会上的中心报告》，第310页。

② Jorge I. Domínguez. “Why the Cuban Regime Has Not Fallen”. In Irving Lous Horowitz, Jaime Suchlicki, eds. *Cuban Communism*, Ninth Edition, Transaction Publishers, New Brunswick, New Jersey, 1998, pp. 683 - 684.

可以自由地向国内的亲友汇款；如他们愿意回来看看，来去自由；政府同他们保持着联系。因此，他们不是“流亡者”，他们是去了“在国外的‘家’”（“at home” abroad）。[①] 从那时以后，移居国外的人大多是出于经济原因，而不是政治原因。

在古巴，是不搞株连的。相反，政府设法通过善待犯人家属来感化犯人，使犯人悔悟，以便早日回归社会。20 世纪 60 年代政府对政治犯实行的“自新计划”便是一例。

3. 党和国家把提高人民文化生活的质量作为革命的目标，使人民从文化生活的实行者变为创造者

卡斯特罗在《讲话》中说：“革命的目标之一和基本宗旨之一，是发展艺术和文化，使艺术和文化成为人民的真正的财富……我们也要创造使人民的一切文化需要得到满足的条件。”与此同时，革命政府应向人民普及文化，“把人民从实行者培育成创作者”[②]。为了贯彻这一讲话的精神，古巴先后采取了以下几项措施：一是 1962 年在全国开展大规模的扫盲运动；二是在 20 世纪 60 年代前期和中期先后建立起各种文化机构，以便加强中央的统一领导和促进文化事业的发展；三是实行提高与普及并重的政策，大力发展群众性文化组织。

4. 要在古巴建设社会主义文化，必须进行斗争，通过持续斗争所取得的胜利使国民有获得感，从而培育出文化自信

如前文所述，卡斯特罗认为，古巴“是在特殊环境下同帝国主义开展思想领域斗争的”，因此，古巴不得不接受挑战。他说：“我们的生活确实是简朴的，不奢华也不富有，然而，我们坚定不移地相信，我们的思想、尊严和道德是正义的，我们有能力拿起这些武器向帝国主义消费社会的一切腐败现象挑战。”的确，古巴接受了挑战并取得了胜利。

5. 党和国家忠实地继承革命的文化传统

古巴领导人一贯把今天的革命斗争视为历史上革命斗争的继续。

---

① Jorge I. Domínguez. Op. cit. , p. 684.

② 〔古〕菲德尔·卡斯特罗：《卡斯特罗言论集》第二册，北京：人民出版社，1963，第 173 页。

卡斯特罗在古共一大上说："从光荣的拉德马哈瓜时期[①]起直到今天，革命的旗帜一代又一代地被传了下来。"古巴宣布实行社会主义制度后，不改国名，国旗、国徽、国歌也均承袭原样，这在当时所有社会主义国家中是绝无仅有的。在古巴最困难时举行的古共四大的口号是："我们祖国的未来将是永远的巴拉瓜！"[②] 1992 年的古巴宪法把马蒂思想作为全民的指导思想之一，而马蒂思想的核心是爱国、反帝、拉美主义和革命的人道主义。[③] 2019 年的新宪法将菲德尔思想列入全民的指导思想中。这些使社会主义本土化的努力为国民增添了民族自豪感和文化自信心。

（三）展望未来

我们有理由相信：古巴将继续执行卓有成效的文化政策，充分运用 60 年来所积累的成功经验，继续发挥文化在增强国家软实力中的重要作用；古巴也会认真吸取过去在执行文化政策中的教训，避免重犯过"左"的错误。

古巴的文化政策在革命胜利后的初期就已提出，后来几经补充和调整而日臻完善，现已集中体现在 2019 年新宪法的有关条款中。当前和今后的问题是要全面落实这些条款所规定的要求，并加大政府的财政投入。古巴近期的第一要务是振兴经济。毫无疑问，随着经济的振兴和投入的增加，未来古巴的文化事业必将更加繁荣，更加辉煌。

---

① 即古巴第一次独立战争时期（1868～1878），"拉德马哈瓜"（La Demajagua）糖厂是宣布这场战争开始的地方。

② 即"巴拉瓜抗议"（La Protesta de Baraguá）。1878 年 3 月 15 日，奥连特省起义军司令马赛奥在巴拉瓜会见西班牙殖民军总司令马丁内斯，表示拒绝接受没有独立的和平条约《桑洪条约》，决心继续战斗下去。这次会见后来成为古巴革命者不妥协的象征。

③ 详见本书第二章第二节第二条第一款和第三款。

第十三章　对外关系和对外政策

古巴的对外政策是古巴特色社会主义的重要组成部分，是古巴社会主义理论和实践在对外关系上的体现和人们了解古巴社会主义的一个重要方面。那么，古巴的对外政策是什么呢？在古巴的宪法中有概括的表述。1976年颁布的第一部社会主义宪法在序言中规定，古巴外交行动的依据是“无产阶级国际主义，苏联和其他社会主义国家兄弟般的友谊、援助与合作，以及拉丁美洲和全世界工人和人民的团结”。在宪法第11条和第12条中规定，古巴是“世界社会主义大家庭的一部分，这是古巴实现充分的独立和发展的一个根本前提”；古巴“奉行无产阶级国际主义和各国人民战斗团结的原则”①。这是古巴在20世纪80年代末以前对外政策的依据。20世纪80年代末90年代初的苏东剧变改变了世界的格局，古巴的对外政策也随之进行了调整。1992年修改后的古巴宪法在相应的地方规定，古巴外交行动的依据是“无产阶级国际主义，以及世界人民特别是拉丁美洲和加勒比各国人民兄弟般的友谊、援助、合作和团结”；古巴“奉行反对帝国主义的原则和奉行国际主义的原则”②。古巴在特殊时期及其后的对外政策是以这一方针为依据的。

为了全面、深入地了解古巴的对外政策，有必要弄清下列问题：古巴的上述对外政策是怎样形成的，在不同的时期中对外政策的实施和演变情况如何，无产阶级国际主义的理论和实践是什么，对外政策所取得的成就

① *Constitution of the Republic of Cuba*, Editora Política, La Habana, 1981, pp. 4, 10.

② *Constitución de la República de Cuba*, Editora Política, La Habana, 1992, pp. 2, 8.

和经验有哪些等，本章将就这些问题做一些介绍和探讨。

第一节　革命胜利初期的形势和对外政策的形成（1959～1964）

1959 年的革命结束了巴蒂斯塔亲美独裁统治，使古巴成为真正独立的国家，其对外政策也发生了质的变化。然而，1976 年宪法中所概括的、贯穿于革命胜利后前 30 年的对外政策并不是从 1959 年一开始就存在的。这些政策是在革命胜利初期随着国内外形势的发展变化而逐渐形成的，其初步定型是在 1964 年前后，大体上是伴随国内社会主义改造进程同步发展的。

1959～1964 年古巴的内外形势经历了迅速而深刻的变化，这种变化主要表现在以下几个方面。①

一　民族民主革命的深入导致向社会主义革命的转变

1959 年革命的目标是实现《蒙卡达纲领》，即革命第一阶段的任务。为了实现这一纲领，古巴政府采取了一系列民主改革的措施并取得成功。1960 年 10 月，卡斯特罗总理说，《蒙卡达纲领》已经实现，革命已完成了第一阶段的任务。这时，革命便直接进入社会主义的改造阶段。同月，政府对古巴的大企业实行国有化，并颁布了包括消除房租剥削的《城市改革法》。这些措施标志着社会主义改造的开始。1961 年 4 月 16 日，卡斯特罗总理宣布，古巴革命是“一场社会主义革命”。同年 7 月，“七·二六运动”、人民社会党和“三·一三革命指导委员会”三个革命组织合并为古巴革命统一组织。1962 年 5 月，该组织更名为古巴社会主义革命统一组织。1963 年 10 月，开始实行旨在消灭富农经济的第二次土地改革。随着这次土改的完成，社会主义改造阶段也就基本结束了。此后古巴开始了社会主义建设阶段。

---

① 关于革命胜利初期的内外形势，详见本书第一章第一、二节，这里为了行文的需要只做简要的回顾。

二　美国对古巴的态度从观望、敌视到武装入侵

古巴革命胜利之初，美国尚能保持同古巴的正常关系。美国政府在古巴革命胜利后的第 7 天（1959 年 1 月 7 日）承认了古巴临时政府。同年 4 月，卡斯特罗应美国报业编辑协会的邀请带古巴财政部部长、经济部部长等人赴美进行“私人”访问。虽然美方态度冷淡，但卡斯特罗一行毕竟同美国副总统尼克松进行了会谈。同年 6 月以后，由于古巴政府土地改革等措施触及了美国资本的利益，美国开始对古巴进行威胁。然而，因古巴领导人那时没有公开表明革命的社会主义发展方向，美国的决策者在古巴革命胜利后的最初年月里对是否应立即除掉这一新生政权举棋不定，从而使古巴革命赢得了喘息时间，度过了最危险的时期。从 1959 年革命胜利到 1961 年初的两年多时间中，美国逐步升级的敌视政策主要表现在经济和外交方面。只是当古巴革命的性质比较明朗时，美国才决定利用雇佣军组织军事入侵（即吉隆滩战役），但这时古巴已无法被战胜了。

1961 年 4 月 17 日凌晨，美国雇佣军 1200 人乘船从危地马拉出发，在美国飞机和军舰的掩护下，在古巴吉隆滩登陆，同时美国还空投了 300 名伞兵。入侵者遭到古巴军民的英勇抵抗，激战后于 4 月 19 日被歼灭，被俘 1197 人。24 日，美国总统肯尼迪公开承认，美国政府对入侵事件负全责。此后，经过多次谈判，古巴同意美国以 5300 万美元的婴儿食品和药品为交换条件，释放美国俘虏。这是美国历史上第一次向外国支付战争赔款。①

1962 年 10 月，“加勒比海危机”（又称“古巴导弹危机”）爆发，因苏联在古巴部署导弹而引发了美、苏、古之间一场接近核战争边缘的对抗。同年，古巴得知，美国在吉隆滩战役失败后正酝酿着更大的入侵计划，因而要求苏联援助。苏联为了同美国对抗，也愿意支援古巴。5 月底，双方同意由苏联在古巴部署中程导弹。从 8 月起，苏联开始在古巴安装 42 枚中程核导弹，并派出伊尔 -28 轰炸机及一支由 4.3 万名军人组成的部队。两国

---

① José Cantón Navarro. *Historia de Cuba*：*El desafío del yugo y la estrella*, Editorial S1 - MAR S. A.，La Habana，1996，pp. 223 - 225；钱其琛主编《世界外交大辞典》，北京：世界知识出版社，2005，第 875 页。

本来打算在当年 11 月赫鲁晓夫访古时签署并发表这项军事协定，但是，8 月 29 日美国发现这一情况后，事态发生了变化。9 月 4 日，肯尼迪发表声明，称美国不会容忍将进攻性武器运入古巴。10 月 15 日，美国的 U2 飞机拍摄到古巴的导弹发射场。22 日，美国宣布武装封锁古巴，要求苏联在联合国监督下撤走这些进攻性武器。接着，美国宣布将在海上拦截可能前往古巴的苏联船只。美国先后出动了 183 艘军舰封锁古巴海面，美国载有核武器的轰炸机频繁地侵犯古巴领空。苏联发表声明，谴责美国的封锁，拒绝接受美国的条件。双方剑拔弩张，大有核战一触即发之势，使全世界顷刻间高度紧张。数日后，苏联表示已下令撤除上述武器，并同意让联合国代表去古巴核查。卡斯特罗随即发表声明，拒绝联合国的核查，并向美国提出五点要求："第一，停止美国的经济封锁以及它在世界各地对我国贸易施加压力的措施。第二，停止一切颠覆活动和通过空中和海上投掷和运送武器弹药，停止一切从美国本土或某些同谋国家的领土组织雇佣军入侵、派遣间谍和破坏分子进行渗透的行动。第三，停止从美国和波多黎各的基地进行海盗袭击的行为。第四，停止美国的战机和战舰对我国领空和领海的一切侵犯行动。第五，撤销关塔那摩海军基地，归还美国占领的领土。"古巴的立场维护了国家的主权和尊严。美国政府在得到苏联的让步后许诺今后不以武力进攻古巴，也不让其盟国进犯古巴。中国认为，苏联把导弹运进古巴是犯了冒险主义错误，后来又犯了投降主义错误。[①]

三　社会主义国家特别是苏联对古巴的支援不断加强

1959 年 1 月 10 日，苏联承认古巴政府。1960 年 2 月，当美国企图从经济上扼杀古巴时，苏联允诺向古巴提供 1 亿美元的贷款，并在 5 年内每年购买古巴 100 万吨糖。同年 5 月，苏联同古巴恢复外交关系。6 月，苏联表示要从军事上帮助古巴自卫，苏联的武器开始运往古巴。同年，在美国停止向古巴供应石油后，苏联开始供油。次年，苏联的供油量多达 350 万吨。此后到 20 世纪 80 年代末，苏联一直是古巴的主要供油国。1961 年 4 月，古

① José Cantón Navarro. Op. cit. , pp. 229 – 232；钱其琛主编，同上书，第 712、886 页。

苏两国签订技术援助条约，苏联出售古巴价值3亿比索的20座成套工厂设备。8月，古巴工业部部长切·格瓦拉访苏并就苏联向古巴提供经援、军援以及派遣军事教官等达成协议。1962年4月，苏联称古巴走在“社会主义建设”的道路上，从而肯定了古巴的社会主义性质。[①] 这一年，古苏经贸关系的发展尤为突出。1959年，古巴同社会主义国家的贸易仅占其贸易总额的1.1%，其中苏联占1%；到1962年，这一数字猛增至82.5%，其中苏联占49.4%。1959年，古巴的贸易平衡为入超3900万比索，但同社会主义国家的贸易为出超1400万比索，其中同苏联的贸易为出超1300万比索；到1962年，入超猛增至2.38亿比索，同社会主义国家的贸易为入超2.02亿比索，其中同苏联的贸易为入超1.9亿比索，占入超总额的80%。[②] 1963年4月底，卡斯特罗对苏联进行为期37天的首次访问，古苏关系继续深化，苏联对古巴的经援和军援不断增加。1964年1月，卡斯特罗再次访苏，同苏联签订了长期供糖协定，规定苏联将在此后6年内以每磅6美分的固定价格购买古巴的2400万吨糖。[③] 20世纪60年代初，其他社会主义国家包括中国[④]，也对古巴提供了援助，但规模都比较小。

四　拉美人民的声援和拉美国家的制裁

美国企图扼杀古巴革命的政策也激起了全世界未执政的共产党人和其他进步人士的关切，他们异口同声地提出“保卫古巴革命”的口号；其中拉美的共产党人作为古巴的近邻开展了多种形式的声援活动，甚至一些人亲赴古巴表达他们抗美援古的决心。早在古巴宣布其社会主义性质的半年多以前（1960年9月），拉美15个国家的共产党和工人党便齐聚哈瓦那，发表联合声明，谴责美国的侵略政策，申明保卫古巴革命的立场，号召拉

---

① W. Raymond Duncan. *The Soviet Union and Cuba*: *Interests and Influence*, Praeger Publishers, New York, 1985, p. 41.

② Carmelo Mesa - Lago. *The Economy of Socialist Cuba*: *A Two-Decade Appraisal*, University of New Mexico Press, Albuquerque, 1981, pp. 93, 96.

③ W. Raymond Duncan. Op. cit. , p. 44; Jorge I. Dominguez. *To Make a World Safe for Revolution*: *Cuba's Foreign Policy*, Harvard University Press, Cambridge, MA, 1989, pp. 64 - 65.

④ 关于中国对古巴的援助，详见本书第十四章第一节第二条。由于本书对古巴同中国的关系有专门一章（即第十四章）加以详述，本章便不谈这方面的情况，特此说明。

美各国人民深入开展支持古巴革命的斗争，指出这是拉美大陆的“爱国者和一切民主阶层无可推卸的责任”[1]。在有共产党人参加的进步力量的推动下，拉美地区掀起了反对美国干涉古巴的群众运动，有些国家还成立了保卫古巴革命的常设机构。1961 年 4 月 17 日吉隆滩战役开始后，委内瑞拉、阿根廷、乌拉圭等国的一些青年曾组织志愿队，准备开赴古巴参战，抗击美国雇佣军。[2] 20 世纪 60 年代初，拉美人民在一些有关的国际会议上，公开表示声援古巴革命。如 1961 年 3 月在墨西哥城举行的拉丁美洲争取主权、经济发展与和平会议，1962 年 1 月在哈瓦那举行的拉丁美洲各国人民代表会议，1963 年 3 月在巴西尼泰罗伊举行的美洲大陆声援古巴代表大会等。

然而，拉美国家的政府对古巴却采取了截然不同的态度。古巴革命胜利初期，大部分拉美国家同古巴都保持了外交关系。为了争取拉美国家的支持，卡斯特罗还于 1959 年先后访问了委内瑞拉、阿根廷、巴西和乌拉圭。但是，随着古美关系的日益恶化，古巴同其他拉美国家的关系也发生了变化。1960 年 8 月举行的第七次美洲国家外长协商会议在美国的操纵下通过了《圣何塞宣言》，不指名地谴责古巴，诬蔑古巴接受了美洲大陆外强国对美洲国家的干涉。1962 年 1 月在乌拉圭埃斯特角举行的第八次美洲国家外长协商会议上，拉美国家在美国的压力下通过决议，把古巴排除出泛美体系。在此前后，拉美国家纷纷同古巴断绝外交关系，到 1964 年上半年尚未断交的国家只剩下墨西哥、玻利维亚、智利、乌拉圭四国。1964 年 7 月在华盛顿举行的第九次美洲国家外长协商会议又通过了集体制裁古巴的决议。此后，除墨西哥外，所有其他拉美国家都同古巴断交了。

综上所述，古巴革命胜利后的最初 6 年中，其国内外形势的基本特点是：古巴转变为社会主义国家，美国坚持敌视古巴的政策，苏联等社会主义国家大力支援古巴，拉美人民和拉美国家对古巴的态度明显不同。从 6 年的形势发展看，这种格局已趋于稳定，并将保持较长的时间。古巴的对外政策是随着这种格局的演变和明朗化而逐渐定型的。在此期间，古巴政府及其领导人发表的大量有关对外关系的文献和言论显示了该国对外政策的

---

① *Hoy*, 21 de septiembre de 1960.

② 北京大学国际政治系：《战后民族解放运动史》，北京：北京大学出版社，1980，第 319 页。

形成过程。其中具有代表性的文献是两个《哈瓦那宣言》和《圣地亚哥宣言》。下面分别介绍这三个重要文献。

1960 年 9 月 2 日，古巴全国人民大会（Asamblea General Nacional del Pueblo de Cuba）通过《哈瓦那宣言》，针对同年 8 月第七次美洲国家外长协商会议通过的《圣何塞宣言》，谴责美国对拉美的长期干涉；宣布拉美各国拥有争取民族解放、民主自由和基本人权的权利；谴责人对人的剥削和帝国主义金融资本对不发达国家的剥削；宣布古巴有权接受苏联或其他任何国家的援助，包括军事援助。①

1962 年 2 月 4 日，第二次古巴全国人民大会通过第二个《哈瓦那宣言》，针对同年 1 月第八次美洲国家外长协商会议通过的关于将古巴排除出泛美体系的决议，以大量的具体事实深入分析和强烈谴责了美帝国主义对拉美人民的奴役、掠夺和武装侵略，指出拉美的革命不可避免，号召拉美人民通过武装斗争夺取革命的胜利，强调"所有革命者的任务就是进行革命"，"古巴将能够给予并且已经给予各国人民的是它的榜样"②。

1964 年 7 月 26 日，在古巴奥连特省首府圣地亚哥举行了大规模群众集会并发布《圣地亚哥宣言》，针对同月第九次美洲国家外长协商会议通过的关于对古巴进行"集体制裁"的决议，指出美洲国家组织无权"审判和惩罚"古巴，美国和那些独裁寡头政府才是拉美地区的罪魁祸首；并警告说，如果不停止侵略古巴，那么"古巴人民将认为拥有同那些干涉我国内部事务的国家一样的权利，尽一切可能来支援这些国家的革命行动"③。

从以上三个宣言和其他文献以及古巴领导人发表的言论可以看出，古巴对外政策的原则是保卫古巴革命，维护其独立、主权和尊严；实行无产阶级国际主义，支援各国人民的反帝反独裁斗争。这一原则既体现了古巴的社会主义性质，又反映了古巴对外关系的现实状况，后来被概括地写入了宪法，成为社会主义建设时期古巴对外政策的指导方针。

---

① 《哈瓦那宣言》中译本，北京：外文出版社，1962，第 2 ~ 3 页。

② 同上书，第 34、37 页。

③ José Cantón Navarro. Op. cit. , p. 235.

第二节　社会主义建设时期的对外关系和对外政策（1965～1989）

一　对外政策的战略依据和历史渊源

古巴对外政策的战略是基于对时代特征和世界形势的判断。古巴领导人认为，“我们时代的特点是资本主义向社会主义过渡”①。然而，社会主义不会自动到来，革命的社会阶级应该采取自觉的行动，使这一过渡的可能性变为现实。“古巴革命在世界上的根本目标是为社会主义事业做出贡献。”因此，古巴有义务实行无产阶级国际主义。② 根据这一理念，古巴对外政策的目标是保卫古巴革命和支援别国的革命，其指导思想便是爱国主义和国际主义，这两者相互促进，如同两条红线贯穿于古巴全部对外活动的实践中。

古巴人民爱国主义思想和国际主义思想的发展具有悠久的历史传统。关于爱国主义思想，在本书第二章第二节的有关段落中已有所介绍，此处不再赘言，这里着重谈谈国际主义传统。由于古巴同拉丁美洲大陆的大多数国家一样曾是西班牙的殖民地，其居民都使用同一种语言，信仰同一种宗教，具有同样或类似的移民背景、文化传统和风俗习惯，各国之间有着很大的同一性。早在19世纪初，拉丁美洲独立战争的领导者之一西蒙·玻利瓦尔就曾倡导拉美大陆的团结和联合，他关于不分国界、互相支援的思想和言行对后世产生了很大影响。古巴作为加勒比地区的一个小岛国，其居民为了生存和发展也要求加强同外界的联系，为推动社会的进步而相互支持。因此，国际主义思想和行动在古巴历史上一直存在。古巴的两次独立战争都曾以美国的纽约等城市为主要的准备基地，两次独立战争的主要领导人之

---

① Fidel Castro Ruz. *Informe Central al Primer Congreso del Partido Comunista de Cuba*, Editora Política, La Habana, 1982, p. 219.

② Carlos Rafael Rodríguez. "Fundamentos Estratégicos de la Política Exterior de Cuba". *Cuba Socialista*, diciembre de 1981, número 1, pp. 10－11.

一马克西莫·戈麦斯是多米尼加人。进入 20 世纪以后，国际间相互支援的事例就更多了。古巴共产党创始人之一的胡里奥·安东尼奥·梅利亚在 1926 年流亡墨西哥后，担任了墨西哥共产党的中央委员和该国反帝组织的领导职务。1936～1939 年西班牙内战期间，古巴共产党派出 100 多人远赴欧洲参战，共同保卫西班牙共和国政权。在 20 世纪 40 年代和 50 年代，古巴真正党的一些党员加入加勒比军团（Caribbean Legion），参与了反对中美洲和加勒比国家独裁政权的斗争。[①] 1955 年，古巴革命指导委员会的领导人何塞·安东尼奥·埃切维里亚带领一支由哈瓦那大学生组成的远征队，前往哥斯达黎加支援该国抗击来自尼加拉瓜的侵略。卡斯特罗本人在青年时代曾于 1947 年和 1948 年先后参加了推翻多米尼加独裁政权的远征队和抗议在波哥大举行的第九次美洲国家国际会议的游行示威等革命活动。古巴革命的领导人之一埃内斯托·切·格瓦拉系阿根廷人，1954 年结识卡斯特罗后便投身古巴的革命斗争，为古巴革命的胜利做出了重要贡献；革命胜利后担任古巴党政部门的领导职务，是当代古巴革命精神的象征。以上种种事例表明，国际主义思想在古巴具有悠久的历史传统。当革命进入社会主义时期，这种思想传统一经同马克思主义的世界观相结合，便产生了新的阶级内容和鲜明的反帝倾向。由于具有这样的历史背景，古巴共产党人在对外政策中一贯坚持无产阶级国际主义的立场，便不难理解了。

二 古巴同主要国家的关系

（一）同苏联的关系

自 1964 年以后，古巴同苏联的关系稳步发展。到 1991 年以前的 20 多年中，按发展程度和特点可分为三个阶段，即第一阶段（1965～1970），第二阶段（1971～1984），第三阶段（1985～1991）。现分述如下。

第一阶段（1965～1970）。自卡斯特罗两次访问苏联并签订了长期供糖协定后，古巴的糖在 20 世纪 60 年代有了稳定的销售市场和价格。在此情况下，古巴调整了发展经济的战略，提出“比较优势”的理论，计划通过大

---

① Max Azicri. *Cuba*: *Politics*, *Economics and Society*, Pinter Publishers, London and New York, 1988, p. 204.

量生产和出口糖来积累建设所需的资金。这一战略同苏联提出的“国际劳动分工论”相吻合，为以后两国的经济合作奠定了基础。1967 年 9 月，两国签订《和平利用原子能合作协定》，规定苏联向古巴赠送原子反应堆。1970 年 12 月，古苏成立政府间经济和科技合作委员会。在政治方面，古巴在国际共运大论战中站在苏联一边，并支持苏联出兵捷克斯洛伐克。军事上，苏联继续向古巴无偿地提供军事物资。1965 年 10 月，劳尔·卡斯特罗（以下简称劳尔）首次应邀在民主德国观看华沙条约缔约国的联合军事演习。1969 年 7 月，苏联舰队首次访问古巴；11 月，苏联国防部部长访问古巴。1970 年 4 月，苏联远程侦察轰炸机首次抵达古巴。[①]

虽然古巴接受了苏联的大量支援，特别是在经济方面，但是古巴基本上保持了独立自主的内外政策。如在 20 世纪 60 年代中期，古巴积极向拉美国家推广古巴武装斗争的经验，这是与苏联当时的对外政策相左的。又如在 1968 年，古巴领导层清除了以安尼瓦尔·埃斯卡兰特为首的亲苏的宗派集团，显示了古巴党不允许苏联插手其内部事务的立场。

第二阶段（1971～1984）。这是两国在政治、经济、军事等领域的关系全面发展的阶段，在国际问题上也尽量协调一致。在这一阶段的后期，古巴把同苏联的关系置于“高度优先和特别重视”的地位。卡斯特罗评价说，古苏关系起到了“榜样的作用”，它不仅表现为苏联给予古巴不断的政治支持和不可估量的军事援助，而且“还表现在苏联同古巴开辟了一种新型的经济关系，这种关系可以被视为我们这些世界上不发达国家所要求的国际经济新秩序的实现”[②]。

20 世纪 70 年代初，古巴的国内政策面临改革和调整的新形势，需要苏联加大支持的力度，而苏联作为一个大国也需要借助古巴的力量抗衡美国和争取第三世界国家。在相互利益的作用下，古苏关系迅速发展。在经济方面，古巴新的战略任务是实现生产结构的合理化，以国际经济一体化和

---

① Jorge I. Dominguez. *Cuba: Order and Revolution*, The Belknap Press of Harvard University Press, Cambridge, Mass., 1978, p. 79.

② Fidel Castro Ruz. *Informe Central al Tercer Congreso del Partido Comunista de Cuba*, Editora Política, La Habana, 1986, p. 108.

专业化来推动经济的发展。为实现这一任务，1972 年 7 月古巴加入了经济互助委员会；同年 12 月同苏联签订了 5 项经济协定，规定古巴将积欠苏联的债务延至 1986 年以后偿还，苏联向古巴提供新的贷款，用于建设 27 个工农业项目等。[①] 在苏联的帮助下，古巴先后制订了 1973～1975 年的“三年经济计划”和 1976～1980 年的第一个五年计划，并在“一五”期间开始实行新的“经济领导和计划体制”。在政治方面，古巴参照苏联的模式，实行以制度化为核心的改革。20 世纪 70 年代初期和中期，古巴经过一系列的改革，基本上建立了社会主义政治体制和架构。军事方面，军队进行了正规化、专业化和现代化改革，从苏联等国进口了先进的武器装备，使国防力量跻身拉美国家的前列。70 年代末，在古巴驻有数以千计的苏联军事顾问和一个苏联教练旅。在对外政策方面，从 70 年代初起两国对国际问题看法趋于一致。1973 年，在第四次不结盟会议上，古巴反对把美苏并列为帝国主义。1974 年苏联领导人勃列日涅夫访古时古苏发表的联合公报称，古苏两党、两国彼此达到了完全的谅解，目标和立场“完全一致”。在 70 年代，古巴对拉美国家游击队的态度从普遍支持转变为重点支持；同时将注意力转向非洲。这些变化受到苏联的欢迎。1977 年卡斯特罗访苏时，双方强调共同行动。1980 年，古巴表示支持苏联出兵阿富汗。70 年代末 80 年代初，苏联则表示不反对古巴支持中美洲国家革命运动的政策。

这一阶段古苏关系最为密切，古巴在国际舞台上也最为活跃，因而受到国际社会的关注。不少国际观察家和学者对古苏关系的发展纷纷发表看法，大部分人认为古巴的能量不可小视，但其中有几个问题是需要澄清和商榷的。

第一，关于古巴的“苏联化”（*sovietization*）[②] 问题。有的外国学者把苏联对古巴的影响说成古巴的苏联化。本书作者认为此论有失偏颇。社会主义本身是新生事物，在古巴搞社会主义建设并无成规可循。在 60 年代进

---

① Carmelo Mesa－Lago. *Cuba in the 1970s*: *Pragmatism and Institutionalization*, Revised Edition, University of New Mexico Press, Albuquerque, 1978, pp. 20－21.

② Pamela S. Falk. *Cuban Foreign Policy*: *Caribbean Tempest*, D. C. Heath and Company, Lexington, 1986, p. 157.

行艰苦探索却并不成功后，古巴以苏联的经验为主要借鉴对象，可谓当时条件下的最佳选择。在吸收苏联经验时，古巴注意了将其同本国的实际相结合。如作为古巴政治体制的人民政权代表大会制度并非对苏维埃体制的单纯模仿，而是有自己鲜明的特点。此外，如党的建设、军队建设以及教育、医疗卫生体制的建立等都有古巴自己的特色。当然，在借鉴中会有较为成功和不太成功之分，但显然不是“苏联化”的问题。

第二，关于“代理人论”（the surrogate thesis）。[①] 美国官方和舆论界的一些人，特别是丹尼尔·莫伊尼汉、兹比格涅夫·布热津斯基等人曾一度大肆宣扬说，古巴出兵非洲是为苏联打代理人的战争（关于古巴出兵非洲的真实原因，下文还将详述）。后来他们甚至把古巴的对外政策说成只是为了实现苏联的意图。但是国际学术界的多数人认为此论不实。他们反驳说，古巴具有独立自主的对外政策。有的学者甚至指出，关于出兵安哥拉问题，“从作战的时间表、军队部署的格局和主要目击者所提供的证据来看，主要决定都是古巴和安哥拉人民解放运动——而不是苏联——做出的”[②]。对此，卡斯特罗曾斩钉截铁地说：“向安哥拉出兵的决定，完全由古巴自己负责……像这种性质的决定只能由我们党自己做出……苏联从未要求过古巴向那个国家派出一兵一卒。”[③]

第三，不少外国学者在谈到古苏关系时总爱不惜篇幅地大谈苏联如何在经济上和军事上援助古巴，援助了多少数量、品种和多长时间等，却很少谈到古巴方面的回报，从而使人们错误地认为这种援助只是单向的，其实不然。劳尔后来对此做了回答。他说：“我们过去从苏联无偿得到的武器装备是对我们国家的援助，对此我们是永远感激的。但是必须指出的是，在社会主义和资本主义两种制度对抗的情况下，苏联和古巴的军事关系对苏联是有利的，这才是公平的评价。所以这种关系是互惠互利的。当存在着两个超级大国、两个世界和持久对抗时，应该考虑到这个小岛的战略价

---

① H. Michael Erisman. *Cuba's International Relations*: *The Anatomy of a Nationalistic Foreign Policy*, Westview Press, Boulder, 1985, pp. 3 – 7.

② 〔英〕莱斯利·贝瑟尔主编《剑桥拉丁美洲史》第七卷，江时学等译，北京：经济管理出版社，1996，第 529 页。

③ Michael Taber, ed. *Fidel Castro Speeches*, *1975 – 80*, Pathfinder Press, New York, 1981, p. 92.

值。”“如果我们所给予苏联的援助和我们所经历的风险能够用物质来衡量的话，那么对苏联来说，应该是苏联欠古巴的，而不是古巴欠苏联的。”①虽然劳尔在这里谈的是古苏军事关系，但就整个古苏关系而言，又何尝不是如此呢？

第三阶段（1985～1991）。这是两国关系逐渐疏远和分歧增多的阶段。1983 年当美国入侵格林纳达的事件发生后，苏联反应冷淡，特别是 1984 年苏联减少了对古巴的经济援助，古巴感到不快。但这些问题毕竟是在原有关系基础上产生的，同戈尔巴乔夫就任苏联最高领导人以后的情况不同。戈氏于 1985 年 3 月开始担任苏共中央总书记，在执政方针上提出“新思维”的指导思想，改变了苏联原有的对外政策，其中也包括对古巴的政策。他所推行的国内政策对古巴也产生了不利的影响 。1987 年，苏联报刊上出现对苏古关系现状的质疑和批评古巴国内政策的言论。这时，苏联和经互会其他国家正在进行“改革”，而古巴则在开展纠偏运动，这两者存在巨大反差。到 80 年代末，古巴领导人公开对苏联等国脱离社会主义原则的“改革”提出批评，古巴政府大大地削减了苏联报刊在古巴的发行量。1989 年 4 月，戈尔巴乔夫访问古巴，两国签署了为期 25 年的古苏友好与合作条约。然而此后苏联的国内外形势发生了剧变，苏联的承诺根本无法兑现，上述条约已失去意义。由于东欧国家的剧变和苏联政局的动荡，以经互会国家为主要对象的古巴对外贸易额从 1989 年的 135.40 亿比索下降到 1991 年的 72.13 亿比索②，其中石油进口从 1310 万吨降至 780 万吨③，古巴经济遭受沉重的打击，1991 年古巴国内生产总值下降了 10.7% 。同年 1 月，苏联将在古巴的技术人员和顾问从 3200 人减至 1000 人；9 月 12 日，戈尔巴乔夫在事先未同古巴协商的情况下单方面宣布从古巴撤出驻军。12 月 25 日，苏联

---

① Mario Vázquez Raña. *Interview Granted by General of the Army Raúl Castro to "El Sol de México" Newspaper*, Defence Information Center, Revolutionary Armed Forces of the Republic of Cuba, 1993, p. 29.

② Oficina Nacional de Estadísticas. *Anuario Estadístico de Cuba* (*1999*), Artes Gráficas, Ciudad de La Habana, 2000, p. 134.

③ Comisión Económica para América Latina y el Caribe (CEPAL). *La econimía Cubana Reformas estructurales y desempeño en los noventa*, Fondo de Cultura Económica, México, 1997, tabla A. 56.

解体，古苏关系至此结束。

（二）同美国的关系

从20世纪60年代中期以后到1991年以前的20多年中，美国对古政策的基调是敌视，而古巴的对策则是反对霸权主义，维护国家的主权和尊严。在此期间，两国关系随着形势的变化而有所起伏，按松紧程度的不同可分为三个阶段，即第一阶段（1965～1972），第二阶段（1973～1980），第三阶段（1981～1989）。现分述如下。

第一阶段（1965～1972）。在这一阶段中，两国关系基本上是紧张的。60年代初期，美国煽动大量古巴人逃往美国。1962年导弹危机后美国停止对古巴人发放签证，却继续煽动古巴人非法入境美国，以此丑化和削弱古巴的现政权。古巴领导人就此问题主动提出谈判，1965年11月两国达成谅解备忘录，规定从同年12月开始用包机航班将要求离境的古巴人送往美国，使移民工作有序进行。然而，1966年美国政府却出台了《古巴调整法》（*Cuban Adjustment Act*），规定古巴人不管以何种途径抵达美国领土，包括进入关塔那摩海军基地和波多黎各，均可享受"政治避难者"的特殊待遇。①这项公开煽动古巴人非法逃往美国的法律，给古巴造成了重大的损失。美国对所有外国人的非法入境都采取了严厉措施，唯独对古巴人如此"优待"，美国的不良居心可见一斑。

美国虽在导弹危机结束时承诺此后不再武装入侵古巴，但仍以其他多种手段打击古巴，企图扼杀古巴革命。

第二阶段（1973～1980）。这是两国关系有所松动的阶段。70年代初，美国统治集团内部出现了不同声音，认为60年代美国的对古政策对美国不利，而古巴的内外政策也有些变化，因此美国的对古政策应做某种策略上的调整。在这种气氛下，1973年2月古美两国签订了关于防止劫持飞机和船只及其他犯罪行为的协定。1974年8月杰拉尔德·福特取代里查德·尼克松继任总统后，继续了松动进程。1975年7月，美洲国家组织第十六次外长协商会议通过决议，授权成员国以各自认为适当的级别和方式处理同

① 〔古〕卡洛斯·米盖尔（古巴驻华使馆官员）：《古巴对移民的新政策：依据、当前状况及前景》（在北京举行的古巴经济开放研讨会上的发言稿），1994年6月29日，第6页。

古巴的关系，美国投了赞成票。同年 8 月，美国宣布部分解除对古巴的禁运和允许在国外的美国子公司同古巴进行贸易。古巴对此表示欢迎。然而，1976 年 10 月发生了美国支持的恐怖分子将一架古巴客机在巴巴多斯上空炸毁的事件，古巴宣布中止同美国签订的关于防止劫持飞机和船只的协定。

1977 年 1 月，吉米·卡特就任美国总统后继续推动松动的势头。美国表示不再坚持把古巴从安哥拉撤军作为谈判的先决条件，古巴也表示愿意同美方接触。同年 3 月，美国宣布取消对本国公民去古巴旅游的禁令。4 月，两国签署了渔业协定。9 月 1 日，两国在对方的首都互设“照管利益办事处”（interests sections），松动进程达到“高潮”。[①] 12 月，两国还开辟了一条旅游航线。1977 年以后，古巴采取了若干行动，以推动松动势头的发展。然而，1979 年 10 月，美国以发现古巴驻有苏联的战斗旅（实则为 1962 年导弹危机后留下来的“一个训练中心”）为借口[②]，对古巴采取强硬措施，并进行军事威胁，此后松动的势头便消失了。

第三阶段（1981～1989）。这是两国关系再度紧张的阶段。罗纳多·里根自 1981 年初就任总统后又强化了对古巴的封锁禁运。美国不仅对两国的交往采取了限制措施，而且还加强了对古巴国内的颠覆活动。1983 年 10 月，美国军队入侵格林纳达，古巴驻格林纳达的工作人员在同美军交火中阵亡 24 人，被俘约 700 人（后被遣返回国）。[③] 古巴对此以低调处理。1984 年 12 月，古美签署两国间的移民协议，规定古巴接回 1980 年前往美国的移民中美国要求遣返的 2000 多名古巴人，而美国则同意恢复里根上台后中断的向古巴移民发放签证的工作，每年限额 2 万人。此后，古巴曾有改善关系的表示，但美方不仅没有回应，而且还在 1985 年 5 月开设了专门从事反古宣传的“马蒂电台”，古巴随即宣布中止执行移民协议，以示抗议（1987 年 11 月恢复）。在 20 世纪 80 年代的后 5 年中，美国对古巴的敌视程度有增无

---

① Carmelo Mesa - Lago. *Cuba in the 1970s：Pragmatism and Institutionalization*, Revised Edition, p. 144.

② Jorge I. Dominguez. *To Make a World Safe for Revolution：Cuba's Foreign Policy*, p. 52.

③ 美军入侵时，在格林纳达的古巴人共有 784 人，其中建筑工人 636 人，军人和内务部人员 65 人，余为使馆人员及其家属、医生、教师等。*Granma Weekly Review*, 6 November 1983; Jorge I. Dominguez. *To Make a World Safe for Revolution：Cuba's Foreign Policy*, p. 168.

减：美国在联合国人权委员会上反对古巴；美国的侦察机加强了对古巴的空中间谍飞行；里根本人亲自参加反古分子在迈阿密举行的会议，为他们撑腰打气。

（三）同西欧、加拿大和日本的关系

在革命后的前30年中，古巴同这些国家的关系总的来说是比较好的。古巴在对外政策中奉行和平共处的原则，在对外关系中不受意识形态分歧的限制。在对这些国家的政策上古巴首先考虑的是争取它们同古巴一道反对美国对古巴的政治孤立和经济封锁。正如卡斯特罗所说，在这方面“我们的目标基本上实现了”[①]。在20世纪60年代，古巴同大多数西方发达国家保持了外交和经贸关系，只有同西德是1975年才建交的。同古巴交往较多的有西班牙、法国等。在佛朗哥王室统治西班牙时期（到1976年），古巴同西班牙保持了正常的外交关系。西班牙实行民主体制后，两国关系进一步发展。1978年9月，西班牙首相访问古巴，双方签订了科技合作协定。两国的经贸关系也继续发展。法国坚持推行积极自主的外交政策，同古巴有较多的共同点，两国的经贸关系发展顺利。在20世纪70~80年代，法国对智利军政权和中美洲问题的态度均有别于美国。卡斯特罗曾赞赏地说：“我们一直以同情的态度看待戴高乐的独立精神。”[②] 同样，加拿大反对美国封锁的态度也受到古巴的欢迎，1976年1月，加拿大总理访问古巴，这是北约成员国中第一个访古的国家领导人。值得一提的是，1977年5月，加拿大同意古巴渔船可在加拿大200海里的海区内捕鱼，这是连美国渔船都没能享有的权利。[③] 古巴有日本的移民，古日关系具有悠久的历史。[④] 日本也从不理会美国的禁运，在20世纪60~80年代的大部分年份中，古日贸易额均处于非社会主义国家的前列。日本还向古巴提供了为数不少的贷款，支持古巴的经济建设。

---

① Fidel Castro Ruz. *Informe Central al Primer Congreso del Partido Comunista de Cuba*, pp. 238 - 239.

② Fidel Castro Ruz. “Conversación del Comantante en jefe Fidel Castro con un grupo periodistas franceses”. *Verde Olivo*, 18 de agosto de 1983.

③ Jorge I. Dominguez. *To Make a World Safe for Revolution: Cuba's Foreign Policy*, p. 198.

④ 据日本的统计，1973年古巴有日裔、日侨共694人。同上书，第195页。

然而，需要说明的是，这些发达国家在同古巴发展经济关系的过程中也不断地受到政治因素的影响。如古巴出兵非洲时，一些国家便减少了对古巴的贸易活动，或停止对古巴的援助。因此，古巴同这些国家的关系并不是一帆风顺的。

三　同国外革命运动和左翼政府的关系

如前所述，无产阶级国际主义是古巴对外政策的原则，因此对国外革命运动和左翼政府的支援便成为古巴对外政策的重要内容，这也是古巴对外政策中不同于其他国家的一个突出特点。然而，其支持的内容、方式、地区的重点等则随着形势的变化而有所不同，据此可将古巴革命后前 30 年同这些运动和政府关系的发展划分为三个阶段，即第一阶段（1959 ~ 1974），第二阶段（1975 ~ 1979），第三阶段（1980 ~ 1989）。现分述如下。

第一阶段（1959 ~ 1974）。虽然古巴对外政策的定型是在 1964 年，但其国际主义支援从革命胜利初期就开始了。在这一阶段中，古巴对许多亚、非国家都进行了支援，支援的重点地区是拉丁美洲。在古巴看来，当时拉美地区具有革命形势，而且由于条件相似，更适合推广古巴革命的经验，易于取得成功。那时古巴支援的对象主要是革命运动。胜利后初期，古巴支持过巴拿马、秘鲁、智利、哥伦比亚、玻利维亚等国的革命斗争。在古巴革命经验的影响下，60 年代前半期拉美的许多国家都出现了反对现政权的革命武装力量，革命形势达到高潮，但没有取得突破。[①] 1967 年 10 月，切·格瓦拉在玻利维亚牺牲后，革命运动的发展势头逐渐减弱，随后拉美的总体形势也发生了新的变化。

从 20 世纪 60 年代末起，在拉美国家先后出现了一些由具有民族主义倾向的军人上台执政的国家，如秘鲁（贝拉斯科，1968 年 10 月至 1975 年 7 月）、巴拿马（托里霍斯，1969 年 1 月至 1981 年 7 月）、玻利维亚（托雷斯，1970 年 10 月至 1971 年 8 月），特别是 1970 年在智利成立了以社会主义为方向的“人民团结”政府（1970 年 11 月至 1973 年 9 月）。根据这种新的

---

① 祝文驰、毛相麟、李克明：《拉丁美洲的共产主义运动》，北京：当代世界出版社，2002，第 213 ~ 214 页。

形势，古巴把支援的重点从革命运动转向了左翼政府，其中对秘鲁和智利的支援较多。1969 年 7 月，古巴公开表示支持贝拉斯科政府。1970 年 6 月秘鲁遭受地震灾害，古巴立即给予慷慨的援助。1972 年 7 月，两国复交，秘鲁成为同古巴复交较早的拉美国家之一。与此同时，秘鲁在美洲国家组织中积极推动取消对古巴的集体制裁。在智利，萨尔瓦多·阿连德·戈森斯总统领导的“人民团结”政府于 1970 年 11 月上台 10 天后，古巴就恢复了同该国的外交关系。阿连德执政期间，古巴对智利进行了多种形式的援助；1973 年军事政变推翻阿连德政府后，古巴接收了许多智利的政治避难者。

第二阶段（1975～1979）。在这一阶段，支援的重点地区在非洲。早在 20 世纪 60 年代，古巴就曾支援过非洲的革命斗争。1963 年阿尔及利亚争取独立时，古巴曾以武器支援他们。1965 年，切·格瓦拉还曾秘密到达刚果（扎伊尔）等地帮助那里的人民开展游击斗争。但是这些行动的规模都比较小。到 70 年代中期，古巴认为非洲的形势出现了新的变化，进入一个“新进程”[①]，古巴应向非洲提供更多的援助。同时，由于古巴民族同非洲人具有血缘关系（在古巴人口中，黑人和黑白混血种人约占 1/3），古巴更有义务支援非洲。在古巴对非洲的援助中，引人瞩目的是两次出兵的行动。1975 年 11 月，南非军队在美国纵容下入侵安哥拉，古巴应安哥拉政府的要求，派遣了曾一度达到 5.3 万人的军队，同安哥拉政府军一起击败了入侵者，拯救了安哥拉的独立。1978 年 1 月，索马里军队入侵埃塞俄比亚，古巴应后者要求派遣了曾一度达到近 2 万人的军队同埃军一起击退了入侵者。[②] 然而，古巴对非洲国家的援助更多的是在非军事方面。例如，为帮助安哥拉重建，古巴派出了包括建筑、医疗、教师和市政工作人员等在内的 5 万人前往开展援助工作。到 80 年代初，古巴约有 1.5 万人在大约 39 个国家中执行海外的文职任务，其中非洲国家有 25 个；另有大约 3.5 万名军事人员驻在约 24 个国家中，其中大部分在安哥拉和埃塞俄比亚。[③] 关于如何看待古巴

---

① Fidel Castro Ruz. *Informe Central al II Congreso del Partido Comunista de Cuba*, Editora Política, La Habana, 1980, p. 135.

② José Cantón Navarro. Op. cit. , p. 245; Jorge I. Dominguez, ed. *Cuba: Internal and International Affairs*, Sage Publications, Beverly Hills, CA, 1982, p. 173.

③ 〔英〕莱斯利·贝瑟尔主编，前引书，第 530 页。

对非洲事务的介入问题，南非总统曼德拉曾说："古巴 15 年来（在非洲）的所作所为，堪称非洲历史的转折点。"[①]

第三阶段（1980～1989）。在这一阶段中，援助的重点又回到了拉丁美洲，不过这一次主要是在中美洲和加勒比地区，因为这两个地方出现了革命形势。1979 年 7 月，尼加拉瓜人民反对独裁统治的斗争取得胜利。古巴与其斗争的领导力量桑地诺民族解放阵线早已建立了联系，1977 以后加强了对他们的支援。新政府成立后，两国立即复交。此后，古巴向尼加拉瓜派出了大量的教师、医生、建筑工人、市政工人和军事顾问，提供经援和军援，帮助他们建设国家和加强国防。为协助他们开展全国性的扫盲运动，古巴派出了 6700 名教师，有的教师甚至在农村被当地的反革命匪徒杀害。在 70 年代，加勒比地区已开始出现有利的形势。1972 年牙买加人民民族党上台执政后，宣布实行民主社会主义；1970 年，圭亚那人民全国大会党执政后宣布实行合作社会主义。这两个国家都同古巴建立了友好关系，古巴则向它们提供援助。1979 年 3 月，格林纳达人民革命政府建立后实行社会主义政策。同年 4 月，古巴同格林纳达建交。接着，古巴向格林纳达提供了经济和军事援助。古巴派出了由 600 多人组成的建筑队帮助修建飞机场，以发展该国的旅游业。1983 年 10 月，当美国军队入侵格林纳达时，这些古巴工人在同美军交火中阵亡了 24 人。

这里还需要提及的是古巴对越南和朝鲜这两个社会主义国家的支援。从 1960 年起，古巴就同越南民主共和国建立了外交关系。1963 年 12 月，古巴成立了声援越南委员会。1969 年，古巴在越南南方丛林中设立了大使馆。在越南的抗美救国战争中，古巴不仅多次在国际场合揭露美国的侵越罪行，而且对越南给予了大量的物质援助，包括提供血浆等。1973 年 9 月，卡斯特罗访问越南，他是第一个到达越南南方的外国元首。1974 年古巴派出大批建筑工人和医生帮助越南进行建设。1976 年 12 月，两国签订了直到 1980 年的经济技术合作协定。1982 年，双方签订了为期 25 年的友好合作条约。

---

① 朱步冲：《非洲历史在哪里转折》，《三联生活周刊》2010 年第 13 期。

古巴于1960年9月同朝鲜建交。古巴一贯支持朝鲜统一祖国的斗争，相似的政策和命运成为两国关系的政治基础。相互支援是两国关系的特点，在古巴革命胜利的初期，朝鲜曾派出技术人员支援古巴的工业建设；1988年在汉城（首尔）举办奥运会，古巴因支持朝鲜的主张而拒绝参加那一届的奥运会。①

在这30年中，古巴积极参与国际事务，为第三世界国家的权益进行了不懈的斗争。在这方面有两件事应该提及。一件是在1966年1月，古巴主办了在哈瓦那召开的三大洲会议，会上成立了亚非拉各国人民团结组织和声援拉丁美洲组织，推动了第三世界各国人民进步事业的发展。另一件是古巴积极参与不结盟运动，古巴是该运动的创始国家之一。1979年9月在哈瓦那召开的第六届不结盟国家首脑会议上古巴被选为该届主席，任期3年。在这次会议上通过了《不结盟国家首脑会议宣言》，古巴为推动不结盟运动的发展做出了重要的贡献。此外，古巴在国际重大问题如国际缓和、裁军、海洋法、建立国际经济新秩序等问题上均坚持维护第三世界国家权益的立场，赢得了广大发展中国家的赞誉和尊敬。

第三节　冷战后古巴的对外关系和对外政策（1990～　）

1989～1991年的苏东剧变给古巴造成了极大的困难。这时，美国乘人之危，加紧反古活动，企图从经济上和政治上扼杀古巴。客观形势向古巴提出了两项紧迫的任务：尽快重构对外关系格局；采取对付美国敌视政策的有效措施。从1990年起，古巴的对外政策有了大幅度调整。然而，作为一个社会主义国家，古巴对外政策中体现其社会性质方面的基本原则并没有变，只是内容和方式有所不同而已。纵观冷战后的几十年，古巴的对外政策是既坚持原则，又灵活务实。具体地说，有以下几个特点。

① Fidel Castro Ruz. *Informe Central al Primer Congreso del Partido Comunista de Cuba*, p. 236; *Informe Central al Tercer Congreso del Partido Comunista de Cuba*, pp. 104 - 105.

一　积极开展全方位外交和经济外交

苏东剧变使古巴失去了大部分已有的对外经贸关系，为了生存，重建面向全世界的对外关系，特别是经济关系便成为古巴的当务之急。古巴及时地提出了新的方针，即参与拉丁美洲国家的一体化，扩大同欧盟、加拿大、日本的关系，加强同社会主义国家的团结，争取保持同俄罗斯和东欧国家的关系。现就几个主要方面的情况分述如下。

（一）同其他拉丁美洲国家的关系

如前所述，1962 年古巴被排除出美洲国家组织后，到 1964 年底，拉美国家中只有墨西哥与古巴保持了外交关系。苏东剧变之后，古巴将外交重点从苏东国家转向拉美国家和其他社会主义国家，将回归拉美大家庭作为重要的外交战略。1991 年，卡斯特罗在墨西哥举行的第一届伊比利亚美洲国家首脑会议上表达了古巴同其他拉美国家发展一体化和合作的愿望，声明为支持这一进程，古巴愿向拉美投资者提供优先便利。与此同时，古巴鉴于形势的变化，对国外革命运动的支持主要放在政治上和道义上，因而同有关国家的关系也逐渐改善。[①] 例如，1993 年古巴同哥伦比亚复交。在 90 年代前期，古巴同拉美国家的关系得到普遍的改善和加强。1994 年 7 月，古巴加入加勒比国家联盟。1995 年 3 月，古巴签署了《拉丁美洲禁止核武器条约》。1996 年 3 月，美国加强对古巴制裁的“赫—伯法”实施后，美洲国家组织于同年 6 月通过决议，谴责这一法案。古巴自 1991 年以来参加了历届伊比利亚美洲国家首脑会议，1999 年 11 月，古巴在哈瓦那主办第九届会议，取得了成功。同年 8 月，古巴被吸收为拉丁美洲一体化协会的成员。自 90 年代以后，古巴陆续地同一些拉美国家复交。2008 年 12 月 16 日，里约集团轮值主席国墨西哥总统卡尔德隆宣布古巴正式加入里约集团，此举被看作拉美国家欢迎古巴回归的重要标志。截至 2009 年 6 月，古巴已经与除美国以外的所有西半球国家恢复了外交关系。2009 年 6 月，在洪都拉斯举行的第三十九届美洲国家组织大会决定，废除该组织 1962 年通过的驱逐

---

① Sheldon B. Liss. *Fidel! Castro's Political and Social Thought*, Westview Press, Inc., Boulder, 1994, p. 110.

古巴的决议，从而为古巴重回该组织扫除了障碍。2014 年 6 月在巴拉圭举行的美洲国家组织会议上，包括阿根廷、巴西和墨西哥在内的 16 个拉美国家要求古巴参加在 2015 年 4 月召开的美洲国家组织峰会。一些拉美国家表示，如果美国再次阻挠古巴与会，他们将抵制参会。最终，古美两国领导人劳尔・卡斯特罗和巴拉克・奥巴马在美洲峰会上实现首次会晤。

还需要指出的是，在与拉美国家的关系中，古巴不仅能同各种政治倾向的国家和平相处，而且连最激进的组织也把它视为信得过的国家。这在拉美是独一无二的。由于具有这种特殊的关系，古巴便可发挥特殊的作用。一个近期的突出例子是，古巴应哥伦比亚政府和反政府的游击军事组织双方的邀请，参与和推动了近年来该国的和平进程，为这一进程的圆满实现做出了积极的贡献。

（二）同欧盟国家、加拿大、日本的关系

与西方工业化国家的贸易合作和资本开放是古巴实现全方位外交和经济外交的另一个重点。古巴在这方面的政策是，在互利的基础上扩大和加深同这些国家的关系。欧盟国家、加拿大、日本等国所持的反对美国对古巴封锁的立场，为发展双方的关系创造了有利条件。与美古之间的关系不同，古巴和大多数欧盟国家保持了外交和经贸关系，多年来一直存在实际的合作关系。到 20 世纪 90 年代前期，古巴加大对外开放的力度，欧盟国家成为古巴的主要投资者和贸易对象。尽管如此，古巴是唯一与欧盟之间缺乏正常外交协议框架的拉美国家，古巴也是欧盟采取所谓“共同立场”政策对待的唯一国家。自 1996 年起，欧盟对古巴采取的“共同立场”是将古巴进行民主开放、改善人权状况作为关系正常化的前提。为此，古巴采取了以下对策。

首先，始终保持与欧盟的外交和经贸关系，这有利于打破美国的封锁。在欧盟国家中，西班牙和法国在对古关系方面最为积极。1963 年 11 月，西班牙不顾美国封锁古巴的禁令，率先与古巴签订贸易条约，两国还在 1971 年签署了长期贸易协定。1986 年 11 月，西班牙首相冈萨雷斯访问古巴。从戴高乐政府开始，法国与古巴就保持了较高水平的贸易往来。1988 年 9 月，古巴与欧洲共同体建立了正式外交关系。1995 年 3 月，卡斯特罗应邀访问

法国，这是古巴领导人自冷战结束后第一次踏上一个西方大国的土地，从而标志着西方国家对古巴“隔离政策的终结”（卡斯特罗语）[①]。20 世纪 90 年代和 21 世纪初，虽然西、法两国与古巴的关系也出现过波折，但欧古关系的历次缓和都与这两个国家的努力有关。

其次，适时释放“政治犯”，改善国际形象和对欧关系。2010 年 5 月，劳尔在会见哈瓦那大主教海梅·奥尔特加和古巴天主教主教会议主席迪奥尼西奥·加西亚·伊巴涅斯时，宣布启动释放“政治犯”的进程。古巴政府释放了 2003 年被逮捕的全部犯人，并允许他们离开古巴。2011 年 12 月，古巴又根据家属和一些教会机构的请求，再度决定释放 2900 多名犯人。

2011 年 4 月，古共召开六大，正式启动经济模式“更新”进程，古巴和欧盟的关系也继续转暖。同年 6 月，古巴和法国在哈瓦那签署建立政治磋商机制的意向备忘录，重开政治对话。2014 年初，欧盟 28 个国家达成共识，准备密切与古巴的关系，结束对古巴的“共同立场”政策。2014 年 2 月，欧盟外长会议就与古巴启动政治谈判达成一致，并得到古巴的积极响应，标志着欧古关系正常化进程的正式启动。

2014 年 4 月，欧古双方在哈瓦那举行双边关系正常化的首轮谈判，通过了一项新的政治对话和合作协议。2015 年 4 月，古巴外长罗德里格斯与欧盟官员就欧古关系正常化问题再次举行会谈。2015 年 5 月，法国总统奥朗德访问古巴，成为古美改善关系以来首位访问古巴的西方大国元首。2016 年 3 月 11 日，古巴和欧盟签署关于双边关系正常化的框架协议。

20 世纪 90 年代初以来，古巴同加拿大的经贸关系也有长足的发展。1998 年 4 月，加拿大总理克雷蒂安对古巴的访问进一步密切了双方的关系。加拿大是古巴的主要投资国和主要贸易对象之一。古巴是加拿大在加勒比地区最大的贸易伙伴，而加拿大则是古巴最大的游客来源国。在 2014 年底启动的美古关系正常化过程中，加拿大发挥了重要作用。

20 世纪 90 年代以前，古巴同日本曾有过较为密切的经贸关系。但在 80 年代后期，由于古巴无力偿还所欠的债务，两国贸易额下降了。1998 年，

---

① *Granma International*, March 22, 1995, p. 2.

古巴同日本达成了重新安排债务的协议，此后两国的经贸关系有所恢复。2005 年，日本成为古巴第十位贸易伙伴。2009 年 10 月，两国签订了政府间科技合作协议。2016 年 9 月，安倍晋三首相访问古巴，同劳尔举行了会谈。

古巴同上述国家进一步发展关系的主要障碍是随时都可能受到政治因素的干扰。这些发达国家虽然反对美国的经济封锁，但都持有西方的价值观，常常在政治上干涉古巴的内部事务，将政治问题同经济问题挂钩，企图在政治上将古巴纳入资本主义体系，因此这种矛盾是不可避免的，而且是长期的。

（三）同俄罗斯、独联体其他国家和东欧国家的关系

1991 年苏联的解体使原有古苏之间的政治、经济和军事关系都不复存在。1992 年 9 月，古巴同俄罗斯达成俄军撤离的协议；1993 年 6 月，俄驻古军事人员全部撤回。1992 年 11 月，两国签订第一个贸易协定，并签订了俄方以 310 万吨石油换取古方 150 万吨食糖的协议书。1993 年，古俄双方的部长会议副主席互访。1995 年 5 月和 1996 年 5 月，古俄外长互访。90 年代后半期，古俄关系继续发展。俄罗斯成为古巴的主要贸易伙伴之一。2000 年 12 月，俄罗斯总统弗拉基米尔·弗拉基米罗维奇·普京访问古巴，这是俄最高领导人首次访古。两国签署了多项合作协议，俄方允诺向古巴提供 5000 万美元的贸易信贷。2001 年 10 月，普京总统突然单方面宣布俄罗斯将关闭在古巴洛尔德斯的电子监测站。因此事未曾同古巴协商，引起古方的强烈不满。该监测站由苏联建于 1964 年，当初是两国共同使用，后交俄罗斯单独使用，但俄方每年要向古巴支付 2 亿美元的租费。尽管古巴表示不同意俄罗斯关闭该站，但该站还是于 2002 年 1 月关闭了。

2014 年 7 月 11 日，俄罗斯总统普京开始为期 6 天的拉美之行，首站便是访问古巴。在俄罗斯因乌克兰问题与美欧国家交恶的背景下，普京此次到访“美国后院”，意在通过投资和贸易等手段加强与拉美国家的关系，从而在国际舞台上争取更多的支持。在普京访问古巴期间，双方签署了 10 多项合作协议，涉及能源、工业、医疗和防灾等多个领域。古巴曾欠下苏联 350 多亿美元的债务，俄罗斯决定减免其总额的 90%，债务的余下部分将用于今后发展古巴的教育事业。

2014 年 2 月，俄罗斯表示希望扩大在全球范围内的军事存在，包括寻求古巴和其他拉美国家同意俄罗斯军舰使用其港口。2014 年，一艘用于收集情报的俄罗斯军舰多次在古巴首都哈瓦那港停靠。

20 多年来，古巴同独联体其他国家和东欧国家的关系也有所恢复，但无大的进展。

二 对美国的敌视政策进行针锋相对的斗争，但注意做到有理、有节，力求不激化矛盾

（一）布什时期

美国总统布什于 1989 年上台时正值东欧国家发生剧变，布什认为有机可乘，于是使用一切手段向古巴施压，企图借苏东剧变之风一举搞垮古巴社会主义政权。1991 年苏联解体后，美国对古巴的敌视活动进一步升级。1992 年 10 月，布什批准实施加强对古巴经济封锁的“托里切利法”。该法规定，禁止美国的海外子公司同古巴进行贸易；撤销美国对任何援助古巴的国家的经济援助；凡去过古巴的外国船只 6 个月内不得进入美国港口。这项法令的核心是阻挠外国同古巴进行贸易。古巴的对策是，力争打破经济封锁，在国际上谴责封锁政策。1992 年，联合国大会第一次通过古巴提出的反对经济封锁的提案，不指名地谴责了美国。此后，在历年的联大上都通过了类似的提案，支持古巴的国家越来越多。古巴对美国的其他挑衅行为也都及时地进行了坚决的揭露和反击。

（二）克林顿时期

1993 年克林顿上台后，美国表现出某些松动的意向，古巴采取了适时的回应。卡斯特罗和古巴的其他高级官员曾多次公开表示，克林顿政府不同于以往的美国政府，对古美关系“持一种更为谨慎小心的态度”；古巴愿意同美国讨论两国之间的任何分歧等。[①] 然而，美国敌视古巴的态度并未根本改变，只不过鉴于以往用经济和政治手段搞垮古巴未能奏效，这时更多地运用思想渗透的策略罢了。1996 年初，美国政府纵容在美国的反古势力

① “Conversación del Ministro de Justicia de Cuba con el periodista de Efe”. *Mensaje de Efe*, 30 de octubre 1993; “Conversación de Fidel Castro durante la entrevista especial de la Televisión de Colombia”. *Mensaje de la Televisión de Colombia*, 11 de agosto de 1993.

多次派出轻型飞机，侵入古巴领空抛撒反对古巴政府的传单，以制造混乱。古巴在忍无可忍的情况下于同年 2 月 24 日在其领空击落了来犯的两架飞机，机上的 4 人丧生。克林顿为此恼羞成怒，批准了进一步强化制裁的“赫尔姆斯—伯顿法案”，古美关系再度恶化。该法规定：禁止第三国在美国销售古巴产品；禁止在古巴投资和与古巴进行贸易的公司人员进入美国；允许古巴革命后被古巴政府征收其财产的美国人（包括革命后移居美国的古巴人）在美国法院起诉在古巴利用这些财产进行经营活动的外国公司和投资者；不允许国际金融机构向古巴提供贷款等。这一法案公布后遭到国际社会的强烈反对，克林顿不得不宣布暂停执行其中有关美国人可起诉外国公司的规定。1996 年以后，针对美国发动的经济制裁和政治及意识形态攻势，古巴也在这两条战线上进行了有力的反击。从 1998 年到 2000 年，古美关系时而紧张，时而略有松动。这种松动是在 1998 年 1 月罗马教皇访问古巴后美国在外国的压力下出现的。1999 年 11 月至 2000 年 6 月，古美间围绕古巴小男孩埃连非法去美、落水被救后是否应该重返祖国的问题，开展了长达 8 个月的斗争，最后埃连终于返回了古巴。[①]

（三）小布什时期

2001 年小布什上台后，古美关系再度紧张。美国重新加强了对古巴的制裁。“9 · 11”事件发生后，古巴旗帜鲜明地谴责恐怖主义，并对美国人民遭遇的不幸表示同情和帮助。此后，两国关系曾一度松动。2001 年 11 月，古巴遭受飓风灾害，美国表示愿意提供援助，同意古巴可用现金购买美国的食品和药品。古巴积极回应，为表明诚意，古巴在当年以现金从美国进口了价值 3000 万美元的商品。2002 年，古巴从美国直接进口的商品价值上升到 2. 5 亿美元，占古巴进口总额的 6. 1% 和食品进口的 1/4；2003 年，古巴从美国进口的贸易额进一步上升到 3. 4 亿多美元。[②] 从 2001 年 12 月开始到 2004 年 8 月，古巴从美国购买的食品价值共计 9. 6 亿美元。[③]

---

① 详见第十二章第三节第一条第四款。

② The Economist Intelligence Unit. *Country Report*: *Cuba*, *May 2003*, p. 28; Marelys Valencia. “Purchases from the United States doubled in 2003” . *Granma International*, January 11, 2004, p. 5.

③ Raisa Pages. “Purchases of foodstuffs from the United States have risen to more than $960 millions” . *Granma International*, August 22, 2004, p. 12.

2001 年 12 月，美国迈阿密联邦法院对在美国的 5 名古巴特工做出不公正的判决。他们于 1998 年 9 月被美国警方逮捕。这几名古巴人曾秘密打入美国古巴裔人的恐怖主义组织内部，从事反对针对古巴的恐怖主义活动。他们的活动没有违反美国的法律，也没有伤害任何一个美国公民。但是，他们分别被判重刑：赫拉尔多·埃尔南德斯·诺德洛被判两个无期徒刑和 15 年徒刑，安东尼奥·格雷罗·罗德里格斯被判无期徒刑另加 10 年徒刑，拉蒙·拉瓦尼诺·萨拉萨尔被判无期徒刑另加 18 年徒刑，费尔南多·冈萨雷斯·略尔特被判 19 年徒刑，雷内·冈萨雷斯·塞韦雷特被判 15 年徒刑。古巴称他们是“古巴五英雄”。

2002 年 5 月，美国前总统卡特应邀对古巴进行为期 6 天的私人访问，受到卡斯特罗的热情接待 。然而，布什政府却顽固坚持敌视古巴的立场，毫无根据地污蔑古巴是支持恐怖主义的“邪恶国家”之一。与此同时，美国的外交人员在古巴国内大肆活动，用各种手段煽动一些人反对古巴的现政权。当古巴当局采取必要的治安措施后美国又大加渲染，在国际上掀起反古的诽谤浪潮；并乘机加紧对古巴的经济制裁，扼杀初露端倪的松动势头。据 2002 年底古巴公布的数字，40 多年来美国对古巴的封锁给古巴造成的损失达 793 亿多美元。[①]

2004 年 5 月 6 日，小布什政府公布了美国“援助自由古巴委员会”的报告，同时宣布对古巴实施报告中所提出的一系列反古新措施。这份长达 450 多页的报告，除了列出美国为加速“古巴向民主过渡”所要采取的新措施外，主要提出了推翻古巴现政权后需要实施的多项任务。这份报告是颠覆古巴政府的反革命行动纲领，它公然提出由美国政府拨款 5900 万美元，资助古巴国内反革命分子和国际上的反古势力，以达到颠覆的目的。加强经济封锁的措施包括：将美籍古巴人返回古巴探亲的次数从每年一次减为 3 年一次；将探亲者在古巴的消费限额从每天 164 美元减为 50 美元；他们向古巴国内的汇款只限于汇至直系亲属等。美国政府的这份报告公开声称要颠覆一个主权国家的政府，这是明目张胆地违反国际准则。美国此举不仅

① 古巴驻华大使馆：《古巴反对封锁》，在 2004 年 10 月 22 日举行的记者招待会上散发的中文材料，第 2 页。

激起古巴人的强烈抗议和国际社会的普遍不满，而且招致在美国的美籍古巴人的反对。至此，古美关系最起码的共处基础已被布什政府破坏殆尽了。

（四）奥巴马时期

2009 年，美国总统贝拉克·侯赛因·奥巴马宣布改善同古巴的关系，美国放松了美国公民到古巴旅游和汇款的限制。但在 2009 年底，参与古巴一个互联网建设项目的美国人艾伦·格罗斯（Alan Gross）因被发现有“颠覆国家政权”的行为而在古巴被捕，格罗斯被判刑 15 年。两国间直接通邮的谈判随即中止，双方关系的回暖遭受挫折。古巴 2013 年新移民政策的出台得到美国的积极响应，美国国务院于同年 7 月 31 日宣布，美方自 8 月 1 日起把针对古巴游客的非移民签证有效期从原来的 6 个月延长到 5 年，以促进两国民间的交流。签证政策的松动预示着美古关系缓和的势头仍在继续。

从 2013 年中起，古美两国的代表在梵蒂冈和加拿大的斡旋下开始秘密地谈判关系正常化问题。[①] 2014 年 12 月 17 日，古巴释放了艾伦·格罗斯，美国则释放了“古巴五英雄”中的剩余三人（另两人刑满获释后已先期回国）。同一天，美国总统奥巴马和古巴国务委员会主席劳尔·卡斯特罗在同一时间就古美关系发表讲话，宣布启动古美关系正常化进程。2015 年 1 月，主管西半球事务的助理国务卿雅各布森率领美国代表团前往古巴，参加美国—古巴移民会谈。2015 年 7 月 20 日，古美分别在哈瓦那和华盛顿重开使馆，正式恢复外交关系。2015 年 8 月，美国国务卿克里成为 60 年来第一个访问古巴的美国国务卿。但同时，美国国务院仍声称美国与古巴交往的关键之一是要求古巴政府改善对人权的尊重并且进行所谓的“民主改革”，这说明美国干涉古巴内政的政治目标并未因美古关系正常化而有所改变。

2016 年 3 月，奥巴马访问古巴，成为 88 年来首位访问古巴的美国总统。奥巴马在古巴发表演讲，重申民主对国家的重要性。无论是奥巴马在记者会上与劳尔唇枪舌剑，还是奥巴马会见古巴“人权人士”、持不同政见者以及“公民社会代表”，都表明美国希望此次总统的古巴之行能够成为促

---

① 毛相麟：《古美关系取得历史性突破的原因和发展前景》，《当代世界》2015 年第 2 期，第 38 页。

使古巴进行“民主改革”的开端。①

（五）特朗普时期

2017 年 1 月 20 日，唐纳德·特朗普就任美国总统。他上台后曾多次批评奥巴马政府对古巴的政策，声称在不久之后要全面评估美国的对古政策。美古关系面临新的考验。同年 6 月 16 日，特朗普宣布立即撤销奥巴马政府与古巴达成的所谓“完全不公平”的协议，继续执行对古巴的经济、金融封锁和贸易禁运政策，禁止美国企业与古巴军方控制的企业有生意往来，同时收紧对美国公民前往古巴旅游的限制。特朗普并于同日签署了包含上述内容的对古巴的新政令。7 月 14 日，古巴领导人劳尔指出，特朗普总统对古巴政策的改变是“双边关系的倒退”。11 月 1 日，联合国大会就结束美国对古巴 60 年禁运的议案进行表决时，191 个国家都投票赞成，只有美国和以色列投票反对。在 2016 年的同一性质的议案表决中，美国在连续 24 年投反对票之后，改投了弃权票，而这次投反对票表明美国更加坚定了对古巴的禁运立场。11 月 9 日，美国开始执行新的对古政策。新政策规定，除学术、教育访问外，美国公民必须通过美国旅行社渠道、以组团形式访问古巴，不允许以个人身份单独前往。特朗普对古巴的新政策使访古的游客大幅减少，美国的一些航空公司也减少甚至停止了飞往古巴的航班。

2017 年 8 月，美国政府声称至少有 22 名美国驻古巴的外交人员遭受了“声波攻击”，并产生了相关症状，部分工作人员还因此丧失了听力；说这种症状从 2016 年底就开始出现，其中包括听力减退、脑部受损等。为此，美国宣布撤离驻古巴使馆约 60% 的非紧要人员及所有外交官家属，并无限期暂停办理古巴公民赴美签证业务，同时还发布了对美国公民前往古巴旅行的警告。10 月 3 日，特朗普政府以古巴未能保护美国使馆人员的安全为由，驱逐了 15 名古巴驻美大使馆人员（此前曾驱逐 2 名，共被驱逐 17 名）。古巴政府多次表示愿与美国合作展开调查，并认为美方是在搞政治伎俩。后来，美国联邦调查局派员赴古巴进行了调查，并未发现任何可疑的“超声波武器”。因此，不排除特朗普政府是在“找茬”的可能。总之，“声波

① 杨建民：《古巴：美古关系破冰》，《拉丁美洲和加勒比发展报告（2014～2015）》，北京：社会科学文献出版社，2015，第 151～152 页。

攻击”事件使特朗普就职后出现倒退的美古关系再次经受挑战。

（六）古美关系史上遗留下来的两个问题

对下列两个问题目前双方分歧较大，短期内难以解决，并对两国关系正常化带来一定的负面影响。[①]

1. 美国被征收财产索赔和古巴被封锁遭受损失问题

1960～1961年，古巴政府先后没收了在古巴的美资企业和征用了美国庄园主的土地，总价值约20亿美元。与此同时，美政府也没收了古巴在美国的财产，价值约2亿美元。1977年12月，古巴领导人表示，如美国承认封锁给古巴造成的损失，古巴也承认给美国造成的损失。古巴认为，从没收和征用时起至1977年，利息大体翻番，加上本金，共为40亿美元。而在同样的时段内美国对古巴实行的封锁给古巴造成了40亿美元的损失，加上利息共60亿美元。由于美国对封锁古巴造成损失问题表示不能接受，此事便搁置下来。后来，美国对当年财产的索赔提出了更大的数额。古巴则声称，美国施行封锁政策50多年给古巴造成了9330亿美元的损失。[②]

2. 美国归还关塔那摩海军基地问题

关塔那摩湾是古巴东南海岸上的一个天然良港。1903年2月，美国根据1901年《普拉特修正案》和1903年《美古永久条约》同古巴签订了《美古关于美国租借古巴土地作为加煤站和海军基地的协定》，迫使古巴同意美国租借关塔那摩和翁达湾两地作为海军基地。1934年3月，在古巴人民的反对下美国废除了《普拉特修正案》，于同年5月同古巴签订新约，归还了翁达港，但继续占用关塔那摩为海军基地。古巴革命胜利后，古巴政府曾多次要求美国归还该地，但均遭美国拒绝。

三　继续坚持国际主义原则，但其内容和方式与过去有所不同

苏东剧变后，国际形势发生了变化，各国的国内情况也有变化。古巴

① 毛相麟：《古美关系离实现正常化还有多远？》，《世界社会主义跟踪研究报告（2009～2010）》，北京：社会科学文献出版社，2010，第386～387页。

② 古巴外交部于2018年8月24日公布的《2018年年度报告》，拉美社哈瓦那2018年8月24日电。

领导人在不同的场合强调，革命不能输出，也不能输入，革命要靠本国人民自己来进行；表示古巴对国外革命运动不再给予军事支援。自那时以来，古巴对外国的国际主义支援表现在其他广泛的非军事领域中。在特殊时期，古巴虽然遭受巨大的困难，但其国际主义支援不仅没有削弱，反而加强了。现就不同领域中的有关情况分述如下。

（一）在道义上、思想上和政治上对国际社会的支持

古巴拥有一支数量和质量均堪称一流的国际问题研究队伍，对当代世界面临的主要问题做出了精辟的分析。古巴是 29 个联合国下属机构的成员国，另有 13 个古巴非官方组织取得了联合国经社理事会机构的协商资格。[①]古巴利用广泛的国际讲台，反对霸权主义、为建立国际政治经济新秩序、推动世界的和平与发展做出了自己的贡献。特别是对拉丁美洲，古巴一直争取参加拉美各种国际性组织，经常举办有关拉美的会议和活动，促进拉美国家的团结与发展。除了政治、经济关系外，古巴还十分重视同拉美国家的文化关系。在此应该提及的是，古巴于革命胜利的那年就建立了“美洲之家”（Casa de Las Americas）。该组织每年对拉美的文学艺术作品举行一次评奖，古巴进入特殊时期后仍继续坚持，到 2004 年已举行了 45 届。这一届收到的参评作品有近 500 件之多。古巴的“美洲之家”已成为团结拉美国家进步文化人士和推动拉美文化发展的一个中心。

（二）对第三世界国家经济和社会发展的人力支援

由于古巴的教育、医疗卫生和体育事业比较发达，在革命后的前 30 年中古巴以这些方面的人才大量支援第三世界国家的建设，用自己的先进经验帮助它们发展。1987 年，古巴曾对 40 多个国家派出了 2 万多名中小学教师，主要派到非洲和中美洲国家；1983 年，古巴对 27 个国家派出了 3044 名医务工作者；同年，对 15 个国家派出了 90 名体育专家。此外，在 20 世纪 80 年代前期，古巴还对 20 个国家派出了 3.3 万名建筑工人。古巴进入特殊时期后，这种支援并未中断，在某些方面还有所加强。古巴克服了种种困难，为支援第三世界国家的发展竭尽全力。到 2003 年，古巴派到国外的医

① 〔古〕费利佩·佩雷斯·罗克（古巴外交部部长）：《古巴与国际形势》（在中国社会科学院拉丁美洲研究所的讲演稿），2001 年 3 月 1 日。

务人员超过5.2万人次，遍及93个国家，拯救了数千人的生命。古巴还派出了1.1万名体育专家到五大洲的90多个国家执教。古巴派出的教师、医生和体育专家的道德和专业水平均堪称一流，他们勤奋敬业，不计报酬，同当地人民打成一片，受到受援国的普遍欢迎和赞誉。如，巴拉圭的参议员多明戈·拉因诺说，古巴医生深入巴拉圭边远地区去工作是该国自独立以来前所未有的事，他感谢古巴在医疗和教育方面的合作，称赞这是“南南合作的典范”。墨西哥的一位州长费尔南多·席尔瓦·涅托说，古巴的教师以高度的责任感在边远山区的土著居民中工作，不仅出色地完成了教学任务，扫除了文盲，而且还促进了社区的团结；席尔瓦对这种援助和古巴人的“兄弟情谊”深表感谢。为表彰古巴在这些方面的业绩，联合国教科文组织于2003年9月向古巴颁发了“国际文化奖”。①

2013年8月21日，巴西卫生部泛美卫生组织同古巴签订合作备忘录，聘请4000名古巴医生赴巴西服务。截至2014年9月，在巴西的古巴医生达到11456人，分布在2700个城镇，古巴政府已经从巴西政府收到了7亿美元医疗服务费。巴西政府在2014年8月宣布，2015年继续推行“更多医生计划”，古巴医生将继续参与其中，2015年该计划的预算支出为5.11亿美元。古巴医生主要是前往位于巴西北部与东北部偏远、贫穷的地区服务。2014年，巴西政府按每位古巴医生每月4500美元的待遇作为医疗服务费首先支付给泛美卫生组织，该组织扣除5%的行政费用之后转给古巴政府。古巴政府以其中的1245美元支付给医生，余额部分作为古巴政府的外汇收入。这也是古巴开展第三方合作医疗外交的一项成果。

（三）开办各类国际学校，为外国培训人才

古巴不仅将自己的大量人力资源派出去帮助别国的建设，而且还以提供奖学金的形式将别国的青年学子“招进来”，为这些国家培养建设人才。1990年以前，古巴就已为外国培养了数以万计的各类人才，其中包括农学、医学、兽医、工科以及教育、经济等。特殊时期开始后，这一政策保持不变。到2004年，古巴已使来自世界上123个国家的共计4.1万名青年学子

---

① Mireya Castañeda. “Island receives International Literacy Award”. *Granma Internstional*, September 14, 2003, p. 7.

在古巴的中等和高等学校学成毕业后回国。20 世纪 70 年代，古巴在青年岛建起一座规模宏大的国际学校，每年都免费吸收大批第三世界国家的青年人来此学习。1999 年，古巴又专为拉美国家的青年创办了拉丁美洲医学院，2004 年的在校学生有 8447 名，包括来自美国的贫穷学生。2000 年，古巴又创建了国际体育学院，2004 年有来自 62 个国家的 875 名学员在该学院学习。①

（四）当别国发生灾害时给予人道主义援助

无论别国遭受什么样的突发性灾难，也不管这个国家对古巴的态度如何，甚至不考虑与它是否有外交关系，古巴都及时伸出热情的援助之手，尽其所能为别国分忧。过去，当秘鲁、尼加拉瓜、智利、亚美尼亚等地发生地震时，古巴都很快地派出医疗队，带上药品、食品和古巴人民所献出的血浆到灾区进行救援。20 世纪 90 年代初，伊朗发生地震时许多伤病员亟须输血，古巴政府号召本国人民为伊朗人献血，卡斯特罗本人带头献血，全国献血者达数万人之多。1990 年，苏联的切尔诺贝利核电站发生泄漏事故，殃及大量群众。古巴邀请受害者来该岛国疗养，此后数年中先后来古巴疗养的患者总数多达 1.5 万多人。古巴向他们提供了最好的疗养条件，并取得了满意的疗效，乌克兰政府对此深表感谢。虽然美国政府极其敌视古巴，古巴却友好地对待美国人民。2004 年以前的 5 年中，前来古巴求医并得到免费治疗的美国公民多达 3000 人。2014 年，非洲暴发埃博拉疫情，古巴派遣医生到西非国家抗击埃博拉病毒，得到世界卫生组织乃至美欧等西方国家的称道。到 2014 年 9 月，古巴向西非的塞拉利昂、几内亚和利比里亚等国累计派出 465 名医生。

几十年来，古巴坚持国际主义的对外政策，受到多数国家的称赞。当古巴遭受困难时，它们也给予古巴相应的回报。1992 年，联合国大会在多数国家的支持下第一次通过决议，不指名地谴责美国对古巴的经济封锁。到 2018 年，联合国大会已经是第 27 次通过谴责美国对古巴封锁的决议了。在 20 世纪 90 年代初古巴最困难的时候，以法国共产党为首的友好人士将捐助的食品和药品用轮船运至古巴。智利的小学生走上街头，为古巴小学生

---

① 古巴驻华大使馆：《古巴体育达到世界水平》，单行本，2004 年 5 月印行，第 1 页。

募集资金，购买练习本和铅笔送往古巴。自1992年起，卢修斯·沃克牧师领导的美国“和平牧师组织”每年都组织“声援古巴友好车队”，将在美国和加拿大各地募集到的食品、医药和其他物资用车队经过墨西哥运送到古巴。他们冲破美国政府的重重阻挠，有些人还曾遭到美国警察的殴打和关押，物资被扣，但他们通过各种形式包括绝食等进行斗争，坚持向古巴运送援助物资。到2004年夏季，已是第15次运送这些物资了。同年5月，布什政府公布对古巴封锁的新措施后，正在古巴拉美医学院学习的近80名美国学生表示他们将不顾美国政府的禁令留在古巴继续学习。

第四节　对外政策的成就、特点和问题

回顾60年来古巴对外政策的发展历程，其成就、特点和问题可简略地概括为以下三点。

一　总的评价

古巴的对外政策是成功的，它为古巴社会主义的生存和发展创造了可能达到的较好的外部条件。它的成就是古巴社会主义得以生存的重要原因之一。几十年来，古巴不仅维护了国家的独立和主权，而且在国际上为反对霸权主义和建立国际政治经济新秩序做出了自己的贡献。在革命胜利后的初期，古巴根据当时国际形势的发展和对本身力量的估计，采取了“倚苏抗美”的战略，赢得了长时间相对稳定的时期，使本国的建设得以发展。苏东剧变后，古巴及时地改变战略，大力推行“多元外交”，顶住了20世纪90年代初的巨大压力，沿着社会主义道路继续前进。这些成就的取得源于古巴维护国家独立和主权的坚定立场，而坚定的立场则来自捍卫社会主义制度的决心。古巴在世界上的影响否定了“小国、弱国无外交”的传统看法。正如一位外国学者所说：“古巴是一个小国，但有着大国的对外政策。”①这些

① Jorge I. Dominguez. “Cuba's Foreign Policy” . *Foreign Affairs*, No. 57 (Fall 1978), p. 83.

成就的取得还在于古巴拥有一支精干的外事队伍，而这支队伍的最高领导者则是卡斯特罗本人，他身体力行，为外事战线上的广大干部树立了光辉的典范。

二 主要特点

古巴的对外政策有许多不同于其他国家的特点，而其中最突出的特点是国际主义原则。古巴把世界进步事业的利益置于本国的利益之上。数十年来，古巴在对外关系中始终贯彻了这一原则。例如，在20世纪70年代中期，古美关系出现了松动的势头，两国均有积极的表示，但此时安哥拉政府告急，要求古巴进行军事支援，古巴不顾对古美关系的改善可能带来的损害，毅然决定出兵。1977年卡特就任美国总统后再度出现松动形势，但又因古巴加强对非洲的国际主义支援而受损。古巴在执行国际主义任务中，不仅有数以千计的战士牺牲，而且还有教师、医生等非军事人员的伤亡。古巴进入特殊时期后，虽然由于国际形势的变化而不再进行军事支援，但是同国外的国际主义非军事合作加强了。到了21世纪，古巴有数以万计的教师、医生、市政和建筑工人在几十个国家中支援别国的建设，同时还有数以万计的外国青年学生在古巴学习，甚至还包括来自美国的贫穷学生，所有的学习都是免费的。一个并不富裕的、被强大的外国长期封锁的小国能够向世界上如此多的国家提供如此巨大的援助，这的确是举世罕见的。如果说过去有苏联等社会主义国家的帮助，那么冷战后的今天仍然不改初衷又是什么原因呢？一位古巴学者说得好："古巴人民在几百年反对国内外压迫者的斗争中铸就了国际主义觉悟，而这一觉悟通过古巴革命及其最高领袖菲德尔·卡斯特罗的思想和著作——革命人道主义和国际主义团结的永恒的楷模，已提高到最高水平。"① 古巴的国际主义既是古巴本土的、可行的社会主义的组成部分，也是古巴社会主义得以生存和发展的重要因素之一。国际主义成为古巴对外政策的主要特点。

古巴外交的另一个特点是务实原则。1959年古巴革命之前，美国控制

---

① José Cantón Navarro. Op. cit. , p. 246.

了古巴的经济命脉，美国也成为古巴产品的最主要市场和进口来源地。美国对古巴的影响达到历史上的顶峰，甚至古巴各大媒体的头条新闻往往是美国驻古巴大使回国述职或回到古巴，而不是古巴总统的活动。古巴革命胜利后，古美关系恶化，美国对古巴实行孤立和封锁政策，直到现在，封锁仍然没有取消。20 世纪 70 年代初，古巴加入经互会，发展与苏东国家的关系成为古巴外交的重点，从而实现了古巴外交的第一次转向。

20 世纪 90 年代，苏东剧变后古巴失去了苏东国家的政治经济依托，古巴便将外交重点转向拉美国家和亚洲社会主义国家。1993 年，中国国家主席江泽民访问古巴，中古关系转暖，高层互访频繁，在古巴最困难的 20 世纪 90 年代，古巴获得了中国的有力支持。21 世纪初，古巴重返拉美大家庭的外交政策取得重要进展，古巴和委内瑞拉签署“石油换医生”计划，双方还建立了战略联盟，委内瑞拉成为古巴第一大贸易伙伴。在 2015 年美古复交之前，古巴已经和所有西半球国家建立了外交关系。古巴外交实现了第二次转向。

近年来，随着国际市场大宗商品价格的大幅下跌，拉美左翼执政的国家普遍面临执政困境。2013 年，委内瑞拉总统查韦斯逝世，该国国内政治经济形势发生变化，古巴开始寻找新的战略合作伙伴，如巴西、中国和俄罗斯等。与此同时，为配合国内的改革，古巴努力改善同西方国家的关系，真正的全方位外交已经提上日程，有望实现第三次外交转向。这次外交转向有着明显的经济特点，或者可以称为外交转型。古巴政府要求外交部配合国内的模式更新，研究各国经济改革与外交关系的经验教训。

三　最大障碍

60 年来，美国一直对古巴采取敌视态度，用尽各种手段，妄图推翻古巴社会主义政权。古巴的对外政策必然要体现这一客观现实。因此，古巴在对外关系中头等重要的任务是尽力挫败美国从各方面孤立古巴的图谋，打破美国的封锁。古巴对外政策的主要成就是美国始终未能达到颠覆古巴政权的目的，但是美国的颠覆、封锁和干涉活动确实也给古巴造成了很大的困难和损失。就对外关系而言，美国的侵略政策是古巴同外国发展正常关系的最大障碍。美国对古政策的实质是，最终要达到控制古巴的目的。美国觊觎古巴由来已久，可上溯到19世纪初。1805年，美国总统托马斯·杰斐逊就曾公开表示，一旦同西班牙作战，美国就将占领古巴。[①] 1823年，时任美国国务卿的亚当斯提出所谓的“熟果政策”（the ripe fruit），意即当美国还不适宜占有古巴时，就让西班牙继续其统治，一旦条件成熟，古巴就会像树上的苹果按万有引力法则掉到地上那样倒向美国的怀抱。[②]企图占有古巴成为美国历届政府的基本国策，贯穿了整个19世纪。到1898年，当古巴民族解放斗争胜利在望时，美国看到时机终于来到，便对西班牙宣战，乘机占领古巴。此后，美国通过扶植傀儡政权控制古巴达半个多世纪之久。1959年的革命使古巴获得了真正的独立，继而还建立了社会主义政权。1961年至今，美国企图控制古巴的政策并未改变。回顾近年来的变化：2014年12月，两国正式启动美古关系正常化进程；2015年7月20日，美古恢复外交关系；2016年3月，美国总统奥巴马访问古巴。尽管两国在关系正常化方面取得了重大进展，但美国颠覆古巴社会主义政权的根本目标没有变化，双方在封锁、人权和归还关塔那摩海军基地等方面仍然存在重大分歧。因此，美古矛盾不仅仅是两种意识形态之争，更重要的是维护独立与推行霸权的斗争。[③] 几十年来两国关系的历史表明，古巴是绝不会拿原则做交易的。只有美国放弃颠覆社会主义古巴的图谋，把古巴作为一个独立的国家平等相待，两国关系才能实现真正的正常化。这样，对两国都有利，并且也有利于地区和世界的和平与发展。

---

① 〔古〕艾·罗依格·德卢其森林：《古巴独立史》，张焱译，王怀祖校，北京：生活·读书·新知三联书店，1971，第100~101页。

② 〔美〕菲利普·方纳：《古巴史和古巴与美国的关系》（第一卷），涂光南、胡毓鼎译，田保生校，北京：生活·读书·新知三联书店，1964，第125页。

③ 杨建民：《奥巴马访问古巴：美古关系正常化中的变与不变》，《当代世界》2016年第4期，第36页。

第十四章　古巴和中国关系的发展历程

古巴同中国的关系源远流长，其历史可追溯到19世纪中叶。一个半世纪以来，两国关系总的发展趋势是人民之间友好相处、交往密切，两国之间互相支援。其间有四个时期是具有代表性的，即古巴独立战争时期（1868～1898）、古巴革命后初期（1959～1965）、世界新格局时期（1989～2000）和当前的新世纪时期（2001～）。本章将介绍后三个时期的古中关系，并对两国关系的未来做一展望；在此之前，对第一个时期做简要的回顾。

早在1847年，我国首批契约华工571人乘两艘海船先后驶抵古巴哈瓦那港。在此后的28年中（1847～1874），抵达古巴的华工共有12.6万人。[①] 这些华工都是在西方殖民者招募劳工的名义下被中外人口贩子用欺骗与劫持的手段贩运至古巴的。他们对当地统治者的奴役进行了坚决的反抗和斗争。1868年10月10日，以塞斯佩德斯为首的古巴革命者发动起义，开始了古巴人民争取独立的解放战争。广大华工积极投入这一伟大的斗争，先后有千余人参加起义军，涌现出许多华工战斗英雄和著名的指挥官。[②] 第二次独立战争（1895～1898）爆发后，广大华工和华侨继续积极参战，人数多达5000多人。他们都很英勇，不怕牺牲，立下了显赫的战功。古巴人民对他们的英雄行为和高尚品质满怀崇高的敬意。何塞·马蒂的战友贡萨

---

① 沙丁、杨典求、焦震衡、孙桂荣：《中国和拉丁美洲关系简史》，郑州：河南人民出版社，1986，第137～138页；李春辉、杨茂生等主编《美洲华侨华人史》，北京：东方出版社，1990，第479～480页。

② 李春辉：《拉丁美洲史稿》上册，北京：商务印书馆，1983，第347页；Juan Jimenes Pastrana. *Chinos en la lucha libertadora de Cuba*, Instituto de Historia, La Habana, 1963, pp. 73－76。

洛·德克萨达－阿罗斯特吉将军（General Gonzalo de Quesada y Aróstegui）在其著作中高度评价了华人对古巴独立战争所做出的贡献，表示应为这些英雄们树立丰碑。[①] 1930 年，中国驻古巴公使凌冰应广大侨胞的要求，在古中两国政府的支持下开始筹建“旅古华侨协助古巴独立纪功碑”。碑址定在哈瓦那城贝达多区，于 1931 年 10 月 10 日建成，碑座上镌刻着德克萨达－阿罗斯特吉将军的一句名言：“在古巴，没有一个中国人当逃兵；在古巴，没有一个中国人当叛徒。”

今天，古巴人民十分珍视当年华人与当地居民并肩战斗的传统友谊。为了缅怀为古巴独立而献身的中国兄弟，古巴各界人士在每年的清明节都要到纪功碑前去凭吊。1995 年，古巴电视台播放了一部反映华人参加独立战争题材的剧目，名为《曼比龙》。同年 11 月底 12 月初，卡斯特罗主席首次访华时向江泽民主席赠送了上述纪功碑的模型；卡斯特罗主席随后会见乔石委员长时再次赞扬了旅古华侨在古巴争取独立和解放的斗争中所做出的杰出贡献；他在接受中国中央电视台的专访中谈到古中关系上述这段历史时说，纪功碑上那句感人的碑文“正是中国人民的品质和精神的写照。（古中关系中的）这种纽带在历史的长河中源远流长”[②]。

第一节　古巴革命胜利后初期的古中关系

一　古中建交经过

1949 年新中国的成立为古中关系翻开了新的一页。古巴人民对中国革命的胜利欢欣鼓舞。仅在新中国成立后的第 3 天，古巴的民间团体就给毛泽东主席发来贺电，并表示将要求本国政府同新中国建交。[③] 然而，巴蒂斯塔

---

① 〔古〕贡萨洛·德克萨达－阿罗斯特吉：《中国人与古巴独立》，载所著《中国人与古巴革命》，哈瓦那，1946，胡泰然译，庞炳庵校，第 1、8 页。

② 中国中央电视台《焦点访谈》组：《我终于登上了长城——卡斯特罗专访》，《国际经济评论》1996 年 1～2 月号，第 58 页。

③ 沙丁、杨典求、焦震衡、孙桂荣，前引书，第 277 页。

独裁政权顽固坚持同中国台湾保持外交关系，从而阻碍了古中两国国家关系的发展。因此，古中之间开始了非官方交往。1959 年以前，古巴人民社会党（即共产党）的代表曾数度来华访问，受到中共领导人的热情接待。其中一次是人民社会党的代表应邀出席中共于 1956 年举行的八大，该党代表还在会上宣读了贺词。

新中国成立 10 年后，古巴革命于 1959 年取得了胜利。这使古中关系进入了一个新的发展阶段。中国率先承认了古巴革命政府。中国人民对古巴革命表示了高度的同情和支持。1959 年 1 月 21 日，毛泽东主席在会见来访的墨西哥前总统卡德纳斯将军时说："我们认为古巴事件是当前一个重大事件，亚洲人应该支援他们反抗美国。"[①] 当月 25 日，北京人民举行了支持古巴反帝斗争大会，中国人民保卫世界和平委员会于同日发表关于支持古巴人民反对美国干涉的声明。但那时台湾所谓的"大使"还赖在古巴。同年 4 月，北京日报社社长姚溱率中国新闻工作者代表团访问古巴等拉丁美洲国家，他带回了古巴领导人劳尔·卡斯特罗希望中国派一位比较重要的干部到哈瓦那，作为非正式的中国官方代表与古巴政府进行联络工作的想法。毛泽东立即指示："派一位公使去。"[②] 1960 年 3 月，中国新华通讯社驻哈瓦那分社成立，曾涛出任社长。他很快就与古巴领导人交上了朋友。卡斯特罗曾对他说："我们是把你看作中国的外交代表的……我的大门对你是开着的。"[③] 这时中古关系的发展很顺利。同年 9 月 2 日，哈瓦那举行有百万人参加的古巴全国人民大会，卡斯特罗在会上宣布古巴同中华人民共和国建交，断绝同台湾的外交关系，这时全场欢声雷动。[④] 当月 28 日，中古发表两国建交的联合公报。古巴成为第一个与我国建交的拉丁美洲国家。

---

① 裴坚章主编《毛泽东外交思想研究》，北京：世界知识出版社，1994，第 297 页。

② 同上。

③ 曾涛：《外交生涯十七年》，南京：江苏人民出版社，1997，第 15 页。

④ 应该说明的是，曾涛在前引书中所说他参加了这一大会的情景（第 33 页），是不真实的。当时出席该会的只有 4 个中国人。他们是中国驻古巴经济代表团主任邹斯颐，邹的翻译黄志良，新华社分社记者孔迈、庞炳庵。庞炳庵指出，曾涛并未出席此会，也不可能出席此会；有当年的报道和照片为证。详见庞炳庵口述、谢文雄整理《我所经历的中古建交》，《百年潮》2016 年第 11 期，第 46～48 页。

二　两国相互支援

古中建交后两国关系迅速发展。1961 年 1 月，毛泽东主席等国家领导人出席古巴驻华使馆举行的国庆招待会，并对古巴人民的爱国正义斗争表示坚决支持。同年 4 月，美国雇佣军入侵古巴，周恩来总理致电卡斯特罗，表示支持古巴人民保卫祖国的斗争。1962 年 10 月“加勒比海危机”期间，美国对古巴实行海上封锁，中国政府两次发表声明谴责美国的侵略行径，中国的大中城市举行了总共有 500 万人参加的游行示威，声援古巴人民。1963 年 10 月，古巴遭受风灾，中国政府和中国红十字会向古巴赠送了价值 4654 万元人民币的救灾物资。在 60 年代前期，古中两国领导人及各方面人士频繁互访，民间友好往来显著增多。中国政府和人民高度赞扬古巴人民在社会主义革命和建设中所取得的成绩。在此期间，中国人民对古巴人民的战斗友情达到了高潮，“要古巴，不要美国佬”“菲德尔—毛泽东”的呼声在中国家喻户晓，《美丽的哈瓦那》成为当时中国最流行的歌曲之一。这时，两国的经济贸易往来和科技、文化交流也有长足的发展和扩大。1960～1972 年，中国政府共向古巴提供经济援助 22680 万元人民币，赠送 4790 万元人民币的物资。此外，中国还向古巴提供了军事援助。[①] 古中贸易额从 1962 年的 1.42 亿比索增加到 1965 年的 2.24 亿比索，其中古巴的进口额从 6200 万比索增加到 1.27 亿比索，出口额从 8000 万比索增加到 9700 万比索。[②] 古中贸易采取记账方式。古巴向中国出口原糖，进口大米、电机、轻工、纺织等产品。在科技、文化方面，两国先后签订了科技、文化、体育、邮电、广播和电视等合作协定，并扩大了专家、技术人员和留学生的交流。

古中两国人民的支持是相互的。古巴一贯支持在联合国恢复中国的合法席位，积极参加于 1965 年提出的“两阿”提案[③]，并为实现上述目的而努力。古巴在经贸往来和科技文化交流中慷慨地帮助了中国的社会主义建

---

① 中华人民共和国外交部外交史编辑室主编《中国外交概览》（1987），北京：世界知识出版社，1987，第 365～366 页。

② 《人民日报》1966 年 1 月 30 日。

③ 即由阿尔巴尼亚和阿尔及利亚两国牵头、许多国家参加的关于要求恢复中华人民共和国在联合国合法席位的提案。

设。古巴向中国提供了炼油、制糖、纺织、建筑等方面的新技术资料，奶牛、牛蛙的良种和饲养技术。特别值得提及的是，在这一时期古巴为中国培养了100多名西班牙语留学生，还派出了多名西班牙语专家来中国工作。总之，20世纪60年代前期古中关系获得了充分发展。

三 中苏分歧影响下的古中关系

正当古中关系蓬勃发展时，在20世纪60年代前期出现了中苏大论战，中国和苏联两党在意识形态上产生严重分歧，国家关系也随之恶化。起初，古巴对中苏论战采取不介入态度。格瓦拉于1964年12月出席联合国大会后在美国停留时曾说："古巴在莫斯科—北京斗争中是不结盟的。"[①] 古巴从本身的情况出发，希望社会主义阵营团结，同苏联和中国都保持友好关系。中国理解古巴的处境，继续在政治上和经济上支持古巴。1964年底，古巴社会主义统一党全国领导委员会委员卡洛斯·拉斐尔·罗德里格斯率领拉丁美洲9国共产党代表团访问苏联和中国，要求"停止公开论战""反对派别活动"。毛泽东主席会见了代表团，提出这场争论"要进行一万年"，没有接受停止论战的建议。[②] 1965年3月13日，卡斯特罗总理在群众大会上讲话时不指名地批评了中国。同年9月，古巴领导人召见中国驻古大使馆代办，对中国使馆散发宣传品提出抗议，这一指责被中方拒绝。1965年底，两国在贸易谈判中产生分歧，这种分歧加深了政治上的误解。1966年1月2日，卡斯特罗在庆祝古巴革命胜利7周年的群众大会上就古中贸易谈判中的问题批评中国。1月9日，中国外贸部负责人发表谈话，予以答复。于是，古中关系趋于紧张。两党在意识形态领域中的分歧导致了古中国家关系的恶化。[③]

1967年以后，中国政府排除了国内极"左"思潮的干扰，对包括古巴在内的一些国家采取了积极改善关系的态度，一度紧张的古中关系开始有

---

① （USA）*New York Post*，January 3，1965.

② 祝文驰、毛相麟、李克明：《拉丁美洲的共产主义运动》，北京：当代世界出版社，2002，第197～199页。

③ 李明德主编《拉丁美洲和中拉关系——现在和未来》，北京：时事出版社，2001，第476页。

所缓和。虽然党际关系中断，政治往来处于停顿状态，但是两国间一直保持了大使级外交关系和贸易往来，科技、文化关系到1976年以后才中断。在这段时间两国关系可谓处于“冷而不断”的状态。当时两国关系未能进一步改善主要是受中苏矛盾的制约。

在此期间，有一件事后来被传为佳话。1971年1月2日，古巴驻华临时代办加西亚为古巴革命胜利12周年举行招待会，周恩来总理出席。会上，加西亚向周总理提出，他即将离任，希望回国前能去外地看看，以加深对中国革命历史的了解。周总理表示赞成。同月12～26日，加西亚一家在外交部欧美司拉美组组长陶大钊、古巴驻华使馆中文秘书徐贻聪（担任翻译）的陪同下，对全国各主要革命纪念地进行了参观访问。在参观井冈山时，讲解员的介绍和陈列的展品都极力突出林彪，而只字不提南昌起义和朱德。事后，加西亚向当地外事负责人委婉地指出，应该提南昌起义和朱德上井冈山的事。陶大钊回京后在所写的《简报》中汇报了此事。毛主席在《简报》上批示：“第（四）条（即加西亚的意见）提得对，应对南昌起义和两军会合正确解说。”加西亚回国前周总理接见了他，告诉他毛主席说“你的意见是对的”。后来，这份《简报》被选为中央下发的学习文件之一。广大干部和群众对这位古巴外交官的直言不讳，并得到毛主席的肯定，深表钦佩。[①]

第二节 世界新格局下的古中关系

一 两国关系的全面恢复

在20世纪七八十年代之交，世界形势和古中两国的内外政策都发生了变化。1980年12月，古巴共产党二大提出了“加强防务”和“投身生产”两大任务，把主要注意力转向了国内。中国共产党于1982年召开的十二大确定了同外国党发展关系的新原则，即“独立自主、完全平等、互相尊重、

① 陶大钊：《古巴驻华代办为朱德功勋申辩》，《上海滩》1996年7月（第七期），第32～35页。

互不干涉内部事务”。古中两国在对国际问题的态度上，共同点日益增多。如对1982年4月阿根廷与英国的马尔维纳斯群岛争端和对1983年10月美国入侵格林纳达事件等。这些共同点促进了古中两国的接近。特别是自80年代初以来，苏联同中国的关系出现缓和的势头，为古中关系消除了制约因素，古中两国关系逐步改善，在一些领域恢复了往来。1983～1985年，古方部长、副部长级官员先后访华的有5次；1986年，中方副部长级官员先后访古的有3次。1984年两国恢复了在科技、文教、卫生等方面的人员交流，签署了若干部门之间的合作协定。两国教育部门开始每年为对方提供奖学金名额。1987年11月，中国外经贸部部长郑拓彬访问古巴，会见了古巴国务委员会副主席兼部长会议副主席罗德里格斯。郑拓彬表示，中国对两国关系抱着向前看的态度。罗德里格斯也表示，古巴政府和中国政府一样有着发展双边关系的意愿。同年4月，古巴全国人代会主席布拉沃访华，这是古巴人代会主席首次访华，也是20多年来访华的第一位古巴高级领导人。同年9月，古巴副外长马索拉访华，中国国务委员谷牧会见他时说，过去两国关系曾出现过不愉快的事，但这已成为历史，“我们双方应本着向前看的精神，总结过去的经验教训，发展今后的关系”。1988年，古中两党的中央对外联络部代表团互访，正式恢复了党的关系。同年12月中国党政代表团访古；1989年1月古巴外长访华。至此，两国关系完全恢复并“已进入一个全面发展的阶段”①。

二　两国领导人的互访

自1989年以后，古中两国在政治、经济、文化等领域的友好合作关系不断发展。1989年1月古巴革命胜利30周年和同年10月中国国庆40周年，双方都派出高级别官员参加对方的庆典。这一年1月古巴外长访华、6月中国外长访古都是两国建交以来外长首次访问对方国家。中国外长对古巴的访问具有特别重要的意义。这次访问不仅表明了古中关系的完全正常化，更重要的是冲破了西方国家对中国的制裁，反击了它们掀起的反华浪潮。

① 钱其琛：《在欢迎古巴外长的宴会上的讲话》，《人民日报》1989年1月21日。

中国外长钱其琛原计划从5月31日启程，依次访问厄瓜多尔、墨西哥、古巴和美国。钱外长在厄瓜多尔访问期间，中国国内发生了“政治风波”，国际形势风云突变，西方国家纷纷宣布制裁中国，墨西哥取消了中国外长的访问，美国自然更不能去了。钱外长直接去了古巴，受到古巴领导人的高度重视和热情接待。卡斯特罗主席表示，古巴政府全力支持中国政府；并愿为钱外长提供发表任何声明的场所和条件。他还对钱外长说，中国需要团结，不能像西方国家希望的那样，出现无政府状态，如果那样，对全世界来说都是悲剧。[①] 患难见真情，在关键时刻古巴对中国的支持是极为宝贵的。

20世纪90年代初，古中关系迅速发展。1990年，古中两国在对方互设总领事馆。同年4月，古巴革命武装力量部总参谋长率团访华。这一年古巴进入和平年代的特殊时期，经济十分困难。由于石油供应紧张，城市交通运力严重不足。中国除及时运去大量自行车以外，还于同年10月与古巴签署议定书，为后者兴建年产15万辆自行车的工厂。到1991年5月，古巴已进口中国名牌自行车20万辆，解了燃眉之急。1991年夏天，中国部分地区遭受洪涝灾害，古巴虽然自身很困难，但仍向中国捐赠了5000吨糖和价值1200万美元的药品。1992年，古中两国的友好协会先后恢复活动。1993年11月，江泽民主席对古巴进行了短暂访问。这次访问虽然只有两天，但意义重大。第一，江泽民主席是在访问美国后直接去古巴的，这表明了中国奉行独立自主和平外交政策的立场；第二，这是古中建交以来中国国家元首第一次访问古巴，也是江泽民主席就任国家主席后的首次访古，从而表明了中国对自1989年两国恢复正常关系后发展进程的充分肯定和对未来进一步发展两国关系的良好意愿；第三，访问正值古巴处于最困难的时期，古巴面临重大的抉择，亟须了解中国的经验。江泽民主席的访问是对古巴的极大支持。访问期间，江泽民主席同卡斯特罗主席举行了两次会谈，双方就国际形势交换了意见，交流了各自国家的情况。江泽民主席在会谈中阐述了社会主义的光明前途，介绍和解释了“只有社会主义才能救中国和发展中国”的理念。这次访问非常成功。事后卡斯特罗评价说，（访问的）

① 钱其琛：《外交十记》，北京：世界知识出版社，2003，第165～170页。

意义确实太大了，对古巴的支持和帮助太大了。[①]

1995年11月底12月初，卡斯特罗主席应邀对中国进行了正式访问，这是古巴革命胜利后古巴国家元首对中国的首次访问，成为“中古关系中的一件盛事”[②]，这次访问进一步推动了两国友好合作关系的发展。在90年代中期，两国高层领导人互访频繁，到1997年劳尔访华为止，两国党政主要领导人都实现了互访。90年代后期，古中友好合作关系“进入了一个崭新的稳固发展时期”[③]，两国在国际事务中密切配合，相互支持，在双边经贸关系上发展顺利，经济合作也取得大的进展，两国建立起了全面的友好合作关系。

第三节　21世纪以来的古中关系和发展前景

一　高层互访促进两国关系的发展

2001年4月12日至15日，江泽民主席再次访问古巴。江泽民主席向卡斯特罗主席赠送亲笔题写的七绝诗一首，诗中“隔岸风声狂带雨，青松傲骨定如山”一句，充分表达了中国人民对卡斯特罗主席和古巴人民革命精神的赞扬和敬意。访问期间，古中两国签署了关于经济技术合作等三个协定和关于教育交流等四个协议。2003年2月26日至3月1日，卡斯特罗主席第二次访问中国。访问期间，他会见了江泽民主席、胡锦涛总书记等中国党和国家领导人。江泽民主席在会见中说，过去的10年是中古关系发展最快最好的时期；两国都从战略高度重视发展双边关系，中古关系能够与时俱进，创新发展。[④] 胡总书记在会见中说，中古两国都是共产党领导的社会主义国家，有共同的理想和信念，不论国际形势发生什么样的变化，我们对社会主义前途的信心不会动摇，我们坚持走符合本国国情发展道路

① 李明德主编，前引书，第520～522页。

② 《江泽民与卡斯特罗会谈》，《人民日报》1995年12月1日。

③ 《乔石委员长会见阿拉尔孔主席》，《人民日报》1996年4月10日。

④ 《江泽民与卡斯特罗举行会谈》，《人民日报》2003年2月27日。

的决心不会改变；我们将坚持中古长期友好的方针，推动21世纪中古关系取得更大的发展。[①]

2004年11月22～23日，中国国家主席胡锦涛对古巴进行了国事访问，这是中国国家元首对古巴进行的第三次访问，也是胡锦涛就任国家主席后的首次访问。这次访问是在美国总统布什连任后古巴面临新的制裁和压力下进行的。有外国媒体称，对古巴来说“访问的时机再好不过了”[②]。胡锦涛主席在同古巴领导人的会谈中表示，中古建交以来两国关系经受住了国际风云变幻的考验，我们始终相互帮助，坦诚相待；我们两国是朋友，是兄弟；自20世纪90年代以来，中古关系进入了全面发展的新时期，双方政治互信加深，人员往来密切，经贸合作领域不断扩大，在国际事务中相互支持。为了使两国友好关系不断发展，胡锦涛主席建议：第一，加强相互交往，推动两国在各领域中的友好合作长期稳定发展；第二，加深互利合作，从战略高度重视双边经贸合作；第三，在国际事务中加强磋商协作，共同维护发展中国家的正当权益，为世界的和平与发展做出贡献。卡斯特罗主席表示完全赞同胡锦涛主席的有关建议，他说他一直高度关注中国各方面的发展，对中国的迅速发展和古中合作的迅速发展感到十分高兴。古巴“非常钦佩传奇的和革命的中国”[③]。会谈后两国元首出席了两国所达成的16项协议的签字仪式，其中包括中国向古巴购买镍、建设镍厂和探矿项目，延长贷款的偿还期限等协议。访问期间，胡锦涛主席还出席了在哈瓦那举行的中古投资贸易研讨会开幕式，并在会上发表了题为“拓展互利合作，共创美好未来”的讲话。

2005年4月，古共中央第二书记、国务委员会兼部长会议第一副主席劳尔率团访问中国。访问期间，胡锦涛主席等五位党和国家领导人分别会见了古巴代表团，双方表达了进一步加强和发展两国传统友好关系的共同愿望。2008年11月16～26日，中国国家主席胡锦涛对古巴等四国进行国

---

① 《胡锦涛会见卡斯特罗》，《人民日报》2003年2月28日。

② Reuter, *News release*, Havana, November 22, 2004。

③ 《胡锦涛同卡斯特罗会谈》，《光明日报》记者马述强、李志强、程礼发自哈瓦那的报道，2004年11月22日；Associated Press, *News release*, Havana, November 23, 2004。

事访问。当时古巴正遭受严重的飓风灾害。为了帮助古巴的救灾工作，胡锦涛主席乘坐的专机携带了总价值60万元人民币的救灾物资（1600条棉毯和1600条毛巾被）。访问期间，中方还向古方提供了7000万美元无偿援助，主要用于古巴的救灾工作。此前，中方已先后向古方提供了130万美元现汇援助和价值2100万元人民币的建筑材料，用于修复灾损房屋。2011年6月4～7日，中国国家副主席习近平访问古巴，成为古共六大后首位到访的中国领导人。

二 两国新领导人推动两国关系进一步发展

2012年7月4～7日，劳尔在担任古共中央第一书记、国务委员会主席兼部长会议主席后，作为古巴最高领导人首次访问中国。胡锦涛表示中方愿同古方共同努力，推动中古关系迈上新台阶，并就发展中古关系提出四点建议：一是两国高层和各层次保持密切交往，充分发挥党际和政府间各对话机制作用，加强治党治国经验交流；二是扩大经贸合作，促进共同发展，双方要创新合作方式，优化贸易结构，加强经贸、能源、基础设施建设、农业、生物技术等领域合作，鼓励双向投资；三是拓展文化、教育、新闻、媒体等领域交流合作，加强两国人民特别是青年的友好交往，为中古友好事业培养更多人才；四是加强在联合国改革、气候变化、可持续发展等重大问题上的协调配合，共同推动建设持久和平、共同繁荣的和谐世界。劳尔表示，古方完全赞同中方对发展古中关系的主张。古方重视中国发展的成功经验，愿同中方保持密切交往，加强在治国理政方面的交流和借鉴，扩大经贸、投资、可再生能源等领域合作，使古中关系取得更丰硕的成果。2013年6月，古巴国务委员会第一副主席兼部长会议第一副主席迪亚斯—卡内尔访华，并于2015年9月来华出席中国人民抗日战争暨世界反法西斯战争胜利70周年纪念活动。古方还派出革命武装部队的代表队参加上述活动的阅兵式。2014年7月21～23日，中共中央总书记、国家主席、中央军委主席习近平访问古巴，同劳尔主席举行会谈，习近平主席访问了英雄城圣地亚哥，并被授予何塞·马蒂勋章。15日，习近平主席在回答古巴拉丁美洲通讯社的采访时指出，半个多世纪以来，中古友好关系日益成熟，合作内涵不断丰富。两国在建设本国特色社会主义道路上携手并进，在涉及彼此核心利益问题上相互支持，在处理重大国际和地区问题上密切配合。中古关系经受住了国际风云变幻的考验，已经成为发展中国家团结合作的典范。中古是好朋友、好同志、好兄弟，有相同的理想和信念。当前，两国都处于发展的关键时期，应该抓住机遇，共谋发展。双方要密切高层往来，分享治国理政经验，加快推进农业、基础设施建设、能矿、旅游、可再生能源、生物技术等重点领域合作，加强人文和地方交流，密切多边协作。相信在双方一道努力下，两国高水平的政治关系将转化为丰硕的务实合作成果，中古互利友好合作将不断迈上新台阶。[①] 2016 年 11 月 29 日，习近平主席前往古巴驻华使馆，吊唁古巴革命领袖菲德尔·卡斯特罗。习近平主席指出，菲德尔·卡斯特罗同志是古巴共产党和古巴社会主义事业的缔造者，是古巴人民的伟大领袖；他是我们这个时代的伟人，他为世界社会主义发展建立的不朽历史功勋、他对各国正义事业的支持将被永远铭记。

三　21 世纪以来古中关系的全面发展

两国关系发展的全面性正如古巴外长所说，是“高层次的，互相理解的，并具有在双边和多边问题上的高度一致性”。“双方在政治、意识形态和经济方面都存在着共同的利益，以此为基础，双方在各个领域里的交流日益增多。”[②] 两国在贸易、经济合作、科技和文化方面的往来不断发展。近年来，中古双边贸易保持良好发展势头。中国是古巴第二大贸易伙伴，古巴是中国在加勒比地区第一大贸易伙伴。据中国海关统计，2015 年，中古贸易额 22.17 亿美元，同比增长 58.83%。2016 年 1 ~ 6 月，中古贸易额 10.98 亿美元，其中中方出口 9.37 亿美元，进口 1.61 亿美元，同比分别增长 13.2%、21.6% 和 -19.4%。中国主要出口机电产品、钢材、高新技术

① 中华人民共和国外交部：《习近平接受拉美四国媒体联合采访》，http://www.fmprc.gov.cn/web/gjhdq_676201/gj_676203/bmz_679954/1206_680302/1207_680314/t1174255.shtml（2017-02-03）

② 〔古〕费利佩·佩雷斯·罗克（古巴外交部部长）：《古巴与国际形势》（在中国社会科学院拉丁美洲研究所的演讲稿），2001 年 3 月 1 日，第 9 页。

产品、汽车等，主要进口镍、食糖、酒类等（详见表 14－1、14－2）。[①] 在科技合作方面，主要合作领域是农业、轻工、食品、化工、养殖、冶金、纺织、生物技术、核能的和平利用、烟草和畜牧业等，特别是古方的医疗技术及设备、生物技术的开发和利用、甘蔗渣的综合利用，中方的鱼苗繁殖、水库捕捞和对虾育肥技术、蔬菜种植等都为对方的科技发展做出了积极的贡献。在文化交流方面，两国签署了交流执行计划，多年来进展顺利。中国曾多次参加古巴的“新拉美电影节”，而中国也在本国举办了古巴电影周。

在此，还需要提及的是古巴华人在推动古中友好关系中的作用。如前所述，古巴华人在历史上对古巴民族的发展做出过重要的贡献。今天，他们成为发展古中友好关系的桥梁。据统计，目前在古巴的华侨华人有数千人，但同其他种族混血者多达 10 万人。古巴的三位华裔将军之一的邵黄少将（General de Brigada Moisés Sío Wong）是古中友好关系的积极推动者。他从 1986 年起担任古巴国家物资储备局局长，同时兼任古中友好协会主席。他曾接待过多批到访古巴的中国政府代表团和经贸团体及个人。他于 2010 年不幸逝世后，他的遗志后继有人，他们继续把发展古中友好关系推向前进。其中如中古武术学校校长李荣富一家（其岳父是实业家陶锦荣，其夫人是古巴天坛酒楼总经理陶琦），为到古巴访问的中国各界人士搭建服务的平台，发挥了积极的桥梁作用。[②]

四　古中关系的几个特点

回顾古中两国关系的历史，人们可以看出其发展具有以下几个显著的特点。

其一，古中两国人民有着传统的友谊和悠久的历史往来。两国政府和人民都十分珍视这种传统友谊。

其二，两国的历史和现实有着许多共同点：两国都曾遭受外来侵略和

---

① 中华人民共和国外交部：《中国同古巴的关系》，http://www.fmprc.gov.cn/web/gjhdq_676201/gj_676203/bmz_679954/1206_680302/sbgx_680306/（2017－02－03）

② 毛相麟：《古巴华人是发展中古友好关系的桥梁》，载庞炳庵主编《中国人与古巴独立战争》，新华出版社，2013，第 163～165 页。

压迫，两国人民都曾长期为本民族的独立和解放进行过艰苦卓绝的斗争，今天又都在为反对霸权主义、强权政治和外来干涉而继续斗争。

其三，两国的友好关系经受了新的考验。两国在各自最困难的时候都得到了对方的大力支持。在中国困难的日子里，古巴政府全力支持中国政府。在古巴特殊时期，“中国是在古巴经济危机最严重的时刻对古巴援助最多的国家”①。

其四，两国都在建设具有本国特色的社会主义。双方通过加强交往和密切合作卓有成效地交流了改革的经验，彼此都从中受益良多。

其五，两国都对双方现有的合作关系十分满意，并都期望这种平等互利、互相支援的关系继续向前发展。

上述特点表明，古中关系的基础是牢固的，它反映了两国人民的根本利益，这一关系具有强大的生命力。可以预料，古中关系在未来的岁月中将会不断健康而稳步地继续向前发展。两个社会主义国家，一个在东半球，一个在西半球，它们之间友好合作关系的发展对维护世界和平、推动建立更加公正合理的国际政治经济新秩序、促进国际关系的民主化具有十分重要的意义。古中友谊不仅有利于古中两国，而且也有利于世界的和平与发展。

表 14－1　21 世纪以来的中古贸易

单位：百万美元

项目 年份	总额	出口	进口	年度变化（%）		
				进出口	出口	进口
2000	313.94	232.80	81.14	8.7	0.3	43.2
2001	445.83	331.78	114.05	42.0	42.5	40.6
2002	426.33	310.66	115.67	-4.4	-6.4	1.4
2003	356.81	236.30	120.51	-16.3	-23.9	4.2
2004	525.81	330.87	194.94	47.4	40.0	61.8
2005	872.83	635.87	236.96	66.8	93.7	21.6
2006	1792.44	1264.13	528.31	105.4	98.8	123.0
2007	2277.83	1169.97	1107.86	27.1	-7.5	109.7

① 古巴外交部部长的话，转引自〔日〕古谷浩一《中国将开展全方位外交》，《朝日新闻》2001 年 3 月 29 日。

续表

年份\项目	总额	出口	进口	年度变化（%）		
				进出口	出口	进口
2008	2257.86	1354.80	903.06	-1.3	15.6	-18.5
2009	1547.31	972.87	574.44	-31.5	-28.2	-36.4
2010	1832.28	1067.22	765.06	18.5	9.8	33.1
2011	1947.81	1043.66	904.15	6.31	-2.21	18.2
2012	1742.75	1173.58	569.17	-10.53	12.45	-37.1
2013	1879.42	1374.79	504.63	7.84	17.15	-11.3
2014	1395.48	1062.47	333.01	-25.75	-22.72	-34.01
2015	2216.45	1886.10	330.35	58.83	77.52	-0.01

资料来源：2000~2013 年数据来自中国商业部（http://www.mofcom.gov.cn）、中国国家统计局和 Asian Economic Database（http://ceicdata.securities.com/cdmWeb）；2014 年数据来自《中国统计年鉴》（2015）；2015 年数据来自中国海关总署。

表 14-2　21 世纪以来古巴的主要贸易伙伴

（占贸易总额的 %）

国别\年份	2002	2003	2004	2005	2006	2007	2008	2009	2010	2011	2012	2013
出口												
荷兰	20.9	25.1	29.6	30.0	28.0	11.8	7.8	8.2	7.8	10.4	11.8	8.2
加拿大	14.3	16.0	22.2	21.9	19.8	26.3	20.9	15.1	13.9	11.3	9.3	8.3
委内瑞拉	1.4	10.5	10.3	12.0	10.7	12.2	11.3	18.5	37.6	38.4	42.1	40.7
中国	5.2	4.6	3.7	5.2	8.9	25.1	18.4	17.9	14.7	12.4	7.8	6.2
进口												
委内瑞拉	17.5	14.8	20.5	24.7	23.5	22.3	31.4	29.2	40.4	42.1	43.8	32.5
中国	12.5	10.9	10.5	11.7	16.7	15.1	10.4	13.1	11.5	9.1	8.9	10.4
西班牙	13.6	12.6	11.4	8.7	9.0	9.8	8.7	8.4	7.4	7.3	7.3	8.3
美国*	4.2	7.1	8.0	6.3	5.1	5.8	5.6	7.6	3.9	—	—	—
巴西*	—	—	—	—	—	—	—	—	—	4.6	4.7	4.2

* 只提供前四位国家的数字。

资料来源：The Economist Intelligence Unit（EIU）. In Mao Xianglin, Adrian H. Hearn, and Liu Weiguang: "China and Cuba: 160 Years and Looking Ahead", *Latin American Perspectives*, Issue 205, Vol. 42, No. 6, November 2015, p. 145.

第十五章　古巴共产党人在探索社会主义本土化的道路上不断前进

在前面的十四章中，我们已就古巴社会主义的基本方面进行了探讨，本章作为最后一章，将主要阐述古巴共产党人在探索社会主义本土化伟大实践中所表现出来的革命精神，并以此作为本书的总结。同时，本章还将对古巴社会主义建设的基本经验教训进行简要的概括。此外，还将谈一谈人们所关心的而在前面的章节中未能涉及的现实问题，上述内容将分三节叙述如下。

第一节　古巴社会主义具有强大的生命力

一　古巴社会主义为何具有强大的生命力

近 60 年来，古巴社会主义制度历经磨难而坚持至今，原因何在？关于这一问题，已经在本书前十三章对各个方面的详细介绍中进行了广泛的探讨。为了提供一个更明确的概念，我们在这里简要地概括一下。古巴社会主义具有强大生命力的原因很多，主要有以下几点。

（一）古巴共产党是一个坚强、廉洁和联系群众的党

首先，古巴共产党是坚强的。如前所述，现在的古巴共产党是 1961 年由三个革命组织合并而成，1965 年改为现名。在建党过程中，领导层既反对“左倾”宗派主义，又反对右倾分裂主义，保持了党的正确方向和党内

的团结。在革命后的前30年中，古巴同苏联有着密切的关系，但古共从不允许苏联干涉其内部事务。20世纪80年代中期，戈尔巴乔夫上台后在苏联国内实行“改革”，古共从一开始就保持了警惕，及时地指出古巴的国情不同，不能照搬别国的做法。当苏东国家的“改革”出现偏差后，卡斯特罗曾提出尖锐的批评。1989～1991年的苏东剧变给古巴以巨大的冲击，美国趁火打劫，利用除直接入侵外的一切手段进行颠覆古巴政权的活动，其他西方国家和一些第三世界国家也对古巴施加强大的压力。这时，古共旗帜鲜明地向全国人民发出“誓死捍卫社会主义，誓死捍卫马列主义”的号召。在坚持原则的同时，党也开始了改革开放的历程。古共的坚定立场鼓舞了古巴人民，古共的求实态度和创新精神应对了各种挑战。在古共领导下古巴人民终于度过了最困难的时期，转危为安。

其次，古巴党是廉洁的。古共诞生在特殊环境下，从一开始便高度重视自身的建设，从严治党。其主要措施有：健全党的培训体系，加强党员和干部的政治思想教育；提高党员的文化程度，为改善党员的综合素质奠定基础；强化纪律，规范党政干部的行为准则；健全监督机制，防范党员和干部的越轨行为；严格执行党纪国法，以肃贪反腐事例警示全党全民；领导干部以身作则，不搞特殊化。一位曾出使古巴的日本大使感叹道，“古巴是世界上最罕见的平等社会”，在这个社会里“一般国民并不对党和政府领导人感到嫉恨和抱怨”。“这一事实正是在经济危机中古巴能够保持政治安全和社会安全的最大原因”。

最后，古巴党是联系群众的。一切工作都面向群众，将党同群众融为一体。其主要措施是：群众参与吸收党员的工作；党通过各种政治组织加强同群众的联系；群众参与制定党的政策。古巴党重视党群关系，特别是从20世纪90年代初开始的特殊时期，党和政府想尽各种办法，缓解群众的困难。如为缓解群众乘车难的问题，政府规定，凡公车（少数外事用车除外）有空位时，遇见街头有人要求搭车应允许乘坐，否则任何人均可举报。据报道，有位将军的专车每天上下班时沿途都要搭上一些素不相识的普通群众，他的专车几乎成了群众的“公车”。这一创举在国际上被传为美谈。党政领导干部同人民群众同甘共苦的精神，在国民中产生了强大的凝聚力，尤其卡斯特罗的领袖风范作用是巨大的。正是以卡斯特罗为首的领导集体在党内外享有崇高的威望，古巴才能够做到万众一心，众志成城，坚持走社会主义道路。

(二) 古巴社会主义政权高举了民族独立的旗帜

古巴曾遭受400年的西班牙殖民统治，在第二次独立战争即将取得胜利时（1898），美国以援助为名乘机占领了古巴。在20世纪上半叶，古巴实际上沦为美国的殖民地。直到1959年革命后，古巴才取得了真正的独立。1959年的革命是一场彻底的反帝反独裁的民主革命，在这场革命深入发展时走上了社会主义道路。美国想控制古巴，甚至吞并古巴的意图由来已久，可追溯到19世纪初美国提出门罗主义的时期。美国对革命后古巴的敌视态度不仅出于对社会主义的仇恨，而且出于古巴坚持了民族独立。革命后60年的历史表明，古巴社会主义政权是古巴民族独立的最坚定捍卫者。如果古巴放弃社会主义，美国是绝对不会允许古巴自由发展的，古巴将重新沦为美国的殖民地。古巴人民具有争取民族独立的光荣传统，有强烈的民族意识和民族自豪感，他们绝不会允许古巴重新回到殖民地时代。因此在古巴，社会主义和民族独立是密不可分的。苏东剧变后在美国加紧颠覆活动、苏东断绝一切支援的最困难时刻召开的古共四大提出了“拯救祖国，革命和社会主义”的口号。在古巴，没有社会主义就没有革命以来的建设成果，也没有独立而自由的祖国。事实上，那些反对社会主义的少数所谓“不同政见者”，恰恰是在拿美国人的钱进行活动，是一些企图在古巴建立美国傀儡政权的人。历史和现实教育了古巴人民，只有坚持社会主义才能保证民族的独立。古巴人非常珍视来之不易的民族独立地位，他们不惜一切代价来维护这一斗争的成果。

(三) 古巴社会主义政权坚持面向广大工农群众

革命胜利初期，卡斯特罗宣布，古巴革命是贫苦人的革命。革命后进行的土地改革、城市改革、扫盲运动，政府所实行的城市居民必需品定量供应制，以及提高妇女地位和消除种族歧视的种种措施，都是着眼于改善广大工农群众的经济、政治和文化状况。古巴政府于革命后不久便开始实行全民免费教育和全民免费医疗制度，大大地缩小了三大差别。这些制度坚持至今，即使在和平年代的特殊时期也没有放弃。当时古巴政府反复强调，决不让任何人无衣无食、流落街头，决不关闭任何一所学校或医院。古巴在1990～1994年的严重经济危机中坚决反对采取损害广大群众利益的所谓“休克疗法”。广大群众懂得，放弃了社会主义，这一切福利都将付之东流。因此，即使在最困难的时候，大多数人仍认为不能放弃社会主义制度，但是要“改善”它。特别是当人们看到苏东国家在改制后老百姓的生活并没有得到改善，反而更加缺乏保障时，他们普遍地增强了对社会主义制度的信心，认为古巴离开社会主义是没有前途的。古巴在教育、医疗卫生、体育、文化等方面取得的成绩举世公认，国民都认为这些都是实行社会主义制度的结果。特别是由于长期实行全民免费教育，古巴国民的文化水平普遍较高，人们的理性思维能力增强了，党和政府的决策和号召容易得到理解和响应，因而对困难的承受能力也就比较强。

（四）古巴建立了社会主义民主政治体制

早在革命胜利初期，古巴就提出了实行“直接民主”，即通过大型的群众讨论来决定体现国家大政方针的重要文件。分别于1960年和1962年发表的第一个和第二个《哈瓦那宣言》就是以这种形式通过的。然而，这种适合于激情高涨的革命年代的民主形式也有其局限性，在20世纪60年代后期就不再使用了。但是，党和国家的领导层对社会主义民主政治体制的探索并未停止。在70年代前期，全国宪法起草委员会提出的宪法初稿经过各界人士广泛深入的讨论和认真修改后形成了共和国宪法草案。这一草案于1976年2月经全国公民投票通过后生效。在宪法的基础上建立了人民政权代表大会制。古巴的人代会制度与西方国家的议会制和和总统制不同，是议行合一的国家体制。从20世纪90年代初起，在市（县）以下，即在城市的区和农村的乡、镇增设了“人民委员会”，作为人代会的基层机构。人民委员会由区内选出的代表组成，其主席从这些代表中产生。人民委员会的设立意在将国家的政权机构一直延伸到基层，更好地发挥人民群众参政议政的作用。从80年代后期起，古巴提出“参与制民主”的概念。古巴领导人认为，代议制民主固然重要，但更重要的是调动全体民众积极参与国家大事的讨论和管理，因此还需要有“参与制民主”。古巴于1992年修改了宪法，将省人大代表和全国人大代表从间接选举改为直接选举，实现了各级人大代表的直接选举。在古巴，人民群众直接参与国家大事的讨论和重要法律的制定。古巴的政治组织很多，除了党和共产主义青年联盟外，有其成员占人口 2/3 的保革会、占人口 1/3 的妇联，占人口 1/4 强的工会，以及大学联、中学联、小农协会，作家艺术家联盟等。凡是党和国家的重要文件、法律文本包括党代会的中心文件的初稿，都要提交给这些组织进行广泛而充分的讨论，以征求意见。每一个公民总会属于这个或那个组织，因此实际上党和国家的重要文献（包括重要法律）都是经过全民讨论而制定的。此为古巴社会主义民主政治的一大特色。由于有了一整套民主政治机制，绝大多数古巴人在政治上有归属感，其诉求可通过相应的渠道得到受理。

总之，在古巴，广大民众有自己可以信赖的领头人——古巴共产党；在党的领导下实现了人们几百年来的梦想，取得了民族独立，提高了国际地位；公平地享受全社会所创造的劳动成果；显著改善了自身的文化素质；广泛地参与管理国家的事务，真切地感受到自己是这个社会的主人。这些成就绝非外来者的恩赐，而是全体人民经过几十年艰苦奋斗所取得的，怎能轻易放弃呢？诚然，现在古巴经济还比较困难，造成困难的原因是多方面的，而且在困难前面，党政干部同群众上下一心，同甘共苦，不搞特殊化，群众的心理是平衡的。虽然困难，但普通百姓的基本生活还是有保障的。当代古巴人占主流的价值观念是政治权利和精神追求重于物质需求。绝大多数古巴人支持走社会主义道路，这是古巴社会主义具有强大生命力的根本原因。

二　古巴人的实际生活水平究竟怎样

这是一个人们普遍关心而容易被误解的问题。目前在国际上常常有人说古巴人生活很苦，所举的例子往往是普通劳动者的平均月收入只有 20 多美元，一个科学工作者的月收入还不到 40 美元，等等。如此似乎的确很难生活下去。诚然，古巴人当前的生活水平确实不高，这正是古巴领导人带领全国人民奋力解决的问题。但是，简单地讲月收入有多少，显然不能反映实际情况，很容易引起误解，导致片面的结论。因此，有必要加以澄清和说明。关于古巴劳动者的工资收入问题，有两点是需要说明的。

第一，古巴实行全民免费教育、全民免费医疗政策，房租也很低，数十年来一贯如此。社会保障制度日益完善。在通常的概念中，职工工资收入的消费项目应包括子女教育费、本人和家庭成员的医疗费的，但在古巴，这些费用全部由国家负担。换言之，原本由职工工资中支出的这些费用已由国家扣除了；如不扣除的话，职工的所得将比现有的工资多得多。至于住房消费，经过革命胜利初期的《城市改革法》，和 1985 年的新住房法的实施，现在 90% 的城市居民都有自己的住房。需要租房的人，房租也是很低的。在发展中国家，一个职工的家庭生活消费中这三项重要消费项目都没有包括在古巴人的工资消费中，或消费支出很少。此外，古巴的公用事业（包括水、电、煤气等）和交通的费用也很低。

第二，古巴从 1962 年起便一直对城市居民的基本消费品实行凭本（libreta）定量低价供应和分配，包括基本消费品（含食品）和日用必需品两大类。由于有政府的高额补贴，这些定量物品的价格是很低的。在特殊时期，商品的价格分定量供应价、农贸市场价和外汇市场价等。定量供应价低于商品本身的价值，不受供求关系的影响。其价格同市场价之差从几倍到几十倍不等。古巴职工工资的主要消费项目是购买这些生活必需品。当然，由于物资紧缺，这些商品只能满足家庭生活的部分需要，还需要到农牧市场上按市场价购买另一部分。但是，定量部分是受到国家高额补贴的。

美国美洲对话组织（Inter-American Dialogue）的一位学者于 1997 年到古巴访问时，就上述问题向古巴的有关方面进行了调查。她在了解了实际情况后认为，一概用美元来折算古巴职工比索①工资的做法没有反映实际情况，因而是不科学的。她提出，平均工资额应按美元与可兑换比索的汇率计算。其理由是定量供应的食品和日用必需品、公共交通、公用事业费用和住房费用都是按可兑换比索（红比索）汇率收取的。只有在平均工资以

---

① 古巴的比索分两种：可兑换比索（Peso Convertible，俗称红比索），2015 年同美元的汇价是 1∶1；比索（Peso，俗称土比索）同可兑换比索的汇率是 24∶1。因此，24 个比索等于 1 美元。

上（或相差）的部分才应由美元与不能兑换的比索（土比索）的汇价计算。她据此提出了一个公式：

实际工资(美元)=平均工资+(本人工资-平均工资)÷土比索汇率[①]

根据这个公式，本书作者现以2015年为例，国营和混合企业职工的月平均工资为687比索，制糖工业职工的平均月工资为1147比索；[②] 同年的可兑换比索与美元的汇率为1∶1；比索与美元的汇率为24∶1。因此，一个制糖工业职工的平均月工资应为：

706美元=687+(1147-687)÷24[③]

照此类推，如科学工作者和技术革新人员的月工资为1015比索，则应为701美元，等等。当然，她的具体算法还可以进一步研究。但是可以肯定地说，简单地用美元的比索（土比索）汇率来折算古巴人的比索工资收入是不符合实际的。今天，政府的大量高额补贴和教育、医疗等的免费，使古巴职工在通常意义上的平均月工资收入绝非只有几十美元。

第二节　古巴社会主义建设的基本经验和教训

古巴自1961年4月16日宣布进入社会主义阶段至今已有近60年。古巴经历了社会主义改造（1961~1963）、对社会主义建设道路的探索（1964~1970）、政治经济的制度化和合理化（1971~1980）、新体制的运作和调整（1981~1985）、对新体制的反思和纠偏运动（1986~1989）、苏东剧变后的特殊时期（1990~2005）、社会主义模式更新（2006~　）等不同的时期。在1990年以前的30年间，古巴主要是靠苏联等社会主义国家的支援搞建设，经济取得一定的发展。苏东剧变后，这些国家突然中断了同古巴的一切经贸关

① Ana Julia Jatar-Hausmann. *The Cuban Way: Capitalism, Communism and Confrontation*, Kumarian Press. West Hartford, CT, 1999, pp. 113-115.

② Oficina Nacional de Estadísticas: *Anuario Estadístico de Cuba 2015*. (tabla 7.4), p. 171. http://www.one.cu/aec2015/00%20Anuario%20Estadistico%202015 pdf (2017-04-14)

③ The Economist Intelligence Unit. *Country Report: Cuba, July 2015*, p. 13.

系，美国又乘机加紧对古巴的封锁和颠覆活动，古巴承受着双重的巨大压力，陷入了前所未有的困境和危机之中。这时，国际上的许多人认为古巴的社会主义政权已是必垮无疑了。美国总统老布什幸灾乐祸地声称，他已经听到“古巴的大厦”即将倾覆的吱吱作响声。在美国的反古分子更扬言要在1990年打回哈瓦那过圣诞节。然而，以卡斯特罗为领袖的古巴共产党人临危不惧，沉着应战，毫不动摇，坚持斗争，团结全国人民克服重重困难，度过了从1990年至1994年的最困难时期，实现了“拯救祖国、革命和社会主义”的目标，使形势逐步好转。有的外国传媒认为，这是当代国际政治中的一个“奇迹”。古巴在特殊时期中进行了有限的改革，从2006年起踏上了“更新”发展模式的征程。古巴社会主义建设的历史充满挑战和应战，波澜壮阔，荡气回肠，其中的经验和教训都是很丰富的。

一　基本经验

（一）在一个国家搞社会主义建设，必须要有一个好的党和好的领袖

这个党应该是坚定、廉洁、扎根于群众的党，其成员应该是群众的优秀代表。党在领导社会主义建设中无论遇到多大困难，都能保持坚定的立场和正确的方向；同时，也要有务实和灵活的政策，不断探索，勇于创新。在这里，领袖的作用是不可忽视的。只有领袖的坚定，才能有领导集体的坚定；只有党的坚定，才会有全国人民的坚定。

（二）在一个第三世界的小国中搞社会主义，共产党应该是民族解放斗争传统的继承者和民族独立地位的捍卫者

共产党只有高举民族独立的旗帜，大力弘扬爱国主义精神，才能赢得全国人民的支持，把群众最大限度地团结在党的周围，为社会主义建设而奋斗。

（三）现代社会所应信奉的基本理念是公正、共享和发展，搞社会主义尤其应重视社会公正问题

由于第三世界国家经济不发达，一个时期内这三者的重点可以有所不同，但都不能忽视。古巴在革命胜利后不久便开始实行全民免费教育、全民免费医疗和城市居民生活必需品的定量供应制等，这都是为实现公正、

共享的目标而采取的重大措施。前两项虽然用去了相当多的国家财政支出，但其社会意义是巨大的，现今的古巴人把社会福利政策视为古巴“革命的成果”而引为自豪。

（四）不断提高政治文明的程度是社会主义追求的目标之一

努力完善民主政治体制，最大限度地动员人民群众参政议政是社会主义建设的基本内容之一。古巴提出的“参与制民主”以及在此理论指导下形成的一整套民主政治体制是古巴特色社会主义的一大亮点，在古巴行之有效，也是值得其他国家借鉴的。

（五）从根本上提高国民素质是社会主义事业的领导者必须时刻关注的问题

国民素质包括文化程度、健康水平等。古巴领导人高瞻远瞩，在这方面抓得早、抓得好，随着时间的推移日益显现其对巩固和发展社会主义的重大意义。早在革命胜利初期古巴就开展了大规模的扫盲运动，在其后的数十年中逐渐形成了一整套先进的教育制度。医疗卫生保健方面，古巴克服了初期的种种困难，坚持面向群众，经过多年的努力也建立了完整而先进的医疗体系。目前，古巴在教育、医疗、社会保障、体育等方面均达到世界先进水平。一个第三世界的小国却是世界上的教育强国、医疗强国、体育强国和文化强国，这在国际上是罕见的。人们不能不承认这是社会主义制度优越性的体现。

（六）确保国家的安全是一个社会主义国家存在和发展的根本条件

安全问题主要包括两个方面：对外关系和国防力量。就古巴而言，就是坚决抵制美国的封锁禁运，对美国的敌视政策采取针锋相对的斗争，而对其他国家则采取区别对待的政策，特别是对包括拉美在内的第三世界国家实行国际主义政策，进行各种形式的支援，这一总的外交方针取得了良好效果。与此同时，古巴在国内制定了适合本国国情的名为“全民战争思想”的国防战略，做到亦民亦兵，全民皆兵，必要时可以街（乡、镇）自为战，人自为战，为随时可能发生的外部入侵做好充分准备，使妄图入侵的敌人不敢贸然动手，维持了数十年的国家安全。古美关系的发展历程是当今世界上小国成功抗衡大国霸权的典型范例。

二 主要教训

古巴在社会主义建设中取得了巨大的成就，积累了丰富的经验，但也有不少教训，其中主要是经济搞得不好。关于这个问题，我们将在下一节详细讨论。

第三节 古巴在“更新”模式的进程中砥砺前行

劳尔主政后在总结本国和外国建设社会主义经验、教训的基础上，提出了“更新”古巴发展模式的卓越构想，并通过古共六大使其成为全党和全国人民的行动纲领，为古巴的发展摆正了方向，开辟了光明的前景。这无疑是一件具有里程碑意义的大事。人们迫切地期望摆脱困境，然而，数年过去了，改革工作进展缓慢。到 2016 年 4 月古共七大时，在六大通过的 313 项改革议题中，只贯彻了其中的 21%，77% 的议题仍在落实中，2% 尚未开始落实。经济状况并无大的起色。自 2008 年以来，GDP 的年增长率均在 4.3% 以下；2011 ~ 2015 年，GDP 的年增长率年均增幅为 2.8%。2014 ~ 2015 年，大部分主要工农业产品产量尚未恢复到苏东剧变前的 1989 年水平。据古巴官方的统计，在 12 种主要工业产品中有 7 种未达到 1989 年的水平。以差距程度为序，分别是：化肥为 1989 年的 -96%，糖为 -80%，纺织品为 -77%，鞋为 -63%，水泥为 -59%，肥皂为 -46%，钢为 -24%。在 10 种主要农业产品中有 8 种产量低于 1989 年的水平。这 8 种分别是：咖啡为 1989 年的 -93%，鱼类及贝类为 -70%，牛奶为 -52%，烟草为 -47%，酸性水果为 -35%，牲畜为 -17%，蛋类为 -9%，大米为 -6%。20 多年间人口已增加了 576856 人，[①] 而大部分主要工农产品的产量还不如从前，民生的困境可见一斑。[②]

---

① 1990 年古巴人口为 10662148 人，2015 年增至 11239004 人。Oficina Nacional de Estadística e Información: *Anuario Estadístico de Cuba 2015* (tabla 3.1), p. 90.

② 详见本书第七章表 7-3、表 7-4；〔古〕里卡多·托雷斯·佩雷兹：《古巴经济模式更新：十年回顾与反思》，贺钦译，《当代世界社会主义问题》2018 年第 2 期，第 37 页。

古巴职工的实际工资从20世纪90年代初特殊时期开始后大幅度下降，至今未能恢复。由于生活困难和对前途失去信心，趁古巴同美国改善关系之机，不少人以脚投票，出现了新一轮的移民潮，逃至国外的人数以万计。[①] 从国际对比来看，在现有的社会主义国家中，无论是大国还是小国，在开始改革开放后，经济很快大为改观，而古巴的经济非但迟迟未能上去，反而下降了，原因何在？

古巴经济滞后的原因是多方面的。从客观上说，美国长期的经济封锁使古巴损失了1258.73亿美元；近年来古巴主要出口商品的国际价格下降；主要贸易对象国委内瑞拉和巴西经济困难，致使古巴的对外贸易额下降；每年还要对外支付高额的外债利息。此外，作为小的岛国，古巴的自然灾害频发，几乎每年都有大小不等的旱灾、水灾或风灾，造成不少经济损失。主观原因主要是政策未能跟上形势的发展。干部的思想影响了政策的制定和推行。目前有一些干部对社会主义建设的规律仍囿于旧的观念，未能重新认识，对当代世界社会主义运动中普遍认同的新理念、新经验不敏感，特别是对社会主义条件下市场的重要作用缺乏新的认识。正如劳尔在古共七大报告中所说："（对改革的）最主要的障碍，如我们所预期的，是过时的僵化的思维方式形成的一种惯性态度。"这些干部（包括少数高层干部）过分强调古巴的特殊性，对其他国家在改革中出现的负面现象看得过重，并以此作为坚持保守思想的根据。他们未能深入地、客观地总结本国多年来建设社会主义的经验教训，因而无法果断地摒弃那些理想主义的、脱离实际的、过"左"的政策措施。[②]

古巴和现有的其他社会主义国家一样，均为发展中国家，也都处于社会主义建设的初级阶段。这个阶段是一个相当长的历史时期，在此期间的

---

① Oficina Nacional de Estadísticas："VI. 2 Saldo migratorio externo por sexo y tasa de saldo migratorio externo. Años 1966 - 2015"，*Anuario Demográfico 2015*，p. 99. http://www.one.cu/publicaciones/cepde/anuario_2015/anuario_demografico_2015 pdf（2017 - 08 - 11）

② 例如，前经济部部长 José Luis Rodriguez 否定社会主义市场经济的作用。他说，"历史经验已经证明，这种市场经济只产生了一个没有社会主义的市场，没有产生出别的东西"。见他于2014年12月向墨西哥《每日报》（*Jornada*）记者的谈话，载墨西哥《更新》（*Renovation*）杂志。

经济结构应是多种经济成分并存；主要任务是在共产党领导和坚持社会主义方向的条件下大力发展经济。在经济领域中，高度集中的计划经济的最大缺陷在于没有发挥市场的作用。经济活动中要解决的一个根本问题是如何最有效地配置资源。为此目的，不仅要用好政府的力量，而且要充分发挥市场的力量，也就是用好“看得见的手”和“看不见的手”，使市场在资源配置中起决定性的作用。[①]

在振兴经济的努力中面临的另一个重要问题是如何对待个体经济（即民营经济）的发展。国际经验表明，在社会主义国家中，民营经济不仅对国民经济做出了巨大贡献，而且是社会稳定和繁荣的重要基础。加速经济发展是需要投资的，资金从何而来？主要靠国内。民营经济是一支新的生力军，是重要的经济增长点，其发展将增加社会经济总量，从而满足国家对资金的需求。民营经济的发展可以扩大就业，并奠定良好的微观基础，有助于社会的稳定。因此国家应将民营经济视为社会主义经济的重要组成部分，与国有经济共同发展，为其发展创造良好的政治、经济和社会环境。[②]

为了保证市场机制的健康运行和个体经济的迅速发展，人们在思想认识上还需要处理好以下几种关系。

第一，改革、发展、稳定之间的关系。以改革促发展，以发展保稳定；改革是原动力，不能减速。

第二，效率与公平的关系。发展是当务之急，短期内效率优先是必要的。

第三，当前利益与长远利益的关系。发生矛盾时，当前利益应服从于长远的利益。

当前，古巴的模式更新正处于关键时期，时不我待。我们冒昧地建议，当下有必要以两次党代会的文件和劳尔历次讲话的精神，就市场和个体经济问题在党内外开展一次大讨论，以统一思想，甩掉包袱，轻装前进。我们相信，古巴共产党人有充分的能力和智慧，排除障碍，选择和实施迅速振兴经济的最佳方案，尽早摆脱短缺经济的困境，走上繁荣富强之路。

---

① 参见高放、李景治、蒲国良主编《“科学社会主义的理论与实践”疑难解析》，北京：中国人民大学出版社，2004，第 251～255 页。

② 参见高放、李景治、蒲国良主编，同上书，第 255～258 页。

结束语

在结束对古巴社会主义的探讨时，我们打算提出以下几点总的看法。

第一，回顾古巴400年的殖民地史和独立后50多年被美国控制的共和国史，其中包括20世纪30年代资产阶级革命的失败，古巴在1959年革命后选择社会主义道路是历史的必然。这一历史性的选择是国内国际诸种因素综合作用的结果，并非由某一外来因素单独决定，美国的敌视态度只是起了促进的作用。应该说，这种选择是由整个古巴民族自身做出的，不是某一阶级、阶层或集团的单独行为。古巴选择社会主义，有其深远的历史根源和多种现实条件，离开了这些因素，古巴是不可能迅速走上社会主义道路的。古巴进行社会主义建设的基本战略是将自己结合到世界社会主义大家庭中，借助其他社会主义国家特别是苏联的强大力量来谋求本国的发展。这一战略是在当时国内和国际条件下做出的最佳选择，尽管也给古巴带来了压力和风险。正是因为有了近30年建设的积累，为社会主义制度打下了物质基础，才能顶住苏东剧变的震荡，渡过难关。苏东剧变打断了古巴原有战略发展的进程，使古巴面临巨大的挑战，但这并不是古巴选择这一战略本身的失误。古巴最终战胜了挑战。1989～1991年苏东剧变前，虽然古巴是独立而自由的，但由于要依赖苏联的援助，还不得不适当地照顾其利益。苏东剧变使古巴结束了这种依赖关系，从此古巴彻底独立而自由了。古巴人以此为自豪。

第二，古巴的社会主义建设实践就其大部分时间而言，同其他社会主义国家一样，都是先仿效苏联的建设模式，然后再转入本土化的探索。苏联模式的基本特点是：社会主义公有制加计划指令与有限市场的结合，再加上高度集中的现代国家机构。然而，古巴在借鉴苏联模式的同时也保持了自己的特点。这主要集中表现在两个方面。其一，古巴的社会主义建设在对外关系上强调民族性和独立自主，反对外来干涉，具有鲜明的反帝性。古巴反帝的坚定性贯穿于其整个社会主义建设进程，古巴是同美帝国主义侵略势力彻底决裂的第一个拉丁美洲国家。古巴所举起的反帝旗帜鼓舞着许多争取民族独立的人们。其二，古巴的社会主义建设对内采取在经济、政治、社会等诸多方面“整体推进”的方式，一反其他国家通常采取的先发展经济特别是先实现工业化，然后以此来带动社会发展的做法。古巴从建设社会主义初期起就实行普及全民的福利政策，并将政治参与、公平分配和社会和谐作为现代化的重要内容和努力方向。这种模式的优点在于：在整个建设过程中人民群众从一开始就能均衡地享受到社会发展的成果，避免了资本主义发展过程中必然出现的两极分化等负面现象的产生；古巴的人文社会指标提前实现现代化，使之远远超过了具有同等或相似国力的其他国家的水平。然而，这种模式也有缺点，即造成经济发展缓慢，这也是古巴长期以来始终未能摆脱短缺经济困境的重要原因之一。

第三，近60年来，古巴在社会主义本土化的探索中经历了四次转变。第一次转变发生在20世纪60年代后期，是追求全面国有化时期。高指标无法完成而经济出现比例失调后只能改弦更张。第二次转变从1970年到1989年，是实施政治制度化和经济合理化时期。从实施利用市场因素的“经济领导和计划体制”到否定这一体制，显示了领导思维中过“左”的倾向。第三次转变发生在1990年至2006年的特殊时期。在此期间进行了有限的改革以渡过难关。但当经济有所好转后又采取收缩政策。到90年代末期，经济开始出现危机，一直延续到21世纪头10年的中期。这三次探索的共同特点是，这些探索都是在高度计划的体制内进行的，排斥市场因素在社会主义经济中的作用，抑制非公经济的发展，因而未能找到最佳的发展途径。第四次转变从2007年开始至今，目前古巴正处于这一转变中。古巴共产党人在总结数十年的经验教训和探索历程后，终于找到了症结所在，即必须更新现有的发展模式。这一突破具有里程碑的意义，使改革走上了正确的道路。只要毫不动摇和毫不停步地坚持沿着这条道路走下去，古巴必将迎来繁荣富强的未来。

第四，社会主义制度是人类历史上的新生事物。自俄国十月革命诞生了第一个社会主义国家以来还只有100多年。在此期间，虽然资本主义有了迅速的发展，至今仍能生存，但其基本矛盾和各种痼疾是资本主义制度本身无法解决的。随着时间的推移，这些矛盾和问题日益严重，最终必将被社会主义所取代。而社会主义虽然经历了曲折，目前还处于低潮，但它毕竟代表着人类的未来和方向。现有的几个坚持社会主义制度的国家就是在为人类社会开辟一条新路而进行着伟大的实践和探索，是这条新路勇敢的先行者和开拓者。它们在实践和探索中已经形成了一整套崭新的体制和价值观念，其中包括民主政治体制，混合经济体制，新的生存观、发展观、人权观，等等。它们还将在今后的实践和探索中不断完善和丰富这些体制和观念。就具体国家来说，古巴数十年的社会主义建设在人文发展方面取得了举世瞩目的成就，已经积累了许多经验。这些经验不仅对发展中国家具有借鉴意义，而且还受到发达国家的重视。例如，2000年3月，英国医学专家在古巴考察后赞扬古巴的公共医疗制度，说这值得英国借鉴。[①] 就整体而言，今天世界上所有为社会主义而奋斗的人们，他们所做的一切不仅仅是为了本民族的利益，而且也是为了人类的未来。因此，古巴的建设经验（包括正反两方面的经验和教训），不仅对本国和其他社会主义国家具有重要的现实意义，而且也是人类宝贵的精神财富。这种具有重要意义的伟大创举，理应得到国际社会的尊重和理解，甚至同情和支持。然而几十年来古巴在开拓社会主义新路中与种种困难进行顽强斗争的同时，还遭到美国的打击和扼杀，美国对社会主义古巴是欲必除之而后快，这是当今国际社会中最不公正和最不合理的事情之一。一切有理智和有正义感的国际舆论和世界上所有要求实现和平、进步与发展的人们都应为反对这种强权和霸道而斗争。我们相信，古巴人民在古巴共产党的正确领导下必将战胜一切困难，顶住各种外来压力，排除自身的思想障碍，继续探索符合本国国情的建设规律和发展途径，更充分地发挥社会主义的优越性，把古巴本土的、可行的社会主义事业不断地推向前进。

---

① Reuters, *Espectalista inglesa elogia el sistema de asistencia medica de Cuba*, La Habana, 24 de marzo de 2000.

古巴大事记

公元前约 2000 年 古巴岛开始有人类居住。

公元前约 1000 年 印第安人西沃内部族移入古巴岛。

公元 1100～1450 年 印第安人泰诺部族大量移入古巴岛，分布在岛上的大部分地方。

1492 年 10 月 27 日夜，哥伦布到达古巴岛的东北部海岸。其时，岛上除泰诺人和西沃内人外还居住着瓜纳哈塔韦伊人，共有 10 万～20 万人。

1508 年 西班牙殖民者塞瓦斯蒂安·德奥坎波（Sebastian de Ocampo）对古巴岛的海岸进行了首次考察。

1509 年 西班牙征服者迭戈·贝拉斯克斯率领约 300 人的远征队从东部进入古巴岛。在此后的 4 年中完成了对全岛的占领，并建立了巴拉克阿（Baracoa）等七个原始城镇。

1512 年 2 月 2 日印第安酋长阿图埃伊（Hatuey）被西班牙殖民者烧死。

1513 年 西班牙殖民当局允许黑奴进入古巴。

1519 年　西班牙殖民者在北部海岸建立哈瓦那城。

1529～1532 年　爆发以酋长瓜马领导的印第安人武装起义。

1533 年　在离巴亚莫不远的霍巴博矿场发生第一次黑奴暴动。

1536～1555 年　1536 年法国海盗抢劫哈瓦那；1537 年，抢劫圣地亚哥；1554 年再次抢劫圣地亚哥；1555 年法国另一伙海盗抢劫和烧毁了哈瓦那。

1540 年　由于古巴的黄金已被开采殆尽，从 1519 年起，西班牙殖民者大量外移。到 1602 年，古巴人口只有 2 万人。

1603 年　巴亚莫发生反对殖民政府的暴动。

1717 年　殖民当局实行烟草垄断制度（factoria）。此后，烟草种植者反抗殖民当局的暴动不断发生。1812 年，烟草垄断制度被迫取消。

哈瓦那圣赫罗尼莫皇家与教皇大学（即哈瓦那大学的前身）成立。

1762 年　8 月 31 日，英国军队占领哈瓦那，11 个月后以交换西班牙占领的佛罗里达为条件而退出该城。

1776 年　美国革命促进了古巴同美国的贸易关系。

1790 年　古巴第一家报纸《时代报》（Papel Periodico）创刊。

1791～1804 年　海地革命促使大批蔗糖和咖啡种植者移入古巴，刺激了古巴蔗糖和咖啡生产。

1792 年 国家之友经济学会（La Sociedad Economica de Amigos del Pais）被批准成立。

1809 年 由拉蒙·德拉鲁斯·西尔维拉和华金英方特领导的独立运动兴起，主张建立共和国，提出古巴第一部以独立为基础的宪法。

1812 年 爆发以何塞·安东尼奥·阿庞特为首的大规模起义，主张建立独立的黑人共和国。

1821～1823 年 由诗人何塞·马利亚·埃雷迪亚和土生白人军官何塞·弗朗西斯科·德莱穆斯领导的秘密组织“玻利瓦尔的阳光和闪电”，提出废除奴隶制和建立独立的“古巴纳坎共和国”的目标。

1823 年 美国国务卿约翰·昆西·亚当斯提出“熟果”理论。

1837～1838 年 拉丁美洲的第一条铁路在古巴建成。

1847 年 政府颁布法令，正式批准从亚洲输入契约劳工。

1853 年 何塞·马蒂诞生。

1866 年 古巴第一个工会组织哈瓦那劳动者协会成立。

1868 年 10 月 10 日，爆发由卡洛斯·曼努埃尔·德塞斯佩德斯领导的起义，发表“雅拉呼声”，标志着第一次独立战争（又称“十年战争”）的开始。10 月 16 日，起义军宣布古巴独立。1869 年，起义者代表召开大会，制定宪法，成立统一的临时政府，德塞斯佩德斯被任命为临时共和国总统。

1871 年 11 月 27 日，殖民当局以莫须有的罪名杀害了 8 名哈瓦那大学医学系学生。

1878 年 2 月 10 日，起义军同西班牙人签订《桑洪条约》，结束了独立战争。但安尼奥·马塞奥将军领导的部分起义军拒绝这一条约，决定继续战斗，史称“巴拉瓜抗议”。

1879～1880 年 1879 年 8 月，一些起义军在奥连特省继续战斗。次年 5 月，加利斯托·加西亚将军率远征军回国继续进行独立战争。史称“小战争”。

1885 年 古巴第一个劳工联合会“哈瓦那工人社团”成立。

1886 年 西班牙颁布法令完全废除奴隶制。

1892 年 1 月，第一次全国工人代表大会在哈瓦那召开。

1893 年 4 月 10 日，古巴革命党在美国佛罗里达的坦帕成立，何塞·马蒂被选为首席代表。

古巴糖产量第一次达到 100 万吨。

1895 年 2 月 24 日，第二次独立战争开始，在奥连特省的多处城镇爆发起义。5 月 19 日，何塞·马蒂在战斗中牺牲。9 月 13 日，起义军召开代表大会，宣布独立，通过宪法，成立临时政府，选出战时共和国总统。

1898 年 起义军解放了大部分国土。4 月 28 日，美国正式向西班牙宣战，西－古－美战争开始。8 月，西班牙向美国投降。12 月 10 日，美国同西班牙签订《巴黎和约》，但不允许古巴代表参加。

1899 年 2 月，古巴社会党成立。

1899～1902 年 1899 年 3 月 1 日，美国正式对古巴进行军事占领。1901 年 6 月，美国强行将《普拉特修正案》载入古巴宪法。1901 年 12 月，托马斯·埃斯特拉达·帕尔马就任古巴总统。1902 年 5 月 20 日，美国结束军事占领，古巴共和国成立。

1900 年 古巴人民党成立。

1903 年 2 月，美国迫使古巴把关塔那摩和翁达湾租给美国作为海军基地。

卡洛斯·巴利尼奥等创建第一个传播马克思主义的组织“社会主义宣传俱乐部”。1905 年，在巴利尼奥的努力下，工人党接受马克思主义，改名为社会主义工人党。1922 年，巴利尼奥建立哈瓦那社会主义同盟。

1906～1909 年 美国第二次占领古巴。

1912 年 美国以扩大关塔那摩基地为条件放弃了所占领的翁达湾基地。

5 月 20 日，有色人种独立党领导的黑人在奥连特省等地发起暴动，抗议种族歧视政策，遭到政府的残酷镇压。美国军队参与了镇压。

1917 年 古巴对德国宣战。

1917～1922 年 自由党人为反对马里奥·加西亚·梅诺卡尔通过贿选连任总统，发动起义，美国再次出兵古巴，参与镇压。美军驻在古巴直到 1922 年。

1925 年 8 月 8 日，第一个全国性的劳工联合会“古巴全国工人联合会”（CNOC）成立。

8 月 16 日，古巴共产党成立。

1927 年 大学生指导委员会（DEU）成立。

1929 年 1 月 10 日，古巴共产党创始人之一胡利奥·安东尼奥·梅利亚在墨西哥城被古巴独裁者马查多雇用的刺客暗杀身亡。

古巴共产党派出三名代表参加于 6 月 1～12 日在布宜诺斯艾利斯举行的拉丁美洲国家共产党第一次代表会议。

1933 年 8 月 12 日，在全国总罢工的强大压力下，赫拉尔多·马查多－莫拉莱斯的独裁政府被迫下台，史称“1933 年革命”。由卡洛斯·曼努埃尔·德塞斯佩德斯继任总统。9 月，德塞斯佩德斯政府被富尔亨西奥·巴蒂斯塔策动的“军曹起义”所推翻，由拉蒙·格劳·圣马丁继任临时总统。

1934 年 1 月，巴蒂斯塔推翻了格劳政府，由卡洛斯·门迭塔·蒙特富尔继任总统。

3 月，美国废除《普拉特修正案》，但仍保持对古巴的控制，并继续占领关塔那摩海军基地。

4 月 20～22 日，古巴共产党举行第二次代表大会。有 67 名代表参加。

古巴革命党（又名真正党）成立，领导人是拉蒙·格劳·圣马丁。

1838 年 古巴共产党取得合法地位。

1 月 10～15 日，古巴共产党在圣克拉拉市举行第三次全国代表大会。

古巴全国工人联合会（CNOC）改组成古巴工人联合会（CTC）。

1940 年 10 月，古巴通过一部比较进步的资产阶级宪法。

古巴共产党同革命联盟党合并，称为共产主义革命联盟党；1944 年，改名为人民社会党。

1941 年 12 月，古巴对德、意、日法西斯国家宣战。

1947 年 古巴革命党发生分裂，以爱德华多·奇瓦斯为首的一派另立新党，称古巴人民党（又名正统党）。1951 年，奇瓦斯自杀身亡。

1952 年 3 月 10 日，富尔亨西奥·巴蒂斯塔在美国支持下发动军事事变，上台执政。

1953 年 7 月 26 日，菲德尔·卡斯特罗（以下简称卡斯特罗）领导的武装起义，攻打圣地亚哥的蒙卡达兵营等地。10 月 16 日，卡斯特罗在敌人的法庭上发表了后来名为《历史将宣判我无罪》的长篇辩护词。

1955 年 6 月 21 日，“七·二六运动”成立。

1956 年 11 月 25 日，卡斯特罗率 81 名革命战士从墨西哥乘“格拉玛号”游艇回国。12 月 2 日，在奥连特省南岸登陆；随后转入马埃斯特腊山区，建立游击根据地。

1957 年 3 月 13 日，何塞·安东尼奥·埃切维利亚率领 40 多名起义者攻打总统府，遭到失败，埃切维利亚在战斗中牺牲。

1958 年 6 月 20 日，“七·二六运动”同大多数反对党派在委内瑞拉首都举行会议，签署《加拉加斯协定》，建立“革命民主公民阵线”。

10 月，卡斯特罗在马埃斯特腊山区颁布名为“第三号法令”的第一个土地改革法。

1959 年 1 月 1 日，巴蒂斯塔逃往国外。卡斯特罗领导的起义军胜利进入哈瓦那，推翻独裁政权，宣告古巴革命的胜利。

1 月 8 日，革命政府宣告成立。原大法官曼努埃尔·乌鲁蒂亚任总统，律师何塞·米罗任总理，卡斯特罗任革命武装力量总司令。

2 月 16 日，卡斯特罗接受临时政府总理职务。

4月15~27日，卡斯特罗应美国报刊主编协会邀请访问美国，19日美国副总统理查德·尼克松会见卡斯特罗。

5月17日，政府颁布《土地改革法》。

10月，政府颁布《石油法》和《矿业法》。

12月11日，美国总统艾森豪威尔批准针对古巴的行动计划，目标是在一年之内推翻卡斯特罗政权。

1960年 2月，苏联副总理米高扬访问古巴，许诺向古巴提供1亿美元贷款，并签署购糖和出售石油的协定。

3月4日，装载军事物资的法国货轮“库布雷号”在哈瓦那港爆炸，造成101人死亡，200多人受伤。爆炸装置是美国特工事先安装的。

5月8日，古巴同苏联复交。

8月16~22日，人民社会党召开八大，支持卡斯特罗领导的革命政府。

8月28日，第七次美洲国家外长协商会议通过《圣何塞宣言》，干涉古巴内政。

9月2日，古巴全国人民大会通过《哈瓦那宣言》。

9月26日，卡斯特罗在联合国大会上发表讲演，宣布将于1961年使古巴的所有文盲脱盲，把这一年定为“教育年”。

9月28日，古巴同中华人民共和国建交。

10月14日，政府颁布《城市改革法》。

10月30日，美国对古巴实行禁运。

1961年 1月3日，美国同古巴断交。

4月16日，卡斯特罗宣布，古巴革命是社会主义革命；同年5月1日，他宣布古巴是社会主义国家。

4月17~19日，古巴军民在卡斯特罗指挥下取得吉隆滩战役（又称“猪湾入侵”）的胜利。

6月，古巴外长参加了在开罗召开的第一届不结盟国家首脑会议筹备会，古巴成为不结盟运动的创始国之一。

7月，“七·二六运动”、人民社会党和“三·一三革命指导委员会”合并成古巴革命统一组织；1962年5月，改名为古巴社会主义革命统一党；1965年10月，改名为古巴共产党。

9~10月，古巴总统奥斯瓦尔多·多尔蒂克斯访华。

12月21日，全国扫盲运动胜利结束，文盲率从23.6%下降至3.9%。

1962年 1月22~31日，第八次美洲国家外长会议通过决议，把古巴排除出泛美体系。

2月4日，古巴全国人民大会通过第二个《哈瓦那宣言》。

3月12日，革命政府第1015号法律规定，为了公平分配居民的基本食品，实行凭本供应制度。

3月13日，原人社党组织书记安尼瓦尔·埃斯卡兰特因进行非组织活动被撤销中央委员职务；1968年2月被开除出党和判刑。

10月22日至11月20日，美－苏－古之间爆发了加勒比海危机，又称“古巴导弹危机”。

1963年 4月，卡斯特罗首次访问苏联。

10月，政府颁布《第二次土地改革法》。

1964~1966年 古巴领导层就经济发展战略和经济体制问题展开辩论。

1964年 7月21~26日，第九次美洲国家外长协商会议通过决议，“集体制裁”古巴。

7月26日，古巴举行群众集会，通过《圣地亚哥宣言》。

11月23~28日，拉丁美洲各国共产党会议在哈瓦那举行，有22个国家的代表参加。

1965年 4月，埃内斯托·切·格瓦拉写信给卡斯特罗，正式向古巴告别，秘密赴非洲支持刚果的游击队。此信于同年10月公开发表。

10月3日，古巴共产党成立，卡斯特罗当选古共中央第一书记。

10月，发生第一次移民危机。卡马里奥加港被开辟为专用港，为希望离开的人提供条件。

1966年 1月3日，三大洲会议在哈瓦那举行；同月16日拉丁美洲团结组织成立。

11月2日，美国实行《古巴调整法》，规定古巴人无论以何种途径抵达美国，均可享受“政治避难者”待遇。

1967年 10月9日，埃内斯托·切·格瓦拉在玻利维亚开展的游击战中受伤被俘后被该国政府军杀害。

1968年 3月，政府发动“革命攻势”，接管几乎所有的私人小企业，消灭了城市中的私有经济。

1969年 12月25日，自本年起政府取消圣诞节作为官方节日。

1970年 5月18日，卡斯特罗宣布，本糖季产糖854万吨，少于原计划1000万吨的指标。国民经济比例严重失调。

1971年 11月10日至12月4日，卡斯特罗访问阿连德政府执政的智利。

1972年 7月，古巴参加经济互助委员会；12月，同苏联签订长期经济协定。

1973年 9月5~10日，卡斯特罗出席第四届不结盟国家首脑会议。

1974年 1月28日至2月3日，苏联领导人勃列日涅夫访问古巴。

1975 年　6 月 9～13 日，拉丁美洲和加勒比地区共产党会议在哈瓦那举行，有 24 个国家的代表参加。

7 月，美洲国家组织取消对古巴的制裁。

11 月，古巴出兵安哥拉，支援该国抗击入侵者。

12 月 17～22 日，古巴共产党第一次全国代表大会在哈瓦那召开。

1976 年　政府开始实行第一个五年计划（1976～1980）；在经济部门中建立“经济领导和计划体制”。

2 月，经全民投票批准第一部社会主义宪法。

10 月，一架古巴客机因美国间谍的破坏在巴巴多斯近海上空爆炸坠毁，古巴宣布停止实施同美签订的反劫持协定。

12 月，第一次全国人民政权代表大会召开。全国的行政区划由原来的 6 省改为 14 省，并撤销区级建制。

1977 年　9 月，古巴和美国在对方首都互设“照管利益办事处”。

1978 年　1 月，古巴出兵埃塞俄比亚，支援该国抗击入侵者。

7 月，尼加拉瓜人民推翻索摩查独裁政权。古巴同该国复交并提供援助。

1979 年　9 月，第六届不结盟运动首脑会议在哈瓦那召开，卡斯特罗被选为本届会议主席，任期 3 年。

1980 年　4 月，哈瓦那发生“难民事件”。在此后的数月中有 12.5 万人移居国外。

同月，政府决定在全国开设农民自由市场，1986 年 5 月关闭。

5 月，美国的圣菲委员会发表报告，提出要发动反对古巴的“解放战争”。

12 月 17～20 日，古巴共产党第二次全国代表大会在哈瓦那召开。古巴制定出以“全民战争思想”为指导的国防战略。

1981 年　11 月 19～21 日，亚非拉人民团结组织召开的“国际声援越老柬讨论会”在哈瓦那举行。

1982 年　12 月，政府颁布“古外合资法”，即《关于古巴和外国单位成立经济联合体》的第 50 号法令。

1983 年　10 月，美国军队入侵格林纳达，古巴在该国的工作人员在同美军交火中阵亡 24 人。

1985 年　5 月，美国建立以“马蒂电台”为名的反古的广播电台。

6 月 13～15 日，拉丁美洲和加勒比国家共产党代表会议在哈瓦那召开。

1986 年　2 月 4～7 日，古巴共产党第三次全国代表大会在哈瓦那召开。

4 月 19 日，卡斯特罗宣布要在经济领域中开展“纠正错误和消极倾向进程”。

12 月 22 日，古巴、安哥拉和南非在纽约签署关于纳米比亚独立和古巴军队分阶段撤离安哥拉的三方协议。

1989 年　7 月 7 日，前陆军中将奥乔亚等四人因走私贩毒罪被判处死刑。

12 月 7 日，卡斯特罗在为国际主义战士送葬仪式上发表长篇政策性讲话，申明古巴誓死捍卫社会主义。

1990 年　2 月 16 日，古共中央举行特别全会，强调要按马列主义原则推进和完善国家政治制度的进程。

3 月 27 日，美国的反古电视台“马蒂电视台”开播。

9 月 28 日，卡斯特罗宣布，古巴进入“和平年代的特殊时期”。

1991 年　5 月 25 日，古巴从安哥拉撤出全部军队，从而结束了对非洲的军事卷入。

10 月 10 ~ 14 日，古巴共产党第四次全国代表大会在圣地亚哥召开，大会向全党全国发出“拯救祖国、革命和社会主义”的号召。

1992 年 7 月，全国人代会举行会议，通过宪法修正草案。

10 月 23 日，美国出台对古巴的新禁运法，即“托里切利法”。

11 月 24 日，联合国大会第一次通过决议，要求结束对古巴的经济封锁。

1993 年 2 月，古巴进行第一次全国人大代表的直接选举。

6 月，俄罗斯驻古巴军事人员全部撤回。

8 月，政府宣布私人持有美元合法化；9 月 9 日，政府允许在部分行业中实行个体经营和建立个体私营企业；9 月 15 日，政府允许把部分国营农场改建为具有合作性质的“合作生产基本单位”。

11 月 21 ~ 22 日，中国国家主席江泽民对古巴进行短暂访问，这是两国建交后中国国家元首的首次访古。

1994 年 1 月，政府开始实行财税改革和物价改革，颁布第 73 号法令，即《税收制度法》。

4 月 22 ~ 24 日，古巴召开第一次“民族与侨民”会议，同侨民代表直接对话。

8 ~ 9 月，古美之间出现“筏民潮”，数月中有 3 万余人移居美国。

10 月 1 日，在全国开放农牧业产品市场；12 月 1 日，开放工业和手工业品市场。

11 月 21 ~ 25 日，“声援古巴世界大会”在哈瓦那召开，有 100 多个国家的约 3000 名代表参加。

国民经济自 1990 年连续 4 年下滑后，本年增长 0.7%。

1995 年 9 月，政府颁布新的《外国投资法》，即第 77 号法令，规定除防务、卫生和教育外，所有经济部门都对外资开放。

10 月，古巴召开第二次“民族与侨民”会议。

11 月 29 日至 12 月 8 日，卡斯特罗对中国进行首次国事访问。

1996 年　2 月 24 日，古巴击落两架入侵古巴领空的美国海盗飞机。

3 月 12 日，美国总统克林顿批准强化对古巴封锁的“赫尔姆斯—伯顿法”。

3 月 23 日，古共召开四届五中全会，卡斯特罗在会上宣布要“开展一场强大的意识形态战役”，并努力推进改革开放进程。

6 月，政府颁布第 165 号法令，正式宣布建立免税区和工业园区。

1997 年　5 月，开放第一个免税区。到 1998 年底，全国共开放四个免税区。

6 月，政府颁布第 172 号法令，成立古巴中央银行，将原有的古巴国家银行一分为二。

7 月 28 日至 8 月 5 日，第十四届世界青年联欢节在古巴举行。

10 月 8 ~ 10 日，古巴共产党第五次全国代表大会在哈瓦那召开。

11 月 16 日至 12 月 2 日，劳尔・卡斯特罗（以下简称劳尔）访华。

12 月 25 日，自本年起政府恢复圣诞节为官方节日。

1998 年　1 月 21 ~ 25 日，罗马教皇访问古巴。

从年初开始，政府继续推进税制改革。

8 月，政府颁布第 187 号法令，正式开始进行对国有企业管理体制的改革。

11 月 6 日，拉丁美洲一体化协会接纳古巴为正式全权成员国。

1999 年　政府继续推进金融改革，成立货币政策委员会和建立消费信贷制度。

10 月 12 日，拉丁美洲和加勒比政党常设大会通过决议，反对美国对古巴进行经济封锁，并接纳古巴共产党为该会正式成员。

11 月，第九届伊比利亚美洲国家首脑会议在哈瓦那召开。

从11月开始到2003年6月，古巴同美国围绕一名古巴男孩埃连返古问题展开斗争，最后埃连终于返回古巴。

2000年 4月12～14日，首届南方首脑会议在哈瓦那召开。

11月10～14日，第二届世界声援古巴大会在哈瓦那召开。

12月13～17日，俄罗斯总统普京访问古巴。

2001年 4月12～15日，江泽民主席再次访问古巴。

10月17日，普京总统单方面宣布俄罗斯将关闭在古巴的电子监听站。

12月16日，满载美国出口货物的美国船抵达哈瓦那，这是总价值3000万美元的美国向古巴出口商品的一部分。

2002年 1月，俄罗斯关闭在古巴的电子监测站。

5月12～17日，美国前总统卡特对古巴进行私人访问。

5月21日，美国政府发表报告，把古巴等七个国家说成支持恐怖主义的国家。

6月15～18日，古巴举行全民公决，就群众组织提出修改宪法的要求征求意见。6月26日，全国人代会特别会议通过一项对宪法进行修改的法律，进一步确定古巴社会主义制度的不可更改性。

6月，政府宣布全面调整制糖工业的计划，将糖厂、甘蔗种植面积、糖业工人等均各减少一半。

11月，全国人代会通过《农牧业生产合作社与信贷和服务合作社法案》，旨在扩大合作社的自主经营权。

本年石油和天然气生产突破400万吨大关，达到405.96万吨。

2003年 1月23～28日，在巴西阿雷格里港举行第三届世界社会论坛，反对美国对古巴的封锁。

2月26日至3月1日，卡斯特罗第二次访问中国。

3～4月，在美国的鼓动下，接连发生古巴人劫持飞机和渡船逃往美国的事件。古巴政府处决了 3 名罪犯。同时，为了打击美国支持的反革命活动，政府逮捕和审判了 75 名反革命分子。

6 月 5 日，欧盟攻击古巴的上述措施，宣布对古巴进行外交制裁。随后，古巴中止了与欧盟的官方关系。

7 月 16 日，古巴中央银行宣布，自本月 21 日起，国家与企业之间的美元交易只准以可兑换比索进行，从而将美元集中到中央银行手中。

本年旅游业收入突破 20 亿美元大关，达到 20. 34 亿美元。

2004 年 2 月 26 日，布什签署命令，进一步加强对美国人去古巴旅行的制裁。

5 月 6 日，布什政府公布美国“援助自由古巴委员会”的报告，同时宣布一系列反对古巴的新措施，公然提出由美国政府拨款资助古巴国内外反古势力，以达到颠覆现政权的目的。

7 月，卢修斯·沃克牧师领导的美国“和平牧师组织”派出“声援古巴友好车队”第 15 次将食品、医药等物资成功地运抵古巴。

10 月 25 日，政府宣布自 11 月 8 日起中止美元在国内市场上流通。

10 月 29 日，联合国大会连续 13 年通过要求美国取消对古巴实行禁运的决议，赞成票 179 张，反对票 4 张，弃权票 1 张。

11 月 22 ~23 日，中国国家主席胡锦涛对古巴进行国事访问。

12 月 13 ~19 日，古巴进行代号为“堡垒 2004”的大规模军事演习。

12 月 14 日，委内瑞拉总统查韦斯对古巴进行访问，发表《反对美洲自由贸易区》的联合声明，提出“美洲玻利瓦尔替代方案”。

本年旅游业的游客人数达到 204. 9 万人。

2005 年 1 月 10 日，古巴宣布恢复与欧盟的关系。

1 月，布什诬蔑古巴是世界上六个“暴政前哨”之一。此前，他诬蔑古巴是六个“邪恶轴心”之一。

2 月，国际百岁老人会议在哈瓦那举行，该会由古巴 120 岁俱乐部所主办。

3 月 8 日，卡斯特罗在国际妇女节庆祝大会上说，“我们正在走出特殊时期”。

3 月，恐怖主义分子路易斯·波萨达·卡里莱斯（古巴裔委内瑞拉国籍）潜入美国后受到美国政府的庇护。

4 月 9 日，政府宣布，可兑换比索对美元和其他外币的汇率升值 8%。

4 月 17～20 日，劳尔·卡斯特罗对中国进行正式访问。

4 月，卡斯特罗宣布，从 5 月 1 日起将增加养老金的金额，养老金领取者的平均月收入将增加约 50 比索。此举将惠及 146 万多人。

5 月 1 日，哈瓦那 130 万人举行集会，庆祝五一劳动节。卡斯特罗主席在会上发表讲话，谴责美国政府庇护恐怖分子波萨达。

12 月 18～22 日，中共中央政治局常委罗干对古巴进行友好访问。

2006 年　7 月，古共中央政治局委员、书记处书记、国务委员会副主席埃斯特万·拉索·埃尔南德斯访问中国。

7 月 31 日，卡斯特罗因病将国务委员会主席兼部长会议主席等职务临时交给古共中央第二书记、国务委员会第一副主席兼革命武装力量部部长劳尔代理。

8 月 1 日，胡锦涛致电卡斯特罗，对他因病住院治疗表示诚挚的慰问，并衷心祝愿他早日康复。

12 月 15 日，美国国会议员 10 人代表团抵达古巴，并于次日分别与古巴领导人举行会谈。这是自 1959 年古巴革命胜利以来规模最大的美国国会访古代表团。

2007 年　4 月 19～22 日，中共中央政治局常委、中央纪委书记吴官正对古巴进行友好访问。

6 月 4 日，古巴全国人民政权代表大会主席阿拉尔孔访华，中共中央政治局常委、全国人大常委会委员长吴邦国会见。

10 月 22 日，卡斯特罗和劳尔分别发来贺函，祝贺胡锦涛当选中国共产党第十七届中央委员会总书记。

2008 年 2 月 24 日，古巴举行各级人大代表选举，选举产生新一届国务委员会，劳尔正式出任国务委员会主席兼部长会议主席和革命武装力量总司令。

4 月，古共召开五届六中全会，强调今后的工作重点是通过制度建设加强纪律和管理，把解决群众的食品供应问题作为党务之急，并继续完善“公正但并不完美”的社会主义制度。全会决定于 2009 年下半年召开六大，劳尔在 4 月 28 日的全会闭幕式上宣布，在古共六大上，各界代表将总结古巴革命胜利 50 年来的宝贵经验。

5 月 26 日，卡斯特罗亲自打电话慰问正在四川省人民医院参与救治伤员工作的古巴医疗队队员，并指示他们全力配合中方做好各项救治工作。

6 月 22 ~ 25 日，中共中央政治局常委、中央纪委书记贺国强应邀对古巴进行友好访问。

11 月 17 ~ 19 日，中国国家主席胡锦涛对古巴进行国事访问。访问期间，胡锦涛同劳尔举行了会谈，并亲切探望了卡斯特罗。两国签署了经济技术、教育、医疗卫生等 5 份合作文件。

2009 年 1 月 1 日，在古巴革命胜利 50 周年之际，胡锦涛致电卡斯特罗，胡锦涛、温家宝联名致电劳尔，代表中国共产党、中国政府和中国人民向古巴共产党、古巴政府和古巴人民致以热烈的祝贺和良好的祝愿。

7 月，古巴共产党召开五届七中全会，重点讨论了党的建设、国防和应对国际金融危机的措施，决定再次推迟召开古共六大。

9 月 1 ~ 3 日，中国全国人大常委会委员长吴邦国对古巴进行了正式友好访问，访问期间探望了卡斯特罗。

2010 年 1 月 4 日，古巴媒体谴责美国对包括古巴在内的 14 个国家的旅客实施更为严格的机场安检措施。认为此举完全出自其患有的“反恐偏执狂征”。

3 月 31 日，古共中央书记处书记、国务委员会副主席马查多在哈瓦那会见以中国共青团中央书记处第一书记陆昊为团长的中国青年代表团一行。

11 月，劳尔宣布将于 2011 年 4 月召开古共六大，集中解决经济问题。

2011 年　4 月 17～19 日，古共召开六大，通过《党和革命的经济社会政策纲领》等文件，选举新的中央委员会和政治局，劳尔当选古共中央第一书记，正式启动社会主义经济模式“更新”进程。劳尔在大会上任命马里诺·穆里略全权负责检查《党和革命的经济社会政策纲领》落实情况以及监督经济改革进程的工作，并正式宣布限定古共高级领导的职务任期，最多可连任两届，每届 5 年。

4 月 17 日，中国共产党中央委员会致电古巴共产党第六次全国代表大会，热烈祝贺大会胜利召开。

4 月 20 日，中共中央总书记、国家主席胡锦涛致电劳尔，祝贺他当选古巴共产党中央委员会第一书记。

5 月，为刺激私营部门的发展，创造更多的就业机会，政府减免一些赋税。

6 月 4～7 日，中国国家副主席习近平访问古巴。

10 月，政府宣布实行买卖汽车合法化，以前只能买卖 1959 年前的汽车。

11 月，政府解散糖业部，成立糖业生产集团公司。法律规定，从本月起，允许外国人以居住为目的购买房产，最多可购买一套居住用房和一套度假用房。

12 月，古巴银行开始向企业、小农生产者和个人发放贷款；允许农业生产者把产品直接卖给旅游酒店和餐馆，之前只能先卖给国有企业。国营的零售商店开始向居民出售原材料，而无须政府的批准。

2012 年　1 月，古共召开第一次全国代表会议，通过《古巴共产党的目标》等文件，研究部署党建和党政体制调整问题。

3 月，部长会议批准私有的非农合作社试点计划，首先在 3 个省开展试点工作。

7 月 4～7 日，古共第一书记、古巴国务委员会主席兼部长会议主席劳尔访问中国。

7月23日，全国人民政权代表大会召开第九次全体代表会议，主要议题是讨论新的税收法。

12月11日，古共召开六届六中全会，专门讨论人口问题，强调要很好地应对人口老龄化和鼓励生育、解决出生率低等问题。

2013年 1月1日，古巴新税法开始生效。

1月，新移民法开始生效，规定公民只须出示有效护照及相关目的国的签证即可出境，而不必再到内务部办理手续烦琐的“白色出境许可”。

2月24日，在第八届全国人代会上，劳尔连任国务委员会主席兼部长会议主席，米格尔·迪亚斯－卡内尔·贝穆德斯当选国务委员会第一副主席兼部长会议第一副主席。

2月，古巴政府撤销民用航空委员会，将其并入交通部。

4月，古巴政府决定建立“发展特区”，对入驻特区的企业提供特别关税优惠，对区内加工后再出口的材料在进口时免税，“对国家经济有利”的出口将享有出口退税的优惠。

6月17～19日，古巴国务委员会第一副主席兼部长会议第一副主席迪亚斯—卡内尔访问中国。

7月，古巴外资外贸部剥离原先的企业职能，成立了外贸公司集团（Geocomex），整合了古外贸领域的多家公司，但这一集团仍隶属于该部。

10月22日，古巴正式宣布两种货币并轨，目标是建立统一的汇率。

2014年 2月，欧盟通过法令，允许其与古巴达成双边合作协议。同年8月，古巴和欧盟开始第二轮双边合作谈判，古欧关系将会更加紧密。

4月19～20日，中国外交部部长王毅访问古巴，得到了卡斯特罗的接见。

6月，新《外国投资法》开始生效，一方面给予外资减免税的优惠待遇，另一方面规定除教育、医疗和军事等领域外，外资可以在古巴各行各业进行投资，均受到古巴法律的保护。新法鼓励外商投资农业、基础设施、制糖和镍矿开发等行业。

7月21~23日，中国国家主席习近平访问古巴。两国元首共同见证了双方合作文件的签署，涉及经贸、农业、能源、矿业、融资、生物技术、通信、基础设施建设、卫生、文化、教育等领域。古巴政府还授予习近平主席古巴最高荣誉勋章——何塞·马蒂勋章。

7月11日，俄罗斯总统弗拉基米尔·弗拉基米罗维奇·普京开始为期6天的拉美之行，首站访问古巴。双方签署了多项合作协议，涉及能源、工业、医疗和防灾等多个领域。古巴曾欠下苏联350多亿美元的债务，俄罗斯此次决定减免90%，余下债务今后将用于发展古巴的教育事业。

9月9~13日，古共中央政治局委员、哈瓦那市委第一书记拉萨拉·梅赛德斯·洛佩斯·阿塞阿一行参加中古两党首届理论研讨会，中共中央政治局常委、中央书记处书记刘云山会见了洛佩斯。

11月24~26日，西班牙外长何塞·曼努埃尔·加西亚－马加略访问古巴，这是2010年以来西班牙外长第一次访问古巴。

12月17日，美国总统奥巴马和古巴国务委员会主席劳尔在同一天宣布正式启动美古关系正常化进程。

12月29日，朝鲜和古巴两国政府在平壤签署“2015年发展经济和科技合作会议议定书”及2015年商品交流议定书。

2015年 4月，奥巴马和劳尔在美洲峰会上实现了首次会晤。这也是古巴自20世纪60年代被排除出美洲国家组织以来该国元首首次参加美洲峰会。

5月29日，美国宣布正式将古巴从“支恐名单”中删除。

7月1日，美古宣布就恢复外交关系达成协议。

7月20日，美国和古巴分别在华盛顿和哈瓦那重开使馆，正式恢复外交关系。

8月14日，美国国务卿约翰·福布斯·克里访问古巴，拉开了双方高层互访的序幕，成为70年来首位访问古巴的美国国务卿。

10月27日，联合国大会第24次通过支持古巴要求美国取消封锁的决议，在全部193个联合国成员中，191个支持古巴，只有以色列一国支持美国。

2016 年 3 月 20～22 日，奥巴马访问古巴，成为 88 年来首次访问古巴的美国总统。他在访问期间会见了古巴人权人士、持不同政见者和公民社会的代表。

4 月 16～19 日，古共第七次全国代表大会召开，再次选举劳尔为第一书记，本图拉·马查多当选第二书记。七大提出，新进的中央委员年龄不超过 60 岁，干部任职的年龄不超过 70 岁。

4 月 18 日，中共中央致电古共第七次全国代表大会，热烈祝贺大会胜利召开。

4 月 20 日，习近平主席致电劳尔，祝贺他再次当选古共中央第一书记。

9 月 24 日，李克强总理对古巴进行正式访问，这也是中国与古巴建交 56 年来中国总理首次正式访问古巴。

11 月 25 日，古巴革命领袖卡斯特罗逝世，享年 90 岁。

11 月 26 日，习近平主席向劳尔致唁电，代表中国党、政府、人民并以个人名义，对卡斯特罗同志逝世表示最沉痛的哀悼。唁电中说，卡斯特罗同志为古巴人民，也为世界社会主义发展建立了不朽的历史功勋，他是我们这个时代的伟大人物。

11 月 29 日上午，习近平主席前往古巴驻华使馆，吊唁卡斯特罗。李克强总理向劳尔致唁电，代表中国政府和人民，并以个人名义，对卡斯特罗同志不幸逝世致以最沉痛的哀悼。

联合国秘书长潘基文对古巴革命领袖卡斯特罗的逝世表示哀悼。

奥巴马对卡斯特罗的逝世表示哀悼。他说："历史将会记录及评价这位对世界及全球都极具影响力的人物。"

普京表示，卡斯特罗是一个个性鲜明的政治活动家和爱国者，是世界现代史中一个时代的象征。梅德韦杰夫表示，卡斯特罗的逝世带走了一个时代。

2017 年 1 月 12 日，奥巴马发表声明，宣布美国即刻终止"干脚湿脚"政策，此后任何试图非法入境美国或不符合人道主义援助条件的古巴公民将被强制遣返。

5 月 18 ~ 20 日，中共中央书记处书记、中央纪委副书记赵洪祝访问古巴。

6 月 19 日，中共中央对外联络部部长宋涛会见来访的古共中央政治局委员、全国人民政权代表大会主席拉索。

8 月 13 ~ 23 日，古共中央委员、圣斯皮里图斯省委第一书记蒙特阿古多访华，中联部部长宋涛会见。

9 月，特朗普政府以“声波攻击”为由撤回了 60% 的驻古巴大使馆工作人员。

11 月 1 日，联合国大会以 191 票赞成、2 票反对通过谴责美国封锁古巴的决议，这是联合国大会第 26 次通过该决议。2016 年，美国奥巴马政府首次投了弃权票。今年，特朗普政府重新回到原来的立场，投了反对票。

12 月 21 日，古巴第八届全国人大第十次会议决定，因受到厄玛飓风的影响，将原定于 2018 年 2 月 28 日的第九届全国人大一次会议推迟到 2018 年 4 月 19 日举行。

2018 年　1 月 21 ~ 24 日，应古巴共产党邀请，中共中央总书记特使、中共中央对外联络部部长宋涛赴古巴通报中共十九大情况并访问古巴。

3 月 2 日，美国国务院宣布，2017 年 9 月减少 60% 美国驻古巴使馆人员的措施是永久性的，仅在古巴保持发挥“使馆和领事功能所必需的最少人员”。这也是美国驻古巴利益代表处自 1977 年设立以来的最少人数。

4 月 18 ~ 19 日，古巴召开第九届全国人民政权代表大会，选举迪亚斯 - 卡内尔为国务委员会主席兼部长会议主席，劳尔不再担任上述职务。大会还选举产生了国务委员会第一副主席、副主席、秘书和委员共 31 人组成的国务委员会。

4 月 19 日，中共中央总书记、中国国家主席习近平分别致电古共中央第一书记劳尔和古巴新任国务委员会主席兼部长会议主席迪亚斯 - 卡内尔，祝贺古巴第九届全国人民政权代表大会选举产生新一届国家领导人。同日，李克强总理也致电祝贺迪亚斯 - 卡内尔主席。

5 月 28 日，古共中央国际部的涅维丝·埃尔南德斯参加中共中央对外联络部在深圳主办的“纪念马克思诞辰200周年专题研讨会”，并在会上讲话。

6月14日，美国再次要求古巴政府确定“声波攻击”的来源，古巴外交部发表声明，敦促美国政府“不要继续对所谓的病例进行政治炒作”。

6月18~27日，应中共中央对外联络部邀请，古共中央委员、拉斯图纳斯省委第一书记桑塔纳率古共代表团访华，中共中央对外联络部部长宋涛会见。

7月31日，古巴开始向民众出售《新宪法草案》小报，并将于8月13日至11月15日就修宪问题开展全民大讨论。

8月24日，古巴外交部公布的年度报告指出，50多年来美国对古巴实施的经济、贸易和金融封锁对古巴造成的损失累计达9330亿美元。

9月7日，国家副主席王岐山会见古巴国务委员会第一副主席兼部长会议第一副主席巴尔德斯。

9月23日，迪亚斯-卡内尔主席前往纽约出席第73届联大，并于25日在联大会上发表演讲。

9月15~26日，应中国共产党邀请，古共中央书记处书记、国际关系部部长巴拉格尔率该党干部考察团访华，中共中央书记处书记、统战部部长尤权、中共中央对外联络部部长宋涛会见。巴拉格尔一行还参加了中古两党第三届理论研讨会。

11月1日，联合国大会对古巴提出的“终止美国对古巴经济、贸易和金融封锁之必要性”决议投票，结果是在193个会员中，189票赞成，2票反对（美国和以色列），摩尔多瓦和乌克兰没有投票。

11月1~3日，迪亚斯-卡内尔主席访问俄罗斯。此前，他访问了法国。

11月4~5日，迪亚斯-卡内尔主席访问朝鲜民主主义人民共和国。

11月6~8日，迪亚斯-卡内尔主席访问中国。访问期间，习近平主席同他举行了会谈。李克强总理、栗战书委员长和政协主席汪洋分别会见了他。此前，他在上海参观了首届中国国际进口博览会。访华后他还将访问越南、老挝和英国。

11 月 14 日，美国国务院发表公告称，在禁止与之交易的古巴企业名单上增加 26 家，理由是古巴支持委内瑞拉。迄今为止，被禁止的企业共有 180 家。

11 月 16 日，在危地马拉安提瓜举行的第 26 届伊比利亚美洲国家首脑会议通过《危地马拉宣言》，其内容有：要求取消对古巴的制裁，反对美国加强对古巴的境外封锁。

11 月 22 日，西班牙首相访问古巴，这是 32 年来西班牙政府首脑首次正式访问古巴。

12 月 9 日，古巴劳工和社会保障部副部长说，到 2018 年 8 月，全国的个体户有 59.3 万户，占全国劳动力的 13%，增加了 43 万多个新的就业机会。

12 月 21 日，迪亚斯 - 卡内尔主席说，因外交争执取消合作协议，古巴已从巴西撤回 7635 名医生，占古巴在该国工作医生的 90% 以上。

12 月，在完成 3 个月的讨论和意见征集后，古巴第九届全国人大第二次会议对《新宪法草案》做了修改，并通过了《新宪法草案》的最终版本。

2019 年 1 月 1 日，中共中央总书记、中国国家主席习近平就古巴革命胜利 60 周年向古共中央第一书记劳尔、古巴国务委员会主席兼部长会议主席迪亚斯 - 卡内尔致电，表示热烈祝贺。李克强总理向迪亚斯 - 卡内尔主席致贺电。

同日，古巴举行盛大活动，庆祝革命胜利 60 周年。

1 月 5 日，古巴向全国正式公布《新宪法草案》。

1 月 10 日，古巴国务委员会主席兼部长会议主席迪亚斯 - 卡内尔参加委内瑞拉总统马杜罗的总统就职仪式。

1 月 28 日，古巴哈瓦那东部地区凌晨遭遇了一场 80 年来最强的龙卷风。初步统计，死亡 4 人，伤者 195 人。至少有 240 间房屋受损。

2 月 24 日，古巴举行全民投票，通过新宪法，从法律上巩固了 10 年来模式更新的成果。

3 月 3 日，古巴旅游部部长曼努埃尔・马雷罗称，今年来古游客于今日达到 100 万人次，比 2018 年提前 5 天达到这一数字。他表示，今年的国际游客可望突破 500 万人次，创下新高。

3月4日，古巴外交部发表声明，强烈谴责美国执行“赫尔姆斯－伯顿法”第3条的部分内容，认为这是对古巴封锁的进一步加强，是对古巴“侵略行为的升级”。此前，美国务院批准自3月19日起执行该内容，即美国公民可以向美国法院起诉被列入制裁名单的古巴实体。

3月14日，古巴外交部公布关于“声波攻击”事件的调查报告，其结论是不存在这种所谓攻击。

3月24～26日，英国王储查尔斯及其夫人卡米拉对古巴进行访问，这是英国王室成员首次正式访问古巴。

4月10日，古巴全国人代会颁布新宪法。劳尔在宪法颁布仪式上发表重要讲话，表示新宪法既“符合时代精神”，又“保障了革命的连续性”。

4月13日，古巴第九届全国人代会第三次特别会议闭幕。迪亚斯－卡内尔在闭幕式上讲话，批评美国使古美双边关系倒退至“最低谷”。

4月15日，劳尔发表讲话称，由于委内瑞拉局势恶化，美国收紧封锁措施，古巴必须为此“动荡形势”的“最坏结果”做好准备。他同时表示，古巴“永远能够抵抗、斗争并取得胜利”。

4月17日，美国总统国家安全事务助理约翰·博尔顿宣布，美国将从5月1日起，实施“赫—伯法”第三条和第四条，即允许包括古巴入籍者在内的美国公民向美国法院起诉借助古巴革命后被古政府没收的、原为美国公民所有的财产获利的企业，和拥有被古巴政府没收的美国公民财产的人，及利用这些财产进行交易活动的人，将被限制进入美国。过去，美国历届政府对该法的这两条均在每隔6个月宣布暂不执行。

4月25日，古巴外长布鲁诺·罗德里格斯在记者会上向国际社会求援，呼吁给予支持，以帮助其应对美国不断加剧的经济封锁和新制裁措施。

5月2日，欧盟外交和安全政策高级代表莫盖里尼发表声明，对美国全面实施“赫—伯法”表示深切遗憾，指出此举违反国际法，将采取一切适当措施来解决所带来的影响。3日，加拿大外长克里斯蒂娅·弗里兰发表声明称，加拿大反对美国这一法律条款的根据是“国际法原则，并且表明我们反对一国在境外执行其国内法”。

5月10日，古巴国内贸易部部长贝齐·迪亚斯宣布，为确保公平分配，严防囤积居奇，将强化调控措施，以应对日用品短缺问题。

5月20日，在哈瓦那举行中国首批80辆铁路客车交接仪式，古巴部长会议副主席里卡多·卡夫里萨斯、中国驻古使馆经商处参赞、中车唐山机车车辆有限公司和中国机械进出口公司的有关负责人参加了交接仪式。

5月21日，美洲玻利瓦尔联盟（ALBA）第18次政治委员会会议在哈瓦那召开。古巴主席迪亚斯－卡内尔出席了闭幕式。古巴、委内瑞拉、玻利维亚、萨尔瓦多等国的外长和ALBA秘书长先后在会上讲话。会议的主题是声援和捍卫委内瑞拉玻利瓦尔革命，会议一致通过了22点最后声明。

5月24—25日，俄罗斯外长拉夫罗夫访古。他同古巴外长罗德里格斯举行会谈，他表示，俄罗斯支持古巴反对美国的经济封锁，支持古巴人民"选择自己的未来"。他批评美国想复活"门罗主义"。

5月28~30日，古巴外长罗德里格斯访华。他同国务委员兼外长王毅于29日签署了《中华人民共和国外交部与古巴共和国外交部间2020－2022年政治磋商计划》。30日，全国政协主席汪洋会见了他。

5月29日，古巴在一份官方公报中发布了有关私人WiFi网络的新监管规定，新法规将于7月29日生效。这表明古巴将使私人WiFi合法化。

6月4日，美国政府宣布，从5日起禁止邮轮前往古巴，同时限制美国公民在古巴的文化交流活动。美国禁止其公民到古巴旅游，但有12种情况除外，其中包括政府访问等，现在减为11种。这一措施将使古巴旅游业受到打击。

6月15日，《格拉玛报》报道，迪亚斯—卡内尔主席在一次经济学家会议上宣布，从明年起将下放经济权力，以促进经济的增长。他说，"我们无法结束美国的封锁，但可以用集体智慧、努力和创造力克服这个封锁。"

6月17日，由中国国务院新闻办公室、中国外文局、中国驻古巴大使馆、古巴图书委员会主办的习近平主席著作《之江新语》西文古巴版首发式暨中古治国理政研讨会在哈瓦那举行，有两国各界人士200多人出席。

6月27日，中共中央对外联络部在河南郑州举办"中国共产党的初心和使命"主题宣讲会，有来自19个国家的近50名外国政党的代表出席，其中包括古共中央组织和干部政策部副部长卡米罗。

主要参考文献

外文参考书目

Aguirre, Sergio. *Nacionalidad y Nación en el siglo XIX Cubana*, Editorial de Ciencias Sociales, La Habana, 1990.

Allison, Graham T. and Philip Zelikow. *Essence of Decision: Explaining the Cuban Missile Crisis*, 2nd Edition, Peking University Press, 2008.

Always with Justice, José Martí Publishing House, La Habana, 1991.

Anderson, Jon Lee. *Che Guevara: A Revolutionary Life*, Bantam Press, London, 1998.

Area de Ciencias Económicas, Universidad de La Habana. *Equipo de Investigaciones sobre Economía Cubana*, *Ⅵ—Ⅷ*, *Ⅸ*, Centro de Estudios Demográficos, 1986, 1987.

Azicri, Max. *Cuba: Politics, Economics and Society*, Pinter Publishers, London and New York, 1988.

——. *Cuba Today and Tomorrow: Reinventing Socialism*, University Press of Florida, Gainesville, 2001.

——and Elsie Deal, eds. *Cuban Socialism in a New Century: Adversity, Survival, and Renewal*, University Press of Florida, Gainesville, 2004.

Barredo Medino, Lazaro. *The Most Extensive Dispute of the Contemporary Era*, National Assembly of People's Power, (Havana), 1997.

Betto, Frei. *Fidel y la Religión: Conversaciones con Fidel Castro*, Siglo XXI

Editores, México, 1986.

Blasier, Cole, and Carmelo Mesa-Lago, eds. *Cuba in the World*, University of Pittsburgh Press, Pittsburgh, 1979.

——. *The Hovering Giant: U. S. Responses to Revolutionary Change in Latin America, 1910 – 1985*, Revised Edition, University of Pittsburgh Press, Pittsburgh, 1985.

——. *The Giant's Rival: The USSR and Latin America*, Revised Edition, University of Pittsburgh Press, Pittsburgh, 1987.

Blutstein, Howard I., et al. *Area Handbook for Cuba*, U. S. Government Printing Office, Washington, D. C., 1971.

Bonachea, Rolando E. and Nelson P. Valdés, eds. *Revolutionary Struggle (1947 – 1958): Volume 1 of the Selected Works of Fidel Castro*, The MIT Press, Cambridge, Massachusetts, 1972.

Bunk, Julie Marie. *Fidel Castro and the Quest for a Revolutionary Culture in Cuba*, The Pennsylvania State University Press, Pennsylvania, 1994.

Burns, E. Bradford. *Latin America: A Concise Interpretive History*, Printice-Hall Inc., Eaglewood Cliffs, 1986.

Cantón Navarro, José. *Historia de Cuba: El desafío del yugo y la estrella*, Editorial S1 – MAR S. A., La Habana, 1996.

Carranza Valdés, Julio, Luis Gutiérrez Urdaneta y Pedro Monreal González. *Cuba: La restructuración de la economía, una propuesta para el debate*, Editorial de Ciencias Sociales, La Habana, 1995.

Castro Ruz, Fidel. *The Revolution and Cultural Problems in Cuba*, Ministry of Foreign Relations, Republic of Cuba, 1962.

——. *Informe Central al II Congreso del Partido Comunista de Cuba*, Editora Política, La Habana, 1980.

——. *Informe Central al Primer Congreso del Partido Comunista de Cuba*, Editora Política, La Habana, 1982.

——. *The World Crisis: Its Economic and Social Impact on the Underdeve-*

loped Countries, Zed Book Ltd, London, 1984.

——. *Speech to the Meeting on the Foreign Debt of Latin America and the Caribbean*, , Editora Política, La Habana, 1985.

——. *Main Report of the Third Congress of the Communist Party of Cuba*, Editoria Política, La Habana, 1986.

——. *Imagen del hombre nuevo*, Editora Política, La Habana, 1987.

——. *Por el camino correcto: compilación de textos*, Editora Política, La Habana, 1987.

——. *Socialism or Death*, José Martí Publishing House, La Habana, 1989.

——. *Esta en nosotros la Victoria*! Editora Política, La Habana, 1992.

——. *Cuba at the Crossroads*, Ocean Press, Melbourne, 1996.

——. *Informe Central - Discurso de Clausura al V Congreso del Partido Comunista de Cuba*, Editora Política, La Habana, 1997.

Castro Ruz, Raúl. *Interview Granted by General of the Army Castro to "El Sol de México" Newspaper*, Defence Information Center, Revolutionary Armed Forces of the Republic of Cuba, 1993.

Comisión Económica para America Latina y el Caribe (CEPAL). *La economía Cubana: Reformas estructurales y desempeño en los noventa*, Fondo de Cultura Económica, México, 1997.

——. "Cuba", *Balance Preliminar de las Economías de América Latina y el Caribe 2013*, Santiago de Chile, Diciembre de 2013.

Comité Estatal de Estadísticas. *Cuba en cifras 1982*, Editorial Estadística, 1983.

——. *Anuario Estadístico de Cuba (1985 - 1986, 1988)*, Combinado Poligráfico "Alfredo López" del Ministerio de Cultura, Ciudad de La Habana, 1986 - 1987, n/d.

——. *Anuario Estadístico de Cuba 1989*, Editorial Estadística, Centro Habana, 1991.

Constitution of the Republic of Cuba, Editora Política, La Habana, 1981.

Constitución de la República de Cuba, Editora Política, La Habana, 1992.

Constitución de la República de Cuba (Actualizada según la Ley de Reforma Constitucional aprobada el 12 de Julio de 1992), Editorial de Ciencias Sociales, La Habana, 1996.

IV Congreso del Partido Comunista de Cuba: *Discunsos y documentos*, Editoria Política, La Habana, 1992.

Cupull, Adys y Froilán González. *Ernestito*: *vivo y presente*, Editora Política, La Habana, 1989.

Dalton, Thomas C. "*Everything within the Revolution*": *Cuban Strategies for Social Development Since 1960*, Westview Press, Boulder, 1993.

Debray, Régis. *Revolution in the Revolution*? London, Pelican Latin American Library, Penguin Books, 1968 (orig. Paris, Maspéro, 1967).

Deutschmann, David, ed. *Che Guevara and the Cuban Revolution*: *Writings and Speeches of Ernesto Che Guevara*, Pathfinder/Pacific and Asia, Sydney, 1987.

Dilla, Haroldo, ed. *La democracia en Cuba y el diferendo con los Estados Unidos*, Ciencias Sociales, Ciudad de la Havana, 1996.

——, ed. *La participación en Cuba y los retos de futuro*, Centro de Estudios sobre América, Ciudad de La Habana, 1996.

Domenech Nieves, Silvia M. y Otros. *Cuba*: *economía en periodo especial*, Editora Política, La Habana, 1996.

Dominguez, Jorge I. *Cuba*: *Order and Revolution*, The Belknap Press of Harvard University Press, Cambridge, Mass., 1978.

——, ed. *Cuba*: *Internal and International Affairs*, Sage Publications, Beverly Hills, CA, 1982.

——. *To Make a World Safe for Revolution*: *Cuba's Foreign Policy*, Harvard University Press, Cambridge, MA, 1989.

——and Rafael Hernández, eds. *U. S. – Cuban Relations in the* 1990*s*, Westview Press, Boulder, 1989.

——, Omar Everleny Pérez Villanueva and Lorena Bareria, eds. *The Cuban Economy at the Start of the Twenty-First Century*, Harvard University Press, Cambridge, Massachusetts, London, England, 2004.

——. *Cuba hoy: Analizando su pasado, imaginando su futuro*, Editorial Colibrí, Madrid (España), 2006.

——, Omar Everleny Pérez Villanueva, Mayra Espina Prieto and Lorena Barberia, eds.. *Cuban Economic and Social Development: Policy Reforms and Challenges in the 21st Century*, Harvard University Press, Cambridge, Massachusetts, London, England, 2012.

——, María del Carmen Zabala Argüelles, Mayra Espina Prieto and Lorena G. Barberia, eds. *Social Policies and Decentralization in Cuba: Change in the Context of 21st - Century Latin America*, Harvard University Press, Cambridge, Massachusetts, London, England, 2017.

Draper, Theodore. *Castroism: Theory and Practice*, Praeger Publishers, New York, 1965.

Duncan, W. Raymond. *The Soviet Union and Cuba: Interests and Influence*, Praeger Publishers, New York, 1985.

D'Angelo, Edward, ed. *Cuban and North American Marxism*, B. R. Gruner-Amsterdam, 1984.

Eckstein, Susan Eva. *Back from the Future: Cuba under Castro*, Princeton University Press, Princeton, New Jersey, Second Printing, 1995.

Erisman, H. Michael. *Cuba's International Relations: The Anatomy of a Nationalistic Foreign Policy*, Westview Press, Boulder, 1985.

—— and John M. Kirk, eds. *Cuban Foreign Policy Confronts a New International Order.* Lynne Rienner Publishers, Boulder, 1991.

Estatutos del Partido Comunista de Cuba, Departamento de Orientación Revolucionaria, La Habana, 1976.

Fagen, Richard R. *The Transformation of Political Culture in Cuba*, Stanford University Press, Stanford, 1969.

Falk, Pamela S. *Cuban Foreign Policy: Caribbean Tempest*, D. C. Heath and Company, Lexington, 1986.

Family Code (Publication of Laws, Volume Ⅵ), Cuban Book Institute, Havana, Cuba, 1975.

Foner, Philip S. *A History of Cuba and its Relations with the United States, Vol. I (1492 - 1895)*, International Publishers, New York, 1962.

Gillespie, Richard, ed. *Cuba after Thirty Years: Rectification and the Revolution*, Frank Cass Publishers, London, 1990.

Guevara, Ernesto Che. *Guerra de Guerrillias*, Talleres Tipográficos del INRA por el Departamento de Instrucción de MINFAR, 1960.

——. *Che: Reminiscences of the Cuban Revolutionary War.* Translated from Spanish by Victoria Ortíz, Monthly Review Press, Inc., New York, 1968.

Haciendo Historia: Entrevistas con Cuatro Generales de Las Fuerzas Armadas Revolucionarias de Cuba, Editora Política, La Habana, 2000.

Halebsky, Sandor and John M. Kirk, eds. *Cuba: Twenty-Five Years of Revolution, 1959 - 1984*, Praeger Publishers, New York, 1985.

—— and John M. Kirk, eds. *Transformation and Struggle: Cuba faces the 1990s*, Praeger Publishers, New York, 1990.

—— and John M. Kirk. *Cuba in Transition: Crisis and Transformation*, Westview Press, Boulder, 1992.

Harnecker, Marta, ed. *Cuba: Dictatorship or Democracy?* English translation, Lawrence Hill Inc., Westport, 1980.

Hearn, Adrian H. and José Luis León-Manríquez, eds. *China engages Latin America: Tracing the Trajectory*, Lynne Rienner Publishers, Inc., Boulder, Colorado and London, 2011.

Horowitz, Irving Lous and Jaime Suchlicki, eds. *Cuban Communism*, Ninth Edition, Transaction Publishers, New Brunswick, New Jersey, 1998.

Huberman, Leo and Paul M. Sweezy. *Cuba: Anatomy of a Revolution*, Monthly Review Press, New York, 1968.

Jatar-Hausmann, Ana Julia. *The Cuban Way: Capitalism, Communism and Confrontation*, Kumarian Press, West Hartford, CT., 1999.

Kennedy, Robert F. *Thirteen Days*, W. W. Norton, New York, 1969.

Le Riverend, Julio. *Historia Económica de Cuba*, Instituto del Libro, La Habana, 1967.

——. *Breve Historia de Cuba*, Editorial de Ciencias Sociales. Ciudad de La Habana, 1981.

Lineamientos económicos y sociales para el quinquenio (1986 – 1990), Editora Política, La Habana, 1986.

Liss, Sheldon B. *Marxist Thought in Latin America*, University of California Press, Los Angeles, CA., 1984.

——. *Roots of Revolution: Radical Thought in Cuba.* University of Nebraska Press, Lincoln and London, 1987.

——. *Fidel! Castro's Political and Social Thought*, Westview Press, Inc., Boulder, 1994.

Lockwood, Lee. *Castro's Cuba, Cuba's Fidel*, Alfred A. Knopf, Inc., New York, 1969.

Luis, Raúl. *Organs of People's Power*, Printed by the Department of Revolutionary Orientation of CC of PCC, 1981.

Mao, Xianglin. *Sobre el socialismo en Cuba.* Traductores: Xu Shicheng, Mao jinli, Bai Fengsen, Zhang jinlai. China Intercontinental Press, Beijing, 2014.

Medin, Tzvi. *Cuba: The Shaping of Revolutionary Consciousness*, translated by Martha Grenzback, Lynne Rienner Publishers, Boulder, 1990.

Mesa-Lago, Carmelo, ed. *Revolutionary Change in Cuba*, University of Pittsburgh Press, Pittsburgh, 1971.

Mesa-Lago, Carmelo. *Cuba in the* 1970*s: Pragmatism and Institutionalization*, Revised Edition, University of New Mexico Press, Albuquerque, 1978.

——. *The Economy of Socialist Cuba: A Two-Decade Appraisal*, University of New Mexico Press, Albuquerque, 1981.

——and June S. Belkin (compiladores). *Cuba en Africa*, Kosmos-Editorial, S. A., Panamá, 1984.

——, ed. *Cuba after the Cold War*, University of Pittsburgh Press, Pittsburgh and London, 1993.

Mesa-Lago, Carmelo. *Are Economic Reforms Propelling Cuba to the Market?* University of Miami, Coral Gables, 1994.

——. *Cuba en la era de Castro: Reforma se economico-sociales y sus efectos*, Editorial Colibrí, Madrid, 2012.

——and Jorge Pérez-López. *Cuba Under Raúl Castro: Assessing the Reforms*, Lynne Rienner Publishers, Inc., Boulder, Colorado, 2013.

Mesa-Lago, Carmelo, coordinador, Roberto Veiga González, Lenier González Mederos, Sofía Vera Rojas, Aníbal Pérez-Lián. *Voces de cambio en el sector no estatal cubano*, Iberoamericana, Vervuert, 2016.

Ministry of Foreign Relations, Republic of Cuba. *The Revolution and Cultural Problems in Cuba*, Emp. Cons. de Artes Gráficas (Min. de industrias), Habana, 1962.

Oficina Nacional de Estadísticas. *Anuario Demográfico de Cuba* 1994, Ministerio de Economía y Planificación, 1996.

——. *Indicadores sociales demográficos de Cuba por territories 1995*, Sala de Difusión de la Oficina Nacional de Estadísticas, 1996.

——. *Estadísticas Seleccionadas de Cuba* 1996, Sala de Difusión de la Oficina Nacional de Estadísticas, 1997.

——. *Estadísticas Seleccionadas* 1997, Sala de Difusión de la Oficina Nacional de Estadísticas, 1998.

——. *Cuba en Cifras 1998*, Sala de Difusión de la Oficina Nacional de Estadísticas, Ciudad de La Habana, 1999.

——. *Anuario Estadístico de Cuba (1999 - 2002)*, Artes Gráficas, Ciudad de La Habana, 2000 - 2002.

——. *Estadísticas Seleccionadas de Cuba 2002*, Sala de Difusión de la Oficina Nacional de Estadísticas, 2003.

Perez Jr., Louis A. *Cuba and the United States: Ties of Singular Intima-*

cy. Second Edition, University of Georgia Press, Athens, 1997.

——. *Cuba between Reform and Revolution*, Oxford University Press, Oxford, 1988.

Pérez-Stable, Marifeli. *The Cuban Revolution: Origins, Course, and Legacy.* Second Edition, Oxford University Press, Oxford, 1999.

Plataforma Programática del Partido Comunista de Cuba: Tesis y Resolución, Editado por el Departamento de Orientación Revolucionaria del Comité Central del Partido Comunista de Cuba, La Habana, 1976.

Programa del Partido Comunista de Cuba, Editora Política, La Habana, 1987.

Randall, Margaret. *Cuban Women Now: Interviews with Cuban Women*, The Women's Press/Dumont Press, Toronto, 1974.

Ratliff, William E. *Castroism and Communism in Latin America, 1956 – 1976*, Standford University Press, Stanford, 1976.

Ritter, Archibald R. M. *The Economic Development of Revolutionary Cuba: Strategy and Performance*, Praeger Publishers, New York, 1974.

Rodriguez, Dario L. Machado. *Nuestro propio camino: Analisis de proceso de rectificación en Cuba*, Editora Política, La Habana, 1993.

Roman, Peter. *People's Power: Cuba's Experience with Representative Government*, Westview Press, Boulder, 1999.

Smith, Robert Freeman. *Background to Revolution: The Development of Modern Cuba*, Alfred A. Knopf, Inc. , New York, 1966.

Smith, Wayne S. *The Closest of Enemies*, W. W. Norton & Company, New York, 1987.

Suchlicki, Jaime. *Cuba: From Columbus to Castro*, Pergamon-Brassey's International Defense Publishers, Washington, 1986.

Szulc, Tad. *Fidel: A Critical Portrait.* William Morrow, New York, N. Y. , 1986.

Taber, Michael, ed. *Fidel Castro Speeches*, Pathfinder Press, New York, 1981.

——, ed. *Fidel Castro Speeches Vol. II*, Pathfinder Press, New York, 1983.

——, ed. *Fidel Castro Speeches 1984 – 85*, Pathfinder Press, New York, 1985.

Thomas, Hugh. *Cuba: The Pursuit of Freedom*, Harper & Row, New York, 1971.

——. *Historia Contemporanea de Cuba*, Ediciones Grijalbo, S. A., 1982.

Valdés, Antonio J. *Historia de la Isla de Cuba y en especial de La Habana*, Comisión Nacional Cubana de La UNESCO, La Habana, 1964.

Valdés Vivó, Raúl. *El Manifiesto que no Muere* (*Lo que se mantiene y lo que ha cambiado*), Editado por Comité Municipal de Playa del PCC, n/d.

Veltmeyer, Henry and Mark Rushton. *The Cuban Revolution as Socialist Human Development*, Haymarket Books, Chicago, IL., 2013.

Wiarda, Howard J. and Mark Falcoff. *The Communist Challenge in the Caribbean and Central America*, American Enterprise Institute for Public Policy Research, Washington, D. C., 1987.

Wright, Thomas C. *Latin America in the Era of the Cuban Revolution*, Praeger Publishers, New York, 1991.

Zimbalist, Andrew, ed. *Cuba's Socialist Economy Toward the 1990s*, Lynne Rienner Publishers, Boulder, 1987.

Zimbalist, Andrew and Claes Brundenius. *Revolutionary Cuba: The Challenge of Growth with Equity*, Johns Hopkins University Press, Baltimore, 1989.

——. *The Cuban Economy: Measurement and Analysis of Socialist Performance*, Johns Hopkins University Press, Baltimore, 1989.

外文参考论文

Alzugaray Treto, Carlos. "Problems of National Security in the Cuban-U. S. Historic Breach". In Jorge I. Dominguez and Rafael Hernández, eds. *U. S. – Cuban Relations in the 1990s*, Westview Press, Boulder, 1989.

Castro Ruz, Fidel. "Informe Central al Tercer Congreso del Partido Comunista de Cuba", *Bohemia*, Ano 78. No. 7, el 14 de febrero de 1986.

——. "Discurso en el XXV aniversario de La Victoria de Playa Giron y de la programación del carácter socialista de la Revolución", *Granma semanal*, el 27 de abril de 1986.

——. "Discurso en el acto celebrado por el XX Aniversario de la caída en combate del Comandante Ernesto Che Guevara, efectuado en la Ciudad de Pinar del Rio, el 8 de octubre de 1987", *Granma*, el 12 de octubre de 1987.

——. "Discurso pronunciado en el acto conmemorativo del 30 aniversario del tríunfo de la Revolución cubana", *Granma Internacional*, el 22 de enero de 1988.

——. "Discurso pronunciado en el acto de inauguración del Ⅵ Congreso Nacional del Sindicato de los trabajadores de la construcción", *Granma Internacional*, el 8 de julio de 1988.

——. "Discurso en el acto de clausura del mismo Congreso", *Granma Internacional*, el 17 de julio de 1988.

——. *Discurso pronunciado en el Acto de despedida de Duelo A Nuestros Internacionalistas Caídos Durante el Cumplimiento de Honrosas Misiones Militares Y Civiles*, efectuado en el Cacahual, el 7 de Diciembre de 1989. http://www.cuba.cu/gobierno/discursos/

——. *Discurso pronunciado en la clausura del IV Encuentro Latinoamericano y del Caribe*, efectuada en el Palacio de las Convenciones, el 28 de Enero de 1994. http://www.cuba.cu/gobierno/discursos/

——. *Una revolución solo puede ser hija de la cultura y las ideas* (discurso pronunciado en el Aula Magna de la Universidad Central de Venezuela, 3 de febrero de 1999), folleto, n/d, ofrecido por la Embajada de Cuba en China.

——. "Speech at the Ceremony to Celebrate the Completion of the Repair, Expansion and Building of 779 Primary and Secondary Schools in the Capital", *Granma International*, September 8, 2002.

——. "Speech at the Inauguration of the School Year 2002/2003, September 16, 2002", *Granma International*, September 22, 2002.

——. “Speech at the Ceremony to Inaugurate the Works of the Extraordinary Health Program Already Underway and Being Implemented in Cuba”, *Granma International*, April 13, 2003.

Castro Ruz, Raúl. “The Closing Speech to the Seminar of People's Power” (August 22, 1974). In Michael Taber, ed. *Fidel Castro Speeches Vol. II*, Pathfinder Press, New York, 1983.

——. “Speech at the National Assembly of People's Power” (December 28, 1984), *Granma Weekly Review*, January 13, 1985.

Chaguaceda, Armand, et al. “Community Participation in Cuba: Experiences from a Popular Council”, *International Journal of Cuban Studies*, Autumn/Winter 2012.

Crahan, Magaret. “Religion and Revolution: Cuba and Nicaragua”, *Working paper*, No. 174, The Wilson Center, Washington, D. C., 1987.

Domenech, Sirvia. “El Proceso de Rectificación, la Economía Política Socialista y el SDPE”, *Cuba Socialista*, septiembre-octubre de 1988.

Dominguez, Maria Isabel. *Updating the Cuban Economic and Social Model and Its Impact on the Social Structure and Social Policy*. Paper presented at the China-Cuba's fifth seminar, December 3 - 6, 2012.

Fernandez Estrada, Oscar. *Changes in the Performance of Cuban Economy Based on the 6th Congress of the Communist Party*. Paper presented at the China-Cuba's fifth seminar, December 3 - 6, 2012.

“5th Plenary of the Central Committee”, *Granma International*, April 3, 1996.

Gavilán, Roberto de los Reyes. “La dignidad herida”, *Tríbuna de la Habana*, el 13 de Marzo de 1994.

Guevara, Ernesto Che. “Against Bureaucratism”. In David Deutschmann, ed. *Che Guevara and the Cuban Revolution*, Pathfinder/Pacific and Asia, Sydney, 1987.

——. “Guerrilla Warfare: A Method”, *Cuba Socialista*, September 1963.

——. “Socialism and Man in Cuba”. In David Deutschmann, ed. Op. cit.

Hidalgo de los Santos, Vilma. *Economic Policy and Growth in Updating the Cuban Economic Model: Advance and Challenges.* Paper presented at the China-Cuba's fifth seminar, December 3 – 6, 2012.

Hirschfeld, Katherine. "Re-examining the Cuban Health Care System: Towards a Qualitative Critique", *Cuban Affairs*, 2: 3 (July), 2007.

Iglesias, Enrique. "El desarrollo y la justicia: desafíos de la década de los 80", *Revista de CEPAL*, Santiago de Chile, diciembre de 1981.

Lamrani, Salim. "Reforming the Cuban Economic Model: Causes and Prospects", *International Journal of Cuban Studies*, Autumn/Winter 2012.

Ludlam Steve. "Reordenamiento, Lineamientos y Arriba: Legitimacy and Political Culture in Cuba's Reform Strategy", *International Journal of Cuban Studies*, Autumn/Winter 2012.

Mao, Xianglin. "Cuban Reform and Economic Opening: Retrospective and Assesment", *Latin American Perspectives*, November 2007.

——, Carlos Alzugaray Treto, Liu Weiguang and Adrian H. Hearn. "China and Cuba: Past, Present and Future". In Adrian H. Hearn and José Luis León-Manríquez, eds. *China Engages Latin America: Tracing the Trajectory*, Boulder and London, Lynne Rienner Publishers, Inc., 2011.

——, Adrian H. Hearn and Liu Weiguang. "China and Cuba: 160 Years and Looking Ahead", *Latin American Perspectives*, November 2015.

Mesa-Lago, Carmelo. "Las Reformas de Raúl Castro y el Congreso del Partido Comunista de Cuba: Avances, obstáculos y resultados". *Documentos CIDOB América Latina*, No. 35.

Nicholes, John Spicer. "Mass Media: Their Functions in Social Conflict." In Jorge I. Dominguez, ed. *Cuba: Internal and International Affairs*, Sage Publications, Beverly Hills, CA, 1982.

O' Sullivan, Michael. "The Economic Reform in Cuba: Strengthening the Country's Esenstial Socialist Character or a Transition to Capitalism? The Impact on Educated Youth", *International Journal of Cuban Studies*, Autumn/Winter 2012.

Reuters. *Espectalista inglesa elogia el sistema de asistencia medica de Cuba*, La Habana, el 24 de marzo de 2000.

Rodríguez, Carlos Rafael. "Fundamentos Estratégicos de la Política Exterior de Cuba", *Cuba Socialista*, diciembre de 1981, número 1.

Wilkinson, Stephen. "Neither Beijing Nor Hanoi But a Cuban Market Socialism?", *International Journal of Cuban Studies*, Autumn/Winter 2012.

外文参考报刊

Cuba Actualidades (trimestral)

Cuba Socialista (mensual)

Cuban Info (triweekly)

Cuban Studies (annual)

EIU Country Profile (The Economist Intelligence Unit, annual)

EIU Country Report (quarterly)

Granma (diario)

Granma International (weekly, after 1992)

Granma Weekly Review (before 1992)

ISLA (Information service of Latin America, monthly)

Latin America Perspectives (quarterly)

Latin America Weekly Report

Latin American Caribbean & Central America Report (monthly)

NACLA Report on the Americas (bimonthly)

外文参考网站和网页

http://articles.chicagotribune.com/2000-10-02/news/0010020139_1_heberto-padilla-cas-tro-revolution-mr-padilla

http://blog.sina.com.cn/s/blog_72f779500100r3xp.html

http://cuba.forestry.gov.cn/article/3880/3885/3905/2016-08/20160819-054307.html

http://granma. cubaweb. cu/

http://news. xinhuanet. com/world/2012 -03/12/c_122820409. htm

http://www. census. gov/prod/www/statistical-abstract. html

http://www. cidob. org/es/content/download/29990/356988/file/DOCUMENTOS_AMERICA + LATINA_35 pdf

http://www. cnki. com. cn/Article/CJFDTOTAL-HQJS200617017. htm

http://www. cssn. cn/wx/wx _ dnolmwx/201310/t20131026 _ 599821. shtml

http://www. cuba. cu/gobierno/discursos

http://www. cuba. cu/gobierno/discursos/2008/esp/f180208e. html

http://www. cubadebate. cu/

http://www. cubadebate. cu/autor/ - castro-ruz/page/6

http://www. cubadebate. cu/autor/ - castro-ruz/psge/8 y 7/

http://www. cubadebate. cu/categoria/noticias/page/5496/

http://www. cubadebate. cu/especiales/2012/02/01/objetivos-de-trabajo-del-pcc

http://www. cubadebate. cu/noticias/2011/01/03/asi-es-cuba-en-el -2011/

http://www. cubadebate. cu/noticias/2011/08/01/separacion-de-la-direccion-de-los-consejos-de-administracion-y-de-las-asambleas-provinciales-y-municipales-en-los-nuevos-territorios-de-artemisa-y-mayabeque/

http://www. cubagov. cu/otras_ info/minfar/defensa. htm

http://www. cubasocialista. cu/

http://www. elnuevoherald. com/ultimas-noticias/article2031180. html#!

http://www. en. granma. cu/reflections-of-fidel/2016 -08 -15/the-birthday

http://www. en. wikipedia. org/wiki/Religion-in-Cuba

http://www. fidelcastro. cu/es/citas

http://www. granma. cu/granmad/secciones/6to-congreso-pcc/Folleto%20Lineamientos%20VI%20Cong pdf

http://www. granma. cu/reforma-constitucional/2018 - 11 - 05/a-la-venta-tabloide-con-el-proyecto-de-constitucion-de-la-republica-de-cuba - 30 - 07 - 2018 -

18 -07 -43

http://www. granma. cubaweb. cu/

http://www. granma. cubaweb. cu/2012/01/30/nacional/artic08. html

http://www. granma. cubaweb. cu/2013/12/19/nacional/artic18. html

http://www. internet@ granma. cu

http://www. mofcom. gov. cn/article/i/jyjl/l/201308/20130800226518. shtml

http://www. nacub. org

http://www. one. cu/aec2010. htm

http://www. one. cu/aec2010/esp/20080618/tabla_cuadro. htm

http://www. one. cu/aec2012/esp/20080618_tabla_cuadro. htm

http://www. one. cu/aec2012. htm

http://www. one. cu/aec2013/esp/20080618 - tabla-cuadro. htm/

http://www. one. cu/aec2014/18Educacion pdf

http://www. one. cu/aec2014. htm

http://www. one. cu/aec2015/00%20Anuario%20Estadistico%202015 pdf

http://www. one. cu/aec2015. htm

http://www. one. cu/publicaciones/cepde/anuario_2015/anuario_demografico_2015 pdf

http://www. one. cu/publicaciones/cepde/anuario_2016/anuario_demografi - co_2016 pdf

http://www. one. cu/publicaciones/cepde/anuariodem2005 pdf

http://www. one. cu/publicaciones/cepde/cpv2012/20140428informenacional/26_grafico_13_14 pdf

http://www. onei. cu/publicaciones/08informacion/panorama2016/Panorama 2016. tablas 2, 13, 15 pdf

http://www. onei. cu/publicaciones/08informacion/panorama2016/Panorama 2016. tablas 13, 15, 17 pdf

http://www. onei. cu/publicaciones/08informacion/panorama2016/15%20Presupuesto pdf

http://www.parlamentocubano.cu/index

http://www.pcc.cu/

http://www.polis.leeds.ac.uk/people/staff/pearson/

http://www.qnck.cyol.com/html/2012-04/05nw.D110000qnck_20120405_1-10.htm

http://www.sara.gov.cn

https://thecubaneconomy.com/profile/

http://www.wenku.baidu.com

中文参考书目

〔美〕乔恩·李·安德森：《切·格瓦拉传》，马昕译，武汉：长江文艺出版社，2009。

北京拉丁美洲使团、外语教学与研究出版社：《拉丁美洲诗集》，北京：外语教学与研究出版社，1994。

〔英〕莱斯利·贝瑟尔主编《剑桥拉丁美洲史》（第一卷至第八卷、第十卷），分别由北京：经济管理出版社、当代世界出版社等出版，1991~2003。

本书编写组：《兴衰之路——外国不同类型政党建设的经验与教训》，北京：当代世界出版社、中共中央党校出版社，2002。

〔美〕E. 布拉德福德·伯恩斯：《简明拉丁美洲史》，王宁坤译，涂光楠校，长沙：湖南教育出版社，1989。

——、朱莉·阿·查利普：《简明拉丁美洲史——拉丁美洲现代化进程诠释》，王宁坤译，张森根审校，北京：世界图书出版公司，2009。

〔古〕卡秋斯卡·布兰科·卡斯蒂涅拉：《菲德尔·卡斯特罗·鲁斯：时代游击队员——古巴革命历史领袖访谈录》，徐世澄、宋晓平译，北京：人民日报出版社、五洲传播出版社，2015。

曹苏红主编《世界格局在剧变：社会主义新实践与帝国主义新特点》，北京，社会科学文献出版社，2013。

陈才兴、刘文龙编著《传奇式游击英雄——切·格瓦拉》，上海：复旦大学出版社，1997。

陈久长：《卡斯特罗与古巴——出使岛国见闻》，长沙：湖南人民出版社，2002。

——：《“硬汉”卡斯特罗：中国驻古巴大使手记》，北京，中国文史出版社，2009。

〔秘鲁〕欧亨尼奥·陈－罗德里格斯：《拉丁美洲的文明与文化》，白凤森、杨衍永、刘德、齐海燕译，北京：商务印书馆，1990.

陈美玲：《古巴农业革命》，北京：社会科学文献出版社，2013。

崔桂田：《当代社会主义发展模式比较研究》，济南：山东人民出版社，2005。

——、蒋锐等：《拉丁美洲社会主义及左翼社会运动》，济南：山东人民出版社，2013。

〔古〕艾·罗依格·德卢其森林：《古巴独立史》，张焱译，王怀祖校，北京：生活·读书·新知三联书店，1971。

〔澳大利亚〕D. 多伊奇曼编《切·格瓦拉：卡斯特罗的回忆》，邹凡凡译，南京：译林出版社，2009。

〔美〕菲利普·方纳：《古巴史和古巴与美国的关系》（第一卷），涂光楠、胡毓鼎译，田保生校，北京：生活·读书·新知三联书店，1964。

冯颜利等：《亚太与拉美社会主义研究》，北京：中国社会科学出版社，2013。

〔巴西〕克劳迪娅·福丽娅蒂：《卡斯特罗传》，翁怡兰、李淑廉译，北京：世界知识出版社，2003。

〔古〕弗罗伊兰·冈萨雷斯、阿迪斯·库普尔：《切·格瓦拉之死》，徐文渊译，北京：新世界出版社，2008。

高放、李景治、蒲国良主编《科学社会主义的理论与实践》（第六版），北京：中国人民大学出版社，2014。

——、李景治、蒲国良主编《“科学社会主义的理论与实践”疑难解析》，北京：中国人民大学出版社，2004。

〔英〕理查德·戈特：《古巴史》，徐家玲译，北京：中国出版集团，2013。

〔古〕埃内斯托·切·格瓦拉：《古巴革命战争回忆录》，复旦大学历史系拉丁美洲研究室译，上海：上海人民出版社，1975。

——：《切在玻利维亚的日记》，北京：生活·读书·新知三联书店，1971。

〔阿根廷〕埃内斯托·格瓦拉·林奇：《拉美传奇英雄格瓦拉》，肖芳琼译，北京，新华出版社，1990。

《古巴人民社会党第八次全国代表大会主要文件》，北京：世界知识出版社，1961。

《古巴刑法典》，陈志军译，北京：中国人民公安大学出版社，2010。

古巴驻华大使馆：《前景与挑战：古巴的医药工业及生物制药工业》，单行本，1994。

古小松：《越南的社会主义》，北京：人民出版社，1995。

谷源洋：《越南社会主义定向革新》，北京：社会科学文献出版社，2013。

关达等编著《第二次世界大战后拉丁美洲政治》，北京：中国社会科学出版社，1987。

何宝骥主编《世界社会主义思想通鉴》，北京：人民出版社，1996。

贺双荣主编、谌园庭副主编《中国与拉丁美洲和加勒比国家关系史》，北京：中国社会科学出版社，2016。

黄宗良、孔寒冰主编《世界社会主义史论》，北京：北京大学出版社，2004。

——、林勋建主编《冷战后的世界社会主义运动》，北京：北京大学出版社，2003。

黄卓才：《古巴随笔：追寻华人踪迹》，广州：广东高等教育出版社，2017。

〔俄〕尤里·加夫里科夫：《切·格瓦拉：未公开的档案》，高增训、陈新华译，秦岳、陈琦校译，北京：国际文化出版公司，2008。

靳呈伟：《多重困境中的艰难抉择——拉美共产党的社会主义理论与实践》，北京：中央编译出版社，2016。

〔墨〕豪尔赫·G. 卡斯塔涅达：《切·格瓦拉传》，白凤森译，北京：

人民文学出版社，2012。

〔古〕菲德尔·卡斯特罗：《卡斯特罗言论集》（第一、二册），北京：人民出版社，1963。

——：《历史将宣判我无罪》，北京：世界知识出版社，2003。

——：《全球化与现代资本主义》，王玫、邓兰珍、王洪勋、范墨贤译，北京：社会科学文献出版社，2000。

——：《在古巴共产党第一、二、三次全国代表大会上的中心报告》，王玫、张小强、韩晓雁、王志平译，北京：人民出版社，2000。

——：《总司令的思考》，徐世澄、宋晓平、黄志良、郝名玮译，北京：社会科学文献出版社，2008。

——、〔法〕伊格纳西奥·拉莫内：《卡斯特罗访谈传记：我的一生》，中国社会科学院拉丁美洲研究所组织翻译，北京：中国社会科学出版社，2008。

〔古〕何塞·坎东·纳瓦罗：《古巴历史——枷锁与星辰的挑战》，王玫译，北京：当代世界出版社，1990。

〔美〕杰伊·坎特：《切·格瓦拉之死》，邹亚译，北京：新星出版社，2006。

康学同主编，王玉林、王家雷副主编，刘荣根执行主编《当代拉美政党简史》，北京：当代世界出版社，2011。

〔古〕梅塞德斯·克雷斯波·比利亚特：《华人在蔗糖之国——古巴》，刘真理译，上海：复旦大学出版社，1998。

〔古〕阿迪斯·库普尔、弗罗伊兰·贡萨雷斯：《一首未唱完的歌——献给切·格瓦拉》，王玫、邓兰珍译，北京：东方出版社，2000。

〔俄〕约·拉弗列茨基：《格瓦拉传》，复旦大学外文系等译，上海：上海人民出版社，1974。

〔美〕约翰·兰尼拉格：《中央情报局》，潘世强、范道丰、李中、黄景让译，范道丰校，北京：中国社会科学出版社，1999。

雷竟璇：《远在古巴》，北京：中信出版社，2016。

李安山：《卧榻雄狮——卡斯特罗》，北京：中国广播电视出版社，1998。

罗伯特·李：《卡斯特罗传》，武汉：长江文艺出版社，1998。

李春辉：《拉丁美洲史稿》（上、下册），北京：商务印书馆，1983。

——、苏振兴、徐世澄主编《拉丁美洲史稿》（第三卷），北京：商务印书馆，1993。

李明德主编《简明拉丁美洲百科全书》，北京：中国社会科学出版社，2001。

〔美〕谢尔顿·B·利斯：《拉丁美洲的马克思主义思潮》，林爱丽译，北京：东方出版社，1990。

李慎明主编《低谷且听新潮声：21 世纪的世界社会主义前景》（下），北京：社会科学文献出版社，2005。

李铁映：《论民主》，北京：人民出版社、中国社会科学出版社，2001。

梁宏、朱兴有、金玲、王翠芳、付光焰编著《变革中的越南朝鲜古巴》，深圳：海天出版社，2010。

〔俄〕尼古拉·S. 列昂诺夫：《劳尔·卡斯特罗》，魏然、范蕾、李茜译，徐世澄校译，北京：中国社会科学出版社，2016。

刘洪才主编《当代世界共产党党章党纲选编》，北京：当代世界出版社，2009。

刘云主编、李怀顺、张玉霞副主编《美国“后院”的叛逆者：菲德尔·卡斯特罗》，兰州：甘肃人民出版社，1997。

刘智峰主编《切·格瓦拉：反响与争鸣》，北京：中国社会科学出版社，2001。

卢学慧编译《二十世纪军政巨人百传：卡斯特罗传》，长春：时代文艺出版社，2003。

〔古〕玛尔塔·罗哈斯：《蒙卡达审判》，徐世澄译，北京：华文出版社、五洲传播出版社，2014。

罗荣渠：《现代化新论——世界与中国的现代化进程》，北京：北京大学出版社，1993。

毛相麟：《古巴社会主义研究》，北京：社会科学文献出版社，2005。

——：《古巴：本土的可行的社会主义》，北京：社会科学文献出版社，2012。

——、邱醒国、宋晓平主编《中美洲加勒比国家经济》，北京：社会科学文献出版社，1987。

〔美〕卡梅洛·梅萨-拉戈：《七十年代的古巴——注重实效与体制化》（修订版），丁中译，北京：商务印书馆，1980。

〔德〕汉斯·莫德罗等：《古巴：起步还是止步》，王建政译，北京：社会科学文献出版社，2016。

庞炳庵主编《拉美雄鹰：中国人眼里的切·格瓦拉》，北京：世界知识出版社，2000。

——：《亲历古巴——个中国驻外记者的手记》（第二版），北京：新华出版社，2004。

——主编《中国人与古巴独立战争》，北京：新华出版社，2013。

——：《怎样当记者——个国际新闻工作者走过的路》，北京：新华出版社，2015。

——：《从记者的视角看外面的世界》，北京：世界知识出版社，2019。

裴坚章主编《毛泽东思想研究》，北京：世界知识出版社，1994。

钱其琛主编《世界外交大辞典》，北京：世界知识出版社，2004。

秦宣主编《科学社会主义概论》，北京，中国人民大学出版社，2010。

〔古〕萨洛蒙·苏希·萨尔法蒂编《卡斯特罗语录》，宋小平、徐世澄、张颖译，北京：社会科学文献出版社，2010，

沙丁、杨典求、焦震衡、孙桂荣：《中国和拉丁美洲关系简史》，郑州：河南人民出版社，1986。

〔古〕D. 施诺卡尔和 P. A. 塔维奥编：《古巴雄狮卡斯特罗的青少年时代》，宋晓平、杨仲林译，北京：社会科学文献出版社，2000。

时影编著《格瓦拉》，汕头：汕头大学出版社，2005。

师永刚、刘琼雄、詹涓编著《切·格瓦拉语录》，北京：生活·读书·新知三联书店，2007。

〔俄〕阿·弗·舒利戈夫斯基编《马克思列宁主义与拉丁美洲》（上、下册），莫斯科科学出版社，1989，未出版的中译稿，孙士明、蔡同昌等译。

苏振兴：《苏振兴文集》，上海：上海辞书出版社，2005。

——：《苏振兴集》，北京：中国社会科学出版社，2012。

——主编《拉丁美洲的经济发展》，北京：经济管理出版社，2002。

——主编、刘维广副主编《拉美国家现代化进程及其启示》，北京：知识产权出版社，2012。

索飒：《把我的心染棕：潜入美洲》，西宁：青海人民出版社，2009。

汤荻：《古巴印象》，北京：北京十月文艺出版社，2017。

陶竦：《纯粹的红——切·格瓦拉传》，上海：文匯出版社，2008。

〔意〕安格鲁·特兰托：《卡斯特罗与古巴》，杨晓霞译，北京：生活·读书·新知三联书店，2006。

滕藤主编《世界各国商务指南·拉丁美洲卷·古巴》，北京：中国社会科学出版社，1996。

〔英〕休·托马斯：《卡斯特罗和古巴》（上、下册），复旦大学拉丁美洲研究室译，上海：上海人民出版社，1975。

王成家：《解读卡斯特罗神话：王大使与菲德尔的不解之缘》，北京：世界知识出版社，2005。

王承就：《古巴共产党建设研究》，北京：人民出版社，2011。

王士美：《切·格瓦拉》（上、下册），沈阳：辽宁民族出版社，1996。

王泰平主编《邓小平外交思想研究》，北京：世界知识出版社，1996。

〔俄〕维·沃尔斯基主编《拉丁美洲概览》，孙士明、刘德、姚新美摘译，孙士明校，北京：中国社会科学出版社，1987。

〔美〕玛丽-爱丽丝·沃特斯编著《我们的历史并未终结》，王路沙译，北京：知识产权出版社，2008。

吴彬康等主编《八十年代世界共产党代表大会重要文件选编》，北京：中国广播出版社，1989。

肖枫、王志先：《古巴社会主义》，北京：人民出版社，2004。

——：《世界社会主义：热点、焦点、难点》，北京：当代世界出版社，2016。

——主编《社会主义向何处去——冷战后世界社会主义运动大扫描》，

北京：当代世界出版社，1999。

肖楠等编写《当代拉丁美洲政治思潮》，北京：东方出版社，1998。

熊复主编《世界政党辞典》，北京：红旗出版社，1986。

徐世澄：《冲撞：卡斯特罗与美国总统》，北京：东方出版社，1999。

——：《当代拉丁美洲的社会主义思潮与实践》，北京：社会科学文献出版社，2012。

——：《古巴模式的“更新”与拉美左派的崛起》，北京：中国社会科学出版社，2013。

——：《卡斯特罗评传——从马蒂主义者到马克思主义者》，北京：人民出版社，2008。

——：《徐世澄集》，北京：中国社会科学出版社，2013。

——编著《列国志：古巴》，北京：社会科学文献出版社，2003。

——、贺钦编著《列国志：古巴》（新版），北京：社会科学文献出版社，2018。

——主编《拉丁美洲现代思潮》，北京：当代世界出版社，2010。

——主编《拉美左翼和社会主义理论思潮研究》，北京：中国社会科学出版社，2017。

徐贻聪：《我与卡斯特罗》，北京：东方出版社，2015。

——、徐丽丽：《加勒比绿鳄：古巴》，上海：上海锦绣文章出版社，2011。

杨道金：《拉美巨人：菲德尔·卡斯特罗·鲁斯》，北京：时事出版社，2006。

杨明辉、周永瑞：《FIDEL ALEJANDRO CASTRO RUZ 解码卡斯特罗》，北京：中国工人出版社，2010。

袁东振、杨建民等：《拉美国家政党执政的经验与教训研究》，北京：中国社会科学出版社，2016。

曾昭耀：《拉丁美洲发展问题论纲——拉美民族 200 年崛起失败原因之研究》，北京：当代世界出版社，2011。

——主编《现代化战略选择与国际关系——拉美经验研究》，北京：社会科学出版社，2002。

——、石瑞元、焦震衡主编《战后拉丁美洲教育研究》，南昌：江西教育出版社，1994。

张金霞：《“古巴模式”的理论探索——卡斯特罗的社会主义观》，北京：人民出版社，2012。

张友渔主编《世界议会辞典》，北京：中国广播电视出版社，1987。

张佐华：《古巴共和国》，北京：世界知识出版社清样本，1963。

张志军主编，郭业洲、周余云副主编《20世纪国外社会主义理论、思潮及流派》，北京：当代世界出版社，2008。

赵曜、张式谷、秦德芬主编《科学社会主义新论》，北京：中共中央党校出版社，1996。

郑树森编著《国际文坛十二家》，台北：联合文学出版社，1981。

政学：《卡斯特罗》，呼和浩特：内蒙古人民出版社，1997。

周克明、王玉先、周通、程清林主编《当代世界工人和工会运动》，沈阳：辽宁大学出版社，1990。

朱金平：《卡斯特罗传》，北京，东方出版社，1998。朱景冬：《黑人诗歌的杰出代表纪廉》，《当代拉美文学研究》，北京：社会科学文献出版社，2012。祝文驰、毛相麟、李克明：《拉丁美洲的共产主义运动》，北京：当代世界出版社。2002。

中共中央编译局：《邓小平文选》，第三卷，北京：人民出版社，1993。

——：《列宁全集》第2卷，北京：人民出版社，1972..

——：《列宁全集》第5卷，北京：人民出版社，1972。

——：《马克思恩格斯全集》第21卷，北京：人民出版社，1985。

——：《马克思恩格斯选集》第1卷，北京：人民出版社，1995。

中国大百科全书出版社编辑部编《科学社会主义百科全书》，北京：知识出版社，1993。

《中国共产党对外工作概况》编委会编《中国共产党对外工作概况》，北京：当代世界出版社，1993～1996年各年。

中国社会科学院拉丁美洲研究所编《拉丁美洲历史词典》，上海：上海辞书出版社，1993。

中国社会科学院拉丁美洲研究所发布的拉美黄皮书：《拉丁美洲和加勒比发展报告》（从2005年至2019年各年年度报告），北京：社会科学文献出版社。

中国社会科学院世界经济与政治研究所世界经济年鉴编辑部编《世界经济年鉴》（1979年至1988年各年年鉴），北京：中国社会科学出版社。

中国社会科学院世界社会主义研究中心发布的世界社会主义黄皮书：《世界社会主义跟踪研究报告——低谷且听新潮声》（从2005年至2019年各年年度报告），北京：社会科学文献出版社。

中华人民共和国外交部外交史编辑室主编《中国外交概览》，北京：世界知识出版社，1987～1990年各年。

中华人民共和国外交部、中共中央文献研究室编《毛泽东外交文选》，北京：中央文献出版社、世界知识出版社，1994。

中文参考论文、讲稿

白诗德（古巴驻华大使）：《对目前经济状况的评估及需要解决的问题》，在中国社会科学院拉丁美洲研究所的讲演，2011年11月15日。

何塞·阿. 格拉·门切罗（古巴驻华大使）：《改革开放中的古巴》，《拉丁美洲研究》1997年第4期。

〔日〕宫本信生：《古巴卡斯特罗政权倒不了》，日本《世界周报》1993年8月3日。

江时学：《中国特色社会主义与古巴特色社会主义之比较》，《中国特色社会主义研究》2010年第2期。

刘澎：《古巴宗教政策的变迁》，《炎黄春秋》2015年第2期。

刘维广：《切·格瓦拉及其思想在中国的影响》，《拉丁美洲研究》2008年第4期。

刘潇、仇雨临：《古巴医疗卫生体系再审视：运行机制与经验借鉴》，《拉丁美洲研究》2010年第6期。

布鲁诺·罗德里格斯·帕里利亚（古巴外交部部长）：《古巴：本土的

可行的社会主义》（在中国社会科学院的讲演），2009 年 9 月 1 日。

毛相麟：《战后拉美的游击战争与共产党人》，《当代世界社会主义问题》1997 年第 2 期。

——：《古巴教育是如何成为世界第一的》，《拉丁美洲研究》2004 年第 5 期。

——：《古巴社会主义政权为何具有强大生命力》，《马克思主义文摘》2006 年第 5 期。

——：《古巴全民医疗制度的建立与完善》，《中国党政干部论坛》2007 年第 6 期。

——：《劳尔·卡斯特罗接班后古巴形势的变化与发展前景》，《当代世界社会主义问题》2008 年第 3 期。

——：《古美关系离实现正常化还有多远?》，《当代世界社会主义问题》2010 年第 1 期。

——：《古巴华人是发展中古友好关系的桥梁》，载庞炳庵主编《中国人与古巴独立战争》，北京：新华出版社，2013。

——、杨建民：《劳尔主政古巴的七年及其前景》，《当代世界社会主义问题》2013 年第 4 期。

——：《古美关系取得历史性突破的原因和发展前景》，《当代世界》2015 年第 2 期。

——：《古巴社会保障制度的建立和完善进程》，《当代世界社会主义问题》2016 年第 2 期。

——：《卡斯特罗对古巴和世界社会主义发展的卓越贡献》，《世界社会主义研究》2017 年第 1 期。

卡洛斯·米格尔·佩雷拉·埃尔南德斯（古巴驻华大使）：《在古中建交 48 周年纪念会上的讲话》，古巴驻华大使馆，2008 年 9 月 26 日。

少一：《处变不惊，未雨绸缪——古巴采取措施加强国防建设》，《解放军报》1990 年 5 月 28 日。

宋晓平：《古巴关于社会主义理论和实践的探索》，《红旗文稿》2009 年第 9 期）。

——：《古巴“更新”进程中的几个问题》，《拉丁美洲研究》2013 年第 6 期）。

王承就：《古巴的教育公平论析》，《理论月刊》2015 年第 7 期。

邬烈兴（英国行动援助中国办公室）：《古巴：最穷的国家之一有着最好的公共医疗体系》，《中国改革》（农村版）2003 年 8 月号。

徐世澄：《劳尔·卡斯特罗关于经济改革的论述和古巴经济变革的最新动向》，《当代世界》2011 年第 3 期。

——：《古共“六大”与古巴经济模式的“更新”》，《拉丁美洲研究》2011 年第 3 期。

——：《古巴社会主义的文化理论和实践》，《拉丁美洲研究》2013 年第 3 期。

——：《古巴共产党在自我“更新”中保持党的生命力》，《当代世界》2013 年第 9 期。

杨建民：《古巴革命以来的外交政策研究》，《拉丁美洲研究》2009 年第 1 期。

——：《美国“促进民主”的拉美政策辨析》，《国外社会科学》2009 年第 3 期。

——：《古共“六大”与古巴改革的主要特点和前景分析》，《拉丁美洲研究》2011 年第 6 期。

——、毛相麟：《古巴社会主义及其发展前景》，《拉丁美洲研究》2013 年第 2 期。

——：《古巴“更新”社会主义经济模式与中古关系》，《拉丁美洲研究》2014 年第 2 期。

——：《古巴“更新”经济模式与美古关系正常化》，《美国研究》2016 年第 1 期。

——：《奥巴马访问古巴与美古关系正常化》，《当代世界》2016 年第 4 期。

——：《古巴关于社会主义发展模式的探索——兼论模式更新进程的前景》，《当代世界与社会主义》2017 年第 2 期。

幺素珍：《劳尔·卡斯特罗——贡献独特的古巴领导人》，《当代世界》，2005 年第 5 期。

张拓：《中古关系凸显三大亮点》，《光明日报》2016 年 10 月 10 日，第 12 版。

张卫中：《在古巴的和平演变与反和平演变斗争》，《国际研究参考》1992 年第 5 期。

中华人民共和国劳动保障部考察团：《古巴的就业政策和社会保障制度》，《中国劳动保障》2005 年第 5 期。

周兢：《从国际学前教育政策比较解读我国学前教育发展走向》，http://www.doc88com/p－995218076 0411.html

第一版序言（一）

位于加勒比海的岛国古巴是一个有鲜明特点的国家，而它最大的特点就是实行社会主义制度。1959 年革命胜利后不久，古巴便以其独特的方式走上了社会主义道路。40 多年来，古巴的社会主义建设取得了多方面的成就。然而，古巴所走过的路并不平坦。从 20 世纪 60 年代初开始，美国就对古巴采取敌视态度，对古巴实行经济封锁，一直延续至今。古巴在长期的经济建设中同苏联和东欧国家建立了密切的经济关系，而在 20 世纪 80 年代末 90 年代初的苏东剧变使古巴突然丧失了这种关系，给它的经济造成了极大的困难。此时，美国趁火打劫，使古巴承受双重打击。面对这种前所未有的困难局面，菲德尔·卡斯特罗主席向全体古巴人民发出了“誓死捍卫社会主义”的号召，坚持社会主义制度不动摇。经过数年的艰苦奋斗，古巴终于度过了最困难的时期，形势逐步好转，古巴的社会主义制度也得到进一步完善和革新。古巴人民在社会主义道路上继续胜利前进。

今天，古巴不仅是西半球唯一的社会主义国家，而且是世界上少数坚持社会主义制度的国家之一。社会主义古巴历经磨难而巍然屹立，继续生存和发展，这在当代国际政治中不能不说是一个奇迹，在世界社会主义发展史上也是罕见的。古巴社会主义建设的曲折历程蕴含着丰富的经验。古巴的经验是对世界社会主义运动的宝贵贡献，很值得其他社会主义国家和第三世界国家借鉴。无论从研究世界社会主义运动的角度，还是从加强社会主义国家之间关系的角度来看，对古巴社会主义的研究都具有重要的理论和实践意义。然而，过去国内对这方面的研究是不够的。1994 年，我们中国社会科学院根据中央的指示成立了世界社会主义研究中心，聚集了在京有关单位研究世界社会主义的人才，加强了对包括古巴社会主义研究在内的世界社会主义研究。2000 年 1 月，我率领中国社科院代表团出席在哈瓦那举行的“第二届研究全球化与发展问题经济学家国际研讨会”会议，并顺访了古巴。我们同古方高层和一般人士进行了接触，参观访问了一些地方。我们为古巴同志在社会主义建设中所取得的每一点成就而感到由衷的高兴，对古巴人民坚持社会主义、坚持改革开放、反对霸权主义和强权政治的革命精神表示钦佩和敬意。这次访问给我留下了难忘的印象。我深深感到，古巴特色的社会主义和其所取得的各种经验很值得我们深入研究和介绍。回国后，我写了散文《古巴深情》，被《人民文学》和《人民日报》文艺版刊用，与大家分享了我的感受。近年来，我们中心研究古巴的力量同对世界社会主义其他方面的研究力量一样，逐步增强，并先后产生了一批可喜的成果。毛相麟同志即将付梓的这部《古巴社会主义研究》一书就是这些成果中的新收获。

本书作者是我院拉美研究所的研究员，也是我们中心的特约研究员。他长期从事古巴问题的研究，在他退休时正值古巴处于最困难的时期。他继续对古巴进行跟踪研究，并赴古巴进行实地考察。他在年近古稀时，主动请缨独自承担这一要求较高的研究课题。经过数年的劳作和努力，克服了困难，终于完成了这一课题。

在看了书稿后，我觉得这部书有以下几个特点。

第一，结构比较合理，既注意到对主题阐述的全面性和系统性，又突出了重点和特点。作者曾告诉我，在这一课题立项之初，他和同行们对课题的定位进行过反复的研究和思考，最后确定为：应是一部比较全面和系统地介绍古巴社会主义历史和现状、理论和实践的学术性著作。因此，它不应是一部历史书，不宜按年代来写；也不应该是一部列国志，不必面面俱到。根据这一思路，全书的结构主要分三大块十二章。在以对社会主义的历史性选择为一章而导入后，首先介绍社会主义制度的基本方面，包括党、政、军和经济；其次介绍几个有特色的部门，即教育、卫生、宗教事务和对外关系；然后再谈改革开放的情况和古中关系。最后一章则是总结性的。在各章中都体现了全面系统和突出重点、特点的要求。

第二，有较强的针对性。对我国一般读者感兴趣的问题或人们在认识上有所误解的问题，在本书中大都能找到相应的解释或作者的看法。有些问题政治上比较敏感，作者并没有回避，力求做出明确的回答。针对西方国家的某些学者在其著述中对古巴现实的一些错误论断和不实之词，在书中提出了直接的回应，指出其谬误之处，并用事实进行了正面的阐述。

第三，对古巴社会主义的丰富实践做了一定的梳理和概括。从全书共有500多个注译看，作者是研究了大量原始资料的；但并不是资料的堆积，而是经过细心的选择和梳理，并做出了相应的概括。对于古巴社会主义的每一个基本方面或每一个有特色的部门大都介绍了其指导思想、发展过程和阶段、主要成就、特点和基本经验等。在最后一章中对古巴社会主义进行了总的概括，提出了作者总的看法和评价。

当然，书中所提出的论点有的是可以讨论的。作者也表示，这一成果只是初步的，对于某些问题还将继续进行研究。我认为，重要的是，这一研究成果是一个十分有益的探索，它的问世将会有助于深化人们对古巴社会主义的认识，有助于促进这方面研究的发展；并将为社会的需要提供一份有价值的参考材料。

“天意从来高难问”。20世纪80年代末90年代初，苏东剧变及古巴遇到的困难，是常人所很难料想到的。但“冥冥中必有定数”。经济全球化的深入发展，必然进一步加深全球范围内生产社会化与生产资料私人占有这一基本矛盾。世界社会主义还可能遇到新的困难甚至挫折。但随着这一基本矛盾的深化和激化，可以预言，在21世纪的中叶前后，极有可能是社会主义的又一个艳阳天。

李慎明

2005年5月

第一版序言（二）

我一直非常关注这部关于古巴社会主义的著作的撰写过程，因为数年间，毛相麟教授为它做了系统的努力和深入的研究，并且倾注了他全部的治学经验、知识才能和热爱自己工作的人所特有的执着。

现在，作为成果的这部著作已经完成。它以无可置疑的严肃性和客观性，对古巴社会主义建设时期复杂的政治、经济和社会进程以及特征做了深刻的分析和思考。而古巴社会主义建设这一业绩，是由于1959年1月1日古巴革命的胜利与其领袖菲德尔·卡斯特罗统帅、古巴人民和共产党作为主角所发挥的作用才得以历史地成就的。

毛相麟教授在这部十二章的著作中，深入地研究了古巴革命的发展、革命思想的演变、人民的社会主义觉悟和休戚与共意识的形成以及在各个阶段中发生的重大事件。

我认为，作者强调了古巴革命深刻的民主性和人民性是正确的，因为这是古巴社会主义自诞生起就与众不同的特点之一。这个特点表现在领导人与群众之间密切联系和协商的作风与尊重全民的一致上。这种一致是说明人民广大的多数支持和信任古巴共产党的政策的理由之一，而且在长达四十五年多的时间里，包括在这一进程的最困难时期，始终不曾中断地保持着这种支持和信任。所谓最困难时期，就是自苏联和东欧社会主义政权消失以后古巴所不得不经历的特殊时期，在极其不利的国际条件下做出巨大的恢复性努力之后，这个时期现在才刚刚开始过去。

我认为，若想对古巴进行任何科学的研究都有一个根本前提，那就是不能排除它的独特性，而毛相麟教授对此给予了应有的注意。

从这种意义上说，必须看到本书着重论述了革命力量和人民自最初时刻起在古巴进程中的团结，着重论述了古巴共产党和作为这种团结的成果的那一整套政治制度产生的特殊方式，同时也考虑到了古巴民族的历史、革命传统和特点，以及马克思列宁主义学说与何塞·马蒂和古巴历史上其他杰出人物的思想。

在它年轻的历史中，随着20世纪的到来，古巴从西班牙殖民地变成了美国的新殖民地，这一事实表明这个强大的北美邻国的帝国主义阶段已经成熟。正是随着古巴革命的胜利和不久之后宣布革命的社会主义性质，我们古巴人才第一次享受到民族独立，并且感到我们是一个主权国家的一部分。因此最近几十年间，社会主义和独立在民族意识中是不可分割地联系在一起的两个概念。

由此可以看出古巴进程的一个特点，而且这是对古巴进行严肃和客观的研究中都不能回避的特点。那就是古巴不得不在美国政府经常的敌视、威逼和侵略中创建自己的经济、政治和社会模式。美国政府一直妄想使用各种方法来消灭古巴革命，包括造成数千古巴人死亡和极大痛苦的恐怖主义，以及坚持实行严厉和罪恶的经济封锁。这种经济封锁已经持续了四十五年，是世界历史上最长的封锁，给我们国家造成的损失达700多亿美元。

从这种意义上说，我认为作者特别介绍了古巴在维护其主权方面不得不做出的巨大努力，以及古巴人民在建设其武装力量和制定一项基于全民战争思想的国防战略方面的成就是非常正确的。正如菲德尔·卡斯特罗主席最近所说，正是因为有了这些努力和成就，我们才能处于军事上不易受到攻击的地位。

毛教授的著作还深入地介绍了古巴革命重大的经济成就，它在封锁和国际经济关系中一种不合理的制度下不得不克服的挑战，以及它在诸如教育、医疗卫生和社会保障方面所取得的非凡的社会成就。这些社会成就和指标均位于世界最前列，而且在许多方面超过发达国家。

书中为古巴—中国双边关系进程撰写的一章是特别有意义的。在两国关系处于其历史上最好时期并在多个领域中的合作不断扩展，相互理解和信任不断加深，经济、贸易和科技合作成功地扩大，总之，在无疑可以称为两国关系最佳状态的当今时刻，这一章显得更加重要。

著作的最后一章着重阐述了古巴社会主义的生命力，并且概括了它的经验和基本问题。读到这里，感激之情油然而生。我们要感谢毛相麟教授进行的艰苦工作，祝贺他顺利完成这一有价值的项目，同时确信中国读者会对这部著作做出好的评价，并通过它加深对古巴社会主义的理解和认识。

古巴共和国驻中华人民共和国大使
阿尔维托·罗德里格斯·阿鲁菲

2005年5月

第一版后记

这本书经过数年的努力终于同读者见面了。为了使大家更好地了解本书，有必要在这里简单地说说撰写此书的背景和过程。有关作者简历和本书简介已印在封二和封四上，写作本书的主旨也在导言中讲了，这里主要谈谈这些文字背后的故事。

本项目作为国家社会科学规划项目是 1998 年 5 月立项的，当时我已退休 7 年了。为什么在 67 岁时我还要申请这一较难的研究课题呢？事情还得从头说起。1978 年拉美所恢复，我从中联部返所后就被分配从事古巴和加勒比地区问题的研究。80 年代，世界社会主义运动相当活跃，亚洲和欧洲的社会主义国家先后开始改革进程，古巴也出现新的形势。这一时期、特别是在 80 年代末，我几乎把全部精力投入对古巴的研究中，并自那时起开始跟踪古巴的形势。1989 年下半年，东欧几个社会主义国家形势剧变，几十年建立起来的社会主义制度在短短的数月中便不复存在。这股风吹向了世界上其他社会主义国家。西方国家的观察家们纷纷预言，这回古巴的社会主义政权必垮无疑了。当时的美国总统老布什也幸灾乐祸地说，“古巴的大厦”即将倾覆。古巴能不能顶住这股风潮是人们普遍关注的问题。我在 1990 年 5 月印发的一份研究报告中说，古巴的前景是能“顶住各种压力，坚持社会主义政权，但同时也进行某些改革和调整”。当然，当时古巴的形势确实很严峻，需要不断跟踪和观察。然而，这时我即将退休。也就在这时，我有一个机会到南方某大学教英语，月薪是我那时工资的好多倍。如果真能事成，几年下来收入非常可观。前景的确很诱人。因此，1991 年退休后，是接受所里的返聘继续研究古巴还是到南方去教书？我再次处于人生的十字路口，不禁思绪万千。我早在学生时代就立志为社会做一点事情以报效国家，几十年来初衷不改，并为此而舍弃了一些东西，但是在临退休时回顾过去，感到所做的事太少、太不够了。如继续已有的事业，则在经济上毫无补益；如去从事收入丰厚的工作，则社会意义很小。反复权衡之后，我终于决定选择前者。令人欣慰的是，我的夫人应新全力支持和帮助我，并愿与我一道甘守清贫，助我实现我的夙愿。从那时起到 1996 年的 5 年中，我一直跟踪古巴形势，我的心情也随着古巴形势的变化而变化，为形势的恶化而焦急，为形势的好转而高兴。在此期间，我写了大量的研究报告，其中有些报告获得社科院院级奖、拉美所所级奖或国务院发展研究中心欧亚社会发展所所级奖。我作为欧亚所（含古巴）的特约研究员，要定期就古巴形势向所在的小组做汇报，每年还要向全所汇报。这样的任务和要求是不容我懈怠的。

到 1996 年，古巴已连续 3 年实现经济正增长，最困难的时期已经过去，我不必紧紧盯住古巴形势了。这一情况使我有条件思考一下，我还能为古巴研究做点什么？从长期的研究工作中我深深地感到，多年来，特别是苏东剧变以来，我国的读者对古巴是关心的，但介绍古巴的读物太少，有的传媒采用了西方国家的报道，而这些材料中往往包含歪曲的东西，造成误导。同时，我也看到，多年来西方国家的学者发表了大量有关古巴的著述，但其中有不少误解、歪曲和不实之词，特别是美国的当权者和决策者根本就不懂得古巴实行的社会主义民主为何物，却要求古巴“实现民主”“反对独裁”，这简直是荒唐可笑至极，十分令人气愤。这种情况需要有客观公正的论述。再者，我还感到，几年来仅仅为领导同志提供形势报告是不够的，还需要有系统和全面的介绍。无论是做出决策还是借鉴经验都离不开对背景的了解。我作为一个长期从事古巴研究的人员，感到有责任为满足上述几方面的需要出一点力。于是，我萌发了要为古巴写一本书的念头，主要是谈古巴的社会主义，以便将多年来的心得体会总结出来。在经过必要的准备后，在社会科学院院所两级领导和国务院欧亚所的支持下，我于 1997 年夏对古巴进行了富有成果的实地考察。古巴社会主义建设所取得的成就给我留下了深刻的印象，古巴人民为坚持社会主义制度而勇往直前的精神深深地感动了我，更使我下定了写书的决心。翌年春，我向国家社会科学规划基金正式提出申请并获批准立项。

坦率地说，我一个人要搞这么大的题目是有些冒失的，因为无论从主观上还是从客观上看都有不少困难。从主观上说，首先是水平问题。在对这一主题进行具体分解时发现，过去几十年中比较熟悉的主要是在经济方面，其他方面若明若暗，而且很多东西涉及理论知识，对我来说还是陌生的。因此，只能边干边学。其次是语言问题。我过去是学英语的，西班牙语是在所里自学的，学得不是太好。为了课题的需要，我决心随研究所为研究生开办的西语班从头再学一遍，以进一步提高西语水平。最后，我是研究所的返聘人员，这一课题立项时，我正参与所里交办的四个研究项目，只有先完成这些项目后才能开始做我自己的课题。但到腾出手来时，我的身体状况已不如前，效率减退。面对这些困难我虽未气馁，但做起来确实是相当吃力的。

尽管有上述种种困难，我始终坚持一个信念，即在我的余生中要为社会做一点事，而最现实的事就是把这本书写出来。多年来特别是近几年来，在克服各种困难时有两个人的形象一直激励着我。一个是我大学的同班同学林学逋。1950 年上半年他离校参军。他是在我当团小组长时入团的。抗美援朝开始后，他们的部队入朝参战。1952 年，在第五次战役中他不幸受伤被俘。在战俘营里他同美国侵略者和蒋帮特务的迫害进行了坚决的斗争，最后被敌人残暴地剖腹挖心，英勇牺牲，成为共和国的一名烈士。他的英勇事迹一直鼓舞着我。另一个人就是我的父亲毛坤，他出生于四川边远山区的一个佃农家庭，年少时经过刻苦学习，奋发图强，后来成为教授和专家。我常想，我此生无论做出何等的努力都难以达到他在他的那个专业中所达到的高度，因而我常感惭愧。他的敬业精神和做学问的严谨态度是我学习的榜样。

2002 年 5 月，古巴分管社会科学的科学、技术和环境部副部长莉娜・I. 多明格斯・阿科斯塔来华时得知我正在进行这一研究项目后，曾向拉美研究所所长表示，待最终成果出版后打算译成西班牙文在古巴出版。这一新的情况使我更感责任的重大。2003 年 2 月 27 日晚，我荣幸地在古巴驻华大使馆拜会了正在我国进行国事访问的菲德尔·卡斯特罗主席，在交谈中我介绍了我正在写一本关于古巴社会主义的书，他对此很感兴趣，并预祝我写作成功，早日出版。

在全书的撰写过程中，我得到了国内外许多单位和个人的帮助。中国社会科学院副院长、院世界社会主义研究中心主任李慎明研究员在百忙中为本书作序；世界社会主义研究中心资助了本书的出版；全国哲学社会科学规划办公室鉴定组的专家们对书稿提出了宝贵的意见；拉美所新老所领导苏振兴原所长、郑秉文所长、徐世澄原副所长、江时学副所长、宋晓平副所长等研究员给予了指导和帮助。白凤森译审翻译了古巴大使的序言。对本书的撰写和出版给予帮助的还有社会科学院科研局副局级学术秘书、社会科学院世界社会主义研究中心常务理事王立强教授，中国人民大学的张振第教授，光明日报社的关万刚先生。

在撰写本书的过程中，我得到古巴驻华大使馆阿尔韦托·罗德里格斯·阿鲁菲大使的大力支持。他不仅嘱其下属向我提供大量的文献资料，而且还接受了我对他本人和对古方来华人士的多次专访。他欣然为本书写序。使馆的现任和前任官员包括前大使何塞·阿·格拉·门切罗，公使衔参赞白诗德，两位前公使衔参赞希尔达·洛佩斯、何塞·路易斯·罗瓦依纳，参赞赫·塞嫩·布埃戈，前参赞胡安·曼努埃尔·罗德里格斯等都对本书的撰写给予了热情的帮助。古共中央亚洲大洋洲研究中心研究员何塞·A. 索拉纳·费尔南德斯硕士在我访古期间全程陪同了我的考察。

美国的学术友人和同行豪尔赫·I. 多明格斯、马克斯·阿齐克里、玛丽费利·佩雷斯-斯特布尔、韦恩·史密斯等教授；加拿大的阿奇博尔德·R. M. 里特尔教授等或赠书赠文赠刊物，或与我探讨问题，交换看法，使我的这一研究成果更具有针对性和现实性。

对于以上所有中外单位和个人，我在此一并表示衷心的感谢。

最后，我还要提到我的小姨子应群女士，她录入了我的大部分书稿；我的女儿毛青也为本书做了许多事情。没有我的夫人应新和亲友们的支持和帮助，我是很难完成这一任务的。

虽然几年来我已尽了最大的努力，力求向社会交出一份较好的成果，但是，由于个人水平的限制，本书的缺点错误在所难免，我诚恳地希望领导同志和同行们以及广大读者批评指正，以求在今后的继续研究中得到纠正和提高。

毛相麟

2005年5月于北京复兴路4号院寓所

索 引

（按汉语拼音字母次序排列）

C

D

E

H

J

K

L

M

N

O

P

Q

R

S

图书在版编目(CIP)数据

古巴社会主义研究 / 毛相麟，杨建民著. -- 修订本
. -- 北京：社会科学文献出版社，2019.12
(中国社会科学院老年学者文库)
ISBN 978-7-5201-5013-2

Ⅰ. ①古… Ⅱ. ①毛… ②杨… Ⅲ. ①社会主义制度
-研究-古巴 Ⅳ. ①D775.121

中国版本图书馆 CIP 数据核字（2019）第 115734 号

中国社会科学院老年学者文库
古巴社会主义研究（修订版）

著　　者 / 毛相麟　杨建民

出 版 人 / 谢寿光
责任编辑 / 张苏琴

出　　版 / 社会科学文献出版社·当代世界出版分社（010）59367004
地址：北京市北三环中路甲29号院华龙大厦　邮编：100029
网址：www.ssap.com.cn
发　　行 / 市场营销中心（010）59367081　59367083
印　　装 / 三河市尚艺印装有限公司

规　　格 / 开　本：787mm × 1092mm　1/16
印　张：33.5　字　数：510千字
版　　次 / 2019年12月第1版　2019年12月第1次印刷
书　　号 / ISBN 978-7-5201-5013-2
定　　价 / 189.00元

本书如有印装质量问题，请与读者服务中心（010-59367028）联系